Freimann / Hildebrandt
Praxis der betrieblichen Umweltpolitik

Jürgen Freimann / Eckart Hildebrandt (Hrsg.)

Praxis der betrieblichen Umweltpolitik

Forschungsergebnisse und Perspektiven

Springer Fachmedien Wiesbaden GmbH

Professor Dr. Jürgen Freimann ist Hochschullehrer für Betriebswirtschaftslehre und Leiter der Forschungsgruppe Betriebliche Umweltpolitik an der Universität Gesamthochschule Kassel. Seine Schwerpunkte sind Allgemeine Betriebswirtschaftslehre, Umweltmanagement, Umweltinformationssysteme und Öko-Audit.

Dr. Eckart Hildebrandt ist Mitarbeiter am Wissenschaftszentrum für Sozialforschung GmbH Berlin. Er beschäftigt sich mit Technik-Arbeit-Umwelt, Projektarbeit im Bereich Neue Technologien, Arbeitsgestaltung, Beteiligung und Interessenvertretung sowie mit Beziehungen zwischen Arbeits- und Umweltpolitik.

Die Deutsche Bibliothek – CIP-Einheitsaufnahme

Praxis der betrieblichen Umweltpolitik :
Forschungsergebnisse und Perspektiven /
Jürgen Freimann/Eckart Hildebrandt (Hrsg.).
- Wiesbaden : Gabler, 1995
  ISBN 978-3-409-13518-4
  NE: Freimann, Jürgen [Hrsg.]

© Springer Fachmedien Wiesbaden 1995
Ursprünglich erschienen bei Betriebswirtschaftlicher Verlag Dr. Th. Gabler GmbH, Wiesbaden in 1995

Lektorat: Silke Specht / Annegret Heckmann

Höchste inhaltliche und technische Qualität unserer Produkte ist unser Ziel. Bei der Produktion und Auslieferung unserer Bücher wollen wir die Umwelt schonen: Dieses Buch ist auf säurefreiem und chlorfrei gebleichtem Papier gedruckt.

Die Wiedergabe von Gebrauchsnamen, Handelsnamen, Warenbezeichnungen usw. in diesem Werk berechtigt auch ohne besondere Kennzeichnung nicht zu der Annahme, daß solche Namen im Sinne der Warenzeichen- und Markenschutz-Gesetzgebung als frei zu betrachten wären und daher von jedermann benutzt werden dürften.

ISBN 978-3-409-13518-4   ISBN 978-3-663-12324-8 (eBook)
DOI 10.1007/978-3-663-12324-8

Inhalt

Jürgen Freimann/Eckart Hildebrandt[1]

Ergebnisse und Perspektiven der empirischen Forschung zur betrieblichen Umweltpolitik

Einführung der Herausgeber

Inhalt

1. Zum Hintergrund des vorliegenden Buches

Die ökologische Herausforderung der Industriegesellschaft ist in den Unternehmen angekommen. Sie beinhaltet nicht nur neue Chancen und Risiken für die Unternehmenspolitik, sondern konfrontiert die traditionellen sozialen Regulierungsmechanismen und unternehmenspolitischen Konzepte mit Anforderungen, die zumindest teilweise quer stehen zu den gewohnten Mustern:

---

[1] Prof. Dr. Jürgen Freimann, Hochschullehrer für Betriebswirtschaftslehre und Leiter der Forschungsgruppe Betriebliche Umweltpolitik an der Universität Gesamthochschule Kassel

Dr. Eckart Hildebrandt, Mitarbeiter am Wissenschaftszentrum für Sozialforschung gGmbH Berlin, Schwerpunkt Technik- Arbeit-Umwelt

- der *Staat* als traditioneller umweltpolitischer Akteur setzt im wachsendem Umfang *neue Instrumente und Anreizsysteme* ein, die direkte Veränderungen der traditionellen Strukturen und Prozesse der Unternehmenspolitik bewirken,

- die bekannten *marktlichen Anspruchsgruppen* artikulieren neben ihren tradierten Interessen verstärkt ökologische und soziale Ansprüche,

- neue unternehmenspolitische Akteure („stakeholder") treten auf den Plan,

- die tradierten betrieblichen „Hoheitsbereiche" werden infragegestellt und politisiert,

- *Arbeitsbeziehungen* bekommen eine neue Qualität,

- innerbetriebliche Lern- und *Organisationsentwicklungsprozesse* werden angestoßen.

So jedenfalls kann man es allenthalben zahlreichen neueren Beiträgen in der betriebswirtschaftlichen und arbeits- und betriebssoziologischen Literatur entnehmen.

Wie verbreitet ist eine derartige Entwicklung aber wirklich? Findet die Ergrünung der Wirtschaft tatsächlich auf breiter Front statt? Und was genau entwickelt sich dort? Reagieren Unternehmen noch immer überwiegend auf äußere Anstöße von Seiten des Staates und der Märkte? Oder sind selbsttragende organisatorische Lern- und Entwicklungsprozesse in Gang gekommen, die es erlauben, von einer „Ökologisierung" der Unternehmenspolitik zu sprechen? Welche Rolle spielen die Beschäftigten und die Arbeitnehmervertretungen in diesen Prozessen? Bringen sie eigene Initiativen und Interessen ein oder überlassen sie das Feld weitgehend dem Management?

Die aufgeworfenen Fragen fordern nicht nur die empirische Forschung heraus, sie beinhalten eine Fülle von wissenschaftlichen Herausforderungen für das betriebswirtschaftliche und arbeitssoziologische Denken:

- Die tradierten *Erklärungsmodelle* der Unternehmens- und Arbeitspolitik stoßen an ihre Grenzen, weil sie die praktische Herausbildung sozial-ökologischer Handlungsmuster nur begrenzt (als Ausnahmen von der Regel) zu erfassen vermögen.

- *Empirische Forschung* kann daher nicht in der Prüfung der bewährten Deutungmuster verharren, sondern muß neue Methoden und Konzepte entwickeln und erproben.

- Auch *gestaltungsorientierte Forschung* steht vor veränderten Problemen: neuartige (sozial-ökologische) Informations-, Organisations- und Beteiligungsformen sind zu analysieren und gegebenenfalls bei der Implementierung zu begleiten.

- Die sozialwissenschaftlich übliche fast ausschließliche Inblicknahme der wenigen Pionier-Unternehmen und -Fälle muß in Richtung auf eine Erfassung und Prognose der von diesen angestoßenen bzw. frühzeitig aufgenommenen sozialen Prozesse der *Verallgemeinerung* zugänglich gemacht werden.

Betriebswirtschaftliche und arbeits- bzw. betriebssoziologische Forschung scheinen dabei - zumindest zu Teilen - von unterschiedlichen Ausgangspunkten und Erkenntnisinteressen her zu ähnlichen bzw. zumindest für die Angehörigen der jeweils anderen Fachrichtung ebenfalls fruchtbaren Problembearbeitungsmustern und Methoden zu greifen, um betriebliche Umwelt- und Arbeitspolitik im Angesicht der ökologischen Herausforderung besser zu begreifen und einer sozial-ökologischen Perspektive zu öffnen.

Vor diesem Hintergrund fand im Oktober 1994 an der Universität Gesamthochschule Kassel ein Workshop mit dem Titel „Betriebliche Umwelt- und Arbeitspolitik in empirischer Perspektive" statt, veranstaltet von den Herausgebern dieses Buches namens der Forschungsgruppe Betriebliche Umweltpolitik der Gesamthochschule Kassel und des Forschungsschwerpunkts Technik - Arbeit - Umwelt des Wissenschaftszentrums für Sozialforschung Berlin. Das vorliegende Buch dokumentiert die dort vorgetragenen Referate, ergänzt um Aufsätze einiger KollegInnen, die aus verschiedenen Gründen am Workshop selbst nicht teilnehmen konnten.

Im Zentrum der Beiträge stehen

- die Darstellung empirischer Forschungsergebnisse in Bezug auf den Stand der ökologischen Entwicklung in der Unternehmens- und betrieblichen Arbeitspolitik,
- die Rekonstruktion der jeweils spezifischen Einflußkonstellationen und Entwicklungsphasen bzw. der stattgefundenen Lernprozesse in den Unternehmen,
- sowie der Versuch, von den erzielten Befunden auf die Entwicklung in der Wirtschaft insgesamt zu schließen.

Darüber hinaus wird in einigen eher konzeptionell orientierten Beiträgen das Feld möglicherweise tragfähiger analytischer Konstrukte und betriebspraktischer Perspektiven im Hinblick auf die zukünftige Entwicklung in Forschung und Unternehmenspraxis in den Blick genommen. So soll über die Perspektiven hinaus, die aus dem Blickwinkel einzelner vorrangig empirisch orientierter Projekte anzugeben sind, auch die konzeptionelle Debatte angeregt werden. Während jedoch die Gesamtheit der empirisch orientierten Beiträge einen recht umfassenden Überblick über die wichtigsten empirischen Forschungsvorhaben zum Thema gibt, stellen die konzeptionell orientierten Beiträge lediglich eine Auswahl interessanter Perspektiven dar, die sich aus unserer Sicht für die Entwicklung von Formen nachhaltigen Wirtschaftens in Unternehmen als besonders bedeutsam erweisen könnten.

Denn so notwendig es ist, mit nüchternem Blick eine *empirische Zwischenbilanz* des bis heute erreichten Standes der Ergrünung der deutschen Wirtschaft zu ziehen, so notwendig sind auch *tragfähige analytische Perspektiven*, mit denen die zukünftige Entwicklung erfaßt und gestaltet werden kann, auch wenn aktuell im Kontext des alle einschlägigen Bemühungen dominierenden Konzepts des Öko-Audits anscheinend nur noch Pragmatismus gefragt ist.

Denn die *EU-Öko-Audit-Verordnung*, mit der die Wirtschaft von der (über)staatlichen Umweltpolitik in die Rolle des umweltpolitischen Problemlösers hineinkatapultiert worden ist, hat der aktuellen Debatte um die betriebliche Umweltpolitik zwar einerseits einen enormen Aufschwung, andererseits jedoch eine bedauerliche thematische Verengung beschert. Bisher beschäftigten uns vor allem die zahlenmäßig eher wenigen „Öko-Pioniere", die durch zum Teil vorbildliche und weitreichende umweltpolitische Bemühungen hervortraten. Nun jedoch scheint tatsächlich die ganze Breite der gewerblichen Wirtschaft anzutreten, um durch Teilnahme am Öko-Audit-System Prozesse kontinuierlichen Fortschritts bei der Lösung betrieblich bewirkter Umweltprobleme in Gang zu setzen und den ökologischen Umbau der Wirtschaft in die eigenen Hände zu nehmen. Und alle reden nur noch davon.

Aber erfolgt mit der alles andere in der Hintergrund drängenden Hinwendung zum allein instrumentell orientierten Öko-Auditing nicht allzu bereitwillig die *Abwendung von den wesentlichen Fragen* nach Richtung, inhaltlicher Orientierung und substantieller Reichweite des auf Unternehmensebene einzuschlagenden Weges? Die anscheinend bevorstehende Öko-Audit-Welle sollte doch zumindest auch Anlaß dazu geben, die bisherige Entwicklung auf dem Gebiet des Umweltmanagements an den inhaltlichen Notwendigkeiten zu messen und vom Wissen um den erreichten Stand her solide die notwendigen Folgeschritte anzugehen. Nur auf dieser Grundlage lassen sich zum einen *allzu weitreichende Hoffnungen vermeiden*, zum anderen die Öko-Audits im einzelnen Unternehmen so anlegen, daß sie *erfolgreiche Innovationsprozesse in Gang setzen*, die alle unternehmenspolitischen Akteure angemessen einbeziehen.

Die in diesem Buch zu Wort kommenden ForscherInnen bemühen sich darum, nicht nur zu bilanzieren, was valide zum bisher erfolgten ökologischen Umbau der Wirtschaft gesagt werden kann, sondern auch der künftigen Entwicklung, wie eng auch immer sie mit dem Öko-Audit verbunden sein wird, tragfähige Perspektiven zu weisen.

2. Surveys, Fallstudien, Konzepte - die Beiträge im einzelnen

Die Beiträge sind zu drei Teilen zusammengefaßt worden, in denen der unterschiedlichen methodischen Herangehensweise der ihnen zugrundeliegenden Forschungsprojekte bzw. ihrer konzeptionellen Reichweite Rechnung getragen wird.

Teil 1 enthält vier Beiträge, die Ergebnisse von empirischen *Überblicksstudien* zum Thema referieren und deren Ergebnisse unter einer speziellen Fragestellung, im Hinblick auf neue Entwicklungen oder methodische Aussagemöglichkeiten und -grenzen zu interpretieren versuchen. *Teil 2* umfaßt sechs Beiträge, die über die Ergebnisse von *Fallstudien* berichten. Auch hier wird versucht, sowohl die beobachteten Innovationsprozesse differenziert darzustellen, als auch hinsichtlich ihrer ökologischen, ökonomischen und sozialen Auswirkungen zu beurteilen. Nicht zuletzt wird die Frage der empirischen Validität im Sinne von Übertragbarkeit der erzielten Erkenntnisse auf die gesamte Wirtschaft behandelt. *Teil 3* beinhaltet vier Beiträge, in denen anhand unterschiedlicher inhaltlicher bzw. methodischer Konstrukte - Kooperation, Mitbestimmung, Organisationslernen und Mediation - Entwicklungsmöglichkeiten unternehmenspolitischer Ökologisierungsprozesse aufgezeigt werden.

Im ersten Beitrag knüpft *Ralf Antes* an die Ergebnisse der bis heute umfangreichsten empirischen Studie zum Stand des Umweltmanagements in der Bundesrepublik Deutschland an, die sog. *FUUF-Studie*, die 1991 im Auftrag des Umweltbundesamtes in Zusammenarbeit von 3 renommierten Forschungsinstituten und den beiden großen umweltorientierten Unternehmensverbänden BAUM und FUTURE unter Mitwirkung des Autors durchgeführt worden ist. Antes stellt die Frage nach den Einflußfaktoren und Abbildungsmöglichkeiten der *ökologischen Handlungsbereitschaft unternehmenspolitischer Akteure* in den Mittelpunkt seiner Sekundärauswertung der 1991 erhobenen Daten. Als Ökonom problematisiert er die insbesondere im politischen Bereich immer wieder auftauchenden dezidierten Aussagemöglichkeiten über die ökonomischen Effekte umweltorientierter Unternehmenspolitik und weist auf ein insgesamt eher gering entwickeltes Niveau des im Durchschnitt erreichten ökologischen Fortschritts in den Unternehmen hin.

Rolf Schwaderlapp knüpft ebenfalls an die Ergebnisse bereits aus der Literatur bekannter empirischer Studien zur *Organisation des betrieblichen Umweltschutzes* an. Dabei zielt er auf den inhaltlichen und methodischen *Vergleich der Aussagen verschiedener Studien* zum Gegenstand ab. Aus dieser Sicht arbeitet er heraus, daß trotz der in erheblichem Maße unterschiedlichen analytischen Tiefe bzw. Breite, die in (Einzel)-Fallstudien bzw. Überblicksuntersuchungen erreichbar sind, deren Ergebnisse bei angemessener Interpretation in ähnliche Richtung deuten: der Umfang der organisatorischen Verankerung von Umweltverantwortung in Unternehmen läßt eher den Schluß zu, daß Umweltschutz überwiegend als additive Zusatzfunktion begriffen wird, die sich auf die Einhaltung externer, insbesondere rechtlich kanonisierter Vorgaben beschränkt. Nur in geringem Umfang lassen die Studien eine organisatorische Integration von Umweltschutzaufgaben im Sinne einer Querschnittsfunktion erkennen.

Die empirischen Grundlagen der Ausführungen von *Manfred Kirchgeorg* erlauben den zeitlichen Vergleich zwischen dem Stand der Jahre 1988 und 1994. Anknüpfend an zentrale Aspekte der vom Autor selbst maßgeblich durchgeführten *Studie zum ökologieorientierten Unternehmensverhalten* aus 1988 hat er 1994 im Rahmen einer weiteren Überblicksstudie erneut Daten zur *ökologischen Betroffenheitswahrnehmung und zu unterschiedlichen strategischen Umgehensweisen der Unternehmen mit umweltbezogenen Anforderungen* erhoben. Während sich die Wahrnehmungen der ökologischen Betroffenheit zum Teil erheblich verstärkt und zwischen Betroffenheitsbereichen verschoben haben, scheinen in den grundlegenden strategischen Optionen kaum Wandlungen vollzogen worden zu sein. Die Zunahme der marktlichen Betroffenheit wird seiner Interpretation nach nur ion relativ geringem Umfang in veränderte Strategien umgesetzt.

Thomas Dyllicks Beitrag schließt den ersten Teil des vorliegenden Buches ab. Der Autor berichtet über Programm, Problemsicht, Methodik und erste Ergebnisse eines noch nicht abgeschlossenen Forschungsprojekts zum *Zusammenhang von ökologisch bewußter Unternehmensführung und Wettbewerbsfähigkeit* in verschiedenen Schweizer Wirtschaftszweigen. Der Autor formuliert die wesentlichen konzeptionellen Merkmale seines Forschungsprogramms in fünf Thesen: Ausgangspunkt der Betrachtungen ist eine am Produktlebenszyklus orientierte erweiterte Branchenstrukturanalyse, vor deren Hintergrund eine jeweils branchentypisch spezifizierte Analyse der ökologisch relevanten externen Lenkungssysteme der jeweiligen Unternehmen erfolgt. Ziel der Einzelstudien verschiedener Branchen und deren Vergleichs ist es dann, ein „allgemeines Muster des ökologischen Transformationsprozesses" zu entdecken und herauszuarbeiten.

Mit der Einzelfallstudie des Chemiemultis *Ciba Geigy* von *Josef Huber* und *Ellen Protzmann* beginnt Teil 2. Die Autoren untersuchen anhand ausgewählter Indikatoren den Zusammenhang zwischen der im vorliegenden Fall besonders ausgeprägten Entwicklung von ambitionierten Instrumenten des *Umweltmanagements* auf der einen Seite und deren ökologischen Effekten, der sog. *Umwelt-Performance*. Dabei kommen Sie zu dem überraschenden Ergebnis, daß das untersuchte Unternehmen zwar auf dem Gebiet des Umweltmanagements als proaktiver Pionier gilt, dieser Tatbestand jedoch keine signifikanten Erfolge bei der Reduzierung wesentlicher Umweltbelastungen bewirkt, die über die entsprechenden Erfolge vergleichbarer weniger umweltaktiver Unternehmen hinausgehen. Allerdings werfen Huber/Protzmann selbst die Frage auf, ob die Maßgrößen, in denen sie die ökologischen Effekte des Umweltmanagements zu operationalisieren versuchen, angemessen gewählt sind und ob die prima facie vorliegende Vergleichbarkeit der großen Chemie-Konzerne angesichts deutlicher Unterschiede in Ausrichtung und Sortimentsschwerpunkten einer Prüfung standhält. So muß der Beitrag wohl vor allem als Beleg für die schwierige Operationalisierung der hier aufeinander bezogenen begrifflichen Konstrukte gelesen werden.

Die *Produktlinienanalyse (PLA)* kann als eines der ambitioniertesten Instrumente zur ökologischen Bewertung von Produkten angesehen werden. In ihr werden nicht nur der physische Lebenszyklus von der Rohstoffgewinnung bis zur endgültigen Beseitigung nicht mehr nutzbarer Reste eines Produkts in die Bewertung einbezogen, sondern auch über die ökologische Dimension hinaus Aspekte der grundlegenden Bedürfnisse nach entsprechenden Produktdienstleistungen sowie soziale und wirtschaftliche Folgen von Produktion, Verteilung und Konsumtion in die Betrachtung einbezogen. Dementsprechend umfangreiche Analysen sind erforderlich, wenn eine vollständige Produktlinienanalyse durchgeführt werden soll. Aus einem Pilot-Projekt auf diesem Gebiet, der Systemanalyse Waschmittel, das vom Freiburger Öko-Institut im Auftrag des Umweltbundesamtes durchgeführt wird, berichtet der Beitrag von *Dirk Bunke*. Der Autor stellt die wesentlichen inhaltlichen Befunde dar, referiert aber auch die spezifische methodische Konstruktion der Produktlinienanalyse allgemein und des Projekts im besonderen und deren handlungsbezogene Effekte. Denn wie sich in diesem Projekt besonders deutlich ausweist, geht es der sozial-ökologischen Forschung, als die sich auch die PLA versteht, immer auch um gestaltungsorientierte Einwirkung auf das soziale Feld, in dem sie agiert, auf die betroffenen Akteure. Diese werden hier zu Beteiligten gemacht, die die Analyse in *Projektwerkstätten* von Anbeginn intensiv begleiten. Auf diese Weise gelingt es, einerseits die Analyse der Produktlinie Waschmittel in engem Praxiskontakt realitätsnäher durchzuführen als in reiner „Schreibtischforschung", andererseits aus dem Projekt heraus Anstöße für Verhaltensänderungen der Akteure zu geben.

Nach diesen beiden Einzelfallstudien, die ein Unternehmen bzw. eine Produktlinie in den Mittelpunkt ihrer Betrachtungen stellen, stehen Beiträge, die einen Überblick über eine größere Zahl von Fallstudien geben und diese einer vergleichenden Betrachtung unterziehen. *Jobst Conrad* gibt einen Überblick über ein Forschungsprojekt, in dem im europäischen Vergleich *Fälle ökologisch besonders aktiver und erfolgreicher Unternehmen* untersucht und auf Gemeinsamkeiten und Unterschiede in den Bedingungskonstellationen zueinander in Bezug gesetzt worden sind (eine dieser Einzelfallstudien ist diejenige, über die Huber/Protzmann ebenfalls in diesem Buch berichten). Sein wesentliches Ergebnis: Die Einflußfelder und -faktoren sind sehr unterschiedlich, es gibt keine generalisierbaren Befunde. Hier bricht der Autor seine Überlegungen jedoch nicht ab, sondern fragt nach den systematischen Gründen für dieses Ergebnis. Diese liegen seiner Einschätzung nach vor allem in der Komplexität der zur Realitätserklärung herangezogenen theoretisch-analytischen Konstrukte selbst: je größer deren Komplexität, desto unwahrscheinlicher ist es, daß sich in verschiedenen Bedingungszusammenhängen auch nur annähernd das gleiche Bedingungsgefüge vorfindet.

Der Beitrag von *Eckart Hildebrandt* bezieht sich ebenfalls auf mehrere vom Autor maßgeblich konzipierte und durchgeführte Fallstudien, die allerdings einen anderen Focus als die von Conrad referierten Studien haben, nämlich den *Zusammenhang zwischen der betrieblichen Umweltpolitik und den betrieblichen Arbeitsbeziehungen.* Hier werden die Beteiligung der Arbeitnehmer und der Betriebsvertretungen an der ökologischen Umgestaltung in besonderer Weise in den Blick genommen, wobei als zweites wesentliches Charakteristikum der untersuchten Fälle deren relativ hoher öffentlicher Politisierungsgrad ins Auge fällt. Hildebrandt konstatiert, daß die überwiegende Zahl der Fälle durch weitgehende umweltpolitische Abstinenz der arbeitspolitischen Akteure gekennzeichnet ist. Andererseits fällt die soziale Entgrenzung der tradierten unternehmenspolitischen Hoheitsbereiche ins Auge, woraus der Autor die wachsende Notwendigkeit neuer sozialer Regelungsmechanismen im Kontext einer akteursbezogenen betrieblichen Umweltpolitik schlußfolgert.

Den mikropolitischen Charakter umweltpolitischer Gestaltungsprozesse in Unternehmen thematisiert *Martin Birke* anhand der Befunde aus acht *Fallstudien zur Betriebsökologie.* Auch in diesen Fallstudien mündet jedoch der Versuch der Vermeidung strukturdeterministischer Kurzschlüsse prima facie im Befund der „unübersichtlichen Verquickung von Teil-, Halb- und Gegenmodernisierungen". Der Autor verfällt angesichts dieses Befundes jedoch weder auf der analytischen noch auf der unternehmenspraktischen Ebene in Resignation, sondern bemüht sich um die Ableitung von Bedingungen für ökologische Innovationsprozesse, wobei er insbesondere den möglichen Beitrag des Öko-Auditing dazu diskutiert, aber auch industriesoziologische „Bringschulden" ausmacht und insofern seiner eigenen Fachdisziplin konzeptionelle Fragen auf den Weg gibt.

Im Gegensatz zu den anderen im Teil 2 zusammengefaßten Berichten aus empirischen Fallstudien, die das Öko-Audit zumeist als Zukunftsvorhaben mit unsicherer ökologischer, ökonomischer und sozialer Reichweite thematisieren, nehmen die Fallstudien, über die *Jürgen Freimann* berichtet, dieses neue Instrument der europäischen Umweltpolitik selbst ins Visier. Gegenstand seiner Darstellung sind die *Verläufe und Ergebnisse von Öko-Audits,* die im Vorgriff auf die endgültige Ingeltungsetzung der EG-Öko-Audit-Verordnung zum 13. April 1995 in verschiedenen Unternehmen durchgeführt wurden. Der Autor stellt sowohl die Ergebnisse von 17 Fallstudien aus einem EG-Pilotprojekt dar, als auch zweier eigener Studien in mittelständischen Unternehmen. Zudem referiert er erste vorläufige Ergebnisse eines von ihm geleiteten Begleitforschungsprojekts zu 13 Öko-Audits, die das Bundesland Hessen 1994 finanziell gefördert hat. Insgesamt scheint danach die Reichweite der in den Öko-Audits eingeleiteten Ökologisierungsprozesse vor allem davon abzuhängen, inwieweit die soziale Öffnung nach innen und nach außen in Angriff genommen wird und von den unternehmenspolitischen Akteuren gelebt werden kann.

Teil 3 und damit die weniger empirisch als vielmehr programmatisch-konzeptionell orientierten Beiträge werden eingeleitet von *Eberhard Seidel,* dem es angelegen ist, anhand der Kategorie der *Kooperation* Entwicklungspfade für wirksamen Umweltschutz aufzuweisen. Seine zentrale These lautet: „Wirksamer Umweltschutz verlangt, die Anteile zwischen Kooperation und Konkurrenz im menschlichen Verhalten zugunsten ersterer zu verändern." Zur Verdeutlichung dieser These diskutiert der Autor nicht nur

Beispiele aus dem „Innenleben" von Unternehmen, sondern bezieht die Meso- und Makroebene des Wirtschaftens mit ein. Allerdings schließen die Erörterungen Seidels eher skeptisch: „Ein solches Maß und eine solche Güte von Kooperation waren in der bisherigen Sozialgeschichte noch nicht manifest."

Der nachfolgende Beitrag von *Thomas Meyer-Fries, Ursula Richter und Gesine Wildeboer* behandelt die Frage nach den Möglichkeiten der *Arbeitnehmerbeteiligung bei ökologischer Unternehmenspolitik* und damit dem zentralen innerbetrieblichen Feld, auf dem die grundlegende Forderung nach umweltpolitischer Kooperation noch relativ am einfachsten realisierbar sein könnte. Anknüpfend an die aktuelle gewerkschaftliche Beschlußlage werden verschiedene Handlungsansätze diskutiert, die ein betriebspolitisches Praktischwerden der Programmatik ermöglichen könnten. Hierzu führen die AutorInnen zwei Fallbeispiele aus dem eigenen Erfahrungsbereich an, die kooperative Ansätze erkennen lassen und weisen damit Anknüpfungspunkte für eine Arbeitnehmerbeteiligung auch im Rahmen der derzeitig hierfür eher unergiebigen Rechtslage auf.

Um eine andere für die betriebliche Umweltpolitik wegweisende Kategorie bemüht sich der Beitrag von *Reinhard Pfriem*, um *organisationale Lernprozesse*. Nach einleitenden Hinweisen auf mögliche Fallstricke für empirische sozial-ökologische Forschung in Unternehmen entwickelt der Autor auf der Grundlage dreier unterschiedlich weitreichender Lernbegriffe (Anpassungslernen, Veränderungslernen, Lernen zu Lernen) Möglichkeiten und Grenzen des Lernens von Organisationen und konfrontiert danach diese zunächst theoretischen Überlegungen mit den Bedingungen der Unternehmenspraxis. Dabei weist er auf die hohen Ansprüche an die vorhandene Organisation und die in ihr sozialisierten Personen hin, die erfüllt werden müßten, wenn Lernprozesse ermöglicht werden sollen, dazu jedoch im Sinne einer „Instrumentalisierung des Nichtinstrumentalisierbaren" auch manageriell umzusetzen sind.

Den Abschluß bildet der Beitrag von *Peter M. Wiedemann* und *Cornelia R. Karger*. In ihm wird auf eine Entwicklung Bezug genommen, die sich in politischen Planungsprozessen immer stärker ausbreitet und die auch für öffentlich relevante unternehmenspolitische Prozesse nutzbar gemacht werden kann und in Ansätzen bereits nutzbar gemacht wird, die *Mediation*. Die Autoren spannen zunächst den analytischen Hintergrund dafür auf, daß Dialogfähigkeit mit externen Anspruchsgruppen überhaupt Relevanz für Unternehmenspolitik hat und diskutieren danach mit durchaus unternehmenspraktischem Impetus Aufgaben und Umsetzungmethodik von Mediationsverfahren. Damit schließt dieser Beitrag den Kreis der konzeptionellen Beiträge des dritten Teils, indem er die im Beitrag vor *Eberhard Seidel* als zentrale Kategorie des betrieblichen Umweltschutzes eingeführte *Kooperation* in ein Instrumentarium offener externer Unternehmenskommunikation übersetzt.

3. Entwicklungslinien der sozial-ökologischen Forschung

Der Überblick über die abgedruckten Beiträge macht - obwohl diese selbstverständlich trotz allen Bemühens um Vollständigkeit nur eine Auswahl aus den aktuellen Projekten darstellen - deutlich, in welchem Ausmaß noch Heterogenität und Unverbundenheit in diesem Forschungsfeld vorherrschen. Dies ist sicher auch der Tatsache geschuldet, daß es sich um ein neues Forschungsfeld handelt. Die Bedeutung der ökologischen Problemlagen ist in vielen Forschungsfeldern noch kaum überblickbar und wird daher vielfach zunächst in Form einer additiven Erweiterung angegangen: "Unternehmenspolitik und Ökologie", "Kooperation im Bereich Ökologie", "Beteiligung und Ökologie" etc.. Strukturierend sind im wesentlich disziplinär geprägte Forschungsansätze, die vorsichtig und "explorativ" auf das neue Thema ausgeweitet werden.

Die Spezifik des ökologischen Themas drückt sich darin aus, daß die Akteurskonstellation Staat-Öffentlichkeit-Unternehmen im Mittelpunkt steht und dementsprechend Forschungsansätze dominieren, die in diesem Feld beheimatet sind. Die Unternehmen - bzw. genauer das *Management* - sind in dieser Perspektive die *zentrale Akteursgruppe*, die mit der Verlagerung von ordnungspolitischen zu selbstorganisierenden Maßnahmen - so eine zentrale These einiger Beiträge - zusätzlich aufgewertet wird. Konstituierend für unsere Tagung war das gemeinsame Verständnis, daß gerade in diesem Themenfeld Problemanerkennung und Politikprogramme einerseits sowie Strategien und wirkliche Performance andererseits vielfach weit auseinanderfallen und daß wir uns auf die Analyse von Realprozessen konzentrieren müssen. Dieses „induktive" Vorgehen ist zudem unumgänglich, da untersuchungsleitende theoretische Konzepte zu Möglichkeiten und Grenzen ökologischer Unternehmenspolitik nicht existieren.

Von daher war es naheliegend, bei der Auswahl der Beiträge größeren Wert auf Forschungsprojekte zu legen, die sich auf die empirische Bestandsaufnahme, Systematisierung und Bewertung der ökologischen Färbung von Unternehmenspolitiken konzentrieren (vgl. insb. *Antes, Schwaderlapp* und *Kirchgeorg*). Wir können konstatieren, daß hier inzwischen ein Grundstock von repräsentativen Daten existiert, in dem sich auch erste Entwicklungsdynamiken ablesen lassen. Eine Schwäche dieser in sich schon recht differenzierten Erhebungen liegt jedoch darin, daß sie über die wirkliche Verankerung und Umsetzung ökologischer Optionen sowie die Resultate nur unter starken Vorbehalten Auskunft geben. *Huber/Protzmann* haben an einem Beispiel sehr eindringlich gezeigt, wie wenig z.B. aus dem Vorhandensein elaborierter Umweltmanagementinstrumente auf konkrete Schutzstrategien und deren Effizienz geschlossen werden kann.

Genauere Daten und präzisere Einschätzungen sind von *Umweltinformationssystemen* zu erwarten, die sich auf einzelne Produkte bzw. einzelne Unternehmen konzentrieren. Hierzu wurden zwei Ansätze vorgestellt: die *Produktlinienanalyse*, die die Eingriffe in die Natur entlang des gesamten Lebenszyklus verfolgt; und das *Öko-Auditing*, das sich gerade im Prozeß der Etablierung befindet und die Möglichkeit der Evaluation der konkreten Umweltmanagementsysteme von Unternehmen eröffnet. Die Attraktivität dieser neuen Instrumente auch für die sozial- und wirtschaftswissenschaftliche Forschung liegt darin, einen sehr konkreten Zugang zur gegenwärtigen Umweltpolitik in den Betrieben zu bekommen und möglicherweise einen Beitrag zur laufenden Instrumentententwicklung zu leisten. Die Einführung von Öko-Audit-Verfahren in den Unternehmen auf der Grundlage der EG-Verordnung eröffnet, darin weit über die bisher vereinzelten Umweltberichte von Unternehmen hinausgehend, für Öffentlichkeit und Forschung die erste systematische Informationsgrundlage über die Organisierung des Umweltschutzes in den Unternehmen.

In den Beiträgen für die Tagung und das vorliegende Buch wird auch deutlich, daß die empirische sozialwissenschaftliche Forschung zur Umweltmanagementpraxis ihren Schwerpunkt bisher auf Fallstudien-Untersuchungen gelegt hat. Bei der Auswahl der darin untersuchten Fälle ging es vor allem darum, einen Überblick über die angenommene hohe Varianz von Problemlagen, Handlungsbedingungen, Strategien und Verhaltensmustern zu bekommen. Darüberhinaus focussierten die Projekte auf einen spezifischen Bezugspunkt, z.B. erfolgreiche Praktiken in einzelnen Problembereichen bei *Conrad* oder Anknüpfungen zur Arbeitspolitik bei *Hildebrandt*. Die Differenz der spezifischen Bezugspunkte sowie die hohe Selektivität begründen sicher die von *Conrad* pointiert vorgetragene These der „begrenzten Generalisierbarkeit", die auch in den von *Birke* referierten Ergebnissen erkennbar wird.. Darüberhinaus zeigt sich aber, daß fast alle Projekte auch Konzepte zu einer Systematisierung enthalten. Darunter sind zu nennen:

- die Verhaltenstypen bei *Kirchgeorg*

- die strategischen Grundtypen bei *Dyllick*,

- die Ökologisierungspfade bei *Hildebrandt*

- die Stufen des Lernens bei *Pfriem*.

Die Gegenüberstellung der diesbezüglichen Beiträge, die weitgehend unabhängig voneinander entstanden sind, zeigt weitgehende Parallelen bezüglich der Bedeutung des ökologischen Ausgangsproblems und der Handlungsbedingungen für Strategien und Entwicklungsprozesse von Unternehmen.

Ein zentraler Punkt von Übereinstimmung in den Beiträgen liegt in der grundsätzlichen Bedeutung, die dem *Akteursansatz* für die Analyse von ökologischer Unternehmenspolitik zugemessen wird. Im Beitrag von *Wiedemann/Karger* wird das Konzept der Anspruchsgruppen ausführlicher vorgestellt, die anderen Untersuchungen bauen mehr oder weniger explizit auf diesem Konzept auf.

Zu diesen Anspruchgruppen gehören prinzipiell auch die *Beschäftigten* der betreffenden Unternehmen und ihre Interessenvertretungen. Ein zusätzliches Selektionskriterium für die Beiträge der Tagung bestand darin, daß die eingeladenen Projekte ihre Aufmerksamkeit auch auf die soziale Seite der Ökologisierung von Unternehmen ausweiten. Diese Öffnung der Perspektive über die traditionellen Akteure des betrieblichen Umweltschutzes hinaus und die Focussierung auf die unnmittelbaren Produzenten stellt im allgemeinen Forschungskontext jedoch eher die Ausnahme dar. Das liegt nicht nur an ihrem in der Realität marginalen Gewicht in der überwiegenden Mehrzahl der Praxis-Fälle, sondern auch an den impliziten normativen Orientierungen der Forscher sowie den von *Pfriem* herausgearbeiteten jeweils spezifischen Zugangsbedingungen und -schranken für die empirische Betriebsforschung.

Allerdings finden wir in vielen Beiträgen die Hervorhebung der grundlegenden Bedeutung der sozialen Dimension von Ökologisierungsprozessen, z.B. in der

- Betonung der sozial-organisatorischen Aspekte gegenüber den technologischen bei *Antes*,

- der Charkterisierung der Produktlinienanalyse als sozial-ökologische Forschungsperspektive durch *Bunke*,

16

- der Orientierung auf soziale und personelle Effekte von Öko-Audits bei *Freimann*,

- Focussierung auf Kooperation bei *Seidel*.

Diese Zusammenstellung belegt auf der einen Seite das Gewicht, das seitens verschiedener Projekte auf die soziale Dimension gelegt wird und zeigt dabei die unterschiedlichen Sichtweisen und theoretischen Referenzpunkte. Auf der anderen Seite wird bei der Lektüre der Beiträge deutlich, daß diese Grundorientierung nur in wenigen Fällen in der Erhebung und Auswertung umfassend eingelöst wird. Vielmehr tritt diese Orientierung dann doch hinter den betriebswirtschaftlichen und/oder ökologischen Hauptfragestellungen der Projekte wieder zurück. Die Resultate, die wir bezüglich der Rolle der Arbeitsseite im Ökologiesierungsprozeß von Unternehmen und ihrer Verknüpfung mit Managementstrategien herauslesen können, bleiben daher vereinzelt und vergleichsweise marginal:

- *Antes* berichtet, daß den Beschäftigten von der Managementseite generell eine geringe Kompetenz zugeordnet wird und daß sie bei der Weiterbildung nur in geringem Maße berücksichtigt werden;

- *Bunke* betont die Einbeziehung der Beschäftigten in den Projektwerkstätten unter dem *Umsetzungsaspekt*;

- *Huber/Protzmann* erwähnen als ein Element des Umweltmanagments die allgemeine Mitarbeiter*schulung*;

- *Meyer-Fries/Richter/Wildeboer* diskutieren die Mitarbeiterbeteiligung unter dem Aspekt der Umsetzung von Gewerkschafts*programmen* im Betrieb und

- *Wiedemann/Karger* heben hervor, daß weniger die Anwohner als externe Anspruchsgruppe sondern die Beschäftigten als interne Anspruchsgruppe Einfluß auf die Managmentpolitiken hätten,

- allein die von *Hildebrandt* referierten Projekte thematisieren explizit die Beteiligungs*praxis*.

Aus diesen Befunden muß der Schluß gezogen werden, daß die Verknüpfungen zwischen Arbeitspolitik und unternehmerischer Umweltpolitik bisher in der sozialwissenschaftlich-betriebswirtschaftlichen Forschung nur eine geringe Rolle spielen. Vielmehr stehen auf der einen Seite einige wenige Untersuchungen, die explizit die Rolle von Arbeitnehmern und ihren Interessenvertretungen im betrieblichen Umweltschutz im Auge haben und Möglichkeiten und Grenzen der Einbeziehung überprüfen. Diese Untersuchungen (Heine/Mautz, Bogun/Warsewa, Birke/Schwarz) standen auf der Tagung eher am Rande, insbesondere da bei ihnen der unternehmenspolitische Aspekt wenig herausgearbeitet ist. Auf der anderen Seite steht die steigende Zahl von eher betriebswirtschaftlich orientierten Untersuchungen auf einzelbetrieblicher, Branchen- und nationaler Ebene, die zwar die Bedeutung der sozialen Dimension betonen (Betrieb als Sozialsystem, Ökologie als Gattungsfrage), sich aber in der empirischen Einlösung doch auf Managementstrategien konzentrieren.

Eine Veränderung dieser Situation, die ja vor allem als forschungspolitisches Abbild der realen Marginalität von Arbeitnehmerbeteiligung an der Umweltmanagementpraxis gedeutet werden muß, könnte durch eine Trendwende in der Umweltpolitik angestoßen werden, die insbesondere von *Freimann* und *Kirchgeorg* hervorgehoben wird: die Wende von einer extern angestoßenen Politik (Staat, Öffentlichkeit) zur Selbstorganisation der Unternehmen in der Umweltpolitik. Wenn sich das Gestaltungszentrum von Umweltpolitik stärker in die einzelnen Unternehmen verlagert, dann ist zu erwarten, daß die jeweilige Unternehmenskultur und die Kooperationstraditionen („Betriebliche Sozialverfassung"/*Hildebrandt*) auch für die Formulierung, Institutionalisierung und Umsetzung betrieblicher Umweltolitik eine größere Rolle spielen werden. Daraus könnte auch folgen, daß betriebliche Umweltpolitik stärker in andere unternehmerische Politikbereiche integriert wird (u.a. Qualifizierung, Arbeitsorgsanisation und -gestaltung, Organisation von kontinuierlichen Verbesserungsprozessen), wie dies u.a. *Birke* für die Forschung eingefordert hat. Und dann bestehen auch bessere Aussichten, mit den Bausteinen für eine integrierte Theorie ökologischer Unternehmenspolitik voranzukommen.

Teil 1

Überblicksstudien

Ralf Antes[1]

Umweltverträgliches Entscheiden und Handeln in Unternehmen

Empirische Ergebnisse aus dem FUUF-Projekt

Inhalt

1. Theoretischer Zugang zum Thema

These 1:
Betrieblicher Umweltschutz, der nicht den Menschen ("Organisationsmitglied") und dessen Verhalten in den Mittelpunkt stellt, stößt bald an die Grenzen ökologischer und ökonomischer Effizienz. Eine Bearbeitung des Themas hat deshalb an den Bedingungen umweltverträglichen Verhaltens in Unternehmen anzusetzen.

Die Ausgangsüberlegung ist, daß aufgrund des Entropiesatzes jede Tätigkeit, mithin auch jede Stelle im Unternehmen, Umweltwirkungen verursacht. Die Verursachung einer Umweltwirkung ist *nicht* von vornherein mit der Verursachung eines Umweltschadens gleichzusetzen; hier sind Ausbreitungspfade, Konzentrationsprozesse, Aufnahme- und Abbaufähigkeit der natürlichen Umwelt, Regenerationsraten u.a.m. zu berücksichtigen. Entscheidend aber ist, daß *potentiell* jede Stelle im Unternehmen - wenn auch nicht gleichmäßig verteilt - Umweltschäden verursacht. Die ökologische Betrof-

---

[1] Ralf Antes, Dip.-Kfm., Wissenschaftlicher Mitarbeiter am Institut für Ökologie und Unternehmensführung an der European Business School e.V. Oestrich-Winkel

fenheit einer Organisation ist demnach umfassend.[2] Gleichzeitig vermeidet nur eine Veränderung, Vermeidung oder Verringerung der verursachenden Aktivität auch deren unerwünschte Wirkung.[3] Alle anderen Formen der Problembearbeitung sind Reparatur (z.B. Behandlung, Umwandlung, Sanierung) oder gar Kompensation (Eingriffsausgleiche andernorts oder durch Entschädigungszahlungen).

Reparatur macht in Teilen Sinn, im wesentlichen weil sie (a) kurzfristig Reaktionsfähigkeit sicherstellt, weil (b) verbesserte Informationsgrade Zustände erst nachträglich als gefährdend identifizieren können; die verursachende Aktivität liegt dann in der Vergangenheit, sie ist nicht rückgängig zu machen und weil (c) eine *völlige* (= 100%) Vermeidung physikalisch nur durch Verzicht auf die jeweilige Aktivität erreicht werden kann. Völlige Vermeidung kann deshalb bei ganzheitlicher Betrachtung aller Aktivitäten einer wirtschaftenden Einheit nur eine selektive Strategie sein.[4] Andererseits lassen Reparatur und Kompensation die Ursache unbeschadet fortbestehen. Reparatur behandelt zumindest noch die Wirkungen,[5] verlagert diese aber bloß örtlich, medial und zeitlich.

Reparatur führt weiterhin - darin liegt ihre betriebswirtschaftliche Grenze - zu exponentiell steigenden Kosten: Wächst die nicht vermiedene oder verminderte Ursache, werden steigende Reinigungsgrade je Einheit notwendig um eine gleichbleibende Umweltqualität zu gewährleisten - bei typischerweise exponentiell steigenden Grenzkosten (zu letzterem RSU, 1978: 115).

Was haben diese Überlegungen mit organisations- und entscheidungstheoretischen Fragen betrieblichen Umweltschutzes gemein? Reparatur erlaubt nicht nur die Beschränkung auf end of the pipe-Technik, sondern auch die Beschränkung auf eine "end of the pipe-Organisation".

Die organisatorische Umsetzung einer Zielsetzung "Umweltschutz" oder "umweltverträgliche Leistungserstellung" ist als Kontinuum vorstellbar zwischen zwei Extrema (Antes, 1992: 500-504): 1. Umweltschutzaufgaben, -verantwortung und -kompetenzen werden Stellen- oder Positionsinhabern gemäß ihrer jeweiligen Betroffenheit zugewiesen (völlige Integration). 2. Sie werden in spezialisierten Stellen konzentriert (völlige funktional-additive Organisation). Die erste Variante bezieht die Stellen/Positionsinhaber explizit ein. Im zweiten Fall werden zugunsten von Spezialisierungsvorteilen (z.B. Ressourcenbündelung, Professionalisierung) Zuständigkeit, Verantwortung und Kompetenz für die Umweltverträglichkeit der Aufgabenerfüllung von der verursachenden Aktivität wegverlagert: Der Stellen-/Positionsinhaber ist von den Umweltwirkungen seiner Entscheidungen und Handlungen entbunden. Indem Reparatur

---

[2] Diese direkte ökologische Betroffenheit kann (indirekt) durch Anspruchsgruppen verstärkt oder auch überhaupt erst relevant werden; vgl. Antes, 1992: 490f.

[3] Die Überlegungen treffen nicht allein auf Umwelt-, sondern auch auf Qualitäts- und Gesundheitswirkungen betrieblicher Aktivitäten zu. Sie sind dort in die Präventionskonzepte des Total Quality Management und der Gesundheitsförderung gemündet.

[4] Außer durch Einstellung aller Tätigkeiten ist einem Unternehmen demnach *insgesamt* keine Nullemission möglich, sondern nur relative Umweltverträglichkeit, d.h. auch von umweltverträglichen Handlungen und Produkten gehen noch Wirkungen auf die Umwelt aus.

[5] Da Kompensation sogar die Wirkungen unverändert in Kauf nimmt, bleibt sie aus der weiteren Analyse ausgeschlossen.

die Ursache unbeschadet fortbestehen läßt, erlaubt diese Strategie auch, sich weitestgehend auf die Einrichtung spezialisierter Umweltschutzstellen zu beschränken. Maßnahmen zur Mobilisierung oder Entwicklung eines umweltorientierten Verhaltenspotentials erscheinen unter dieser Maßgabe weder sinnvoll, noch haben Stellen-/Positionsinhaber einen Grund zur Annahme, (potentieller) Verursacher von Umweltbelastungen zu sein. Herrschende Praxis (s. unten) und theoretische Bearbeitungen (typisch Thomas,1988: 2162f. und 1992: 3-5) liegen sehr viel näher an 2 als an 1. Der Vorsorge verpflichteter Umweltschutz kann jedoch nicht die die Umweltwirkungen (potentiell) verursachenden Stellen-/Positionsinhaber ausgrenzen.

These 2:
Bislang existiert kein Modell, das umweltverträgliches Verhalten in Organisationen umfassend zu beschreiben und erklären vermag. Ein theoretischer Zugang muß die Bedingungen eines solchen Verhaltens erfassen.

Es sind verschiedene theoretische Zugänge zu umweltverträglichem Verhalten möglich, über
a. allgemeine psychologische Verhaltensmodelle,
b. umweltpsychologische Verhaltensmodelle,
c. organisationstheoretische Entscheidungsmodelle,
d. arbeitswissenschaftliche und -psychologische Modelle des Verhaltensspielraums,
e. die Rollentheorie,
f. das soziologische Konzept nicht-intendierter Konsequenzen,
g. arbeitspolitische Analysen,
h. die mikroökonomische Theorie externer Effekte und
i. die Spieltheorie, insbesondere zur Situation ökologischer Dilemmata.

Mit Ausnahme einiger weniger arbeitspolitischer Analysen (vgl. u.a. die Beiträge von Hildebrandt und Birke in diesem Band m.w.N.) wurde bisher keiner dieser Ansätze systematisch und konsequent auf umweltverträgliches Entscheiden und Handeln in Unternehmen angewendet (ansatzweise zu b. Wiendieck, 1990: 94-97; Lecher u.a.,1992; Hoff/Lecher 1995 und Antes, 1994: 28f.; zu f. Seidel/Menn, 1988: 48-57; ausführlich Antes 1995). Untersuchungen sind vielmehr partial angelegt, betrachten nur Arbeitsverhalten allgemein[6] und/oder umweltverträgliches Verhalten nur in privaten Lebensbereichen (Abfalltrennung, Kaufverhalten, Pkw-Benutzung etc.). Ungeachtet des jeweils unterschiedlichen theoretischen Zugangs und dem Stand der Forschungsprogramme sind andererseits bemerkenswerte Übereinstimmungen in den Entstehungsbedingungen von Verhalten erkennbar. Am umfassendsten bilden (a) und (c) die Verhaltensbedingungen ab. Verhalten wird, insbesondere seit der Feldtheorie von *Lewin*, durch Bedingungen bestimmt gesehen, die in der Person selbst liegen sowie durch die Situation ge-

---

[6] Selbst hier konstatiert *Frese* noch 1992, "daß die empirische Organisationsforschung bei der Untersuchung der Verhaltenswirkung von Organisationsstrukturen noch ganz in den Anfängen steht" (Frese, 1992: 291).

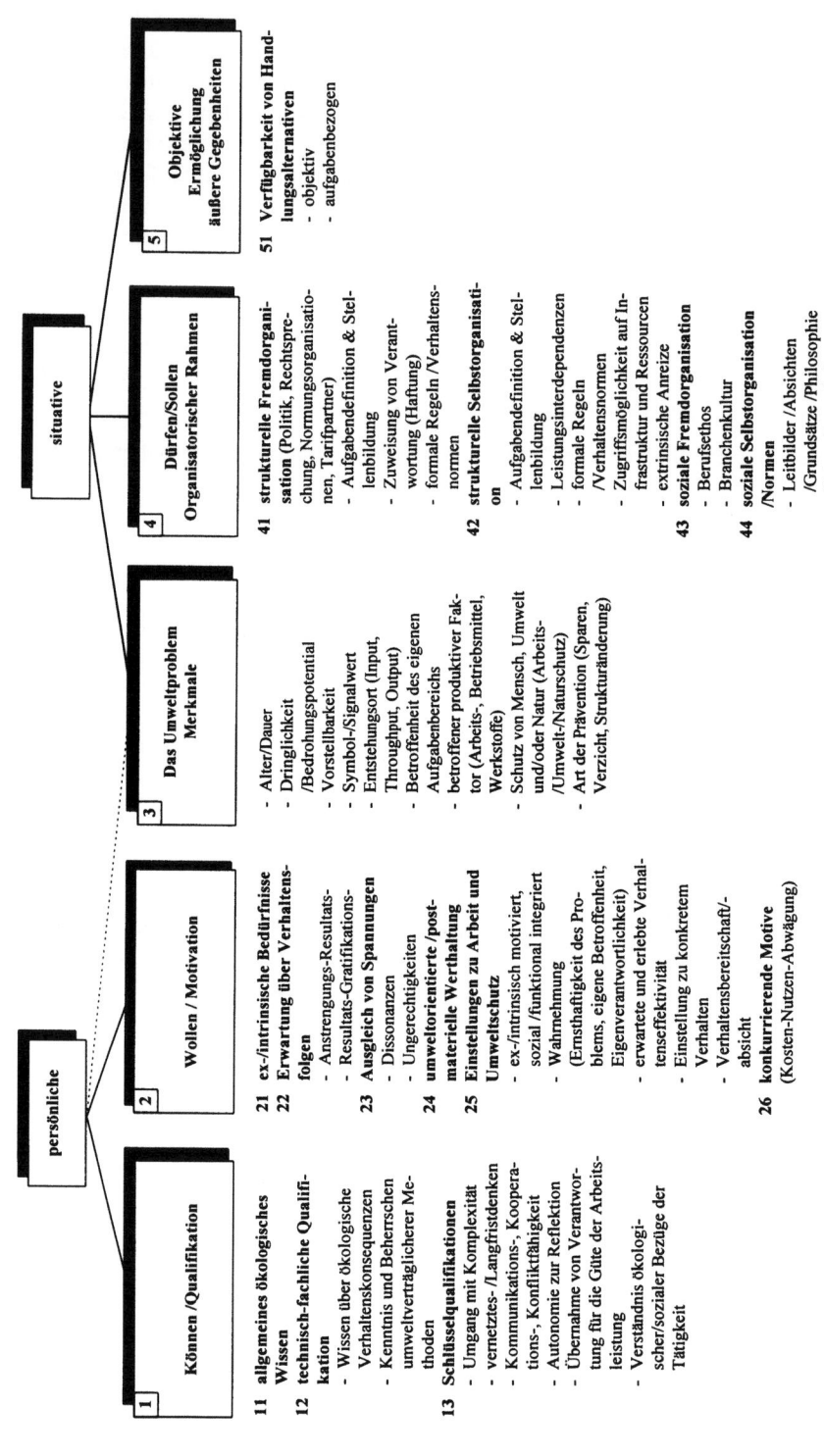

Abb. 1: Bedingungen umweltverträglichen Arbeitsverhaltens

persönliche

1 Können /Qualifikation

11 allgemeines ökologisches Wissen

12 technisch-fachliche Qualifikation
- Wissen über ökologische Verhaltenskonsequenzen
- Kenntnis und Beherrschen umweltverträglicherer Methoden

13 Schlüsselqualifikationen
- Umgang mit Komplexität
- vernetztes- /Langfristdenken
- Kommunikations-, Kooperations-, Konfliktfähigkeit
- Autonomie zur Reflektion
- Übernahme von Verantwortung für die Güte der Arbeitsleistung
- Verständnis ökologischer/sozialer Bezüge der Tätigkeit

2 Wollen / Motivation

21 ex-/intrinsische Bedürfnisse

22 Erwartung über Verhaltensfolgen
- Anstrengungs-Resultats-
- Resultats-Gratifikations-

23 Ausgleich von Spannungen
- Dissonanzen
- Ungerechtigkeiten

24 umweltorientierte /postmaterielle Werthaltung

25 Einstellungen zu Arbeit und Umweltschutz
- ex-/intrinsisch motiviert, sozial /funktional integriert
- Wahrnehmung (Ernsthaftigkeit des Problems, eigene Betroffenheit, Eigenverantwortlichkeit)
- erwartete und erlebte Verhaltenseffektivität
- Einstellung zu konkretem Verhalten
- Verhaltensbereitschaft/-absicht

26 konkurrierende Motive (Kosten-Nutzen-Abwägung)

situative

3 Das Umweltproblem Merkmale

- Alter/Dauer
- Dringlichkeit /Bedrohungspotential
- Vorstellbarkeit
- Symbol-/Signalwert
- Entstehungsort (Input, Throughput, Output)
- Betroffenheit des eigenen Aufgabenbereichs
- betroffener produktiver Faktor (Arbeits-, Betriebsmittel, Werkstoffe)
- Schutz von Mensch, Umwelt und/oder Natur (Arbeits- /Umwelt-/Naturschutz)
- Art der Prävention (Sparen, Verzicht, Strukturänderung)

4 Dürfen/Sollen Organisatorischer Rahmen

41 strukturelle Fremdorganisation (Politik, Rechtsprechung, Normungsorganisationen, Tarifpartner)
- Aufgabendefinition & Stellenbildung
- Zuweisung von Verantwortung (Haftung)
- formale Regeln /Verhaltensnormen

42 strukturelle Selbstorganisation
- Aufgabendefinition & Stellenbildung
- Leistungsinterdependenzen
- formale Regeln /Verhaltensnormen
- Zugriffsmöglichkeit auf Infrastruktur und Ressourcen
- extrinsische Anreize

43 soziale Fremdorganisation
- Berufsethos
- Branchenkultur

44 soziale Selbstorganisation /Normen
- Leitbilder /Absichten /Grundsätze /Philosophie
- Unternehmenskultur
- Gruppennormen

5 Objektive Ermöglichung äußere Gegebenheiten

51 Verfügbarkeit von Handlungsalternativen
- objektiv
- aufgabenbezogen

geben sind. Verhalten (V) ist eine Funktion der Person (P) und ihrer Umwelt (U): V = F (P, U) (Lewin, 1946: 271f.). Nach *Rosenstiel* ist Verhalten allgemein von je zwei situativen und personalen Bedingungen abhängig (Rosenstiel, 1988: 215-218 und 1987: 45-47):

- individuelles Können (Fähigkeiten, Fertigkeiten),
- persönliches Wollen (Motivation/Antriebskraft),
- soziales Dürfen (Gesetze, Regelungen, Normen) und
- objektive Ermöglichung (äußere Gegebenheiten).

Diese Struktur findet sich in organisationstheoretischen Entscheidungsmodellen wieder (u.a. Hackman, 1969: 118; Laux/Liermann, 1993: 75; Hill/Fehlbaum/Ulrich, 1989: 58; Rehkugler/Schindel, 1990: 202 i.V.m. 254, Kossbiel, 1994: 76). Sie liegt auch der unten folgenden Auswertung der FUUF-Studie zugrunde. Abbildung 1 veranschaulicht die Systematik. Sie ist ergänzt um den spezifisch umweltpsychologischen Befund, nach dem auch die Verschiedenartigkeit von Umweltproblemen mit ausschlaggebend ist (Lehmann/Gerds, 1991; Karger/Wiedemann, 1994).

2. Empirische Erschließung des Themas - die FUUF-Studie

2.1 Zum Design der FUUF-Studie

Die Studie der "Forschungsgruppe umweltorientierte Unternehmensführung" (FUUF) wurde im Zeitraum 1989 bis April 1990 im Auftrag des Umweltbundesamtes durchgeführt. Forschungsziel war (a) eine umfassende Bestandsaufnahme und (b) Möglichkeiten der Kostensenkung und Erlössteigerung durch Umweltschutz aufzuzeigen und deren Bedingungen zu ermitteln. Die Untersuchung wurde als standardisierte, weitgehend geschlossene Befragung durchgeführt. Mündliche Interviews vor Ort wurden mit 592 Mitgliedern aus der Geschäftsführung bundesdeutscher Unternehmen (verarbeitendes Gewerbe, vereinzelt Dienstleister) durchgeführt (Mantelfragebogen). Zusätzlich wurden schriftlich Funktionsbereichsleiter befragt. Die Grundgesamtheit beträgt demnach N = 592; die Rückläufe der Funktionsbereichsbögen sahen wie folgt aus: Materialwirtschaft (111), Produktion (115), Forschung und Entwicklung (103), Marketing (103), Public Relations (107), Organisation (90), Rechnungswesen (102), Controlling (96), Personal (102). Für Unternehmen unter 500 Mitarbeitern wurde der bereichsspezifische Teil erheblich reduziert auf einen Mittelstandbogen mit ausgewählten Fragen der einzelnen Bereiche. Entsprechend erhöhen sich bei diesen Fragen die Grundgesamtheiten. Schließlich wurden einige separate Studien durchgeführt (Finanzdienstleister, Handel, Wertanalyse, Auswertung Investitionsprogramm). Damit stellt die Studie, auch im internationalen Vergleich, die bislang umfassendste empirische Untersuchung zum betrieblichen Umweltschutz dar (zum ausführlichen Forschungsbericht FUUF, 1991; als Kurzfassung Antes/Steger/Tiebler, 1992).

2.2 Ergebnisse der FUUF-Studie zu Entstehungsbedingungen umweltverträglichen Verhaltens in Unternehmen

Bevor nun Ergebnisse aus der FUUF-Studie vorgestellt werden, ist zu vergegenwärtigen, daß die Fragestellung dort (s. unter 2.1) sich von der hier verfolgten unterscheidet. Die Wahrscheinlichkeit, daß sich die oben entwickelte Systematik von Verhaltensbedingungen in der Struktur der FUUF-Studie wiederfindet, ist deshalb gering. Es ist auch nicht der Fall. Dennoch: Auch unter Berücksichtigung der dadurch je nach Verhaltensbedingung recht unterschiedlichen Datenlage vermag eine Sekundärauswertung des vorliegenden Materials aufgrund seiner Umfassendheit neben punktuellen Ergebnissen auch einen Gesamteindruck zu vermitteln. Eine multivariate Analyse wird allerdings nicht durchgeführt.

Von den in Abbildung 1 dargestellten Bedingungen umweltverträglichen Verhaltens liefert die FUUF-Studie Ergebnisse zur Qualifikation (1) und Motivation (2) von Organisationsmitgliedern sowie zu deren organisatorischen Verhaltensrahmen (4). Die vorgestellten Befunde betreffen

- bezüglich der Qualifikation das allgemeine ökologische Wissen (i.d.Abb.: 11) und Weiterbildungsmaßnahmen zur technisch-fachlichen Qualifikation (12);

- bezüglich der Motivation die grundsätzliche Einstellung zum Umweltschutz und die Wahrnehmung ökologischer Betroffenheit (25);

- bezüglich des organisatorischen Verhaltensrahmens die grundsätzliche Bedeutung, die ihm die Unternehmen gegenüber technischen Ansätzen beimessen, die horizontale und vertikale Verteilung von Umweltschutzaufgaben durch Fremd- oder Selbstorganisation (41/42) sowie die Umweltorientierung von Steuerungs- und Koordinationsinstrumenten, konkret des Informationssystems und von Anreizen (42) sowie des Zielsystems (44).

2.2.1 Motivation von Organisationsmitgliedern

Die Daten zur Motivation liefern im wesentlichen Aussagen über die grundsätzliche Einstellung zum Umweltschutz und die Wahrnehmung ökologischer Betroffenheit. Bei den Befragten handelt es sich ausschließlich um Vertreter des Managements. Deshalb entsteht nicht nur ein Bild über deren Motivation zum Umweltschutz, sondern auch über den Verhaltensrahmen anderer Organisationsmitglieder: Aufgrund der Position der Befragten ist davon auszugehen, daß sie die Kultur und damit die sozialen Verhaltensnormen in ihrer Organisation oder Organisationseinheit maßgeblich prägen.

Aus dem an Mitglieder der Geschäftsleitung gerichteten Mantelfragebogen geht zunächst eine grundsätzlich positive *Einstellung zum Umweltschutz* hervor. Die Motive hierfür liegen allerdings stärker in einer Risiko- und Sicherheitsperspektive begründet, als in einer Wettbewerbsorientierung (Abb. 2). Die Reihenfolge bestätigt sich bei der gezielten Nachfrage nach den Gründen für den Stellenwert des Umweltschutzes im Unternehmen (vgl. FUUF, 1991: 208). Sie wird auch an vielen anderen Punkten immer wieder deutlich und kann damit als recht stabil angenommen werden.

Aussage	Angaben in % (N = 592)					
	stimme voll zu	stimme zu	teils teils	lehne voll ab	lehne ab	keine Angabe
	1	2	3	4	5	
Umweltschutz ist Aufgabe der Geschäfts-leitung	61,7	24,5	9,8	3,2	0,5	0,3
Umweltschutz muß zuerst vom Gesetzgeber angegangen werden, weil der einzelne Unternehmer allein wenig ausrichten kann	5,1	13,2	27,2	30,6	23,1	0,8
Umweltschutz wird bei uns zum großen Teil für die PR gemacht	0,8	2,7	13,7	31,8	49,0	2,0
Ein schlechtes Umweltimage würde sich nachhaltig negativ auf den Unternehmens-erfolg auswirken	41,7	40,4	9,6	4,7	1,7	1,9
Wir betreiben Umweltschutz als Teil unserer Existenzsicherung	32,6	30,1	15,2	11,0	7,6	3,5
Krisenmanagement und Notfallplanung sind Teil unseres betrieblichen Umweltschutzes	22,8	33,1	15,4	10,0	8,8	10,0
Umweltschutz ist zur Sicherung unseres Produktionsstandortes unbedingt notwendig	38,3	28,7	12,0	8,4	7,3	5,2
Die konsequente Verfolgung des Umwelt-schutzes verbessert unsere Chancen im Wettbewerb	22,5	30,1	23,0	14,5	8,1	1,9
Umweltschutz verschlechtert das wirt-schaftliche Ergebnis unseres Unternehmens	10,8	18,9	33,3	22,0	13,5	1,5

1,0   5,0

Abb. 2: Einstellungen von Mitgliedern der Geschäftsleitung zum Umweltschutz

Wahrgenommen wird eine *ökologische Betroffenheit* hauptsächlich ("sehr stark/stark") für die überwiegend technisch geprägten Funktionen und Bereiche Produktion (82,6%) und - bereits mit einigem Abstand - F&E (66,7%) und Materialwirtschaft (63,3%). Auffallend geringer gelten Querschnittsfunktionen, die über ihre Verhaltenssteuerung und -koordination Umweltwirkungen im wesentlichen indirekt auslösen, als ökologisch betroffen: Organisation (19,3%), Personalwirtschaft (14,1%), Controlling (13,8%), internes Rechnungswesen (4,9%). Einzig der strategischen Planung wird eine größere Relevanz zuerkannt (56,8%). Unerwartet gering wurde Marketing eingestuft (34,2%); die verhaltene Wettbewerbsorientierung bestätigt sich hier. Auch diese Prioritätenfolge ist als sehr stabil einzustufen; sie wird durch weitere Ergebnisse, u.a. die Teilnahme an umweltschutzbezogener Weiterbildung (vgl. unten Abb. 4), bestätigt.

2.2.2 Qualifikation von Organisationsmitgliedern

Die ökologische Betroffenheit der Personalwirtschaft, in deren Aufgabenbereich die Qualifikation der Organisationsmitglieder fällt, wurde als recht gering beurteilt. Und ebenso werden personalpolitische Maßnahmen gegenüber organisatorischen und vor allem technischen als nachrangig betrachtet (s. 2.2.3, Abb. 5). Dennoch gibt immerhin jeweils fast die Hälfte der Personalverantwortlichen an, Umweltschutzaspekte sehr stark oder stark in die Ausbildung (48,6% bei N = 102) oder die betriebliche Weiterbildung (46,9%) einzubeziehen. Bei einer etwas abgewandelten Frage an anderer Stelle geben noch 37,5% an, das Umweltbewußtsein durch Weiterbildungsmöglichkeiten zu fördern. Umgekehrt heißt das, daß mehr als die Hälfte angibt, keine umweltschutzbezogene Aus- und Weiterbildung zu betreiben. Dennoch wird das ökologische Wissen der Organisationsmitglieder außerordentlich hoch beurteilt. Allerdings war nicht nach fachspezifischen Kenntnissen und Fertigkeiten gefragt. Auffallend ist in Abbildung 3 noch das *relativ* geringe Wissen, das den nicht leitenden Mitarbeitern und ihrer Interessenvertretung zuerkannt wird.

Gruppe	Die allgemeinen Kenntnisse und das Wissen um ökologische Zusammenhänge sind sehr groß/groß	
	Leiter Personal	Leiter Organisation
Vorstand/Geschäftsführung	92,0%	92,9%
Management/Leitende Angestellte	84,3%	84,9%
Mitarbeiter	47,2%	47,4%
Betriebsrat	78,2%	65,9%
Betriebsbeauftragte f. Umweltschutz	98,7%	94,8%
sonstige Umweltschutzinstitutionen	90,7%	87,5%

Abb. 3: Einschätzung des ökologischen Wissens von Organisationsmitgliedern

Findet eine fachspezifische Weiterbildung[7] zum Umweltschutz statt, so ist die Substitution gefährlicher Stoffe häufigstes Thema (36,3% aller Unternehmen). Es folgen die Umweltschutzgesetzgebung (28,4%), die Minimierung von Energieverbrauch (27,5%), Rohstoffverbrauch (22,6%) und Emissionen (20,6%), die Entwicklung umweltfreundlicher Verfahren und Produkte (20,6%), eine schadstoffarme Entsorgung und die Vermeidung von Bedienungsfehlern (je 19,6%), Brandschutz und die Minimierung des Wasserverbrauchs (je 18,6%), innerbetriebliche Kreisläufe (12,8%) sowie die Sicherheit am Arbeitsplatz (11,8%)[8]. Adressat sind eindeutig Führungskräfte gegenüber Angestell-

---

[7] Die Ausbildung wurde nicht weiter gesondert erfragt. Die Ausführungen beschränken sich deshalb auf die Weiterbildung.

[8] Zur Arbeitssicherheit finden häufig Sicherheitsbelehrungen statt, die *nicht* in die Weiterbildung integriert sind.

ten und gewerblichen Arbeitnehmern.[9] Ihr Anteil an den Teilnehmern schwankt zwischen 50,0% bei der Arbeitssicherheit und 95,2% bei der Verfahrens- und Produktentwicklung. Umweltschutzbezogene Qualifikation auf Führungsebene findet demnach mit einer gegenüber den Gesamtwerten etwas anderen Prioritätenfolge statt. Neben der Verfahrens- und Produktentwicklung bevorzugte Themen sind die Umweltschutzgesetzgebung, innerbetriebliche Kreisläufe, die Minimierung von Emissionen sowie die Substitution gefährlicher Stoffe.

Auch nach Funktionsbereichen verteilt sich die Teilnahme recht unterschiedlich. Dabei zeigt sich eine in der Tendenz bemerkenswerte Übereinstimmung zu der in der Geschäftsleitung wahrgenommenen ökologischen Betroffenheit (s. 2.2.1). Einziger "Ausreißer" ist die strategische Planung. Durch ihre Rückstufung wird die technische Ausrichtung des Umweltschutzes noch verstärkt.

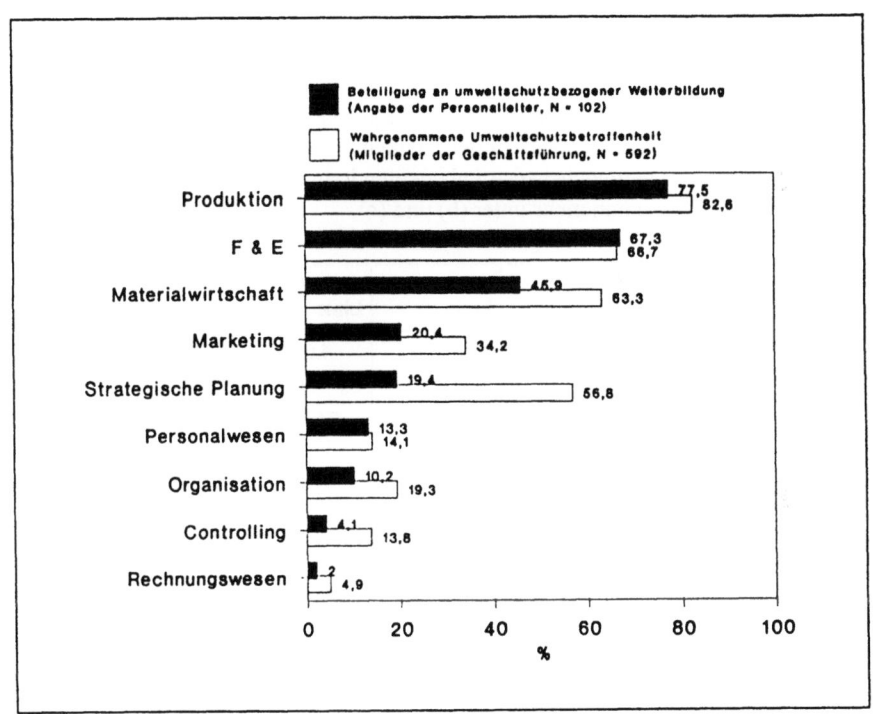

Abb. 4: Beteiligung an umweltschutzbezogener Weiterbildung nach Funktionsbereichen

---

[9] Hieraus resultiert möglicherweise auch die unterschiedliche Einschätzung des allgemeinen ökologischen Wissens. Allerdings erklärt dies nicht die ähnliche Einstufung durch die Leiter der Organisation.

2.2.3 Der organisatorische Verhaltensrahmen

Die Analyse des organisatorischen Rahmens für eine umweltverträgliche Aufgabenerfüllung konzentriert sich auf drei Gesichtspunkte:

(a) die Bedeutung des Verhaltensrahmes aus Sicht der Unternehmen;
(b) die aufbauorganisatorische Verankerung des Umweltschutzes;
(c) die Umweltorientierung der Steuerungs- und Koordinationsinstrumente.

zu (a) Bedeutung des Verhaltensrahmes aus Sicht der Unternehmen:
Wenn Organisationen dem umweltverträglichen Entscheiden und Handeln ihrer Mitglieder Bedeutung beimessen, dann schlägt sich das im Stellenwert der Funktionen nieder,
die den Rahmen, d.h. die strukturellen und sozialen Normen, hierfür maßgeblich gestalten (Selbstorganisation). Davon ist in den FUUF-Ergebnissen aber wenig zu erkennen.
Erste Hinweise haben bereits die vorangegangenen Auswertungen gegeben: Eine ökologische Betroffenheit gerade dieser Funktionen - Organisation, Personalwesen, Controlling und Rechnungswesen - wird von den Wenigsten gesehen; eine Ausnahme bildet
allein die strategische Planung (vgl. Abb. 4). Möglicherweise liegt das daran, daß sie im
Gegensatz etwa zur Produktion Umweltwirkungen im wesentlichen indirekt verursachen: über die Art, wie sie das Verhalten der Organisationsmitglieder steuern und koordinieren. Dementsprechend wird Umweltrisiken in erster Linie durch technische
Maßnahmen begegnet, vergleichsweise unbedeutend sind organisatorische oder personelle Maßnahmen.[10] Dazu nun mehr unter (b) und (c).

Möglichen Umweltrisiken begegnen wir durch	in erster Linie	in zweiter Linie	in dritter Linie	keine Angabe	Gesamt
technische Maßnahmen	82,3% (487)	9,1% (54)	4,6% (27)	4,1% (24)	100% (592)
organisatorische Maßnahmen	15,4% (91)	53,4% (316)	21,5% (127)	9,8% (58)	100% (592)
personelle Maßnahmen	8,4% (50)	24,7% (146)	55,2% (327)	11,7% (69)	100% (592)
Gesamt*	628	516	481	151	1.776

* Die ungleiche Verteilung in den Prioritätsstufen ergibt sich dadurch, daß bei einer Reihe von Unternehmen zwei, z.T. auch alle drei Maßnahmenformen gleich bedeutsam sind.

Abb. 5: Maßnahmenformen gegen Umweltrisiken

zu (b) aufbauorganisatorische Verankerung des Umweltschutzes:
Die Nachrangigkeit sozial-organisatorischer Ansätze gegenüber technischen bedeutet

---

[10] Die Bedeutung von Organisation und Controlling haben mittlerweile eine Aufwertung erfahren. Allerdings ist dies differenziert zu sehen; vgl. dazu Abschn. 3.

nicht, daß das Gros der Unternehmen über keine Aufbauorganisation zum Umweltschutz verfügt. Schon infolge gesetzlicher Auflagen hat die Mehrzahl der Unternehmen
eine Minimalorganisation zu installieren. Zum Zeitpunkt der FUUF-Studie waren dies
im wesentlichen die nach verschiedenen Gesetzen (v.a. BImSchG, AbfG, WHG) zu bestellenden Betriebsbeauftragten.[11]

Institution	Geschäftsleitung (Mantelbogen, N = 592)	Leiter Organisation (Organisationsbogen, N = 90)		
		gehören organisatorisch eher zum		
		technischen Bereich	kaufmänn. Bereich	keine Anga-be
Betriebsbeauftragte für Umweltschutz	54,0% (320)	62,2% (56)	51	2	3
Umweltschutz-beauftragte*	45,9% (272)				
Stabstellen	26,9% (159)	34,4% (31)	20	5	6
Projektteams	38,0% (225)	24,4% (22)	17	3	2
Umweltausschüsse/ Gremien	20,9% (124)	21,1% (19)	13	2	4
Environmental Circles	8,5% (50)	5,6% (5)	3	1	1

* Im Mantelbogen wurde zwischen den gesetzlich bestellten Betriebsbeauftragten und den mit erweiterten Kompetenzen ausgestatteten Umweltschutzbeauftragten unterschieden.

Abb. 6: Existenz von Institutionen mit Umweltschutzaufgaben

Die Betriebsbeauftragten stellen dann auch die am weitesten verbreiteste Organisations-
einheit dar, die sich mit Umweltschutzthemen befaßt. Alle anderen Formen werden
deutlich weniger genutzt - maximal von etwa einem Drittel der Unternehmen. Zwischen
Mantel- und Organisationsbogen sind zwei größere Abweichungen erkennbar. Bei den
Beauftragten dürfte dies auf die im Mantelbogen getroffene Unterscheidung zwischen
gesetzlichen Minimal- und freiwillig erweiterten Kompetenzen zurückzuführen sein.
Der erhebliche Unterschied bei Projektteams kann aus den Daten nicht erklärt werden.
Die nahezu völlige Identifikation betrieblichen Umweltschutzes mit technischen Kategorien bestätigt sich erneut: mit Umweltschutzaufgaben betraute Institutionen sind fast
ausnahmslos dem technischen Bereich zugeordnet. Ebenso dominiert die funktional-

---

[11] Inzwischen sind weitere institutionelle Vorgaben hinzugekommen, v.a. durch die infolge § 52a
BImSchG, zukünftig auch § 53 KrW-/AbfG nunmehr explizit verlangte Dokumentation einer Umweltschutzorganisation und durch den bei Beteiligung am (freiwilligen) EU-Umweltaudit nach Anhang I.B.2.
der Verordnung zu bestellenden "Managementvertreter"; vgl. auch Antes, 1994. 25f.

additive Organisation, d.h. Umweltschutzaufgaben werden im wesentlichen in spezialisierten Stellen - Beauftragte oder Stabstellen - konzentriert. Organisationsformen wie Teams und Ausschüsse, die nicht allein auf Umweltschutzexperten zurückgreifen, sondern Mitarbeiter stärker einbeziehen, werden lediglich von einer, wenn auch starken, Minderheit genutzt. Dabei bewegen wir uns hier immer noch auf der Ebene institutionalisierten Umweltschutzes, d.h. einer nach wie vor, wenn auch nicht mehr ganz so konzentrierten Bearbeitung des Themas. Eine das Gros der Organisation umfassende Integration stellt dies noch nicht dar, zumal besonders Teams zeitlich begrenzt eingerichtet werden.

Integration wurde oben vielmehr als ein über Institutionen auf die Ebene von Stellen hinausreichender Ansatz definiert, wobei *potentiell* an die gesamte Horizontale, d.h. alle Funktionsbereiche und Sparten, und an die gesamte Vertikale, d.h. alle Hierarchien, die Anforderung einer umweltverträglichen Aufgabenerfüllung gestellt wird. In Stellenbeschreibungen schlägt sich diese Anforderung nur begrenzt nieder. Die Aussagen der Organisations- und Personalverantwortlichen liegen fast identisch bei 29,7% bzw. 30,1%;[12] nur noch 19,1% geben allerdings an, bei der Einstellung auch auf Umweltschutzkenntnisse zu achten. Darüber hinaus kann die Berücksichtigung qualitativ höchst unterschiedlich ausfallen; die Daten lassen hier keine weiter differenzierte Aussage zu. Bei gut zwei Dritteln der Unternehmen jedenfalls sind über die Umweltschutzinstitutionen hinaus ökologische Anforderungen überhaupt kein Bestandteil von Stellenbeschreibungen.

zu (c) Umweltorientierung der Steuerungs- und Koordinationsinstrumente:
Die Verhaltenssteuerung und -koordination sollen an drei Instrumenten analysiert werden: Zielsystem, Informationssystem und Anreize.

Unter dem *Zielsystem* werden hier Unternehmensgrundsätze sowie Ziele auf Unternehmens- und Bereichsebene zusammengefaßt. Nach Angaben der Befragten im Mantelbogen ist der Umweltschutzgedanke bei 418 Unternehmen in die *Unternehmensgrundsätze* integriert, das sind 84,6% der Unternehmen mit Unternehmensgrundsätzen (494) oder 70,6% aller Unternehmen. Als selbständiges *Unternehmensziel* ist Umweltschutz aber nur noch ausnahmsweise formuliert: Unter den fünf wichtigsten Unternehmenszielen erreicht er gerade 0,6% aller (spontanen) Nennungen (vgl. FUUF, 1991: 202f.). Die Beziehung zu anderen Zielen wird jedoch außerordentlich positiv gesehen. Vor allem gilt das für die mit Abstand (57,6% der Befragten) als wichtigstes Unternehmensziel deklarierte "Sicherung der Unternehmensexistenz": 59,9% sehen eine komplementäre, nur 6,0% eine konkurrierende Beziehung. Überragend ist die Komplementarität mit "weichen" Faktoren, wie "Ansehen in der Öffentlichkeit" (86,8%) oder "Mitarbeitergewinnung/-motivation" (72,4%)[13]. Zielkonkurrenz in nennenswertem Umfang wird lediglich zu kurzfristigen ökonomischen Zielen "Gewinn/ROI steigern" (33,1%) und "Liquidität sichern" (32,2%) gesehen. Trotz Komplementarität zu den wichtigsten Zielen besteht bei gleichzeitiger Unverbindlichkeit als Verhaltensnorm jedoch das u.a. als Entstehungsbedingung nicht-intendierter Folgen diskutierte Problem (m.w.N. Seidel/Menn, 1988: 47-53, 58f.) weiter, daß mit der Formulierung von Zwek-

---

[12] Nicht berücksichtigt sind die Stellenbeschreibungen für die Umweltschutzinstitutionen. Dem Organisationsbogen zufolge sind dies weitere 14,1% der Unternehmen.

[13] Bei der Einstellung spielt dies aber nur eine untergeordnete Rolle, s. Punkt b zuvor.

ken Partei gegen andere Werte ergriffen wird (vgl. Weber, 1904: 150). Bei lediglich impliziter Berücksichtigung entfällt somit die gezielte Steuerung und Koordination. Umweltverträgliches Verhalten ist zwar erleichtert, aber bloß als Zufallsprodukt aus der Konstellation anderer Einflüsse oder infolge eines Zusatznutzens[14]. Das zeigt sich dann sehr deutlich in den *Zielen der Funktionsbereiche*. Ob in der Produktion (emissionsarme Produktion, effiziente Energieausnutzung), in Forschung & Entwicklung (Entwicklung umweltfreundlicher Produkte/Stoffe/Verfahren, verbesserte Energiegewinnung/-ausnutzung) oder im Marketing (Umweltorientierung zeigen): Umweltverträglichkeit taucht als Verhaltensmaßgabe praktisch nicht auf. Einzig in der Materialwirtschaft wird Umweltschutz hoch gewichtet. Da die Befragten aber alle Ziele recht wichtig einstufen, ist die relative Bedeutung wieder eher nachrangig (von 10: 5. Energie sparen, 7. Emissionen vermindern, 8. Ressourcen sparen, 9. Einsatz umweltverträglicher Materialien). Dagegen werden auch auf der Bereichsebene die Zielbeziehungen überwiegend positiv gesehen. Das spricht, mit der bereits gemachten Einschränkung, für eine gewisse unternehmenskulturelle Verankerung des Umweltschutzgedankens. Ob zumindest dies flächendeckend bei den anderen Mitgliedern des jeweiligen Bereichs realisiert ist, muß hier offen bleiben.

Stellvertretend für das *Informationssystem* soll die Verbreitung umweltorientierter und -spezifischer Entscheidungshilfen betrachtet werden. Das traditionelle betriebswirtschaftliche Informationssystem ist das *interne Rechnungswesen*. Darüber hinaus hat es umweltpolitisch für die Internalisierung externer Kosten zentrale Bedeutung. Denn für das Verhalten des einzelnen Organisationsmitglieds ist es entscheidend, wie das Unternehmen die Internalisierung intern umsetzt. Es kann die Vorgaben an den internen Ort der Verursachung, die einzelne Stelle (s. dazu Abschn. 1), durchleiten (Kostenstellen- und -trägerrechnung), verstärken (z.B. mittels interner Verrechnungspreise), aber auch in Gemeinkostenschlüsseln puffern. Im letzten Fall entsteht das als Allmende-Dilemma bekannte Problem einer gemeinsam bewirtschafteten Ressource: Der Einzelne wird angereizt, die Ressource nicht bis zum Schnittpunkt von Grenznutzen und Grenzkosten, sondern weiterhin darüber hinaus bis zum Schnittpunkt mit den Durchschnittskosten zu nutzen (Diekmann/Preisendörfer, 1993: 133f.). Die FUUF-Ergebnisse ergeben nun, daß das Rechnungswesen in der Regel genau diesem Verhalten Vorschub leistet. Das Rechnungswesen etwa der Hälfte der Unternehmen kann zwar zumindest noch eng abgegrenzte Umweltschutzkostenarten und - träger (gezielte Umweltschutzaufträge) ausweisen. Nur noch knapp ein Drittel verfügt jedoch über monetäre medienspezifische Informationen (z.B. Energie-, Wasser-, Abfallwirtschaft). Und noch ein geringerer Teil ist in der Lage, weiter gefaßten Kostenträgern (Investitionsobjekt, Produktlinien) oder Kostenstellen verursachte Umweltschutzkosten zuzuweisen. Eine verursacher- oder objektbezogene Information ist nur in Ausnahmefällen möglich. Die Befunde werden durch Angaben der Geschäftsleitung in der Tendenz bestätigt (N=592): Umweltschutzbezogene Kosten- und Erlösbetrachtungen *irgendwelcher* Art durchzuführen, geben 36,5% an; 13,5% haben Umweltschutzkostenstellen eingerichtet.

---

[14] „Nur wenn mehrere funktional äquivalente Mittel sich anbieten, können weitere Folgen als zusätzliche Kriterien, als Nebenbedingungen, die möglichst *auch* (Hervorh. R. A.) erfüllt werden sollten, herangezogen werden". (Luhmann, 1973: 198).

Unser Rechnungswesen erlaubt eine Betrachtung umweltschutzbedingter Erlös- und Kostenentwicklungen nach folgenden Kriterien (N=167)	
30,5%	Umweltschutzbereiche (z.B. Luftreinhaltung, Abfall)
16,8%	organisatorische Einheiten (Umweltschutzstellen, Bereiche)
18,6%	Investitionsobjekte/-vorhaben
10,2%	Produktlinien (ökologischer Produktlebenszyklus)
Unser Rechnungswesen erlaubt den Ausweis von (N=102)	
57,8%	eindeutig als Umweltschutzkosten erkennbare Kostenarten
52,9%	Kostenarten innerhalb von Umweltschutzstellen
38,2%	für Umweltschutzzwecke verwendete Kostenarten innerhalb von Kostenstellen
48,0%	Umweltschutzaufträgen als definierter Kostenkomplex

Abb. 7: Umweltschutz im internen Rechnungswesen

In *Instrumente der strategischen Planung* sind Umweltschutzkriterien mit Ausnahme von Risikoanalysen bei maximal einem Drittel der Unternehmen integriert, u.a. (Angaben: Integration Umweltschutz, Einsatz allgemein; N=592): Risikoanalyse (55,7%, 64,7%), Marktanalyse (34,3%, 82,6%), Stärken-/Schwächenanalyse (31,9%, 65,0%), Konkurrentenanalyse (29,7%, 77,8%), Branchenstrukturanalyse (23,3%, 66,7%), Potential-/Lückenanalyse (18,9%, 40,7%), Portfolioanalyse (15,2%, 35,8%), Produktlebenszykluskonzept (14,4%, 35,1%), Wertschöpfungsketten (10,5%, 29,7%). In geringerem Umfang als die Integration in herkömmliche Instrumente werden den Angaben der Controllingverantwortlichen zufolge *umweltschutzspezifische Entscheidungshilfen* genutzt: Stofflisten (24,6%), Material-/Stoffflußrechnungen (14,4%), Energieflußrechnungen (14,4%), Emissionskataster (10,8%), Ökobilanzen (3,0%). Die Werte für Stofflisten (26,5%) und Ökobilanzen (4,7%) werden durch Angaben im Mantelbogen bestätigt.

Demnach ist es der Mehrzahl der Unternehmen weder möglich, frühzeitig Wettbewerbskräfte, noch Wertschöpfungspotentiale zu identifizieren, noch umweltpolitisch bereits internalisierte Kosten intern verursachungsgerecht zuzuweisen. Das Erkennen von Umweltwirkungen beschränkt sich weitgehend auf Risikoanalysen und bestimmte Umweltschutzkostenarten. Dabei wurde noch nicht einmal erhoben, wie hoch der Prozentteil der Organisationsmitglieder jeweils ist, der solche Informationen erhält oder dem solche Information zugänglich sind, sondern lediglich, ob im Unternehmen diese Information überhaupt, d.h. *einer* beliebigen Stelle vorliegt. Eine Rückkopplung ökologischer Verhaltensfolgen an das einzelne Organisationsmitglied ist unter diesen Umständen als Ausnahme anzunehmen.

Anreiz	Angaben in % (N=102)			
	stark	wenig	nicht	keine An- gabe
Leichter Zugriff auf entsprechende Information	46,1	15,7	15,7	22,5
Betriebliches Vorschlagswesen (BVW)	45,1	24,5	11,8	18,6
Erhöhte Prämien für Umweltschutzideen im BVW	11,8	6,9	58,8	22,5
Belohnungssysteme für Ideen zum Umweltschutz (Erfolgsprämien, Boni)	12,7	14,7	48,0	24,5
Mitwirkung in Qualitätszirkeln	20,6	16,6	36,3	26,5
Verschaffung von Anerkennung bei besonderen Ideen/Leistungen auf dem Umweltsektor	22,5	21,6	33,3	22,5
Anreize zur Vermeidung umweltschädlicher Ver- haltensweisen (z.B. Verantwortungszurechnung bei langwirkenden Projekten)	14,7	13,7	48,0	23,5
Weiterbildungsmöglichkeiten im Umweltschutz	29,4	28,4	20,6	21,6
Betriebsversammlungen zur Klärung von Um- weltschutzfragen	10,8	17,7	49,0	22,5

Abb. 8: Anreize zur Förderung von Umweltbewußtsein und umweltverträglichem Verhalten

Als letztes Steuer- und Koordinationsinstrument soll nun der Einsatz verschiedener *Anreize* betrachtet werden. Dazu werden Antworten der Personalleiter herangezogen (s. Abb. 8). Nur wenige der angesprochenen Anreize sind in größerem Umfang ausgeprägt. Zwei Nennungen fallen aus dem Rahmen, relativieren sich aber: der erleichterte Informationszugriff angesichts der vorausgegangenen Analyse des Informationssystems, die Mitwirkung am betrieblichen Vorschlagswesen durch die Befragten selbst bei der Antwort auf erhöhte Prämien.

3. Einordnung der FUUF-Ergebnisse

Die Ergebnisse zeigen für die große Mehrheit der Unternehmen deutlich, daß sowohl persönliche, als auch situative Bedingungen nur unzureichend entwickelt sind, um dauerhaft umweltverträgliche Aufgabenerfüllungen zu gewährleisten. Von einer Durchdringung der Unternehmensorganisation mit einer Umweltorientierung kann nach all den Einzelergebnissen beim Gros der Unternehmen nicht gesprochen werden.

Ohne Zweifel sind seither methodische Weiterentwicklungen erfolgt. Abgesehen davon, daß sich strukturelle Zusammenhänge langsamer verändern als einzelne Aspekte, ist in der Unternehmenspraxis aber selbst bei Umweltinformationssystemen ein Durchbruch noch nicht zu verzeichnen. Auch die Aufwertung, die der Organisation im Zuge verschärfter Haftung und der Einführung des EU-Umweltaudits zuteil wird, ist eine sehr spezifische. Im Mittelpunkt der Diskussion steht nämlich gerade nicht, die Verhaltensbedingungen der einzelnen Organisationsmitglieder zu verbessern, sondern die *Dokumentation* einer haftungsausschließenden und zertifikatssichernden (Sicherheits-) Organisation und damit immerhin, aber auch nicht mehr als eine Formalisierung des Umweltschutzes. Die dadurch erreichte Verbindlichkeit und Transparenz kann ein wesentliches Moment sein. Die Begünstigung umweltverträglichen Verhaltens in der gesamten Horizontale und Vertikale einer Organisation bedarf aber Veränderungen darüber hinaus. Hier wird es dann wichtig, die Sicherheitsperspektive auf die in der EU-Umweltaudit-Verordnung niedergelegte Prozeß- *und* Produktorientierung auszuweiten und insbesondere die "Gute Managementpraktik" Nr. 1 umzusetzen: "Bei den Arbeitnehmern wird auf *allen* (Hervorh. R.A.) Ebenen das Verantwortungsbewußtsein für die Umwelt gefördert" (EG, 1993: Anhang I.D.1.; auch Anhänge I.B.2. und I.C.11.).

Literatur

Antes, Ralf (1992): Die Organisation des betrieblichen Umweltschutzes, in: Ulrich Steger (Hrsg.), Handbuch des Umweltmanagements, München 1992, S. 487-509.

Antes, Ralf (1994): Organisation des Umweltschutzes in Unternehmen, in: Umwelt Wirtschafts Forum, Heft 6, 1994, S. 25-31.

Antes, Ralf (1995): Die Organisation des präventiven betrieblichen Umweltschutzes, im Erscheinen.

Antes, Ralf/Steger, Ulrich/Tiebler, Petra (1992): Umweltorientiertes Unternehmensverhalten - Ergebnisse aus einem Forschungsprojekt, in: Ulrich Steger (Hrsg.), Handbuch des Umweltmanagements, München 1992, S. 375-393.

Diekmann, Andreas/Preisendörfer, Christian (1993): Zur Anwendung der Theorie rationalen Handelns in der Umweltforschung, in: Kölner Zeitschrift für Soziologie und Sozialpsychologie, Heft 1/1993, S. 125-134.

EG-Europäische Gemeinschaft (1993): Verordnung (EWG) Nr. 1836/93 des Rates vom 29. Juni 1993 über die freiwillige Beteiligung gewerblicher Unternehmen an einem Gemeinschaftssystem für das Umweltmanagement und die Umweltbetriebsprüfung, in: Amtsblatt der EG, Nr. L 168 v. 10.7.1993.

Frese, Erich (1992): Organisationstheorie, 2.überarb.u.wesentl.erw.Aufl., Wiesbaden 1992.

FUUF-Forschungsgruppe umweltorientierte Unternehmensführung (1991): Modellvorhaben "Umweltorientierte Unternehmensführung", in: Umweltbundesamt (Hrsg.), Umweltorientierte Unternehmensführung - Modellvorhaben und Kongreß, Berlin 1991 (UBA Berichte 11/91), S. 47-703.

Hackman, J. Richard (1969): Toward understanding the role of tasks in behavioral research, in: Acta Psychologica 31 (1969), S. 97-128.

Hill, Wilhelm/Fehlbaum, Raymond/Ulrich, Peter (1989): Organisationslehre 1: Ziele, Instrumente und Bedingungen der Organisation sozialer Systeme, 4. durchges. Aufl., Bern/Stuttgart 1989.

Hoff, Ernst-H./Lecher, Thomas (1995): Ökologisches Verantwortungsbewußtsein, in: Martin Jänicke u.a. (Hrsg.), Umwelt Global: Veränderungen, Probleme, Lösungsansätze, Berlin u.a. 1995, im Erscheinen.

Karger, Cornelia R./Wiedemann, Peter M. (1994): Wahrnehmung von Umweltproblemen, in: Natur und Landschaft, Heft 1/1994, S. 3-8.

Kossbiel, Hugo (1994): Überlegungen zur Effizienz betrieblicher Anreizsysteme, in: Die Betriebswirtschaft, Heft 1/1994, S. 75-93.

Laux, Helmut/Liermann, Felix (1993): Grundlagen der Organisation: Die Steuerung von Entscheidungen als Grundproblem der Betriebswirtschaftslehre, 3.verb.u.erw.Aufl., Berlin u.a. 1993.

Lecher, Thomas/Hoff, Ernst-H./Distler, Eisabeth/Jancer, Michael (1992): Zur Erfassung des ökologischen Verantwortungsbewußtseins. Ein Interview-Leitfaden mit Erläuterungen, Berlin 1992 (FU Berlin, Berichte aus dem Bereich "Arbeit und Entwicklung"; Nr. 1).

Lehmann, Jürgen/Gerds, Ivo (1991): Merkmale von Umweltproblemen als Auslöser ökologischen Handelns, in: Günter Eulefeld u.a. (Hrsg.), Umweltbewußtsein und Umwelterziehung, Kiel 1991, S. 23-35.

Lewin, Kurt (1946): Verhalten und Entwicklung als eine Funktion der Gesamtsituation, in: Kurt Lewin, Feldtheorie in den Sozialwissenschaften - Ausgewählte theoretische Schriften, hrsg.v. Dorwin Cartwright, Bern/Stuttgart 1963, S. 271-329.

Luhmann, Niklas (1973): Zweckbegriff und Systemrationalität - Über die Funktionen von Zwecken in sozialen Systemen, Frankfurt am Main 1973 (Erstausgabe Tübingen 1968).

Rehkugler, Heinz/Schindel, Volker (1990): Entscheidungstheorie: Erklärung und Gestaltung betrieblicher Entscheidungen, 5. Aufl., München 1990.

Rosenstiel, Lutz von (1987): Grundlagen der Organisationspsychologie, 2.überarb.u.erg.Aufl., Stuttgart 1987.

Rosenstiel, Lutz von (1988): Motivationsmanagement, in: Michael Hofmann/Lutz von Rosenstiel (Hrsg.), Funktionale Managementlehre, Heidelberg u.a. 1988, S. 215-264.

RSU-Rat von Sachverständigen für Umweltfragen (1978): Umweltgutachten 1978, Stuttgart/Mainz 1978.

Seidel, Eberhard/Menn, Heiner (1988): Ökologisch orientierte Betriebswirtschaft, Stuttgart u.a. 1988.

Thomas, Jürgen (1988): Die Organisation des industriellen Umweltschutzes, in: Der Betrieb, Heft 43/1988, S. 2161-2166.

Thomas, Jürgen (1992): Die Organisation des industriellen Umweltschutzes, in: Josef Vogl/Anton Heigl/Kurt Schäfer (Hrsg.), Handbuch des Umweltschutzes, Loseblatt, 57. Erg.Lfg. 1/92, Kapitel III. - 1.2.

Weber, Max (1904): Die "Objektivität" sozialwissenschaftlicher und sozialpolitischer Erkenntnis (1904), in: Johannes Winckelmann (Hrsg.), Gesammelte Aufsätze zur Wissenschaftslehre von Max Weber, 2.durchges.u.erg.Aufl., Tübingen 1951, S. 146-214.

Wiendieck, Gerd (1990): Entwicklung eines Instrumentariums zur Ermittlung des Umweltbewußtseins betrieblicher Mitarbeiter, in: Kölner Beiträge zur Wirtschaftspsychologie, Heft 2/1990, Köln, S. 85-97.

Rolf Schwaderlapp[1]

Organisation des betrieblichen Umweltschutzes - eine Bestandsaufnahme vor ausgewählten qualitativen und quantitativen Untersuchungen

Inhalt

1. Einleitung

Die Bedeutung des betrieblichen Umweltschutzes ist in den letzten Jahren rasant gestiegen. Die Ursachen dafür liegen in einer drastisch verschärften Gesetzgebung, dem sich entwickelnden Umweltbewußtsein in breiten Kreisen der Bevölkerung und wohl auch in der nach wie vor ökologisch gebotenen Notwendigkeit und Dringlichkeit.

Die Wissenschaft, insbesondere die Betriebswirtschaftslehre ist dieser Entwicklung gefolgt. Seit Mitte der 80er Jahre hat es eine große Zahl von Veröffentlichungen zum be-

[1]Rolf Schwaderlapp, Diplom-Ökonom, wissenschaftlicher Mitarbeiter am Fachbereich Wirtschaftswissenschaften der Universität Gesamthochschule Kassel

trieblichen Umweltschutz und zum Umweltmanagement gegeben, die empirische Befunde, Theoriebausteine und Handlungsempfehlungen für Unternehmen unter den verschiedensten speziellen Schwerpunktsetzungen geliefert haben.

Das Thema "Organisation des betrieblichen Umweltschutz" ist in dieser Fülle relativ schwach vertreten. Organisationsfragen und Organisationsforschung gehören im Vergleich zu anderen[2] zu den unterentwickelten Gebieten der empirischen Forschung zur ökologischen Betriebswirtschaftslehre. Dabei halte ich die Frage nach der Organisation des betrieblichen Umweltschutz für besonders interessant und ergiebig, weil sie ein wichtiges Bindeglied, vielleicht sogar einen Schlüssel darstellt. Sie stellt die Verbindung zwischen der grundsätzlichen und deshalb vielleicht auch nie vollständig und endgültig beantwortbaren Frage, warum und wozu Unternehmen Umweltschutz betreiben oder betreiben sollen, und der Frage, wie dies auf der instrumentellen oder operativen Ebene umgesetzt werden kann.

Dabei wird ein weiter Organisationsbegriff unterstellt, der die gesamte Planung und Strukturierung, den Einsatz und die Kontrolle der betrieblichen Ressourcen zur Erreichung der Unternehmensziele einschließt.

2. Vorgehensweise

Im Gegensatz zu den meisten anderen Beiträgen dieses Bandes wird in diesem nicht über eine eigene empirische Untersuchung berichtet. Im Rahmen eines weiter angelegten Forschungsvorhabens[3] werden hier Teile der Bestandsaufnahme wiedergegeben. Damit soll ein vorläufiger Überblick über die schon vorhandenen Forschungsarbeiten gegeben werden. Daneben werden diese Forschungsarbeiten auch im Hinblick auf die angewandte Forschungsmethode in Augenschein genommen, um Erkenntnisse zur Auswahl zur o.a. eigenen Untersuchung zu erzielen.

Zur Organisation des betrieblichen Umweltschutzes gab es bisher relativ wenige empirische Arbeiten, erst in jüngerer Zeit nimmt das Interesse zu und es liegen dazu eine überschaubare Zahl von Untersuchungen vor. Diese basieren zum Teil, besonders die älteren auf einer eher traditionellen quantitativen Methodik. Einige ergänzen ihre standardisierten Befragungen durch Fallstudien mit Hilfe von offenen Experteninterviews. In jüngerer Zeit sind auch einige rein qualitative Studien entstanden. Des weiteren lassen sich aus anderen qualitativen Untersuchungen, deren Erkenntnishorizont allgemeiner angesetzt ist, auch (oder gerade) im Hinblick auf die Organisationsfrage der betrieblichen Umweltpolitik Erkenntnisse ziehen.

Qualitative Forschung unterscheidet sich von quantitativer zunächst augenscheinlich in ihren Erhebungsmethoden und in der Stichprobengröße: "Qualitative Forschung wird

---

[2] etwa im Vergleich zu den betrieblichen Umweltinformationssystemen und -instrumenten, etwa Öko-Bilanzierung etc. Zu einer anderen Einschätzung des Stellenwerts der Organisationsforschung des betrieblichen Umweltschutzes kommt Matzel 1994.

[3] Arbeitstitel: Umweltmanagementsysteme - die organisatorische Gestaltung betrieblicher Umweltpolitik. Durchführung 1995/ 96.

häufig als einzelfallbezogene, 'idiografische' Wissenschaft angesehen, die sich in das gründliche Studium einzelner Erscheinungen vertieft, während der quantitative Ansatz über das Modell der - etwa durch Zufallsauswahl gezogenen - repräsentativen Stichprobe (..) Verallgemeinerungen auf größere Grundgesamtheiten anstrebt ('nomothetische' Wissenschaft)" (Spöhring 1989: 102 f. Zur weiteren methodologischen Unterscheidung s. auch Lamnek 1989, Strauss 1991, Mayring 1993).

Insgesamt ist in Bezug auf die empirische Erforschung des betrieblichen Umweltschutzes ein deutlicher Trend zu qualitativen Methoden erkennbar. Die Organisationsfrage ist in besonderer Weise auch im Hinblick auf die Untersuchungsmethode interessant, nicht nur weil sie ein relativ junges Gebiet ist, wo eine überschaubare Zahl von Studien in gleichgewichtigem Verhältnis zwischen quantitiativen und qualitativen Methoden vorliegen, sondern weil sie von "weichen" Faktoren abhängig ist und daher der qualitativen Methodik in besonderem Maße zugänglich ist.

Daher wird folgende Vorgehensweise gewählt:

Zunächst wird ein zeitlicher Schnitt zwischen "älterem" und "neuerem" Stand der Forschung gesetzt, den ich etwa in der Mitte der 80er Jahre sehe, zu einer Zeit also, in der der große Boom des Themas Umweltmanagement (o.ä.) und seiner verschiedenen instrumentellen Differenzierungen erst einsetzte. Vor dieser Zäsur gab es wenige Studien, aus denen die Ausgangslage der Organisation des betrieblichen Umweltschutzes abgeleitet wird.

Von den neueren Studien, die ich für meine vergleichende Darstellung ausgewählt habe, greife ich zunächst die quantitatvien heraus und betrachte sie in inhaltlicher wie in methodischer Hinsicht. Analog stelle ich darauf einige qualitative Untersuchungen überblicksartig vor. Dazu werden der Methodik Rechnung tragend die in den Fallstudien behandelten Untersuchungsobjekte beschrieben und die Ergebnisse zur Betriebsorganisation des Umweltschutzes zusammengetragen und analysiert.

3. Ausgangslage

In der ersten Entwicklungsstufe der oben vorgenommenen Einteilung, also bis Mitte der 80er Jahre, ist betrieblicher Umweltschutz eher ein technisches denn ein betriebswirtschaftliches Problem. Die von der Produktion ausgehenden Umweltwirkungen werden durch gesetzliche Bestimmung begrenzt. Die Einhaltung der Grenzwerte wird durch die Auswahl einer entsprechenden Umwelttechnik erreicht. Die betriebliche Umweltpolitik ist durch End-of-Pipe-Maßnahmen, die staatliche Umweltpolitik durch ordnungsrechtlichen Grenzwert-Immissionsschutz gekennzeichnet.

Seit 1974 gibt es außerdem den Betriebsbeauftragten für Immissionsschutz, mit dem Anspruch auf Eigenverantwortung der Wirtschaft, damit der Eigenkontrolle verstärkt Genüge getan wird. Mit Betriebsbeauftragten in anderen Bereichen in nachfolgenden

Gesetzen[4] ist der - allgemein ausgedrückt - Umweltbeauftragte bis in die heutige Zeit die zentrale Institution der Organisation des betrieblichen Umweltschutzes.

Roth 1979 zeigt jedoch auf, daß die Beauftragten-Konstruktion - obwohl rechtsgeschichtlich gewachsen - weiterhin allein im juristischen Sinn problematisch ist, insofern der Zwang zur Selbstüberwachung einen erheblicher Eingriff in das Selbstbestimmungsrecht der Unternehmen darstellen kann.

Auch durch die betriebswirtschaftliche Brille muß es grundsätzlich fraglich sein, inwiefern Stellen in Unternehmen, die vom Staat verordnet und eingerichtet werden und deren Aufgaben im Gesetzestext dezidiert genannt werden, der Erreichung von Unternehmenszielen dienlich oder hinderlich ist.

Die vom Gesetzgeber verordnete Organisationsmaßnahme Umweltbeauftragter wurde von der empirischen Forschung in einigen Studien dahingehend untersucht, inwieweit sie betrieblichen Umweltschutz "transportiert", d.h. Umweltschutz in das betriebliche Geschehen einführt. Meßlatte waren dabei vordringlich die vom Gesetzgeber genannten Aufgaben bzw. Funktionen:

- Initiativfunktion (§ 54 Abs. 1 Nr. 1, 2 BImSchG)
- Kontrollfunktion (Nr. 3)
- Aufklärungsfunktion (Nr. 4)
- Berichtspflicht (Nr. 2) (s. Roth 1979: 28 - 37)

Die nachfolgende Aufstellung zeigt die drei wichtigsten Studien mit einem ersten methodischen Seitenblick.

Studie	Basis
Roth 1979	schriftliche Befragung von 15 Gewerbeaufsichtsämtern in verschiedenen Bundesländern über 386 Betriebsbeauftragte (nicht repräsentativ)
Ullmann 1981	repräsentative Untersuchung von 412 Betrieben aus 5 emissionsintensiven Wirtschaftsgruppen anhand eines strukturierten Fragebogens (Interviews) mit 28 Fragen
BP-Umweltschutz-Enquete 1986 (Repenning)	schriftliche Befragung von 284 Umweltbeauftragten durch Rücksendung eines in 3 Umweltfachzeitschriften beigelegten Fragebogens mit insgesamt 68 Fragen (nicht repräsentativ)

---

[4] etwa im Wasserhaushaltgesetz WHG und im Abfallgesetz AbfG. Zur Entwicklung der Gesetzgebung des Umweltbeauftragten s. Roth 1979, der als Vorgängermodelle die Aufsichtsperson im Bergrecht, den Sicherheitsbeauftragten, den Strahlenschutzbeauftragten u.a. aus juristischer Sicht diskutiert.

Die Studien kommen grob gefaßt zu dem Ergebnis, daß der Umweltbeauftrage die in ihn gesetzten Erwartungen nur zum Teil erfüllt. Die Kontroll- oder Überwachungsfunktion überwiegt deutlich in den tatsächlichen Tätigkeiten von Umweltbeauftragen. Daher wird die umweltpolitische Aufgabe, als Beistand der Kontrollbehörden zu fungieren, am ehesten erfüllt. Es zeigt sich aber, daß er "weitgehend im eher Routinemäßigen seinen Aufgabenschwerpunkt hat und daß zumindest zweifelhaft ist, ob die vom Gesetzgeber beabsichtigte Intensivierung der umweltschutzorientierten Innovationstätigkeit in den Betrieben qua Institutionalisierung des Umweltbeauftragen erreicht wurde bzw. erreicht werden kann" (Ullmann 1981: 1011).

Die über die Kontrollfunktion hinausgehenden organisatorischen Aufgaben sind in der Realität schwach ausgeprägt. Ullmann sieht hier ein "äußerst rudimentäres Konzept der Organisationsentwicklung" und spricht sich gar für die Abschaffung des Umweltbeauftragen wegen mangelnder umweltpolitischer Effizienz aus (s. Ullmann 1981: 1012 f.).

Festzuhalten bleibt, daß die Organisation des betrieblichen Umweltschutzes mit den verschiedenen Typen von Betriebsbeauftragten sich durch ihren additiven, angehängten Charakter auszeichnet, die keine innovativen Impulse hervorbringt.

4. Quantitative Untersuchungen

4.1 Inhaltliche Betrachtungen

Die Bedeutung des betrieblichen Umweltschutzes hat ab Mitte der 80er Jahre einen deutlichen Aufschwung erfahren. Damit war auch eine veränderte Qualität der Ansprüche und Anforderungen verbunden, die etwa durch das Schlagwort vom "integrierten Umweltschutz" beschrieben werden könnte.[5]

Eine derartige Integration sollte sich, wenn der Begriff sich nicht allein auf bestimmte Umwelttechniken bezieht, vor allen Dingen auf die Unternehmensorganisation auswirken. Wenn ökologische Aspekte in sämtliche betroffenen Unternehmensbereiche einbezogen werden sollen, bedarf es einer strukturellen oder eben organisatorischen Anspassung. Der Frage, ob und auf welche Weise eine derartige Veränderung in Unternehmen vorgenommen wurde, soll anhand von vier ausgewählten Studien nachgegangen werden.

Obwohl sich die vier Studien dem Gegenstand im Detail unter verschiedenen Blickwinkeln nähern, muß die Kernfrage negativ beantwortet werden: Eine Integration von Umweltaspekten durch organisatorische Maßnahmen findet nicht in nennenswertem Maße statt. Darauf deuten eine Reihe von Einzelergebnissen:

- Organisation wird gegenüber anderen Unternehmensbereichen als nur in geringem Maße von Umweltschutzproblemen betroffen angesehen.

---

[5] Andere Schlagworte, die diese veränderte Qualität ausdrücken sind etwa "präventiver Umweltschutz", "nachhaltiges Wirtschaften", "Greening of Industry", "ökologischer Umbau der Industriegesellschaft" etc.

- Von organisatorischer Durchdringung kann nicht gesprochen werden (s. Antes 1991: 289, 305).

- Umweltschutz wird weiterhin eher direkt, technisch als indirekt, systemisch betrieben.

- Er geschieht vorwiegend durch Hinzufügen von nachgeschalteten Maßnahmen und Verfahren.

- Die additiven Maßnahmen werden speziellen, aus der Linie ausgegliederten Spezialeinheiten zugeordnet (s. Dyckhoff/ Jacobs 1994: 731, 732).

Quantitative Studien			
	Theißen	**Antes**	**Nitze**	**Dyckhoff/ Jacobs**
Zeitpunkt der Veröffentlichung	1990	1991	1991	1994
quantitative Basis	96	90 + 133	218	132
Rücklaufquote			38%	24,5%
Feldspezifikation	4 ökologisch betroffene Branchen		Deutschland und Schweiz	Metallindustrie
Umfang des Fragebogens	27 Seiten 85 Fragen, 1095 Antwortmöglichkeiten	10 Seiten 26 Fragen	12 Seiten 25 Fragen	4 Seiten
Auswertung	Häufigkeit, Signifikanz- und Korrelationsanalyse	Häufigkeit	Häufigkeit, Korrelationsanalyse	Häufigkeit
Zielrichtung	Effizienz des Umweltbeauftragten	Organisation des Umweltschutzes	Organisatorische Umsetzung von ökologischer Unternehmensführung	Organisationsstrukturen als Instrument des Umweltmanagements

Der Umweltbeauftrage stellt weiterhin das Zentrum der Umweltorganisation in Unternehmen dar. Die Innovationsfunktion ist schwach ausgeprägt, es dominieren Sicherheits-, Kontrollfunktionen und technische Aufgaben (Belege dafür befinden sich gleichermaßen bei Antes 1991: 302, Nitze 1991: 314 und Dyckhoff/ Jacobs 1994: 727.). Theißen kommt gar zu dem "vernichtenden" Urteil, "daß die Umweltbeauftragten nur in äußerst geringem Maße umweltschutzfördernde Wirkungen entfalten können", daß sie "lediglich im Bereich ihrer Überwachungsfunktion positive Wirkungen erzielen können, nicht aber im Rahmen ihrer, vom Gesetzgeber als vorrangig angesehenen Innovationsfunktion" (Theißen 1990: 147).

Im Unterschied zu Ullmann kommt Theißen nicht zu dem Schluß, daß es besser wäre, dann doch auf den Umweltbeauftragen zu verzichten und dieses Organisationsinstrument wieder abzuschaffen. Sie plädiert stattdessen umgekehrt für das persuasive[6] Instrument Umweltbeauftragter - trotz seiner relativen Wirkungslosigkeit. Sie rät zu einer Qualifizierungsoffensive, weil ein motivierter und qualifizierter Umweltbeauftragter kurzfristig bei positiver Einstellung der Unternehmensleitung zum Umweltschutz einen fördernden Einfluß erwarten läßt. Langfristig kann er die Einstellung der Unternehmensleitung verändern, indem er antizipative Einstellungen fördert und die Unternehmensstrategie beeinflussen kann (s. Theißen 1991: 230 ff.). Dieser Schluß stützt sich allerdings weniger auf die ermittelten empirischen Ergebnisse, als auf eine optimistische Grundeinstellung der Autorin.

Über den Umweltbeauftragen hinausgehende organisatorische Maßnahmen gibt es eigentlich nur in größeren Unternehmen in Form von Umwelt-Abteilungen, -Fachstellen und -Ausschüssen. Dabei ist davon auszugehen, daß sie der Gliederung und Koordinierung von mehreren gesetzlich zu bestellenden Betriebsbeauftragten dienen, insofern fremd-induzierte Organisation sind.

Andere organisatorische und personalwirtschaftliche Aufgabenstellungen wie Informationsbeschaffung und -vermittlung, Mitarbeiterinformation und -schulung, Controlling etc. sind eher schwach vertreten (s. Nitze 1991: 200 ff., Antes, 1991: 297).

Nun kommen die Studien zwar zu einem ernüchternden Gesamturteil, das dem der älteren Studien sehr nahe liegt, jedoch sind die Einzelergebnisse keineswegs völlig einheitlich. So sind gewisse Entwicklungen zum Umweltbeauftragten ablesbar: Umweltbeauftrage sind heute sehr verbreitet. Von 55% bei Theißen 1990 über 62.2% bei Antes 1991 bis zu 95% bei Dyckhoff/ Jacobs 1994 der Unternehmen verfügen - sofern man Repräsentativität unterstellt - über Umweltbeauftragte, was einerseits auf ein verringertes Vollzugsdefizit bei der Bestellungspflicht schließen läßt, andererseit auf verstärkte freiwillige Benennung zurückzuführen sein dürfte.

Nach Antes (1991: 303) haben 64,3% der Unternehmen einen Umweltbeauftragten aufgrund gesetzlicher Vorgaben installiert. Wenn der Umkehrschluß gilt, sind 35,7% der Umweltbeauftragten freiwillig benannt. Bei Dyckhoff/ Jacobs (1994: 724) sind es zwar

---

[6] d.h. zum Überzeugen oder Überreden geeignet. Laut Fremdwörter-Duden versteht man unter Persuasionstherapie, "die seelische Behandlung durch Belehrung des Patienten über die ursächlichen Zusammenhänge seines Leidens und durch Zureden zur eigenen Mithilfe bei der Heilung."

erheblich weniger, nämlich ca. 13%. Wenn man einmal die Mitte als die Wahrheit ansieht, wären ein Viertel aller Umweltbeauftragten ohne gesetzliche Verpflichtung eingerichtet.

Daraus ist abzulesen, daß ein beträchtlicher Teil der Unternehmen auf die Funktionstüchtigkeit dieses Organisationsinstruments setzt. Die Benennung wird also von vielen Unternehmen als nützlich und sinnvoll angesehen. Dies geht einher mit einer stärkeren Kompetenzausstattung - etwa durch bestimmte Weisungs- oder Vetorechte - und einer höheren hierarchischen Eingliederung in der Unternehmensorganisation.

Die daraus ablesbare Anerkennung, die die Institution Umweltbeauftragter erfährt, ist aber nur schwer vereinbar mit der empirisch festgestellten geringen Leistungsfähigkeit. Heißt dies dann, daß die Umweltbeauftragten aus Unternehmenssicht andere Funktionen als die abgefragten erfüllen? Heißt dies, das sich die Unternehmen mit der geringen Effizienz der betrieblichen Umweltorganisation durchaus zufrieden geben? Dies wäre aber nicht vereinbar mit der hohen Priorität, die dem Umweltschutz von den Unternehmen eingeräumt wird. Die Antworten auf diese Fragen lassen sich aus den Einzelergebnissen der statistischen Auswertungen nicht ableiten.

4.2 Methodische Betrachtungen

Die vier Studien, die ihre Erkenntnisse allesamt aus umfangreichen standardisierten Befragungen schöpfen, tragen eine beachtliche Menge empirischen Materials zusammen. Diese entsteht vor allen Dingen durch eine weit ausgeprägte Differenziertheit der verwendeten Fragebogen. Man verlangt den Befragten schon einiges an Kooperationsbereitschaft ab, wenn man ihnen einen Fragenkatalog vorlegt, der, wenn er ernsthaft und gewissenhaft behandelt werden soll, zur Ausfüllung einen Zeitbedarf von mehreren Stunden erfordert.

Hier ist besonders der Fragebogen von Theißen zu erwähnen, der 27 Seiten und 85 Fragen umfaßt. Wenn man es einmal auszählt, hält er nicht weniger als 1095 Möglichkeiten für den Befragten bereit, ein Kreuzchen oder eine Angabe zu machen. Nun sind die anderen Fragebogen nicht ganz so umfangreich (Antes 10, Nitze 12 und Dyckhoff/ Jacobs "nur" 4 Seiten) und derartige Größen sind durchaus üblich in Unternehmensbefragungen. Aber man sollte vor diesem Hintergrund schon die Frage der Reliabilität der Ergebnisse aufwerfen.

Reliabilität oder Zuverlässigkeit der Erhebung ist dann gegeben, wenn die Ergebnisse bei wiederholten Messungen stabil und unabhängig von einzelnen Erhebungsmerkmalen sind (s. z.B. Kubicek/ Welter 1985: 26). Daß diese in den vorliegenden Fällen hinterfragt werden sollte, zeigen auch die von Antes offengelegten Differenzen in den Ergebnissen verschiedener Fragebogenteile. Dort wird die Existenz von Umweltbeauftragten von 62% oder 54%, von umweltbezogenen Projektteams von 24% oder 53% der Befragten angegeben, je nachdem an welcher Stelle des Unternehmens man gefragt hat (s. Antes 1991: 297 f.). Antes führt diese Differenz auf die unterschiedliche Wirksamkeit einer "sozialen Erwünschtheit" zurück, die im Interview stärker durchgeschlagen habe als in dem anderen Erhebungsteil, der anonymer auf schriftlichem Wege erfolgte.

Auch Dyckhoff/ Jacobs erklären an einer Stelle Verzerrungen in ihren Ergebnissen mit der sozialen Erwünschtheit bestimmter Antworten (s. Dyckhoff/Jacobs 1994: 734 und dort Fußnote 19). In die Interpretation und Bewertung der Ergebnisse wird dies nicht einbezogen, es sei denn, der auffallend häufige Gebrauch des Konjunktivs sollte hier einen gewissen Vorbehalt ausdrücken.[7]

Neben der Reliabilität sollte auch die Repräsentativität der Studien kritisch hinterfragt werden. Die Größen der Stichproben liegen zwischen 90 und 218 Unternehmen. Bei Stichproben dieser Größenordnung, die im Vergleich zu den im 2. Kapitel erwähnten Untersuchungen im Schnitt 50% niedriger liegen, kann m.E. nicht von gesicherter Repräsentativität ausgegangen werden.

Die Angaben der Rücklaufquoten der Fragebogen liegen zwischen 24,5% und 38%. Wenn aber nur ein Viertel der Befragten überhaupt antwortet, so besteht die Gefahr, daß "die teilnehmenden Unternehmungen zu den aktiveren und fortschrittlicheren Betrieben in bezug auf ein intensives Umweltmanagement zu rechnen sind", wie Dyckhoff/ Jacobs (1994: 718) es einräumen, und die Ergebnisse nicht verallgemeinerbar sind.

Wer wie Nitze bei der Adressierung von Fragebogen 569 repräsentativ ausgewählte Unternehmen mit 69 Mitgliedsfirmen der Schweizerischen Vereinigung für ökologisch bewusste Unternehmensführung mischt und bei einer Rücklaufquote von 38% in den Ergebnissen nicht nach den beiden Gruppen differenziert, sollte m.E. ebenfalls nicht von Repräsentativität sprechen (s. Nitze 1991: 113 f.).

Neben diesen Punkten, die sich auf die Rahmenbedingungen und die "Meßtechnik" der Untersuchungen beziehen, sollten auch auf einer grundsätzlicheren Ebene das Erkenntnisinteresse und der Untersuchungsgegenstand hinterfragt werden. Dazu ist auf die Grundannahmen des Situativen Ansatzes der Organisationstheorie zurückzugehen:

"Die Bezeichnung Situativer Ansatz bezieht sich auf eine Grundannahme bei der Erklärung und bei der Gestaltung von Organisationsstrukturen. Im Hinblick auf die Erklärung wird davon ausgegangen, daß Unterschiede zwischen realen Organisationsstrukturen auf Unterschiede in den Situationen zurückzuführen sind, in denen sich die jeweiligen Organisationen befinden. Im Hinblick auf die Gestaltung wird angenommen, daß die Wirkungen von Organisationsstrukturen von den jeweiligen situativen Randbedingungen abhängen und daß daher eine situationsgerechte Gestaltung erforderlich ist" (Kubicek/ Welter 1985: 3). Die situationsgerechte Gestaltung ist danach zu bewerten, inwieweit sie der Erreichung der Unternehmensziele förderlich oder dienlich ist.

Auf die Organisation des betrieblichen Umweltschutzes angewandt heißt dies: Unternehmen sind höchst unterschiedlichen situativen Anforderungen ausgesetzt. Dies gilt zum einen für die von außen an sie gestellten Ansprüche, die vom Gesetzgeber wie von marktlichen und nicht-marktlichen Anspruchsgruppen ausgehen. Zum anderen stellen sich sehr unterschiedliche Anforderungen aufgrund der inneren Struktur der Unternehmen. Diese wird beeinflußt von der objektiven ökologischen Betroffenheit durch die Produktpalette, die Produktionsprozesse und deren ökologischen Auswirkungen. Eben-

---

[7] Neben dem grammatikalischen Konjunktiv gibt es eine Fülle von Formulierungen wie "vermutlich", "anscheinend", "..läßt mutmaßen", "deutet daraufhin" etc., die einen Vorbehalt ausdrücken.

falls spielt die vorhandene Organisationsstruktur und ihr Aufnahme- und Regelungsvermögen gegenüber ökologischen Aspekten eine Rolle.

Die vier ausgewählten Studien kommen zu einem kritischen Ergebnis über die real
existierenden Organisationsstrukturen und deren situativer Angemessenheit gegenüber
den Anforderungen des betrieblichen Umweltschutzes: Dem hohen Anspruch, der dem
Umweltschutz nach allen Autoren eingeräumt wird, werden die organisatorischen Vorkehrungen, Einrichtungen und Maßnahmen nicht zufriedenstellend gerecht. Die Organisation ist darin bestimmt, daß sie ökologische Aufgaben an eine Spezialeinheit delegiert,
die über zu wenig Durchsetzungsmacht verfügt und zu schwache Initiativ- und Innova-
tionsfunktionen entwickelt, um den geäußerten Zielen zu entsprechen.

Dabei bleiben vor dem Hintergrund des situativen Ansatzes der Organisationstheorie
jedoch Fragen offen:

- Inwieweit sind interne und externe Anforderungen vorhanden?
- Wie werden diese wahrgenommen?
- Welche organisatorischen Handlungsmöglichkeiten gibt es überhaupt?
- Welche Organisationsstrukturen und -maßnahmen sind in bestimmten Fällen situati-
  onsgerecht oder situationsangemessen?
- Wie sind vorhandene und ökologisch induzierte Organisationsstrukturen vor dem
  Zielsystem der Unternehmung zu bewerten?

5. Qualitative Studien

Das folgende Kapitel wendet sich vier qualitativen Studien zu. Sie haben mit den zuvor
diskutierten quantitativen gemein, daß sie sich ebenfalls mit der Organisation des betrieblichen Umweltschutzes beschäftigen, und sie sind im selben Zeitraum zwischen
1991 und 1994 erschienen. Sie unterscheiden sich hingegen grundlegend von den
quantitativen Untersuchungen in ihrer Untersuchungsmethodik. Dies macht sich vor
allen Dingen am empirischen Ausgangsmaterial und der Art fest, wie dieses Material
ausgewertet wird.

Das empirische Ausgangsmaterial wird in den qualitativen Studien durch Fallstudien
gewonnen. Dazu werden ein bzw. einige Unternehmen ausgewählt. Die Auswahl erfolgt
nicht etwa per Zufallsprinzip sondern vielmehr danach, wie ergiebig sie im Hinblick auf
das Untersuchungsziel eingeschätzt werden. In den ausgewählten Unternehmen werden
dadurch Daten gewonnen, daß mit mehreren Unternehmensvertretern Interviews geführt
werden, die nicht standardisiert und nur schwach strukturiert sind (offene Interviews,
Tiefeninterviews, narrative Interviews o. dergl.). Das Datenmaterial wird dahingehend
ausgewertet, daß die für den Untersuchungsgegenstand relevanten Prozesse und Strukturen möglichst exakt nachgezeichnet werden, um daraus Einflußfaktoren und

Qualitative Studien				
	Middelhoff	**Claus**	**Muke**	**Föste**
Zeitpunkt der Veröffent-lichung	1991	1992	1993	1994
Zielrichtung	Die Organi-sation des be-trieblichen Umwelt-schutzes	Die Implemen-tation ökologi-scher Unter-nehmenspolitik	Die Implemen-tation ökologi-scher Unter-nehmenspolitik	Umweltschutz-beauftragte und präventiver Umweltschutz
empirische Ba-sis	6 Fallstudien in 3 Schweizer u. 3 deutschen Chemieunter-nehmen mit je 2 Interviews	1 Fallstudie in einem pharma-zeutischen Un-ternehmen mit 3 Inter-views	1 Fallstudie in einem Unter-nehmen der Körperpflege-mittelindustrie mit 3 Inter-views	2 Fallstudien, 1 pharmazeu-tisches, 1 me-tallverarbei-tendes Unter-nehmen mit jeweils mehre-ren (bis zu 5) Interviews
Auswertungs-methodik	Intensivinter-views mit stark strukturieren-dem Frage-bogen	narrative Inter-views, Ton-bandmitschnitt und Transkrip-tion interpretative Auswertung	narrative Inter-views, Ton-bandmitschnitt und Transkrip-tion interpretative Auswertung	leitfadenge-steuerte, offene Interviews, Tonbandmit-schnitt, Zusam-menfassung zu Kurzprotokol-len, interpre-tative Auswer-tung

Wirkungsmechanismen zu identifizieren. Im Idealfall können diese Einflußfaktoren und Wirkungsmechanismen von den individuellen Ausgangssituationen und Randbedingungen getrennt werden, um aus dem Exemplarischen Verallgemeinerbares und Allgemein-gültiges zu substrahieren.

Die vier ausgewählten Studien sollen zunächst nachvollziehbar gemacht werden, indem die untersuchten Unternehmen überblicksartig beschrieben werden. Dem folgt die Gegenüberstellung ihrer inhaltlichen Ergebnisse in bezug auf die Organisation des betrieblichen Umweltschutzes.

5.1 Die Untersuchungsobjekte

Die vier Untersuchungen haben zusammengenommen zehn Fallstudien durchgeführt. Die untersuchten Unternehmen decken aber nicht die Vielfalt und Breite der Industrie ab, sondern zeichnen sich durch besondere gemeinsame Charakteristika aus. Besonders auffällig ist, daß neun von zehn Fallstudien in der chemischen Industrie durchgeführt wurden. Middelhoff vergleicht drei deutsche und drei Schweizer Chemie-Konzerne, darunter Sandoz und Hoechst. Gerade diese Unternehmen sind durch die mit ihrem Namen verbundenen Katastrophen und Störfälle fast zum Symbol für die schädigenden und zerstörerischen Auswirkungen der Industrieproduktion geworden. Für Middelhoff ist neben dieser starken Betroffenheit aber vor allem ausschlaggebend, daß sie als weltumspannende 'Multis' von ihrer Größe her auch weit ausgeprägte und differenzierte Organisationsstrukturen aufweisen und ergiebige Vergleichsmöglichkeiten bieten.

Claus, Muke und Föste wählten ebenfalls Unternehmen aus der chemischen Industrie aus. Diese waren aber nicht nur durch die ökologische Problembehaftetheit einer chemischen Produktion interessant, sondern weisen jeweils zusätzlich eine besondere Geschichte auf.

Da ist zunächst ein Unternehmen der Körperpflegemittelindustrie (s. Muke 1993), das durch Medienberichte in die Schlagzeilen gerät, wonach in einem Produkt gesundheitlich bedenkliche Inhaltsstoffe enthalten sind. Das Unternehmen dementiert zunächst, nachdem aber die Umsätze einbrechen, ändert es seine Strategie und durchforstet Produkte, Produktion und Absatzwege auf ökologische Schwachstellen. Außerdem betreibt es fortan eine offensive Öffentlichkeitsarbeit und verbreitet ein positives Umweltimage.

Dann ist da ein pharmazeutisches Unternehmen, das für seine Arzneimittel aus Naturstoffen recht bekannt ist.[8] Nachdem sich die Eigentümerfamilie aus der Unternehmensleitung zurückzieht, wird das Unternehmen strategisch und strukturell reorganisiert. Dabei hatten die Umweltfreundlichkeit der Produkte und der Produktionsprozesse eine wichtige Rolle gespielt.

Claus, Muke und Föste wahren die Anonymität der untersuchten Unternehmen, aber man muß kein Detektiv sein, um zu merken, daß das pharmazeutische Unternehmen bei Claus und bei Föste ein und dasselbe ist. Claus war wohl ein bis zwei Jahre vorher in dem Unternehmen.

Das zweite Unternehmen, das Föste miteinbezieht, ist insofern die Ausnahme der Gruppe, daß es kein Chemiebetrieb, sondern ein metallverarbeitendes Unternehmen, ein Au-

---

[8] Wenn auch seine Produkte nicht den Bekanntheitsgrad des "Kopfschmerzrenners" des bei Middelhoff untersuchten Unternehmens Bayer erreichen.

tomobilzulieferer ist. Es hat insofern auch keine besondere Geschichte zum Umwelt-schutz aufzuweisen. Als reiner Zulieferer empfängt es keine Marktanreize durch gestie-genes Umweltbewußtsein der Verbraucher, Umweltschutz wird hier vornehmlich als technisches Problem gesehen. Anreize und Randbedingungen werden vor allem durch die Umweltgesetzgebung gesetzt. Das Unternehmen könnte insoweit als Gegenprobe zu den anderen wesentlich stärker exponierten gesehen werden.

5.2 Ergebnisse zur Betriebsorganisation

Die betrachteten qualitativen Untersuchungen kommen bei der Beurteilung der Organi-sation des betrieblichen Umweltschutzes zu grundlegend anderen Ergebnissen als die im vierten Kapitel behandelten quantitativen. Sie urteilen deutlich positiver, was zunächst nicht weiter verwundern muß, da die untersuchten Unternehmen ja nicht repräsentativ, sondern nach ihrer Ergiebigkeit ausgewählt wurden.

Auffällig ist das Ergebnis von Middelhoff. Er bescheinigt den sechs untersuchten Che-mie-Konzernen ein großes und erfolgreiches Engagement im Umweltschutz. Dies gehe auf eine lange Tradition zurück, wofür er Belege bis 1882 zurückverfolgt haben will. Daß er in den Katastrophen von Seveso und Schweizerhalle (Sandoz) auch eine "heilsame Wirkung" für die Unternehmen ausmacht, die seither eine "Ausweitung ihrer konkreten Anstrengungen" zeigen (Middelhoff 1991: 362), weist seine positive Grund-einstellung gegenüber der chemischen Industrie stärker aus als seine Kritikfähigkeit, wenn man an die Bemühungen denkt, mit denen die Unternehmen nach den Katastro-phen (z. T. bis heute) jegliche Verantwortung für die Folgeschäden abgelehnt haben.[9]

So beurteilt Middelhoff auch die organisatorischen Vorkehrungen der Unternehmen als angemessen und leistungsfähig. Er sieht den Umweltschutz als echte Querschnittsfunk-tion mit vielen zentralen und dezentralen Einheiten. Das vorhandene organisatorische Instrumentarium sei ausreichend und es bedürfe keiner grundsätzlich neuen Organisat-ionsformen oder -prinzipien (s. Middelhoff 1991: 404). Dieses Gesamturteil ist meines Erachtens nicht allein vor dem Hintergrund der Störfallserie bei Hoechst im Frühjahr '93 fragwürdig.

Demgegenüber sind die Differenzierungen, die Middelhoff vornimmt, durchaus auf-schlußreich. So herrscht bislang ein zentraler Typus von Organisationsmaßnahmen vor, wobei ein Trend zur Dezentralisierung ablesbar ist, wo den Fachstellen vor Ort ein hö-heres Regelungsvermögen zugebilligt wird. Insgesamt sei die Einbeziehung von Mitar-beitern verbesserungswürdig und der weiteren Umsetzung von Umweltschutzmaßnah-men förderlich. Die Kompetenzen der Umweltschutzstellen werden real stärker als for-mal zugewiesen angesehen.

---

[9]Middelhoff hat die fertiggestellten Fallstudien den Unternehmen zur Begutachtung vor der Veröffentli-chung vorgelegt, um die Möglichkeit zu schaffen, "evt. Mißverständnisse" auszuräumen. Er sieht darin keine Einschränkung der wissenschaftlichen Unabhängigkeit (s. Middelhoff 1991: 109). Ob sich diese Vorgehensweise nicht doch als "Schere im Kopf" ausgewirkt haben kann, soll hier nicht weiter diskutiert werden.

Die Organisation der sechs Unternehmen gleichen sich in ihren divisionalen Gesamtstrukturen "wie ein Ei dem anderen" (s. Middelhoff 1991: 355). Dabei zeigen sich jedoch hinsichtlich der Umweltbeauftragten Unterschiede: Die Aufgabenzuweisung durch das Gesetz erweist sich für die deutschen Umweltbeauftragten als nachteilig, weil sie eher als lästiges Pflichtprogramm aufgefaßt wird. Im Gegensatz dazu haben die Schweizer Umweltschutzzstellen, die nicht aufgrund gesetzlicher Pflichten arbeiten, in der konkreten Praxis mehr Kompetenzen.

Während also in den von Middelhoff untersuchten Unternehmen ein Wandel in der Organisation in begrenzten Schritten zu beobachten ist, zeigt sich in der Studie von Muke ein wesentlich größerer Schritt oder gar eine Wende. Dies wird ausgelöst durch den Strategiewechsel, den das Unternehmen vollzieht. Das Hauptziel wird dabei durch den Begriff "Dilemma-Sharing" charakterisiert: das Unternehmen öffnet sich gegenüber der Kritik, indem es eine Plattform bildet, auf der die Kritik in konkrete Vorschläge umgesetzt wird. Organisatorisch werden dazu auf drei verschiedenen Ebenen Ausschüsse oder 'Teams', wie es das Unternehmen nennt, gebildet: eines auf Vorstandsebene, eines auf Abteilungsleiterebene und eines zur Produkt-Überwachung auf operativer Ebene. Dadurch, daß Stellen aus allen Ebenen und unterschiedlichen Bereichen auf kooperative Weise eingebunden werden, wird eine hohe Durchsetzungsfähigkeit und Akzeptanz im Management erreicht. Die Aufgabe Umweltschutz wird also nicht "wegdelegiert", sondern in den Mittelpunkt weitverzweigter Bemühungen gestellt. Gestützt wird dieses Unterfangen, indem den verschiedenen Teams eine starke Zentralfigur, ein echter "Macht-Promotor" zugeordnet wird, der die verschiedenen Ebenen koordiniert. Bemerkenswerterweise ist dies keine Umweltschutz-Fachstelle im technischen Bereich, sondern eine "echte" Managementposition, die von einer Person besetzt wird, die vormals Marketingmanager war. Kritischer Punkt ist dabei nach Muke, daß die Organisationsstruktur starke zentrale Züge aufweist, es ist der klassische Top-Down-Prozeß, der keine Zeit hatte, sich zu entwickeln oder mit der Unternehmenskultur zu verwachsen.

Das derartige Top-Down-Prozesse sofort steckenbleiben können, wenn die Unterstützung der Unternehmensspitze unterbrochen wird, zeigt die Fallstudie von Claus. Mit einem Führungswechsel wurde die Organisationsstruktur maßgeblich verändert, zunächst zugunsten der Förderung des betrieblichen Umweltschutzes. Organisatorisch wurde eine hochrangige Projektgruppe Umwelt eingerichtet, der diverse Arbeitsgruppen zu speziellen Umweltbereichen zuarbeiten. Das Konzept ähnelt stark dem vorher beschriebenen Fall, es ist ähnlich kooperativ angelegt, wenn es auch weniger strategisch und weniger am Öffentlichkeitsbezug ausgerichtet ist. Die positiven und konstruktiven Entwicklungen stagnieren jedoch, als sich ein erneuter Führungswechsel abzeichnet. Föstes Untersuchung setzt zeitlich in dieser Phase ein. Als der Führungswechsel vollzogen ist, kann Föste "nur noch" eine Umweltorganisation feststellen, die auf einer Politik der kleinen Schritte beruht und eher operativ als strategisch ausgerichtet ist. Diese Beobachtungen decken sich mit Claus' Analyse.

Daß sich die Reste der kooperativen Elemente als fruchtbar erweisen, zeigt Föste im Vergleich zu dem zweiten von ihm untersuchten Unternehmen auf. Die externe Orientierung des ersten Unternehmens macht auch die Organisation experimentierfreudiger, offener und kreativer als die im zweiten Unternehmen, wo der Umweltschutz aus gesetzlichen Vorgaben und als Kostenfaktor bestimmt ist.

Die Umweltbeauftragten sind nach Föste heute stärker mit Innovationsaufgaben als mit
"Routinemäßigem" befaßt, als Ullmann 1981 es festgestellt hat. Doch dazu brauchen sie
einen vom Management eingerichteten Spielraum. Wenn dieser Spielraum allein durch
Kostenrahmen und Gesetze bestimmt wird, bleibt es bei Insellösungen des betrieblichen
Umweltschutzes. Ferner sieht Föste in der Qualifikation und der Einbeziehung der Mitarbeiter eine wichtige Voraussetzung für präventiven Umweltschutz. Die Anforderungen lassen sich aber nur schwer mit einer technischen Orientierung der Umweltschutzstellen vereinbaren bzw. überfordern diese.

6. Fazit

Wie ist es nun um die Organisation des betrieblichen Umweltschutzes bestellt? Der
Faktor Organisation kann bei den meisten Unternehmen weiterhin als einer der Engpäs-
se für Förderung und Durchsetzung einer ökologischen Unternehmenspolitik angesehen
werden. Im Zentrum der Bemühungen steht dabei nach wie vor die staatlich instruierte
Stelle des Umweltspezialisten in Form der verschiedenen Betriebsbeauftragten. In dieser
Konstruktion dominiert der Kontrollcharakter. Sie paßt sich ein in die seit Jahrzehnten
ordnungsrechtlich geprägte staatliche Umweltpolitik, die zudem laufend erweitert und
ausgeweitet wurde. Die Unternehmen benennen die Umweltgesetze als wichtigste Ein-
flußquelle der betrieblichen Umweltpolitik. Die Umweltgesetzgebung fordert in der
Hauptsache eine Ausrichtung am Stand der Technik. Die Unternehmen haben sich darauf ausgerichtet, auch was die organisatorischen Vorkehrungen anbelangt. Die innovativen Momente, die in den gesetzlichen Ansprüchen auch genannt sind und gleichwohl in
den Unternehmen Anklang finden, passen wohl nicht recht mit dem sonst überwiegenden Kontrollcharakter zusammen.

Nun ist aber der Zustand nicht starr, daß man resigniert das Interesse an diesem Thema
ablegen könnte. Dazu gibt es untrügliche Anzeichen einer Veränderung und Weiterentwicklung. Diese sind allein schon in den sich veränderten Rahmenbedingungen für
Unternehmen zu sehen. Die Umweltgesetze haben sich bereits weiterentwickelt. Da ist
zum einen das Umwelthaftungsgesetz, die Novelle des BImSchG mit den Bestimmungen zur Betriebsorganisation im § 52a, der in den herangezogenen Studien aufgrund der
Untersuchungszeiträume noch keinen Niederschlag finden konnte (s. Schwaderlapp
1993).

Da ist zum anderen die EG-Öko-Audit-Verordnung, die 1993 verabschiedet in 1995 in
Geltung gesetzt werden soll. Sie soll einen Beitrag zur Abkehr von der staatlichen Um-
weltkontrolle der Betriebe leisten und die Unternehmen zur Eigeninitiative anregen.
Dabei spielt die Unternehmensorganisation eine zentrale Rolle: Im Rahmen des Verfahrens sollen die Unternehmen ein System einrichten, daß es erlaubt, alle umweltrelevanten Vorgänge und Prozesse zu kontrollieren und zu steuern. Das Umweltmanagementsystem stellt insofern die Spitze der organisatorischen Verankerung des betrieblichen
Umweltschutzes dar und enthält weitreichende präventive Ansprüche. Das Öko-Audit
wird derzeit heiß diskutiert und es zeichnet sich eine weiterreichende Akzeptanz in der
Unternehmenspraxis ab als bei anderen Instrumenten, die lediglich bei wenigen Pionierunternehmen zum Einsatz gebracht wurden. Derzeit laufen diverse Pilot- und För-

derprogramme, in denen die Eignung und die Leistungsfähigkeit von Öko-Audits und Umweltmanagementsystemen erprobt und geprüft wird (s. den Beitrag von Freimann in diesem Band).

Daneben gibt es durchaus auch Zeichen der Veränderung und Entwicklung der organisatorischen Fassung des betrieblichen Umweltschutzes, die aus den betrachteten Studien herausgelesen werden können. Als Ausgangspunkt kann dazu gelten, daß der Umweltbeauftragte eine Aufwertung erfahren hat, indem sein Aufgabenspektrum weitere Kreise zieht und er mit größeren Kompetenzen ausgestattet wird, als dies etwa zu Beginn der 80er Jahre der Fall war. Außerdem gibt es in stärkerem Maße Ansätze für weitergehende organisatorische Maßnahmen wie Umweltausschüsse, Qualifikationsmaßnahmen und Vorschlagswesen.

Einen anderen, bedeutsameren Ausblick zeigen aber die Stellen auf, an denen die quantitativen Studien aus ihrer "Vogelperspektive" nicht weiterhelfen können: Es treten wohl immer wieder Situationen auf, in denen Unternehmen nicht nur aus der Gesetzgebung Anreize empfangen und wahrnehmen. Wenn daneben noch marktliche oder sonstige Ansprüche auftreten, ist diesen allein mit organisatorischen Instrumenten mit Kontrollcharakter nicht mehr Rechnung zu tragen. Hier können die Fallstudien der qualitativen Studien Aufschluß geben, obwohl sie das Manko der Aussagekraft von Einzelfällen tragen, dafür aber auf die situativen Randbedingungen des Unternehmens detailliert eingehen können.

Mit diesen methodisch bedingten Vorbehalten lassen sich fördernde Faktoren für eine integrative organisatorische Fassung des betrieblichen Umweltschutzes ausmachen:

Die ökologische Betroffenheit geht nicht allein von der staatlichen Umweltpolitik durch Gesetze, Verordnungen und Grenzwerte sowie deren fortwährend drohenden Verschärfungen aus. Darüber hinaus muß sich die Betroffenheit auch aus den Signalen des Marktes und der kritischen Öffentlichkeit ergeben. Auf diesen Feldern muß ein zusätzliches Sanktionspotential bestehen. Ferner muß die Unternehmenskultur des betroffenen Unternehmens diesen Signalen gegenüber "empfänglich" sein, d.h. die externe Kommunikation spielt eine wichtige Rolle. Ebenfalls bedarf es für Unternehmenskultur und Organisationsstruktur eines ausgewogenen Verhältnisses von externen und internen Kommunikationsstrukturen. Das Unternehmen muß dazu über ein Reaktionsvermögen verfügen, nach dem sich externe Signale auf die internen Organisationsstrukturen auswirken. Einfacher ausgedrückt muß die Organisation flexibel und zu Innovationen bereit und fähig sein. Dazu sind insbesondere kooperative Elemente in den Organisationsinstrumenten geeignet.

Damit aus der empirischen Forschung über die Zustands- und Prozeßbeschreibung hinaus Aussagen zur Erklärung und Gestaltung der Organisation des betrieblichen Umweltschutzes getroffen werden können, bedarf es weiterer Studien, die

a) den Stand und die Entwicklungen beobachten
    (quantitative Forschung als Makro-Perspektive)

b) die situativen Merkmale und die Erfolge in der Umsetzung beurteilen
    (qualitative Forschung als Mikro-Perspektive).

Literatur

Antes, R. (1991): Ergebnisse des Fragebogens "Organisation"; in: Umweltorientierte Unternehmensführung, Forschungsbericht 10901041, hrsg. vom Umweltbundesamt; Berlin

Birke, M.; Schwarz, M. (1994): Umweltschutz im Betriebsalltag - Praxis und Perspektiven ökologischer Arbeitspolitik; Opladen

BP-Umweltschutz-Enquete (1986): BP-Enquete über die Arbeit deutscher Umweltschutzbeauftragter; Hamburg

Claus, H.(1992): Motivation und Durchsetzung ökologischer Orientierungen in Unternehmen an einem Beispiel aus der Pharmabranche, Diplomarbeit; Kassel

Dyckhoff, H. / Jacobs, R. (1994): Organisation des Umweltschutzes in Industriebetrieben; in: ZfB, H. 6, S. 717-735

Föste, W. (1994): Umweltschutzbeauftragte und präventiver Umweltschutz in der Industrie; München, Mering

Kubicek, H.; Welter, G. (1985): Messung der Organisationsstruktur; Stuttgart

Lamnek, S. (1989): Qualitative Sozialforschung, Bd. 1: Methodologie; München; Weinheim

Matzel, M. (1994): Die Organisation des betrieblichen Umweltschutzes; Berlin

Mayring, P. (1993): Einführung in die qualitative Sozialforschung - Eine Anleitung zu qualitativem Denken; 2. Aufl.; München

Middelhoff, H. (1991): Die Organisation des betrieblichen Umweltschutzes in der schweizerischen und deutschen chemischen Industrie; Hallstadt

Muke, R. (1993): Vom Krisenmanagement zur umweltorientierten Unternehmensführung, Bd. 5 der Werkstattreihe Betriebliche Umweltpolitik, Universität Hannover; Hannover

Nitze, A. (1991): Die organisatorische Umsetzung einer ökologisch bewußten Unternehmensführung; Bern, Stuttgart

Roth, H.-P. (1979): Der Betriebsbeauftragte für Immissionsschutz; Frankfurt

Spöhring, W. (1989): Qualitative Sozialforschung; Stuttgart

Schwaderlapp, R. (1993): Die Organisationsfrage als Hürde des betrieblichen Umweltschutzes, in: IÖW/VÖW-Informationsdienst, Heft 1/93, S. 9 f

Strauss, A. (1991): Grundlagen qualitativer Sozialforschung. Datenanalysen und Theoriebildung in der empirischen soziologischen Forschung; München

Theißen, A. (1990): Betriebliche Umweltbeauftragte: Determinanten ihres Wirkungsgrades; Wiesbaden

Ullmann, A. (1982): Industrie und Umweltschutz; Frankfurt, New York

Manfred Kirchgeorg[1]

Umweltorientierte Unternehmensstrategien im Längsschnittvergleich von 1988 und 1994

Inhalt

1. Umweltorientiertes Unternehmensverhalten als Gegenstand empirischer Forschungen

In den 80er Jahren hat die Auseinandersetzung mit den umweltorientierten Problemstellungen in den Sozialwissenschaften und insbesondere in der Betriebswirtschaftslehre eine zunehmende Bedeutung erlangt. Die "Naturvergessenheit" betriebswirtschaftlicher Theorien wurde erkannt, und Forderungen einer Revision oder völligen Neuorientierung betriebswirtschaftlicher Paradigmen prägen heute die wissenschaftliche Diskussion. Erste Ansätze einer instrumentellen und theoretischen Erweiterung der Betriebswirtschaftslehre sind bereits beschritten worden. Darüber hinaus konzentrierte sich die empirische Forschung im letzten Jahrzehnt insbesondere

---

[1] Dr. Manfred Kirchgeorg, Akademischer Rat am Institut für Marketing der Westfälischen Wilhelms-Universität Münster

auf die Erfassung von umweltorientierten Veränderungsprozessen im praktischen Unternehmens- und Konsumentenverhalten[2]. Die Zielsetzungen der empirischen Untersuchungen zum umweltorientierten Unternehmensverhalten reichen von einer reinen Deskription der Verhaltensausprägungen bis hin zum Anspruch, die Einflußfaktoren für verschiedene Anpassungsreaktionen der Unternehmen zu erfassen und die Effizienz einzelner umweltorientierter Verhaltensweisen zu analysieren. Letztlich sollen hierdurch Verhaltensempfehlungen für das Umweltmanagement abgeleitet werden.

Im Rahmen der folgenden Ausführungen werden zwei Untersuchungen zum umweltorientierten Unternehmensverhalten, die 1988 und 1994 vom Institut für Marketing der Universität Münster durchgeführt wurden, im Längsschnittvergleich dargestellt. Auf der Grundlage eines theoriegeleiteten Erklärungsmodells zum umweltorientierten Unternehmensverhalten wurde 1988 eine empirische Studie bei 197 Unternehmen in Deutschland durchgeführt. Mit Hilfe eines unternehmenspolitisch-situativen Erklärungsansatzes wurden verschiedene Ausprägungsformen des umweltorientierten Unternehmensverhalten in Abhängigkeit unternehmensbezogener und situativer Einflußfaktoren analysiert (vgl. zum Design der Untersuchung die ausführlichen Darstellungen bei Kirchgeorg, M. 1990 und 1995). Zielsetzung der Studie war es, neben der Darstellung verschiedener unternehmensbezogener Verhaltensreaktionen die Durchsetzungsbarrieren offensiver Umweltschutzstrategien zu identifizieren, um hieraus Verhaltensempfehlungen zur Überwindung von Anpassungsbarrieren ableiten zu können.

Mit Bezug auf diese umfassende Untersuchung wurden 1994 ausgewählte Verhaltens- und Erklärungsvariablen in einer zweiten Befragung repliziert. Ein Vergleich der Ergebnisse beider Untersuchungen bildet den Gegenstand der folgenden Ausführungen.

2. Design der empirischen Untersuchungen

Auf der Grundlage des 1988 entwickelten Erklärungsansatzes zum ökologieorientierten Unternehmensverhalten wurden abhängige Verhaltensvariablen mehrdimensional auf der Grundlage eines sog. "Personen-, Maßnahmen- und Zeitkonzeptes" erhoben (Kirchgeorg 1990, S. 121 ff.). Einerseits wurden Mitglieder der Unternehmensführung in einer persönlichen Befragung zu ihren Einschätzungen unternehmensspezifischer Strategieschwerpunkte im Umweltschutz befragt. In welcher instrumentellen und zeitbezogenen Ausrichtung die verschiedenen Strategieschwerpunkte in einzelnen Unternehmensfunktionen umgesetzt wurden, wurde andererseits durch ein Maßnahmen- und Zeitkonzept erfaßt. Hierbei stand die Ermittlung von realisierten und geplanten

---

[2] Vgl. zu den unternehmensbezogenen Studien z.B. Pinter, J. 1984, Meffert, H. et al. 1986, Töpfer, A. 1985, Raffée, H., Förster, F., Krupp, W. 1988, Kirchgeorg, M. 1990 und 1995, Forschungsgruppe Umweltorientierte Unternehmensführung 1991, Nielsen 1992, Coenenberg et al. 1994, Meffert, Kirchgeorg 1994, Meffert, Kirchgeorg 1995. Neben diesen eher wissenschaftlich orientierten Untersuchungen sind auch eine Vielzahl von Erhebungen durch Unternehmensberatungen durchgeführt worden, wie z.B. von Gruber, Titze & Partner 1992, Wieselhuber, N., Stadlbauer, W. 1992, Winsemius, P., Hahn, W. 1992. Zu den konsumentenbezogenen Studien vgl. z.B. den Literaturüberblick bei Monhemius, K.Chr. 1993.

Umweltschutzmaßnahmen in einzelnen Unternehmensfunktionen unter Berücksichtigung des jeweiligen Realisierungszeitpunktes im Mittelpunkt. Im Bezugsrahmen der Untersuchung fanden unternehmensexterne und -interne Erklärungsvariable des umweltorientierten Unternehmensverhaltens Berücksichtigung. Im Zusammenhang mit der Operationalisierung externer Einflußfaktoren wurde dem Konstrukt der ökologischen Betroffenheit besondere Bedeutung geschenkt, um unternehmensrelevante Einflüsse von Umweltschutzforderungen gesellschaftlicher und marktbezogener Anspruchsgruppen erfassen zu können. Neben der Art und Intensität der subjektiven Betroffenheit der Unternehmensführung wurde auch der jeweilige Betroffenheitszeitpunkt z.B. durch Forderungen von Anspruchsgruppen gemessen. Hierdurch war es möglich zu analysieren, ob Unternehmen gegenüber externen Entwicklungen eine reaktive oder proaktive Verhaltensausrichtung verfolgten. Ergänzend wurde ein umfassendes Set von markt- und unternehmensbezogenen Einflußfaktoren einbezogen, zu denen folgende Variablengruppen zählten: personale Merkmale der Entscheidungsträger, Unternehmensziele, wettbewerbsstrategische Grundausrichtung, wahrgenommene Durchsetzungsbarrieren von Umweltschutzkonzepten und unternehmensdemographische Merkmale. Ausgewählte Unternehmen des Befragungssamples wurden einer umfassenden Fallstudienanalyse unterzogen, so daß die Untersuchung über die empirische Breitenstudie als auch über die detaillierten Fallstudienergebnisse wichtige Tendenzaussagen über die umweltorientierten Verhaltensausprägungen sowie Einflußfaktoren und Umsetzungsbarrieren offensiver Umweltschutzstrategien zuließ.

Aufbauend auf dem 1988 erarbeiteten theoretischen Bezugsrahmen und den erzielten empirischen Ergebnissen wurde im Herbst 1994 vom Institut für Marketing eine weitere Studie durchgeführt, in der ausgewählte Variablengruppen repliziert wurden. Im Gegensatz zur ersten Untersuchung wurde 1994 keine persönliche, sondern eine schriftliche Befragung eingesetzt. Insgesamt standen 230 Fragebögen für die Auswertung zur Verfügung. Im strengen Sinne sind die Ergebnisse der beiden Studien nur bedingt als Längsschnittanalyse zu kennzeichnen, weil die beiden Stichproben nicht genau die gleichen Unternehmen repräsentieren, jedoch scheint auf der Grundlage der 1988 gewonnenen Erkenntnisse über den eher geringen Einfluß bestimmter soziodemographischer Unternehmensmerkmale (wie z.B. Branchenzugehörigkeit) auf die Umweltstrategien ein Vergleich der beiden Studien im Längsschnitt möglich.

Branchen	Branchenbezogene Zusammensetzung der Untersuchungssampel (in %)	
	1988	1994
Chemische Industrie (incl. Mineralöl- u. Kunststoffverarbeitende Industrie)	37	40,5
Gewinnung und Verarbeitung von Steinen und Erden, Feinkeramik, Glasgewerbe	11,2	3,1
Nahrungs- und Genußmittel	15,7	13,9
Metallverarbeitung und Fahrzeugbau	9,6	13,5
Holz-, Papier- u. Druckgewerbe	16,2	6,9
Elektrotechnik, Feinmechanik	10,2	15,2
Sonstige	0	6,9
	100 (n=197)	100 (n=230)

Abb. 1: Branchenbezogene Zusammensetzung der Untersuchungssamples

Unternehmensgrößenklassen (Beschäftigtenanzahl)	Befragung 1988 (in %)	Befragung 1994 (in %)
100 - 249 Beschäftigte	18,4	11,7
250 - 499 Beschäftigte	18,8	7,0
500 - 999 Beschäftigte	16,4	16,5
1000 - 1999 Beschäftigte	17,9	17,0
2000 - 4999 Beschäftigte	13,7	19,1
5000 und mehr Beschäftigte	14,8	22,2
keine Angabe	0	6,5
	100 (n=197)	100 (n=230)

Abb. 2: Größenbezogene Zusammensetzung der Untersuchungssamples

Die Zusammensetzung der beiden Untersuchungssamples nach der Branchenzugehörigkeit und Unternehmensgröße zeigen die Abbildungen 1 und 2. Von der Branchenzusammensetzung sind Unterschiede im Vergleich zur Studie von 1988 insbesondere im geringeren Anteil von Unternehmen aus den Branchen Gewinnung und Verarbeitung von Steinen und Erden, Feinkeramik, Glasgewerbe sowie der Branche Holz-, Papier- und Druckgewerbe festzustellen, während Unternehmen der Elektrotechnik, Feinmechanik und der Metallverarbeitung mit höheren Anteilen vertreten sind. Hinsichtlich der Unternehmensgröße sind in der 1994 durchgeführten Studie Großunternehmen mit einem höheren Anteil vertreten, während der Anteil von kleineren Unternehmen deutlich geringer ist. Grundsätzlich mag dieser Effekt dadurch zu erklären sein, daß gegenüber der Befragung im Jahre 1988 im Jahre 1994 eine schriftliche Befragung durchgeführt wurde und das Antwortverhalten kleiner Unternehmen i.d.R. zurückhaltender ist. Mit Bezug auf die im Rahmen der 1988 durchgeführten Untersuchung wurde ersichtlich, daß sich die umweltorientierten Verhaltensweisen von Unternehmen nicht signifikant durch die generelle Branchenzugehörigkeit und absolute Unternehmensgröße als vielmehr durch andere situative und unternehmensbezogene Einflußfaktoren erklären lassen (Meffert, Kirchgeorg 1988, Kirchgeorg 1990). Unter dieser Annahme dürften die Unterschiede in der Branchen- und Größenzusammensetzung der beiden Untersuchungssamples die grundsätzliche Vergleichbarkeit nicht in Frage stellen.

Aus den Erkenntnissen der 1988 durchgeführten Grundlagenstudie wurde deutlich, daß Art und Ausmaß der ökologischen Betroffenheitssituation von Unternehmen einen wesentlichen Einfluß auf die Unternehmensstrategien ausüben. Deshalb steht in den folgenden Ausführungen die jeweilige Betroffenheitssituation der befragten Unternehmen sowie die Ausprägung der umweltorientierten Unternehmensstrategien im Mittelpunkt der Betrachtungen.

3. Ökologische Betroffenheit als Schlüsselvariable des ökologieorientierten Unternehmensverhaltens

Die ökologische Betroffenheit eines Unternehmens stellt ein theoretisches Konstrukt dar, das als subjektiv wahrgenommene oder objektive Größe eine Operationalisierung erfahren kann. Als subjektive Größe kennzeichnet die ökologische Betroffenheit die durch Entscheidungsträger im Unternehmen wahrgenommene Intensität ökologischer Ansprüche und die damit zu erwartenden Sanktionspotentiale, sofern den Umweltschutzforderungen ökologischer Anspruchsgruppen nicht entsprochen wird. Als objektive Größe kann der Betroffenheitsgrad einer Unternehmung durch das Ausmaß der durch die Sanktionspotentiale der Anspruchsgruppen verursachten Beeinträchtigung der vom Unternehmen angestrebten Ziele, die Anzahl der ökologischen Anspruchsgruppen und die Intensität der Umweltschutzforderungen in bezug auf den Umfang der zu internalisierenden Umweltschutzkosten gekennzeichnet werden.

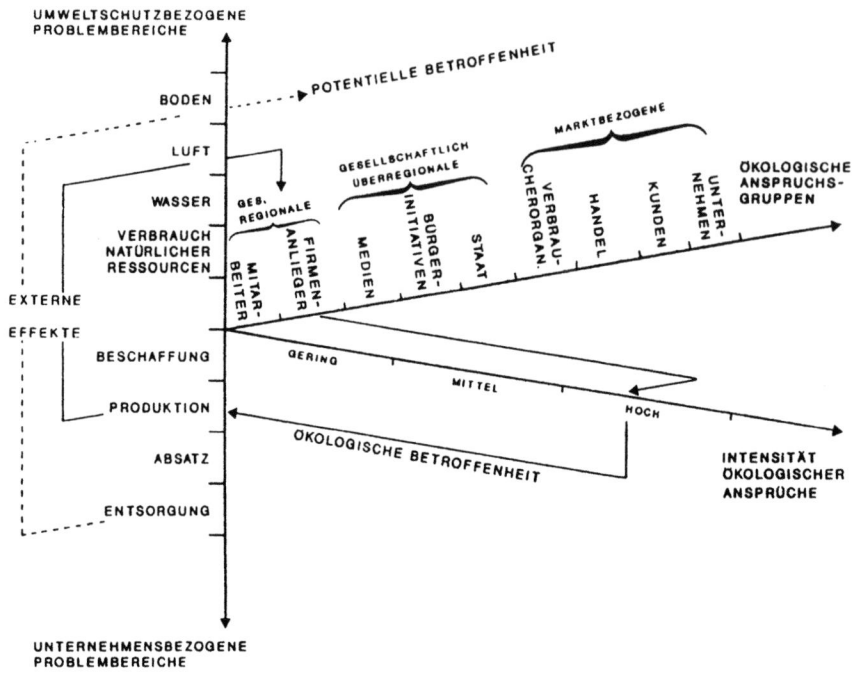

Abb. 3: Dimensionen der ökologischen Betroffenheit

Die Abbildung 3 zeigt den Zusammenhang zwischen der Inhalts-, Intensitäts- und Wirkungsdimension der ökologischen Betroffenheit. Die von den jeweiligen Unternehmensbereichen verursachten externen Effekte führen direkt oder indirekt zur Beeinträchtigung der Lebensqualität verschiedener Anspruchsgruppen. Aus diesem Anlaß stellen gesellschaftliche oder marktbezogene Anspruchsgruppen mit unterschiedlicher Intensität Umweltschutzforderungen an das Unternehmen. Diese Umweltschutzforderungen können auf das Unternehmen als Ganzes oder auf einzelne Funktions- bzw. Geschäftsbereiche gerichtet sein und werden von den jeweiligen Entscheidungsträger rezipiert.

3.1 Anspruchsgruppenbezogene Betroffenheitssituation

In den beiden empirischen Untersuchungen konnten die in der Abbildung 4 dargestellten Betroffenheitsprofile der Unternehmen im Gesamtdurchschnitt ermittelt werden. In beiden Studien steht die Betroffenheit durch die Umweltgesetzgebung an erster Stelle, d.h. die verschärfte Umweltgesetzgebung auf nationaler und europäischer Ebene prägt die Betroffenheitssituation der Unternehmen am stärksten. Hinsichtlich der Betroffenheit durch weitere gesellschaftliche Anspruchsgruppen wie Bürgerinitiativen, Medien oder Firmenanlieger weisen die beiden Studien keine nennenswerten Unterschiede auf. Interessant ist hingegen, daß die ökologische Betroffenheit durch verstärkte Umweltschutzforderungen der Marktteilnehmer in erheblichem Umfang zugenommen hat.

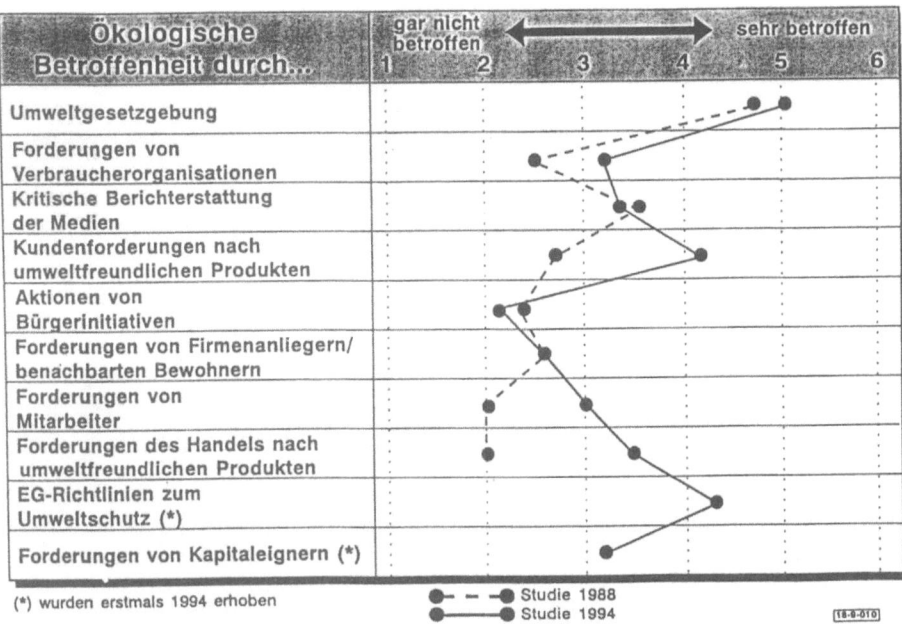

Abb. 4: Betroffenheitsprofil im Längsschnittvergleich

Insbesondere ein verändertes umweltorientiertes Nachfrageverhalten der Kunden und die hieraus abzuleitende umweltorientierte Ausrichtung des Handels haben gegenüber dem Jahre 1988 an Bedeutung gewonnen. Umweltorientiertes Unternehmensverhalten wird somit nicht nur durch Ökologie-Push im Sinne gesetzlicher und gesellschaftlicher Umweltschutzforderungen, sondern zunehmend auch über einen Ökologie-Pull-Effekt zu einer marktbezogenen Notwendigkeit. Nicht zuletzt haben die bürgernahen umweltrechtlichen Regelungen wie die Verpackungsverordnung dazu beigetragen, daß der Konsument umweltorientierte Kaufentscheidungskriterien zunehmend berücksichtigt. Darüber hinaus hat auch die zunehmende Bedeutung des Umweltschutzes als Profilierungsfaktor im Wettbewerb dazu geführt, daß im Vergleich zum Jahre 1988 die marktbezogenen Forderungen des Umweltschutzes stärker in den Vordergrund gerückt sind.

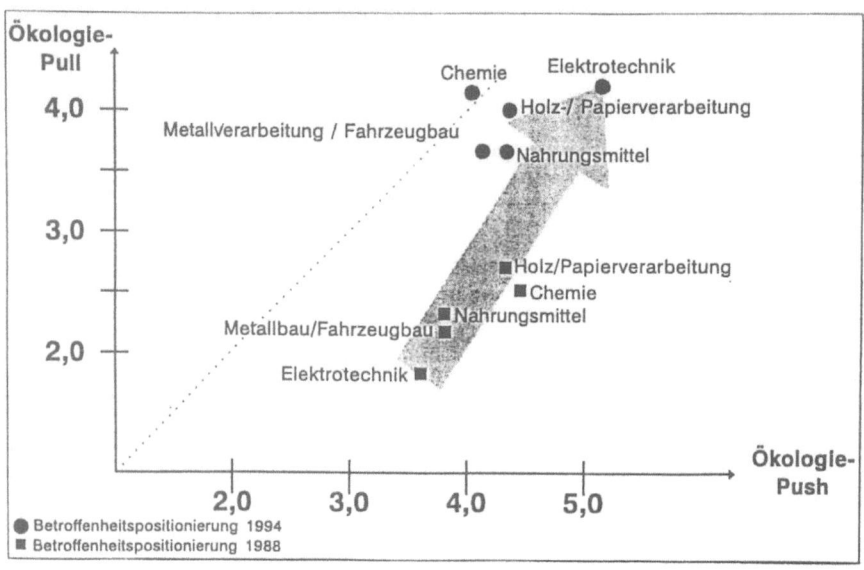

Abb. 5: Branchenbezogene Betroffenheitspositionierung im Längsschnittvergleich

Die Abbildung 5 zeigt eine Betroffenheitspositionierung der untersuchten Branchen im Längsschnittvergleich. Hierzu wurde ein gesellschaftsbezogener Betroffenheitsindex (Ökologie-Push) gebildet, in den die zwei wichtigsten Betroffenheitsvariablen Umweltgesetzgebung und kritische Medienberichterstattung einbezogen wurden, während die Variablen Kunden- und Handelsforderungen zur Indexbildung für die Kennzeichnung der marktbezogenen Betroffenheitssituation (Ökologie-Pull) herangezogen wurden. Unternehmen aller Branchen weisen einen zunehmenden marktbezogenen Betroffenheitsgrad auf, bei einem nahezu unverändert hohen Niveau des Ökologie-Push. In der Chemieindustrie hat sich der wahrgenommene Betroffenheitsgrad durch Ökologie-Push sogar verringert, während ein deutlicher Anstieg der marktbezogenen Betroffenheit festzustellen ist. Insbesondere Hersteller der Elektrotechnik haben in beiden Betroffenheitsdimensionen eine Zunahme zu verzeichnen. Dieser Sachverhalt ist insbesondere durch die Diskussion der Elektronikschrottverordnung sowie durch die Einführung einer Reihe umweltorientierter Produkte, z.B. im Haushaltsgerätebereich, zu erklären. Generell läßt sich aus diesen Untersuchungsergebnissen schließen, daß sich deutsche Unternehmen immer stärker aus marktbezogenen Gründen mit Umweltschutzproblemen auseinandersetzen müssen. Während 1988 die Umweltgesetzgebung die bedeutendste Triebkraft für unternehmensbezogene Anpassungsmaßnahmen war, wird der Umweltschutz in zunehmendem Maße über ein verändertes Verhalten der Marktteilnehmer an die Unternehmen herangetragen. Es wird im folgenden zu prüfen sein, inwieweit durch diese veränderte Betroffenheitssituation auch die strategischen Grundhaltungen der untersuchten Unternehmen im Umweltschutz beeinflußt werden.

3.2 Grunddimensionen der ökologischen Betroffenheit

Die einzelnen Meßindikatoren zur Erfassung des anspruchsgruppenbezogenen Betroffenheitsgrades wurden durch eine faktoranalytische Verdichtung auf zentrale Grunddimensionen hin untersucht. Hierbei wurden aus Gründen der Vergleichbarkeit die 1994 erstmals erfaßten Betroffenheitsindikatoren EG-Umweltgesetze und Forderungen von Anteilseignern nicht berücksichtigt. Das Ergebnis der faktoranalytischen Verdichtung zeigt die Abbildung 6.

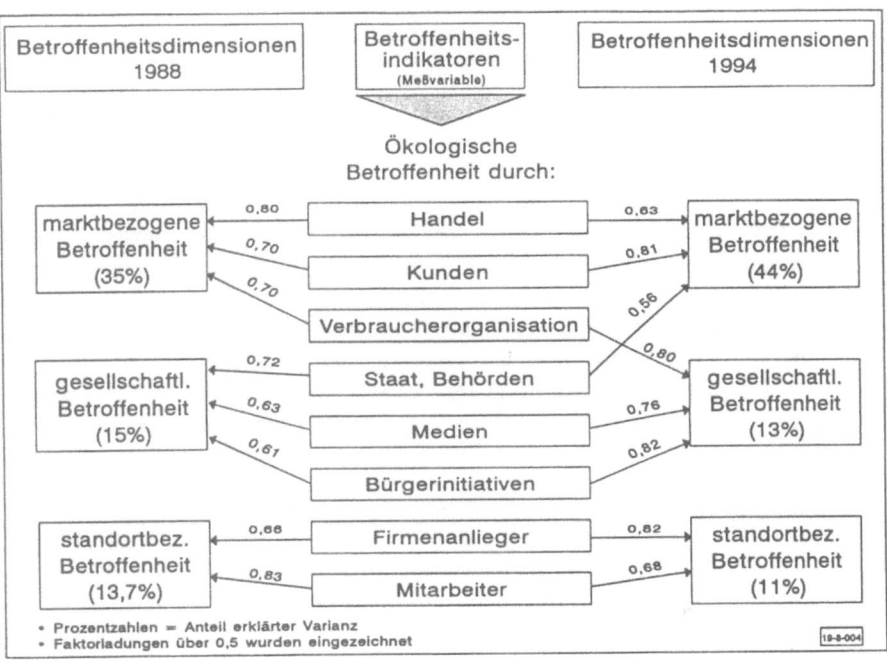

Abb. 6: Faktoranalytische Verdichtung der Meßindikatoren der ökologischen Betroffenheit

In der 1988 durchgeführten Studie konnten die acht Meßindikatoren auf drei Betroffenheitsdimensionen verdichtet werden. Neben dem Faktor der marktbezogenen Betroffenheit konnten zwei Faktoren ermittelt werden, die als Ausprägung der gesellschaftsbezogenen Betroffenheit zu interpretieren waren. Dabei wurden im zweiten Faktor Forderungen jener gesellschaftlicher Anspruchsgruppen zusammengefaßt, die überregional bzw. auf nationaler Ebene ihre Umweltschutzansprüche artikulieren, während sich der dritte Betroffenheitsfaktor auf die standortbezogenen und regionalen Anspruchsgruppen wie Mitarbeiter und Firmenanlieger bezog. Diese Faktorenstruktur zeigte auf, daß sich der Betroffenheitsgrad der befragten Unternehmen im Jahr 1988 auf eine marktbezogene Dimension und eine gesellschaftliche Dimension zurückführen läßt, wobei letztere sich entsprechend des räumlichen Aktionsgrades der Anspruchsgruppen in einen eher regional und überregional bedingten gesellschaftlichen Betroffenheitsgrad unterteilen läßt.

Vergleicht man diese Faktorenstruktur mit den Ergebnissen der aktuellen Studie, so zeigt sich eine interessante Veränderung in der Zusammensetzung der marktbezogenen Betroffenheitsdimension (vgl. Abb. 6). Wenn auch mit einer relativ schwachen Faktorladung von 0,56, so wird die Betroffenheitsvariable "Umweltschutzforderungen durch Staat und Behörden" den Indikatoren Umweltschutzforderungen durch Kunden und Handel zugeordnet. Hingegen werden die Forderungen der Verbraucherinstitutionen in hohem Maße dem zweiten Faktor der gesellschaftlichen Betroffenheit zugeordnet. Der dritte Faktor wird ebenso wie in der 1988 durchgeführten Studie durch die regionalen Anspruchsgruppen wie Firmenanlieger und Mitarbeiter repräsentiert. Diese Veränderung der Faktorenstruktur deutet an, daß umweltpolitische Maßnahmen in einem immer stärkeren Maße im Zusammenhang mit einem veränderten Kunden- und Handelsverhalten stehen, d.h. die verschärfte Umweltpolitik hat im Vergleich zum Jahr 1988 anscheinend die Sensibilität der marktbezogenen Anspruchsgruppen für Umweltprobleme erhöht, und dies schlägt sich auch in einem höheren Betroffenheitsgrad der Unternehmen durch diese Gruppen nieder. Ausschlaggebend für dieses Ergebnis dürften insbesondere die "bürgernahen" umweltpolitischen Eingriffe sein, wie die erlassene Verpackungsverordnung, die Bezuschussung der Umrüstung von Automobilen mit Katalysatoren oder die Diskussion um Rücknahmeverordnungen für Altprodukte. Hingegen wird der Einfluß der Verbraucherverbände auf die ökologische Betroffenheit der Unternehmen stärker als 1988 mit den Einflüssen der gesellschaftlichen Anspruchsgruppen im Zusammenhang gesehen.

Als Fazit der Analyse der Betroffenheitssituation läßt sich festhalten, daß die marktbezogenen Forderungen nach umweltgerechteren Produkten und Verhaltensweisen der Unternehmen gegenüber 1988 in nahezu allen Branchen deutlich zugenommen hat. Der Umweltschutz scheint sich als Marktfaktor etabliert zu haben. Angesichts der Konsolidierung und eines leichten Rückgangs des Umweltbewußtseins der deutschen Bevölkerung in den letzten drei Jahren ist dieser Ökologie-Pull-Schub weniger in einer originär bedingten Verhaltensänderung von Konsumenten und Handel zu sehen, vielmehr scheinen umweltpolitische Maßnahmen diese Veränderung in stärkerem Maße bewirkt zu haben.

4. Ökologieorientierte Basisstrategien im Umweltschutz

4.1 Ausprägung strategischer Verhaltensdimensionen

Während in der 1988 durchgeführten Studie das oben beschriebene Meßmodell zur mehrdimensionalen Erfassung der strategischen und instrumentellen Ausrichtung des ökologieorientierten Unternehmensverhaltens eingesetzt wurde, konnte im Rahmen der 1994 durchgeführten Folgestudie nur ein begrenztes Set an Verhaltensvariablen erfaßt werden, die sich insbesondere auf die strategischen Verhaltensdimensionen beziehen[3].

Zur Erfassung der unternehmensspezifischen Bedeutung verschiedener strategischer Verhaltensweisen wurden die Entscheidungträger gebeten, die Wichtigkeit der in der Abbildung 7 aufgeführten Verhaltensoptionen zu beurteilen. Um diese Meßindikatoren zu Basisstrategien zu verdichten, wurde eine Faktorenanalyse vorgenommen, die auch für die 1994 replizierten Verhaltensvariablen durchgeführt wurde. Die Abbildung 7 zeigt, daß die ermittelten Basisstrategien in ihrer Zusammensetzung nahezu unverändert geblieben sind. Lediglich die marktgerichtete Umweltschutzstrategie wird 1994 mit dem Aspekt der Erhaltung der Flexibilität durch frühzeitige Planung verbunden.

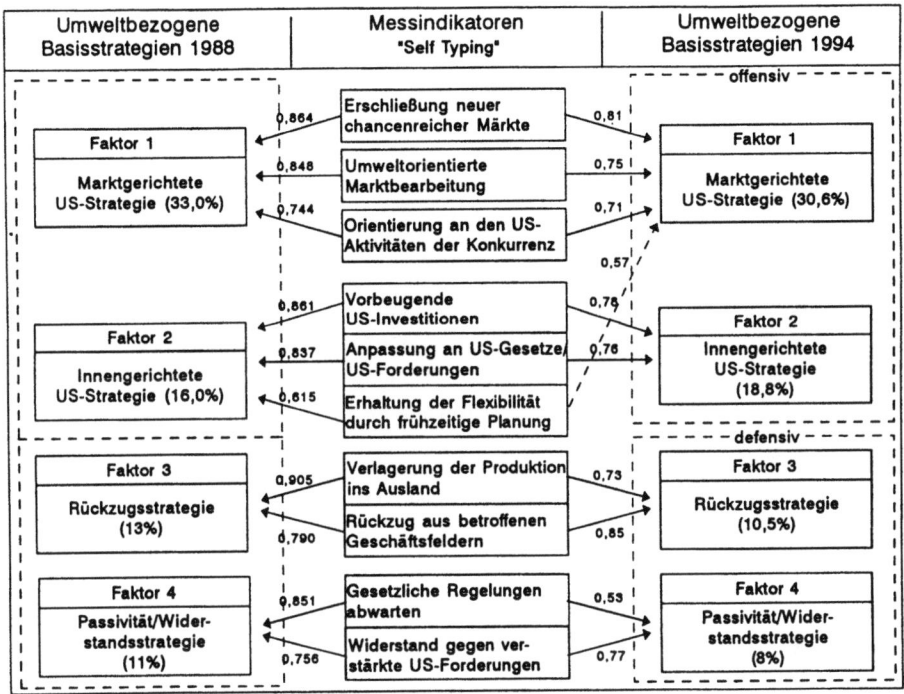

Abb. 7: Umweltorientierte Basisstrategien im Längsschnittvergleich

Diese Verhaltensausrichtung war 1988 stärker auf die innengerichtete Umweltschutzstrategie bezogen worden, jedoch scheint der proaktive Aspekt der Planung zunehmend an Marktrelevanz zu gewinnen. Da die Befragungsergebnisse von 1994 keine Aussage darüber zulassen, welche Instrumente mit der verfolgten Basisstrategie eingesetzt werden, ist es fraglich, ob die zweite Basisstrategie weiterhin

---

[3] Im Mittelpunkt der 1994 durchgeführten Studie standen insbesondere die Anpassungsreaktionen der Unternehmen und die Einschätzungen der Entscheidungträger zum EG-Öko-Audit und zum 1994 erlassenen Kreislaufwirtschaftsgesetz. Somit mußte das Set von Variablen zum generellen Umweltschutzverhalten der Unternehmen begrenzt werden, um den Fragebogen in einem vertretbaren Umfang gestalten zu können. Vgl. zu den weiteren Ergebnissen der Befragung Kirchgeorg 1995 (1)

noch als "innengerichtete Umweltschutzstrategie" interpretiert werden kann. Da die anderen Basisstrategien eine defensive Umweltschutzstrategie kennzeichnen (Rückzug, Passivität bzw. Widerstand) und die marktbezogene Basisstrategie durch den ersten Faktor beschrieben wird, kann davon ausgegangen werden, daß der zweite Faktor stärker die gesetzlich bedingte Integration von Umweltschutzmaßnahmen im unternehmensinternen Bereich beschreibt. Als Fazit kann festgehalten werden, daß eine grundlegende Veränderung der inhaltlichen Zusammensetzung von umweltbezogenen Basisstrategien im Längsschnittvergleich nicht ersichtlich ist.

4.2 Strategietypen im Längsschnittvergleich

Die jeweilige ökologische Grundhaltung eines Unternehmens kann durch unterschiedliche Schwerpunktsetzung bei den erfaßten Verhaltensvariablen bzw. den ermittelten Basisstrategien beschrieben werden, die mit Hilfe einer Clusteranalyse zu identifizieren sind. Zuvor soll jedoch in einem ersten Längsschnittvergleich die Wichtigkeit der erfaßten Verhaltensdimensionen im Gesamtdurchschnitt dargestellt werden (vgl. Abb. 8). Insgesamt zeigt ein Vergleich der durchschnittlichen Wichtigkeitseinstufungen der einzelnen Strategievariablen von 1988 und 1994 keine signifikanten Unterschiede auf. Tendenziell haben die Variablen der marktbezogenen Basisstrategie leicht an Bedeutung gewonnen. Grundsätzlich scheinen die Unternehmen ihre Umweltschutzstrategien in den letzten 6 Jahren nicht geändert zu haben. Die Betrachtung des durchschnittlichen Strategieprofils vernachlässigt jedoch den Sachverhalt, daß im Untersuchungssample Unternehmen mit unterschiedlichen ökologischen Grundhaltungen vertreten sein können, die mehr oder weniger stark vom Gesamtdurchschnitt abweichen. Inwieweit sich Unternehmenstypen mit ähnlichen Strategieprofilen identifizieren lassen, wurde mit Hilfe einer Clusteranalyse überprüft.

1988 konnten vier Verhaltenstypen mit ähnlichen ökologischen Grundhaltungen ermittelt werden (vgl. Kirchgeorg 1990, S. 137ff.). Im einzelnen zählten hierzu:

Ökologieorientierte Innovatoren (23%)

Innovatoren zeichneten sich durch eine innen- wie auch außengerichtete Umweltschutzstrategie aus. Rückzugs- und Widerstandsstrategien hatten hingegen keine Relevanz, wodurch sie sich deutlich gegenüber den "Ökologieorientierten Selektiven" unterschieden. Innovatoren orientierten ihre Umweltschutzaktivitäten nur in geringem Umfang an den Aktivitäten der Konkurrenten. Vielmehr versuchten sie, proaktiv innovative Lösungen im Umweltschutz zu entwickeln.

Innengerichtete Aktive (27%)

Bei den als "innengerichtete Aktive" gekennzeichneten Unternehmen lag der Verhaltensschwerpunkt auf innengerichteten Umweltschutzmaßnahmen. Rückzugs- und Widerstandsstrategien waren für diesen Unternehmenstyp nicht relevant. Gering war die marktgerichtete Umweltschutzstrategie bei diesen Unternehmen ausgeprägt, so daß die marktbezogenen Erfolgschancen zur Kompensierung der innerbetrieblichen Umweltschutzkosten nicht wahrgenommen wurden.

Ökologieorientierte Selektive (20%)

Unternehmen mit einer selektiv-ökologieorientierten Grundhaltung verfolgten einerseits eine ausgeprägte innen- und marktgerichtete Umweltschutzstrategie. Andererseits gehörten auch Rückzugs- und Widerstandsstrategien zur Begegnung verstärkter Umweltschutzforderungen zur strategischen Verhaltensausrichtung. Aufgrund der Überlagerung von offensiven und defensiven Umweltschutzstrategien ließ sich diese ökologische Grundhaltung am ehesten mit einer selektiven Ökologieorientierung kennzeichnen.

Passive (30%)

Unternehmen dieses Grundhaltungstyps wiesen in allen umweltbezogenen Strategiedimensionen eine geringe Verhaltensintensität auf. Insbesondere die Anpassung an Umweltschutzgesetze sowie die Vornahme vorbeugender Umweltschutzinvestitionen nahmen einen geringen Stellenwert ein. Gegenüber sich konkretisierenden Umweltschutzgesetzen verfolgten die Unternehmen eine Abwartestrategie, und es unterblieb eine aktive Auseinandersetzung mit den ökologischen Problemstellungen.

Eine mit den Befragungsdaten aus dem Jahre 1994 durchgeführte Clusteranalyse führte bei Vorgabe von vier zu ermittelnden Clustern zu den in der Abbildung 8 dargestellten Ergebnissen. Da sich die Mittelwertprofile der Gesamtdurchschnitte beider Studien nicht signifikant unterscheiden, gibt ein Vergleich der Abweichungen der Clustermittelwerte vom Gesamtdurchschnitt Aufschluß darüber, ob sich die 1988 ermittelten Grundhaltungstypen in ähnlicher Weise auch in der Studie 1994 identifizieren lassen. Deutlich lassen sich in der aktuellen Studie Unternehmen mit einer passiven und innovativen ökologischen Grundhaltung erkennen. Insgesamt können 25% der 1994 befragten Unternehmen als passiv eingestuft werden, während 20% als ökologieorientierte Innovatoren ein nahezu identisches Strategieprofil im Vergleich zu den 1988 identifizierten Innovatoren aufweisen. Die beiden anderen Grundhaltungstypen lassen sich nicht den ursprünglich 1988 ermittelten Unternehmenstypen zuordnen. Zwar weisen Unternehmen im ersten Strategie-Cluster die typischen Merkmale eines selektiven umweltorientierten Verhaltens auf, weil Rückzugs- und Widerstandsstrategien mit erkennbaren proaktiven Strategieausprägungen (präventive Umweltschutzinvestitionen) verbunden sind. Allerdings ist im Gegensatz zu den 1988 ermittelten Grundhaltungstypen die marktgerichtete Basisstrategie nicht mehr so stark ausgeprägt.

Grundhaltungstypen / Strategische Verhaltensweisen (Meßindikatoren)	1988					1994				
	Ø	Selektive	Passive	Innengerichtete Aktive	Innovatoren	Ø	Selektive	Passive	Marktgerichtete Folger	Innovatoren
Rückzug	5,1	+++	-	-	-	4,9	++	-	-	o
Produktionsverlagerung	5,2	++	-	o	-	5,1	+++	-	-	-
Sofortige Anpassung	2,4	+	---	+	+	2,4	o	--	+	++
Präventive US-Investitionen	3,0	+	---	++	+	3,3	+	--	o	+++
Flexibilitätserhaltung	2,7	++	--	+	++	2,8	+	--	+	++
Umweltor. Marktbearbeitung	3,9	+++	-	---	+++	3,7	-	--	+	+++
Markterschließung	3,4	++	--	---	+++	3,1	o	---	+	+++
Konkurrenzorientierung	3,7	+++	--	--	++	3,4	+	--	o	++
Abwarten	3,7	+++	+	-	--	3,8	++	+	-	--
Widerstand	4,4	+++	-	-	-	4,5	+++	--	--	-
Clustergröße		20%	30%	27%	23%		25%	25%	30%	20%

Ø   Mittelwerte (Skala: 1=sehr wichtig bis 6=gar nicht wichtig)

+ (-) Verhaltensstrategie ist wichtiger (weniger wichtig) als die durchschnittliche Einschätzung

Abb. 8: Ökologische Grundhaltungen der Unternehmen im Längsschnittvergleich

Interessant erscheint ein Vergleich des dritten Clusters mit dem Grundhaltungstyp der 1988 als "innengerichtete Aktive" gekennzeichneten Unternehmen. Dieser Grundhaltungstyp ist in der aktuellen Studie nicht zu identifizieren, vielmehr ist die strategische Ausrichtung der Unternehmen im dritten Cluster durch eine leicht überdurchschnittliche Ausprägung bei den marktbezogenen und innengerichteten Strategievariablen gekennzeichnet. Dies läßt tendenziell die Vermutung zu, daß Unternehmen, die 1988 verstärkt eine innengerichtete Umweltschutzstrategie verfolgt haben, zunehmend den Umweltschutz auch als marktbezogene Aufgabe auffassen. Somit können sie als marktgerichtete Folger gekennzeichnet werden. Vergleicht man die Clustergrößen differenziert nach den beiden Studien, so läßt sich die Tendenzaussage treffen, daß der Anteil der Unternehmen mit einer passiven Grundhaltung gegenüber Umweltschutzproblemen abgenommen hat und zunehmend Unternehmen neben den internen Anpassungserfordernissen auch den marktbezogenen Chancen und Risiken im Umweltschutz begegnen. Aufgrund der gegenüber 1988 veränderten Betroffenheitssituation ist zu vermuten, daß der verstärkte Ökologie-Pull eine Ursache dafür bildet, warum marktbezogene Erfordernisse des Umweltschutzes in der strategischen Ausrichtung der Unternehmen zunehmend Eingang finden.

4.3. Grundhaltungsspezifische Betroffenheitssituation der Unternehmen

Um den Einfluß der Betroffenheitssituation auf die identifizierten ökologischen Grundhaltungstypen zu ermitteln, wurde die grundhaltungsspezifische Betroffenheitssituation analysiert. Die Abbildung 9 zeigt die nach den Grundhaltungstypen differenzierte Beurteilung der Betroffenheitssituation in der aktuellen Studie. Zunächst wird deutlich, daß Unternehmen mit einer passiven Grundhaltung gegenüber den anderen Unternehmenstypen den geringsten Betroffenheitsgrad aufweisen. Die ökologieorientierten Innovatoren sehen sich sowohl durch eine hohe Ökologie-Push- als auch Ökologie-Pull-Intensität dazu veranlaßt, den Umweltschutz umfassend in die Strategieausrichtung zu integrieren. Sowohl Umweltschutzforderungen von Kunden und Handel bilden die zentralen Ursachen für die ausgeprägte marktgerichtete Umweltschutzstrategie dieser Unternehmen.

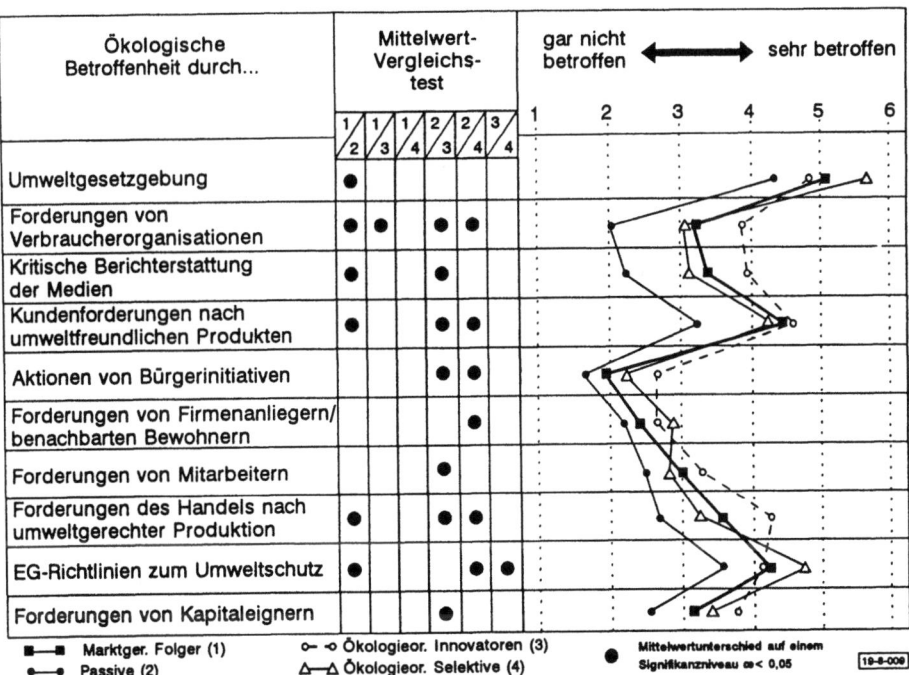

Abb. 9: Betroffenheitssituation differenziert nach ökologischen Grundhaltungstypen der 1994 durchgeführten Untersuchung

Die als selektiv gekennzeichneten Unternehmen sehen sich gegenüber allen anderen Grundhaltungstypen am stärksten von gesetzlichen Auflagen betroffen, worauf diese Unternehmen insbesondere auch mit defensiven Strategien reagieren. Gegenüber den der Betroffenheitssituation der ökologieorientierten Innovatoren sind die Selektiven zwar in hohem Maße durch Kundenforderungen betroffen, diese Forderungen werden jedoch nur in weitaus geringerem Maße über den Handel an diese Unternehmen herangetragen. Gegenüber der Betroffenheitssituation der im Jahre 1988 untersuchten Unternehmen zeigt sich deutlich, daß bis auf die Unternehmen mit einer passiven ökologischen Grundhaltung eine deutliche Zunahme der Betroffenheit durch marktbezogene Umweltschutzforderungen festzustellen ist.

5. Schlußbetrachtung

Die dargestellten Ergebnisse der Unternehmensbefragungen aus den Jahren 1988 und 1994 zeigen in der Tendenz, daß sich die Betroffenheitssituation durch einen Ökologie-Pull-Schub verändert hat und dadurch auch die ökologischen Grundhaltungen zunehmend auf die marktbezogenen Herausforderungen des Umweltschutzes ausgerichtet werden. Der in der aktuellen Studie festgestellte verringerte Anteil passiver Grundhaltungen im Umweltschutz mag darauf hindeuten, daß die verschärfte Umweltgesetzgebung und eine veränderte Markt- und Wettbewerbssituation in den vergangenen Jahren mehr und mehr Unternehmen zur Auseinandersetzung mit Umweltschutzfragen veranlaßt haben. Da nur ein begrenztes Set von Variablen für einen Längsschnittvergleich verfügbar war, bedarf es jedoch weitergehender Untersuchungen darüber, wie sich ökologische Grundhaltungen und die damit verbundenen Umweltschutzkonzepte im Zeitablauf verändern.

Betrachtet man mit einem kritischen Blick die Aussagekraft der empirischen Forschungen zum ökologieorientierten Unternehmensverhalten, so ist anzumerken, daß Breitenbefragungen ohne hinreichende Überprüfung der subjektiv von Entscheidungsträgern bekundeten Verhaltensorientierungen nicht hinreichend reales Verhalten erfassen, sondern vielfach nur auf der Ebene des intendierten und bekundeten Verhaltens verhaftet bleiben. Somit wird das tatsächliche Bild zum umweltorientierten Unternehmensverhalten verzerrt, und die Validität der Ergebnisse ist anzuzweifeln. Darüber hinaus ist in vielen Studien wie auch in den vorliegenden zwei Untersuchungen das Problem zu berücksichtigen, daß aufgrund der geringen Rücklaufquoten von 25% bis 40% die Ergebnisse nicht auf die Grundgesamtheit einer Branche hochgerechnet werden können. Jene Unternehmen, die dem Umweltschutz einen geringen Stellenwert einräumen und eher zu den passiven Grundhaltungstypen zu zählen sind, werden sich an den Befragungen in geringerem Umfang beteiligen als Unternehmen mit einer offensiven Einstellung zum Umweltschutz. Somit besteht die Gefahr, daß die Befragungsergebnisse gegenüber dem tatsächlichen Unternehmensverhalten einen höheren Anteil von Unternehmen mit offensiv Umweltschutzstrategien ausweisen. Gerade bei Studien zum ökologieorientierten Unternehmensverhalten sollte deshalb eine eingehendere Analyse der Nichtbeteiligung erfolgen, wenn die Rücklaufquoten gering ausfallen. Abgesehen von diesen grundsätzlichen Problemen der empirischen Forschung scheint eine Verknüpfung von Breitenbefragungen mit anschließenden Fallanalysen eine geeignete Form, um die Validität von Befragungsergebnissen zu überprüfen und um wichtige Detailerkenntnisse für weiterführende Forschungen zu erlangen.

Reflektiert man die in den letzten Jahren durchgeführten empirischen Studien zum umweltorientierten Unternehmensverhalten hinsichtlich der inhaltlichen Ausgestaltung und der zugrunde gelegten Operationalisierungskonzepte, so ist zu beklagen, daß die

Vergleichbarkeit der Studien untereinander z.T. sehr erschwert wird (Kirchgeorg 1995). Vielfach werden die in den einzelnen Studien gewonnenen Erkenntnisse nicht hinreichend in weiterführenden Arbeiten berücksichtigt und zur Ableitung weitgehend standardisierter Meßkonzepte verwendet. Somit schleicht sich in die empirische Umweltforschung eine zunehmende Ineffizienz ein. Zu begrüßen sind in diesem Zusammenhang Ansätze, bewährte Meßkonzepte in neuen Studien aufzugreifen und auch im internationalen Kontext zu replizieren[4] (vgl. z.B. Ytterhus et al. 1994; Brinkmann, Kirchgeorg 1995). Hierüber könnten bessere Einsichten in das umweltorientierte Unternehmensverhalten gewonnen werden und damit betriebswirtschaftliche Ansätze des Umweltmanagement auf einem einheitlicheren und valideren Informationsstand weiterentwickelt werden. Dies erspart letztlich kostbare Forschungskapazitäten und -zeit!

Literatur

Brinkmann, J., Kirchgeorg, M., Umweltorientiertes Unternehmensverhalten - Deutsche und norwegische Daten im Vergleich, erscheint 1995 in: Zeitschrift für Umweltpolitik und Umweltrecht

Coenenberg, A.G. et al., Unternehmenspolitik und Umweltschutz, in: ZfbF, 46. Jg. (1994), Nr. 1, S. 81-100

Forschungsgruppe Umweltorientierte Unternehmensführung, Umweltorientierte Unternehmensführung - Möglichkeiten zur Kostensenkung und Erlössteigerung, Berichte 11/1991, Hrsg. Umweltbundesamt, Berlin 1991

Gruber, Tietze & Partner, Umweltbericht 1992 - Stand des Umweltschutzes in führenden deutschen Unternehmen, Bad Homburg 1992

Kirchgeorg, M., Kreislaufwirtschaft - neue Herausforderungen für das Marketing, Arbeitspapier Nr. 92 der Wissenschaftlichen Gesellschaft für Marketing und Unternehmensführung e.V., Hrsg. Meffert, H., Backhaus, K., Wagner, H., Münster 1995 (1)

Kirchgeorg, M., Ökologieorientiertes Unternehmensverhalten, 1. Auflage und 2. erw. Aufl., Wiesbaden 1990 und 1995 (2)

Meffert, H., Kirchgeorg, M., Einfluß der Ökologie auf das Unternehmensverhalten, Dokumentation eine vom Ministerium für Wissenschaft und Forschung des Landes Nordrhein-Westfalen geförderten Forschungsprojektes, Münster 1988

Meffert, H., Kirchgeorg, M., Marktorientiertes Umweltmanagement, 3. Aufl., Stuttgart 1995

---

[4] Ausgewählte Konstrukte und Variablengruppen der vorliegenden Befragung wurden z.B. in internationalen Studien repliziert, woraus interessante Erkenntnisse über den Bewährungsgrad empirischer Meßkonzepte im internationalen Kontext gewonnen werden konnten. Vgl. hierzu Brinkmann, Kirchgeorg 1995. Besonders interessant erweisen sich auch die Bemühungen in Skandinavien, ein länderübergreifendes "Environmental Business Barometer" im Sinne eines Unternehmenspanels einzurichten, um Aussagen im Längsschnittvergleich treffen zu können. Vgl. hierzu Ytterhus 1994.

Meffert, H., Kirchgeorg, M., Umweltschutz an der Wasserscheide, in: Politische Ökologie, 12. Jg. (1994), Nr.36, Sonderteil, S. 8-11

Monhemius, K.Chr., Umweltbewußtes Kaufverhalten von Konsumenten, Frankfurt et al. 1992

Nielsen (Hrsg.), Umweltschutzstrategien im Spannungsfeld zwischen Handel und Hersteller - Untersuchungsbericht, Frankfurt 1992

Pinter, J., Umweltpolitische Probleme und Lösungsmöglichkeiten bei Klein- und Mittelbetrieben der Industrie und des Handwerks, Forschungsbericht 1/84 des Umweltbundesamtes, Berlin 1984

Raffée, H., Förster, F., Krupp, W., Marketing und Ökologieorientierung - Eine empirische Studie unter besonderer Berücksichtigung der Lärmminderung, Mannheim 1988

Töpfer, A., Umwelt- und Benutzerfreundlichkeit von Produkten als strategische Unternehmensziele, in: Marketing ZFP, 7. Jg. (1985), Nr. 4, S. 241-251

Wieselhuber, N., Stadlbauer, W.J., Ökologie-Management als strategischer Erfolgsfaktor, München 1992

Winsemius, P., Guntram, U., Responding to the Environmental Challenge, in: Business Horizons, 1992, March-April, S. 37-45

Ytterhus, B.E. et a., The Norwegian Environmental Business Barometer 1993, Working Paper 1994/11 der Handelshochschule BI und Norwegian School of Management, Sandvika 1994

Thomas Dyllick[1]

Forschungsprogramm Ökologie und Wettbewerbsfähigkeit von Unternehmen und Branchen

Konzeptionelle Grundlagen und methodische Konsequenzen

Seit Ende der achtziger Jahre gibt es eine rasch anwachsende Literatur, die auf die Notwendigkeit und Aufgaben einer ökologisch bewussten Unternehmungsführung ausgerichtet ist. Sie reflektiert das stark angestiegene ökologische Problembewusstsein und Aktivitätsniveau der Managementpraxis. Diese Ansätze behandeln die Chancen und Gefahren einer ökologischen Ausrichtung der Unternehmungsführung angesichts eines veränderten Umfeldes und gehen von den Handlungsmöglichkeiten der einzelnen Unternehmung aus. Das Forschungsprogramm "Ökologie und Wettbewerbsfähigkeit von Unternehmen und Branchen in der Schweiz" will die Handlungsfreiräume und Handlungsrestriktionen einer ökologisch bewussten Unternehmungsführung in dem doppelten Spannungsfeld zur Nachhaltigkeit einerseits, zur Wettbewerbsfähigkeit andererseits erkunden. Ziel ist es, für Unternehmen und Branchen ökonomieverträgliche und damit gangbare "Pfade" in eine nachhaltigere Wirtschaft aufzudecken. Die einzelne Unternehmung wird hierbei als ein Teil übergeordneter Stoffflüsse gesehen, die den ganzen ökologischen Produktlebenszyklus als Betrachtungseinheit umfassen.

Das Forschungsprogramm wird am Institut für Wirtschaft und Ökologie der Hochschule St. Gallen unter Leitung des Autors durchgeführt. Der Schweizerische Nationalfonds fördert es für die Dauer von drei Jahren (1993-1995) im Rahmen seines "Schwerpunktprogramm Umwelt". Im Mittelpunkt steht die Analyse des ökologisch induzierten Strukturwandels auf der Ebene ausgewählter Branchen sowie der Möglichkeiten, Chancen und Wirkungen einer ökologisch bewussten Unternehmungsführung. Es werden acht ausgewählte Branchen analysiert, die gleichermassen ökologisch wie ökonomisch bedeutsam sind: Bau, Chemie, Computer, Güterverkehr, Maschinen, Lebensmittel, Tourismus, Verpackungen.[2] Für das Forschungsprogramm ist eine gemeinsame konzeptionelle und methodische Basis entwickelt worden, auf der alle Teilstudien aufbauen

---

[1] Dr. Thomas Dyllick, Professor für Betriebswirtschaftslehre mit besonderer Berücksichtigung der Ökologie, Direktor des Instituts für Wirtschaft und Ökologie an der Hochschule St. Gallen (IWÖ-HSG)

[2] Das Forschungsprogramm ist selbst Teil eines Koordinierten Projektes "Ökologischer Strukturwandel und Innovation", welches noch ein volkswirtschaftliches Projekt "Ökologischer Strukturwandel: Konsequenzen für die Innovationsfähigkeit und Innovationsstrategie der Schweiz" (Leitung: Prof. Dr. H.C. Binswanger, IWÖ-HSG) und ein wirtschaftsgeographisches Projekt "Umweltinnovationen und regionaler Kontext" (Leitung: Prof. Dr. Paul Messerli, Geographisches Institut der Universität Bern) umfasst.

(vgl. Dyllick/Belz 1993). Die zugrunde gelegte Logik der Zusammenhänge geht aus nachfolgendem Überblick hervor:

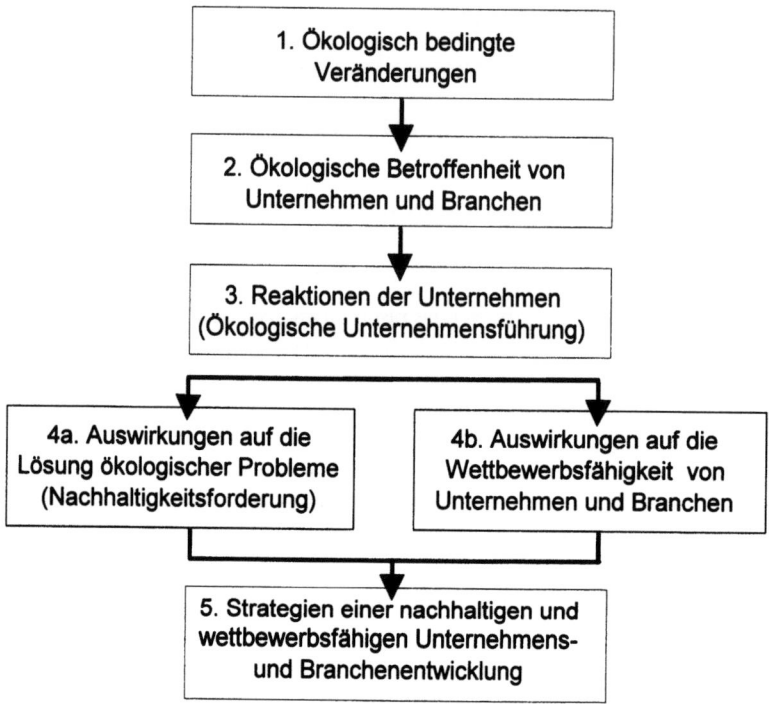

Abb. 1: Vorgehensweise im Rahmen des Forschungsprojektes "Ökologie und Wettbewerbsfähigkeit von Unternehmen und Branchen in der Schweiz" (vgl. Dyllick/Belz 1993: S. 30)

Ausgehend von einer Erfassung der "ökologisch bedingten Veränderungen" (1) in den untersuchten Branchen, wird im Zuge einer ökologischen Branchenstrukturanalyse die "ökologische Betroffenheit" dieser Branchen (2) beurteilt. Dabei werden auch die ökologisch relevanten Wettbewerbsdimensionen dieser Branchen herausgearbeitet. Im Rahmen von drei Unternehmungsfallstudien je Branche (3) werden die ökologische Betroffenheit der Unternehmen vertiefend beurteilt und die Massnahmen analysiert, die als Reaktion hierauf ergriffen werden. Diese Massnahmen (operativer, strategischer und normativer Natur) werden dann im Lichte der Nachhaltigkeitsforderung (4a) und der Wettbewerbsfähigkeitsforderung (4b) analysiert und beurteilt. Der letzte Schritt besteht darin, Strategien einer nachhaltigen und wettbewerbsfähigen Unternehmungs- und Branchenentwicklung zu entwerfen und zu begründen (5). Insgesamt ergeben sich hieraus folgende *vier Analyseschritte*:

1. Ökologische Branchenstrukturanalyse
2. Unternehmungssfallstudien
3. Vergleich der Unternehmungsfallstudien (Cross-Case-Analysis)
4. Vergleich der Branchenergebnisse (Cross-Study-Analysis)

Forschungsmethodisch ist das Projekt im Lichte des *qualitativen Forschungsparadigmas* (vgl. Eisenhardt 1989; Lamnek 1988; Mayring 1990; Spoehring 1989; Yin 1984) zu sehen. Aus dieser Perspektive ist Forschung primär als Entdeckungsprozess zu verstehen. Nicht Explikation im Sinne der Aufstellung und Überprüfung von Hypothesen steht im Vordergrund, sondern Exploration und Deskription. Neben der Dokumentenanalyse ist das offene respektive teilstrukturierte Interview eine zentrale Form der Datenerhebung im Rahmen eines solchen Forschungsprozesses. Darüber hinaus kommen Verfahren der kommunikativen Validierung mit Vertretern und Anspruchsgruppen der Branchen bzw. der Fall-Unternehmen zum Einsatz.

Nachdem Anfang 1993 die Konzeption des Forschungsprogramms vorgelegt worden ist (vgl. Dyllick/Belz 1993), ist Mitte 1994 eine Übersicht über den ökologischen Strukturwandel in sieben schweizerischen Branchen, entsprechend dem oben aufgeführten Analyseschritt 1, veröffentlicht worden. (vgl. Dyllick et al., 1994) Seit Anfang 1995 erscheinen die kompletten Branchenstudien als eigenständige Werke, umfassend jeweils die Analyseschritte 1 bis 3.[3] Die Veröffentlichung einer branchenübergreifenden Auswertung, die auch den Analyseschritt 4 mit umfasst, ist für 1996 vorgesehen.

Ziel der nachfolgenden Ausführungen ist es, die konzeptionellen Grundlagen des Forschungsprogramms "Ökologie und Wettbewerbsfähigkeit von Unternehmen und Branchen in der Schweiz" darzulegen und die daraus abgeleiteten methodischen Konsequenzen zu erläutern. Zudem sollen erste Einsichten aus dem noch laufenden Forschungsprogramm vermittelt werden. Hierzu werden fünf Thesen entwickelt.

These 1: Im Lichte ökologischer Zusammenhänge erscheint das herkömmliche Branchenverständnis als verkürzt. Eine Branche umfasst als Branchenstufen alle Phasen des ökologischen Produktlebenszyklus.

In traditioneller betriebswirtschaftlicher Betrachtung des leistungswirtschaftlichen Prozesses steht die Wertschöpfungskette im Vordergrund. Diese nimmt allein Bezug auf die innerbetrieblichen Phasen der Wertschöpfung, die unter Eigenregie der Unternehmung ablaufen. Weder die Vorstufen der Rohstoffgewinnung oder der Vorprodukteerzeugung noch die nachgelagerten Stufen der Distribution, des Konsums oder der Entsorgung geraten dabei ins Blickfeld. Dies erweist sich als unzureichend, weil ökologische Produktprobleme häufig erst jenseits des eigenen Handlungsbereichs virulent werden, z.B. beim Konsum, wenn man an Automobile und Verkehrsprobleme denkt, oder bei der Entsorgung, wenn man an PVC denkt. Im ökologischen Kontext muss deshalb der Betrachtungshorizont stark ausgeweitet werden und der ganze ökologische Produktlebenszyklus in den Blick gefasst. Er umfasst neben den betrieblichen Stufen auch die vorgelagerten und nachgelagerten Stufen.

---

[3] Bisher sind vier solcher Werke erschienen: Belz, 1995 (Lebensmittelbranche); Hugenschmidt, 1995 (Güterverkehrsbranche); Koller, 1995 (Baubranche); Schneidewind, 1995 (Chemiebranche).

Vorgelagerte Stufen >	Unternehmung >	Nachgelagerte Stufen >
Rohstoff- gewinnung Grundstoff- herstellung Vorprodukte- herstellung	Produkt- entwicklung Beschaffung Produktion Verkauf Logistik	Distribution Konsum Recycling/ Entsorgung

Abb. 2: Ökologischer Produktlebenszyklus (vgl. Dyllick 1992: S. 401)

Der Zwang zu einer solchermassen erweiterten Analyse der eigenen Produkte wird insbesondere darin deutlich, dass der Gesetzgeber seine Regulierungen, aber auch Test-
institute ihre Kaufempfehlungen zunehmend an den festzustellenden ökologischen Ge-
samtwirkungen ausrichten, die sich über den gesamten ökologischen Lebenszyklus,
"von der Wiege bis zur Bahre", als akkumulierte Schadschöpfung ergeben, wie dies z.B.
aus der Umweltzeichen-Verordnung der EU (vgl. EG-Kommission 1992) hervorgeht.
Hiermit wird deutlich, dass die ökologische Verantwortung nicht an den Werkstoren
endet, sondern im Hinblick auf die Produkte eine weitere Dimension besteht, in der die
einzelne Unternehmung nurmehr eine "Durchlaufstation" auf dem Lebensweg ihrer Produkte darstellt. Und Probleme, von denen diese Produkte auf vor- oder nachgelagerten
Stufen betroffen werden, schlagen auch auf die Unternehmung zurück.

Nimmt man das Konzept des ökologischen Produktlebenszyklus ernst, so hat dies methodisch relevante Konsequenzen. Eine erste Konsequenz betrifft die *Art der Branchen-
abgrenzung*, wie sie im Rahmen des Forschungsprogramms vorgenommen worden ist.
Herkömmliche Brancheneinteilungen beruhen auf einer Gliederung nach der Art der
Tätigkeit oder der eingesetzten Technologie. So finden sich gemäss der offiziellen
Branchengliederung des schweizerischen Bundesamtes für Statistik z.B. die Nahrungsmittelindustrie, die Landwirtschaft und der Lebensmittelhandel in drei unterschiedlichen
Branchen wieder. Will man jedoch den ökologischen Branchenstrukturwandel in der
Lebensmittelbranche analysieren, so macht es keinen Sinn, sich auf den Ausschnitt zu
beschränken, der gemäss offizieller Statistik als "Nahrungsmittelindustrie" abgegrenzt
wird. Man würde die Bereiche Landwirtschaft und Lebensmittelhandel, aber auch Bereiche wie Lebensmittelimport, Konsum und Entsorgung ausgrenzen, obwohl diese ganz
unmittelbar beeinflussen, was sowohl in ökologischer als auch in politischer und wett-
bewerbsstrategischer Sicht für die Lebensmittelindustrie bedeutsam ist. Desgleichen ist
es im Hinblick auf eine Untersuchung des ökologischen Branchenstrukturwandels im
Bereich des Gütertransports unabdingbar, auch das mit einzuschliessen, was sich in den
Bereichen Wegebau (Strasse, Schiene etc.), Fahrzeugbau und Fahrzeugentsorgung abspielt oder im Hinblick auf eine Untersuchung der Bauindustrie, auch das, was auf den

Stufen Baustoffherstellung, Planung und Umbau oder Entsorgung passiert. Das Branchenbild, das sich hieraus ergibt, ist bedeutend umfassender und entspricht der ökologisch bedingten Verkettung der Zusammenhänge.

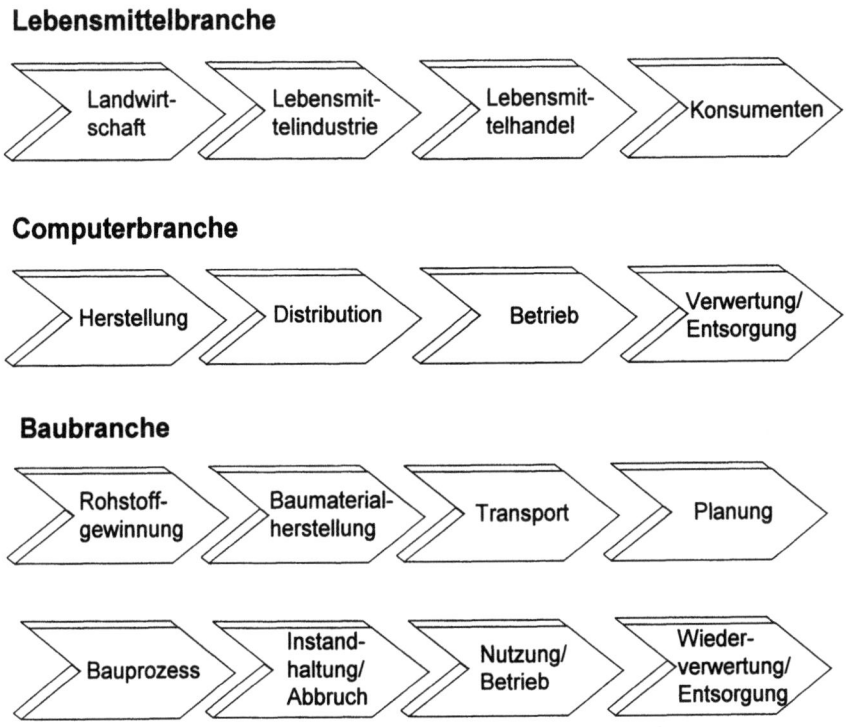

Lebensmittelbranche

Landwirtschaft → Lebensmittelindustrie → Lebensmittelhandel → Konsumenten

Computerbranche

Herstellung → Distribution → Betrieb → Verwertung/Entsorgung

Baubranche

Rohstoffgewinnung → Baumaterialherstellung → Transport → Planung

Bauprozess → Instandhaltung/Abbruch → Nutzung/Betrieb → Wiederverwertung/Entsorgung

Abb. 3: Branchenstufen dargestellt am Beispiel der Lebensmittel, Computer- und Baubranche

Eine zweite Konsequenz ist darin zu sehen, dass die ökologischen Belastungen und Herausforderungen auf verschiedenen Stufen des Produktlebenszyklus sowohl *qualitativ als auch quantitativ sehr unterschiedlich ausgeprägt* sind. Und die Stufe, auf der sich ein bestimmter Akteur gerade befindet, muss nicht notwendigerweise auch der geeignete Ansatzpunkt für sinnvolle ökologische Verbesserungsmassnahmen sein, wenn man die ökologischen Kernprobleme der Branche insgesamt vor Augen hat. Im Rahmen der durchgeführten Branchenstudien sind solche qualitativen Grobbewertungen vorgenommen worden und hernach mit Vertretern sowie Anspruchsgruppen der Branche kommunikativ validiert worden. Das Ergebnis einer solchen Bewertung ist am Beispiel der Chemiebranche nachfolgend wiedergegeben.

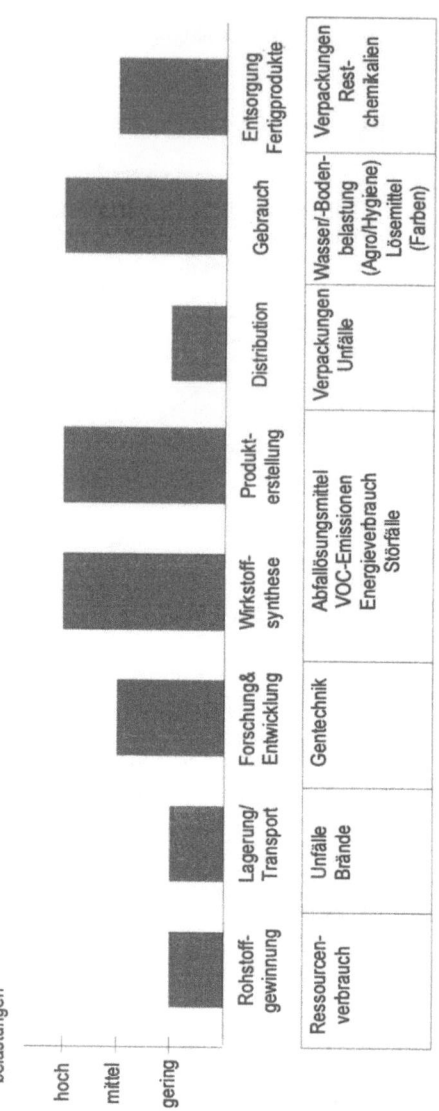

Abb. 4: Ökologische Kernprobleme der Chemiebranche (vgl. Schneidewind 1994: S. 49)

Aus der Darstellung gehen sowohl die ökologischen Kernprobleme der Chemiebranche auf jeder der acht Branchenstufen hervor, als auch die Bedeutung der Schadschöpfungsbeiträge jeder Stufe. Hierbei gilt, dass es nicht möglich ist, diese Beiträge quantitativ eindeutig zu bestimmen. Wohl aber können sie im Zuge einer qualitativen ABC-Bewertung grob klassiert werden. Und dies genügt häufig bereits völlig, um strategisch relevante Entscheide darüber treffen zu können, wo sich ökologische Verbesserungsmassnahmen eher lohnen und wo nicht, oder mit Akteuren welcher Branchenstufe sinnvollerweise Kooperationen zu suchen sind, um nennenswerte ökologische Fortschritte erzielen zu können.

These 2: In ökologischer Perspektive stehen ganz andere Inputs in den unternehmerischen Leistungserstellungsprozess und andere Outputs im Vordergrund als in ökonomischer Perspektive.

Die ökologischen Probleme in unserer Gesellschaft entstehen auf der Ebene der Stoff- und Energieflüsse, nicht auf der Ebene der Geldflüsse. Quellen natürlicher Ressourcen versiegen, die Aufnahmefähigkeit natürlicher Kreisläufe wird überfordert und die Reproduktionsfähigkeit natürlicher Systeme wird beeinträchtigt. Stoff- und Energieflüsse stossen somit an natürliche Grenzen, die jenseits unserer Verfügungsgewalt sind. (vgl. Baccini/Brunner 1991: S. 10ff; Meadows et al. 1992: S. 68ff) Demgegenüber sind die Geldflüsse prinzipiell grenzenlos und kennen diese natürlichen Begrenzungen nicht, ja sie sind ihnen eigentlich völlig wesensfremd. Binswanger sieht in dieser unheilvollen Verknüpfung den eigentlichen Kern der ökologischen Problematik. Er führt hierzu aus: "Indem alle Produkte unter dem Geldaspekt erscheinen, lösen sich die Bande, welche die Produktion ursprünglich an die - begrenzte - Natur gebunden hatten: Die Natur erscheint im Bereich der Geldwerte auf einmal ebenso unendlich vermehrbar wie das Geld selbst. In Wirklichkeit wird sie aber gerade wegen dieser scheinbaren Unendlichkeit erst recht ausgebeutet und zerstört, wenn bestimmte Grenzen der Beanspruchung überschritten werden." (Binswanger 1991: S. 17) Hieraus ist für das Forschungsprogramm die Konsequenz gezogen worden, die Unternehmung zunächst einmal als *ökologisches Subsystem* zu interpretieren. Als ökonomisches Subsystem interpretiert bezieht die Unternehmung Arbeit, Kapital, Boden und Know How als zentrale Produktionsfaktoren auf der Inputseite und erstellt mit deren Hilfe ökonomische Leistungen in Gestalt von Produkten für den Markt. Wird die Unternehmung jedoch als *ökologisches Subsystem* gesehen, sind ganz andere Elemente von Bedeutung. Hier sind es natürliche Ressourcen auf der Inputseite sowie Emissionen, Abfälle, Risiken und die Produkte auf der Outputseite, die ökologisch relevant sind.

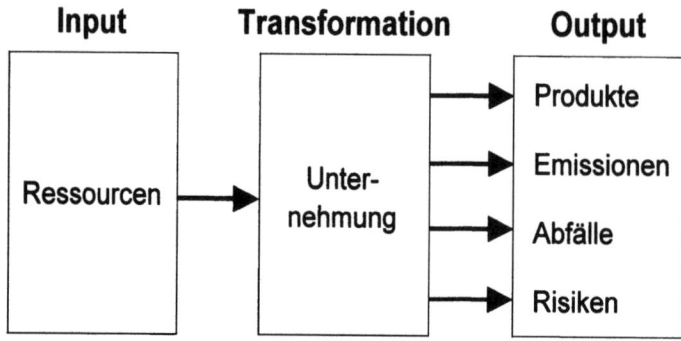

Abb. 5: Der Leistungserstellungsprozess in ökologischer Perspektive (vgl. Dyllick 1992: S. 400)

Entsprechend dieser veränderten Sichtweise der Unternehmung und des Leistungserstellungsprozesses stehen auch andere Aspekte der Realität im Vordergrund des Interesses, vor allem einmal Stoff- und Energieflüsse, die bisher noch nicht als normale Bestandteile des Informations- und Führungssystems von Unternehmen angesehen werden können. Damit erhalten Instrumente wie Energie- und Ökobilanzen, aber auch Öko-Audit- und Öko-Controllingsysteme ihre Bedeutung, während als relevante Zielgrösse die ökologische Effizienz des wirtschaftlichen Handelns Bedeutung erlangt. Analog zum Begriff der ökonomischen Effizienz wird hierunter eine Form der Leistungserstellung verstanden, die ihre Ziele unter Minimierung von Stoffdurchsatz und Umweltbelastung erreicht. Massstab erfolgreichen Wirtschaftens ist somit nicht der möglichst effiziente Einsatz der Produktionsfaktoren Kapital und Arbeit, sondern der möglichst effiziente Einsatz der Ressource Natur. (ausführlicher hierzu Dyllick 1992: S. 397ff) Darüber hinaus werden im Rahmen des Forschungsprogramms zunächst einmal die Umweltbelastungen über den ganzen Verlauf des ökologischen Produktlebenszyklus erfasst, um die ökologischen Kernprobleme der untersuchten Branchen zu erkennen. Das hierfür eingesetzte Instrument der ökologischen Belastungsmatrix wird in der These vier näher erläutert. Zunächst soll auf die ökologisch relevanten externen Lenkungssysteme eingegangen werden.

These 3: Neben dem Markt sind Politik und Öffentlichkeit als ökologisch relevante externe Lenkungssysteme der Unternehmung anzusehen.

Im Hinblick auf die externen Einflüsse auf die Unternehmung ist einerseits zwischen verschiedenen Anspruchsgruppen, andererseits zwischen unterschiedlichen externen Lenkungssystemen zu unterscheiden. In ökonomischer Sichtweise stehen marktliche Anspruchsgruppen im Vordergrund der Betrachtung. Im Zusammenhang mit ökologischen Fragen hat sich jedoch gezeigt, dass es sich hierbei um eine stark verkürzte Sichtweise handelt. Hier spielen in einer branchenübergreifenden Betrachtung politische und gesellschaftliche Anspruchsgruppen eine grössere Rolle, wie die empirischen Untersuchungen von Kirchgeorg und Nitze (vgl. Kirchgeorg 1990: 181; Nitze 1991: 216ff) gezeigt haben, während bei einer differenzierteren Betrachtung getrennt nach Branchen die Betroffenheitsprofile deutliche Unterschiede aufweisen (vgl. Nitze 1991: Anhang 3; Dyllick/Belz 1994: 23ff). Hieraus ist für das Forschungsprogramm die Konsequenz gezogen worden, dass für jede Branche, aber auch für jede einzelne Unternehmungsfallstudie das Profil der konkreten Betroffenheit durch Anspruchsgruppen sowie deren Forderungen zu erfassen ist, wobei sowohl marktliche, als auch politische und öffentliche Anspruchsgruppen betrachtet werden. Hieraus ergibt sich als Resultat ein Überblick über die ökologischen Kernansprüche an eine Branche.

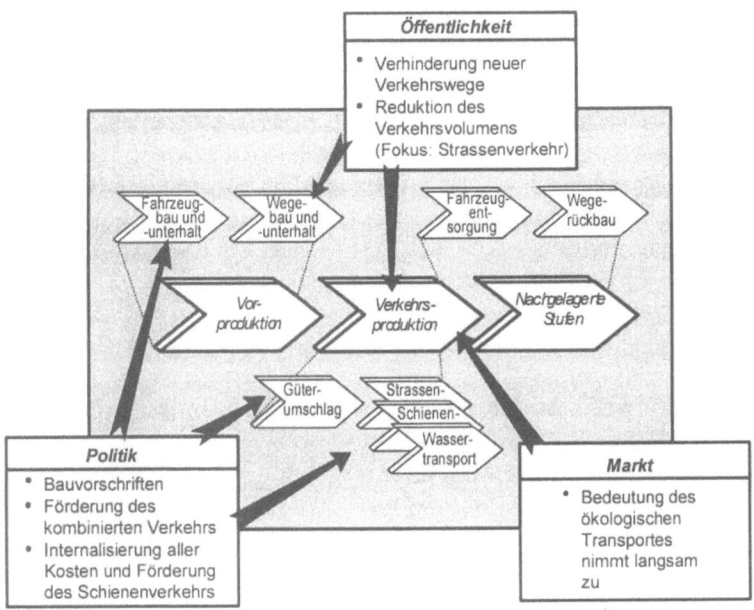

Abb. 6: Ökologische Kernansprüche der Güterverkehrsbranche (vgl. Hugenschmidt 1994: S. 272)

Neben den Anspruchsgruppen lassen sich in einer funktionalen Betrachtung der unternehmerischen Umwelt Markt, Politik und Öffentlichkeit als ökologisch relevante *externe Lenkungssysteme* unterscheiden. Sie beziehen sich auf die Lenkungsmechanismen, die zur Geltung gelangen bzw. durch die Anspruchsgruppen gezielt zur Geltung gebracht werden. Beruht der Markt auf dem Wirken von Angebot und Nachfrage und bedient sich des Preises als Lenkungsmechanismus, so beruht die Wirkungsweise des Lenkungssystems Politik auf hoheitlichem Zwang gegenüber den Adressaten und das Lenkungssystem Öffentlichkeit auf dem Entzug von Akzeptanz und Legitimität. Wirkt der Markt, mit anderen Worten, über ökonomische Sanktionsmechanismen, so wirkt die Politik über politische sowie rechtliche Mechanismen und die Öffentlichkeit über öffentlichen Druck. Alle drei Lenkungssysteme sind im ökologischen Kontext wirksam und einflussreich.[4] Im Rahmen des Forschungsprogramms wird deshalb die durch Anspruchsgruppen zum Ausdruck gebrachte und über die externen Lenkungssysteme vermittelte ökologische Betroffenheit der Unternehmen und Branchen separat mit Hilfe des Instruments der ökologischen Anspruchsmatrix erfasst und analysiert, die nachfolgend vorgestellt wird.

These 4: Die ökologisch relevanten Zusammenhänge sind auf zwei unterschiedlichen Betrachtungsebenen zu erfassen und zu erklären: Auf stofflich-energetischer und auf sozioökonomischer Ebene.

Im Hinblick auf das Verständnis ökologischer Einflüsse ist zwischen zwei Betrachtungsebenen zu unterscheiden: einer stofflich-energetischen und einer sozioökonomischen Ebene. Stehen auf stofflich-energetischer Ebene naturwissenschaftlich fassbare Zusammenhänge im Vordergrund, wie z.B. Abfallaufkommen, Boden-, Wasser und Lärmbelastungen sowie Energie- und Ressourcenverbräuche, so geht es auf der sozioökonomischen Ebene um sozialwissenschaftlich fassbare Zusammenhänge, die gesellschaftliche Erwartungen und Werthaltungen betreffen, politische Prioritäten, rechtliche Auflagen und behördliche Verfügungen oder das Nachfrageverhalten auf den Märkten und die Attraktivität als Arbeitgeber.

Stofflich-energetische Ebene	**Sozioökonomische Ebene**
Energieverbrauch	Gesellschaftlichen Erwartungen
Ressourcenverbrauch	Werthaltungen
Bodenbelastungen	Politische Prioritäten
Wasserbelastungen	Rechtliche Auflagen
Luftbelastungen	Behördliche Vorschriften
Lärmbelastungen	Nachfrageverhalten
Abfallaufkommen	Attraktivität als Arbeitgeber
Auswirkungen auf Ökosysteme	

Abb. 7: Zwei ökologisch bedeutsame Betrachtungsebenen

Aus Sicht der Unternehmung handelt es sich im Fall der sozioökonomischen Ebene um die "primäre Umwelt", im Fall der stofflich-energetischen Ebene um die "sekundäre Umwelt". Dies ist damit zu begründen, dass ökologische Probleme - in einem stofflich-energetischen Sinn wie im Falle von Luftemissionen - nicht direkt wirksam werden, sondern erst dann und nur in dem Masse für Unternehmen relevant werden, wie sie durch gesellschaftliche Ansprüche, politische Regulierungen oder marktliche Ver-

---

[4] Dies konnte durch eine repräsentative Untersuchung der wahrgenommenen ökologischen Betroffenheit von Unternehmen der schweizerischen Lebensmittelindustrie empirisch gezeigt werden. (vgl. Dyllick/Belz 1994: S. 24ff)

änderungen in verhaltensrelevante Ansprüche transformiert werden. Mit anderen Worten: Die ökologische Umwelt im engeren Sinne (stofflich-energetisch) ist nur als indirekt wirksame, "sekundäre Umwelt" der Unternehmung anzusehen, während die ökologische Umwelt im weiteren Sinne (sozioökonomisch) als "primäre Umwelt" anzusehen ist. Anders herum betrachtet lässt sich aber auch sagen, dass ökologische Ansprüche an Unternehmen in aller Regel ihren Ausgangspunkt auf stofflich-energetischer Ebene nehmen, somit ökologisch Probleme auf dieser Ebene bedingen. In einer Planungsperspektive lassen sich deshalb ökologisch relevante Problemfelder durchaus als potentielle oder latente ökologische Ansprüche interpretieren, die - je nach Situation früher oder später - zu aktuellen Ansprüchen werden.

Auch aus dieser konzeptionellen Einsicht ergeben sich methodisch relevante Konsequenzen. Sie finden ihren konkreten Ausdruck in Gestalt von zwei unterschiedlichen Analyseinstrumenten: der *ökologischen Belastungsmatrix* zur Analyse auf stofflich-energetischer Ebene und der *ökologischen Anspruchsmatrix* zur Analyse auf sozioökonomischer Ebene. Diese beiden Analyseinstrumente sollen am Beispiel der Lebensmittelbranche dargestellt werden.

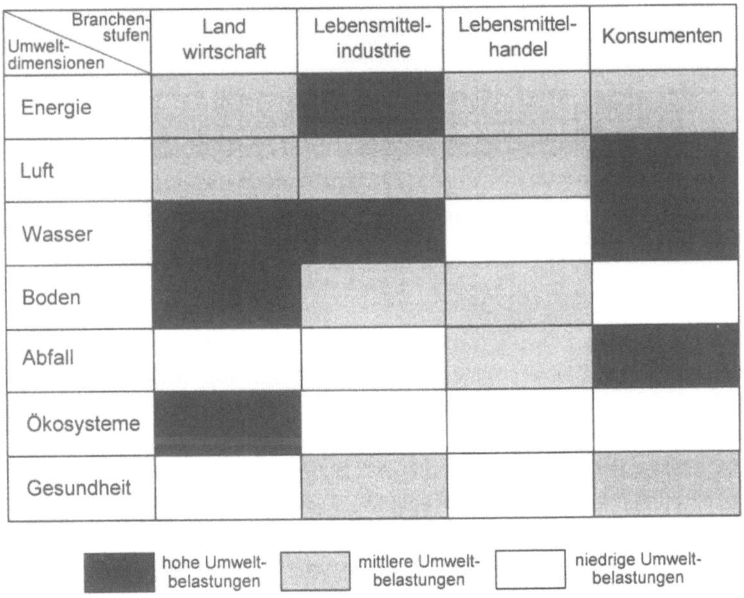

Umweltdimensionen \ Branchenstufen	Landwirtschaft	Lebensmittelindustrie	Lebensmittelhandel	Konsumenten
Energie	mittel	hoch	mittel	mittel
Luft	mittel	mittel	mittel	hoch
Wasser	hoch	mittel	niedrig	niedrig
Boden	hoch	mittel	mittel	niedrig
Abfall	niedrig	mittel	mittel	hoch
Ökosysteme	hoch	niedrig	mittel	mittel
Gesundheit	niedrig	mittel	mittel	mittel

Legende: ■ hohe Umweltbelastungen ▨ mittlere Umweltbelastungen ☐ niedrige Umweltbelastungen

Abb. 8: Ökologische Belastungsmatrix der Lebensmittelbranche (vgl. Belz 1995: S. 37)

Mit Hilfe der ökologischen Belastungsmatrix wird eine erste Übersicht über die ökologischen Belastungen der Branche erstellt. Auf der Horizontalen finden sich die Branchenstufen entlang des ganzen ökologischen Produktlebenszyklus und auf der Vertikalen die Umweltbelastungen, gegliedert nach verschiedenen Umweltdimensionen. Sowohl die Branchenstufen als auch die relevanten Umweltdimensionen sind im einzelnen branchenspezifisch definiert. Die Matrixfelder geben die Belastungen der jeweiligen Umweltdimension auf einer bestimmten Branchenstufe wieder. Dabei wird lediglich eine grobe Gewichtung (A = hoch, B = mittel, C = gering) nach dem Muster der ABC-Analyse vorgenommen, die für strategische Zwecke als ausreichend angesehen werden kann.

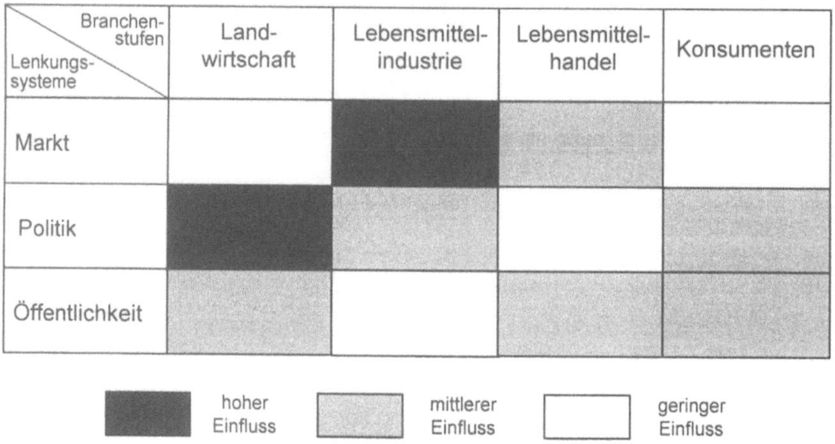

Branchen-stufen / Lenkungs-systeme	Land-wirtschaft	Lebensmittel-industrie	Lebensmittel-handel	Konsumenten
Markt				
Politik				
Öffentlichkeit				

hoher Einfluss   mittlerer Einfluss   geringer Einfluss

Abb 9: Ökologische Anspruchsmatrix der Lebensmittelbranche (vgl. Belz 1995: S. 53)

Auf der Horizontalen der ökologischen Anspruchsmatrix sind wiederum die Branchenstufen abgetragen. Auf der Vertikalen befinden sich nun aber die externen Lenkungssysteme Markt, Politik und Öffentlichkeit. Die Matrixfelder enthalten die Wahrnehmung und Thematisierung der Umweltbelastungen durch die entsprechenden Lenkungssysteme in einer groben Bewertung von A (hoch), B (mittel) bis C (gering). Beide Matrizen sind das Ergebnis einer qualitativen Bewertung des Bearbeiters, die im Sinne einer systematischen Methodentriangulation sowohl auf "objektiven" Daten (mittels Dokumentenanalyse zur Gewinnung von Daten zu Emissionen, Abfallmengen, Energieverbrauch etc.) wie auf subjektiven Einschätzungen einer Vielzahl von interviewten Brancheninsidern beruhen (teilstrukturierte Interviews mit narrativen Elementen; Interviewpartner: Unternehmensvertreter und diverse Anspruchsgruppen. Vgl. zu den Gütekriterien qualitativer Forschung Mayring 1990: S. 103ff). Abschliessend sind die schriftlich niedergelegten Ergebnisse und Interpretationen im Rahmen eines Workshops mit den Interviewpartnern und weiteren ausgewählten Brancheninsidern einer Konsensvalidierung unterzogen worden, um die Plausibilität und Validität der Einschätzungen zu überprüfen.

Während die Analyse auf stofflich-energetischer Ebene die Frage nach der Art (was?) und dem Ort (wo?) der ökologischen Belastungen beantwortet, liefert die Analyse auf sozioökonomischer Ebene demgegenüber Antworten auf die Frage nach den Anspruchsgruppen (wer?) und der Art und Weise der Lenkungseinflüsse (wie?). Die Frage stellt sich nun aber, wie die Analyseergebnisse auf beiden Ebenen zusammenhängen. Auf diese Frage soll in einer letzten These eingegangen werden, die ein Modell des ökologischen Transformationsprozesses betrifft.

These 5: Ökologische Probleme werden durch die Wirkung der externen Lenkungssysteme zu Veränderungen des wettbewerbsrelevanten Kontexts transformiert.

Ökologische Probleme stellen grundlegende Herausforderungen für die Anpassungsfähigkeit von Unternehmen und ganzen Branchen dar. Sie stellen ein Veränderungspotential dar, das zu grundlegenden Veränderungen der Branchen- und Wettbewerbsverhältnisse führen kann. In manchen Fällen sind diese Transformationsprozesse bereits fortgeschritten und deutlich erkennbar, wie im Falle von Verpackungen, Wasch- und Reinigungsmitteln oder Papier. In anderen Fällen laufen solche Prozesse erst an oder sind noch auf der Suche nach geeigneten Trägern und Wegen ihrer Entwicklung und Ausbreitung. Bei genauerer Betrachtung finden sich in nahezu allen Branchen ökologische Herausforderungen, die das Potential für grundlegende Transformationen der Branche und ihrer Wettbewerbsbedingungen aufweisen: Zu denken ist hier an den biologischen Landbau oder die Gentechnik im Falle der Lebensmittel, die Entwicklung biologischer Pflanzenschutzmittel in der Agrochemie oder die Entwicklung von Naturtextilien, aber auch die Verwertung und Vermeidung des Computerschrotts, des Automobilschrotts, des Bauschutts oder der Kunststoffabfallberge, die allesamt nur darauf warten, einer sowohl ökologisch als auch ökonomisch sinnvollen Problemlösung zugeführt zu werden. Restrukturierungen sind in diesen Fällen absehbar, teilweise bereits angelaufen.

Es stellt sich nun die Frage, auf welchen Wegen und wie schnell einmal erkannte ökologische Probleme die relevanten Wettbewerbsbedingungen zu erfassen und transformieren imstande sind. Gesucht ist damit ein *allgemeines Muster des ökologischen Transformationsprozesses*, das uns erlauben würde, diese Zusammenhänge besser zu verstehen und angemessener mit ihnen umzugehen. Ohne hier bereits behaupten zu können, von abgesicherten Erkenntnissen auszugehen, glauben wir doch ein bestimmtes Modell zu erkennen (vgl. Dyllick 1994, Belz 1994).

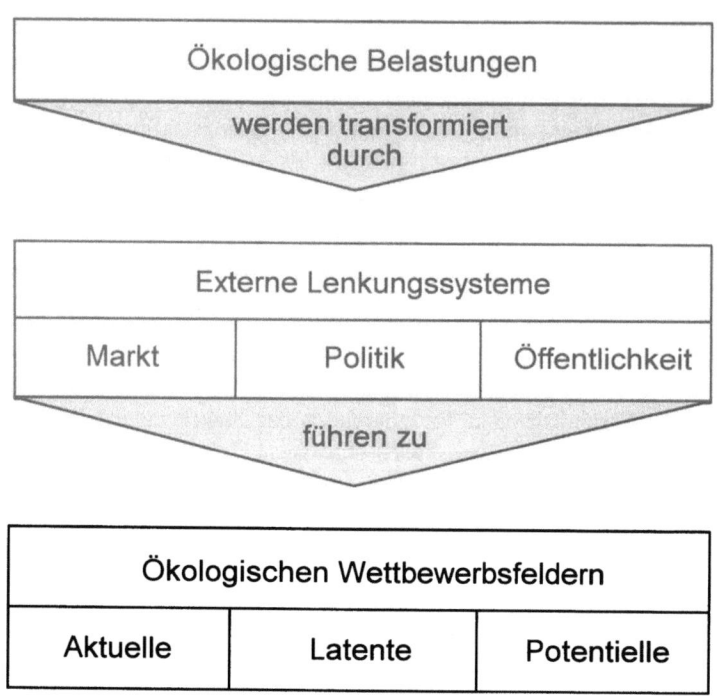

**Abb 10: Von ökologischen Belastungen zu ökologischen Wettbewerbsfeldern
(vgl. Belz 1994: S. 51)**

Ein allgemeines Transformationsmuster könnte folgendermassen aussehen. Am Anfang stehen die ökologischen Belastungen einer Branche, die durch das Instrument der ökologischen Belastungsmatrix erfasst werden können. Diese Belastungen stellen ökologische Probleme dar, die aber für sich genommen noch ohne grosse Bedeutung für Unternehmen und Wettbewerb sind. Entscheidend ist ihre Transformation durch Ansprüche, die über die externen Lenkungssysteme Markt, Politik oder Öffentlichkeit vermittelt werden. Die Art und Intensität ihrer Wirkung bestimmt, ob hieraus schliesslich ökologische Wettbewerbsfelder entstehen und wie schnell dies passiert. Ein "ökologisches Wettbewerbsfeld" bezeichnet dabei ökologische Probleme einer Branche, deren Lösung die Erlangung von Wettbewerbsvorteilen ermöglicht. Ökologische Wettbewerbsfelder können aktuell, latent oder potentiell sein. Aktuelle ökologische Wettbewerbsfelder bieten heute schon Wettbewerbschancen, in latenten deuten sich diese in ersten Marktnischen an, potentielle ökologische Wettbewerbsfelder sind die wettbewerbsrelevanten ökologischen Fragen der Zukunft.

Wichtig ist hierbei die Einsicht, dass die ökologischen Herausforderungen durch mehrere und unterschiedliche externe Lenkungssysteme, gleichzeitig oder nacheinander, transformiert werden. Dies passiert nicht durch den Markt oder die Politik alleine. Dazu kommt, dass der zumeist langwierige Transformationsweg über die offizielle Politik auch übersprungen werden kann, durch organisiertes Handeln von Anspruchsgruppen.

Dann genügt es für Unternehmen nicht mehr, zu warten, bis die Signale auf den vertrauten Pfaden des Marktes daherkommen. Dieser Prozess der Transformation ökologischer Probleme durch Anspruchsgruppen und externe Lenkungssyteme wird mit Hilfe des Instruments der ökologischen Anspruchsmatrix analysiert.

Durch die Wirkungen dieser Lenkungssysteme ergeben sich ökologische Wettbewerbsfelder, was die hiervon betroffenen Unternehmen unter Anpassungsdruck setzt. Die *Strategien*, die von Unternehmen angesichts dieses Transformationsprozesses ergriffen werden, sind unterschiedlicher Art. Je nach Zeitpunkt und Ziel der Massnahme lassen sich andere Strategiearten unterscheiden. Unternehmen können warten, bis der ökologische Transformationsprozess bereits die Markt- und Wettbewerbsbedingungen verändert hat, um dann das eigene Verhalten mittels *reaktiver Strategien* anzupassen. Unternehmen müssen aber keinesfalls warten, bis die Politik oder Anspruchsgruppen die marktlichen Rahmenbedingungen verändert haben, sondern können auch direkt und frühzeitig mittels *proaktiver Strategien* auf veränderte ökologische Problemsituationen und Erwartungen reagieren. Und schliesslich können die Unternehmensstrategien auch auf eine Beschleunigung des Transformationsprozesses selber ausgerichtet werden, indem die Prozesse der Umwandlung ökologischer Probleme zu Wettbewerbsproblemen unterstützt und verstärkt werden. Beispiele für solche *transformative Strategien* finden sich in der Entwicklung und dem Einsatz von Ökobilanzdaten für Verpackungsentscheide durch die beiden grossen Lebensmitteleinzelhändler Migros und Coop oder die Ausschreibung eines Öko-Preises für die ökologisch besten Personal Computer und Drucker durch die EDV-Einkaufschefs der bedeutendsten Abnehmerfirmen in der Schweiz.

Literatur

Baccini, P./Brunner, P.H. (1991): Metabolism of the Anthroposphere, Berlin 1991.

Belz, F. (1994): Ökologische Wettbewerbsfelder in der Lebensmittelbranche. In: der Markt. Zeitschrift für Absatzwirtschaft und Marketing, 33. Jg., 1994, Nr. 2, S. 51-61.

Belz, F. (1995): Ökologie und Wettbewerbsfähigkeit in der Schweizer Lebensmittelbranche, Schriftenreihe "Wirtschaft und Ökologie" des Instituts für Wirtschaft und Ökologie an der Hochschule St. Gallen (IWÖ-HSG), Band 3, Bern/Stuttgart/Wien 1995.

Binswanger, H.C. (1991): Geld und Natur. Das wirtschaftliche Wachstum im Spannungsfeld zwischen Ökonomie und Ökologie, Stuttgart/Wien 1991.

Dyllick, T. (1994): Umweltverträgliches Wachstum durch Innovation. In: Politische Studien, Sonderheft 3/1994 ("Ökologie als Motor für Ökonomie. Aufbruch in das nächste Jahrtausend."), 45. Jg., Juli 1994, S. 60-69.

Dyllick, T. (1992): Ökologisch bewusste Unternehmungsführung: Bausteine einer Konzeption. In: Die Unternehmung, 46. Jg., Nr. 6, 1992, S. 391-413.

Dyllick, T. et al. (1994): Ökologischer Wandel in Schweizer Branchen, Schriftenreihe "Wirtschaft und Ökologie" des Instituts für Wirtschaft und Ökologie an der Hochschule St. Gallen (IWÖ-HSG), Band 2, Bern/Stuttgart/Wien 1994.

Dyllick, T./Belz, F. (1994): Ökologische Betroffenheit von Unternehmen in der schweizerischen Lebensmittelindustrie: Ergebnisse einer empirischen Untersuchung, Diskussionsbeitrag Nr. 10 des Institut für Wirtschaft und Ökologie an der Hochschule St. Gallen (IWÖ-HSG), St. Gallen 1994. Erscheint in gekürzter Form in: Die Betriebswirtschaft, Nr.5, 1995.

Dyllick, T./Belz, F. (1993): Ökologie und Wettbewerbsfähigkeit von Unternehmen und Branchen in der Schweiz: Konzeption eines Forschungsprojektes, Diskussionsbeitrag Nr. 1 des Institut für Wirtschaft und Ökologie an der Hochschule St. Gallen (IWÖ-HSG), St. Gallen 1993.

Eisenhardt, Kathleen (1989): Building Theories from Case Study Research, in: Acadamy of Management Review, 14. Jg., 1989, Nr. 4, S. 532-550.

EG-Kommission (1992): Verordnung (EWG) Nr. 880/92 des Rates vom 23. März 1992 betreffend ein gemeinschaftliches System zur Vergabe eines Umweltzeichens. In: Amtsblatt der Europäischen Gemeinschaften. Nr. L99. 11.4.1992. S. 1-7.

Hugenschmidt, H. (1994): Ökologischer Wandel in der Schweizer Güterverkehrsbranche. In: Dyllick, T. et al. (1994): Ökologischer Wandel in Schweizer Branchen, Schriftenreihe "Wirtschaft und Ökologie" des Instituts für Wirtschaft und Ökologie an der Hochschule St. Gallen (IWÖ-HSG), Band 2, Bern/Stuttgart/Wien 1994, S. 231-292.

Hugenschmidt, H. (1995): Ökologie und Wettbewerbsfähigkeit in der Schweizer Güterverkehrsbranche, Schriftenreihe "Wirtschaft und Ökologie" des Instituts für Wirtschaft und Ökologie an der Hochschule St. Gallen (IWÖ-HSG), Band 4, Bern/Stuttgart/Wien 1995.

Kirchgeorg, M. (1990): Ökologieorientiertes Unternehmensverhalten, Wiesbaden 1990.

Koller, F.: Ökologie und Wettbewerbsfähigkeit in der Schweizer Hochbaubranche, Schriftenreihe "Wirtschaft und Ökologie" des Instituts für Wirtschaft und Ökologie an der Hochschule St. Gallen (IWÖ-HSG), Band 5, Bern/Stuttgart/Wien 1995.

Lamnek, S. (1988): Qualitative Sozialforschung. 2 Bände, München/Weinheim 1988.

Mayring, P. (1990): Einführung in die qualitative Sozialforschung, München 1990.

Meadows, D. et al. (1992): Die neuen Grenzen des Wachstums, Stuttgart 1992.

Nitze, A. (1991): Die organisatorische Umsetzung einer ökologisch bewussten Unternehmungsführung, Bern/Stuttgart 1991.

Schneidewind, U. (1994): Ökologicher Wandel in der Schweizer Chemiebranche. In: Dyllick, T. et al. (1994): Ökologischer Wandel in Schweizer Branchen, Schriftenreihe "Wirtschaft und Ökologie" des Instituts für Wirtschaft und Ökologie an der Hochschule St. Gallen (IWÖ-HSG), Band 2, Bern/Stuttgart/Wien 1994, S. 31-74.

Schneidewind, U. (1995): Ökologie und Wettbewerbsfähigkeit in der Schweizer Chemiebranche, Marburg 1995.

Spoehring, W. (1989): Qualitative Sozialforschung, Stuttgart 1989.

Yin, R. K. (1984): Case Study Research: Design and Methods, Beverly Hills/London/New Delhi 1984.

Teil 2

Fallstudien

Joseph Huber, Ellen Protzmann[1]

Umweltmanagement und Umweltperformance

Versuch eines Vergleichs der Umweltperformance der Ciba AG mit anderen schweizerischen und deutschen Chemiekonzernen.

Inhalt

1. Einleitung

Die hier vorgestellten Ergebnisse stammen aus einer Studie über Prinzipien und Praxis der ökologischen Unternehmensführung beim schweizerischen Chemie- und Pharma-Konzern Ciba AG, als Teilprojekt eines von der EU-Kommission geförderten Forschungsverbundes zum Thema "Achievements in Environmental Protection" (Jänicke & Weidner 1995).

Die Fallstudie über Ciba beschreibt und erläutert
- meßbare Erfolge und belegbare Verbesserungen im Umwelt- und Ressourcenschutz

---

[1] Dr. Joseph Huber, Professor für Wirtschafts- und Umweltsoziologie an der Martin-Luther-Universität Halle

Ellen Protzmann, Dipl.-Soz., Wissenschaftliche Mitarbeiterin am Lehrstuhl für Industriesoziologie des Zentrums für Technik und Gesellschaft der Brandenburgischen Technischen Universität Cottbus

- die angewandten Instrumente und das System der ökologischen Unternehmensführung des Konzerns
- Motive und Ursachen, die den Hintergrund für die sich weiter entwickelnden Umweltschutz-Aktivitäten bilden.

Die Studie wurde im Zeitraum von Januar 1993 bis Februar 1994 erstellt, ausgehend von Vorarbeiten im Zeitraum September 1991 bis Februar 1992. Sie beruht auf einer Auswertung von Literatur über Ciba und auf ausführlichen Tiefen-Interviews, die mit Konzernangehörigen höherer Positionen in zwei Wellen durchgeführt wurden. Es konnten insgesamt 21 Führungskräfte zur Mitwirkung gewonnen werden, die in der Konzernleitung oder dem Werk Basel oder den Divisionsleitungen Agro, Pharma, Textilfarbstoffe und Additive Verantwortung für Umweltschutz, Produktion, Kommunikation, Planung sowie Forschung und Entwicklung tragen, wobei uns teilweise wiederholte Termine eingeräumt wurden.

Die der empirischen Untersuchung vorausgegangene Analyse und Auswertung von Dokumenten der Ciba AG sowie anderer Studien führte zu der Annahme, daß Ciba, verglichen mit anderen deutschen und schweizerischen Chemieunternehmen, im Verlauf der letzten zwei Jahrzehnte ein komplexeres und ausgereifteres Umwelt-Managementsystem als diese aufgebaut hat (dargestellt im dritten Abschnitt dieses Artikels). Man konnte erwarten, daß sich die Vorreiterrolle des Konzerns im Umweltmanagement, das heißt in Leistungen des Umwelt- und Ressourcenverbrauches, auch in einer entsprechend besseren Umweltperformance des Konzerns niederschlagen müßte.

Um einen diesbezüglichen Vergleich zu bewerkstelligen, wurden Geschäftsberichte und Dokumente der Umweltberichterstattung von bedeutenden mitteleuropäischen Chemieunternehmen angefordert. Ausgewertet werden konnten letztendlich nur eine Reihe von Dokumenten der deutschen und schweizerischen Unternehmen Bayer, Hoechst, BASF, Sandoz und Hoffmann-La Roche für den Zeitraum von 1990 bis 1993. Die Problematik eines solchen Vergleichs sowie die Ergebnisse und Schlußfolgerungen für weitere relevante Forschungsfragen stehen im Mittelpunkt dieses Artikels.

2. Das Unternehmen Ciba AG

Ciba ist ein internationaler Konzern der pharmazeutisch-chemischen Industrie mit Stammsitz in Basel in der Schweiz. Zu seiner Produktpalette gehören Erzeugnisse aus den Bereichen der Gesundheit, der Landwirtschaft und der Industrie wie zum Beispiel Pharmaka, Insektizide, Saatgut, Farbstoffe, Verbundwerkstoffe und analytische Instrumente.

Ciba beschäftigt weltweit 90.500 Angestellte. Davon arbeiten 17.554 am Stammsitz in Basel. 70 der 140 Standorte sind Produktions- und Forschungsstätten, die nicht nur in den klassischen Industrieländern sondern auch in Ländern wie Argentinien, Mexiko und Brasilien liegen.

Mit rund 22 Milliarden Schweizer Franken gehört Ciba zu den 100 größten Unternehmen Europas. Gemessen am Umsatz ist das Unternehmen halb so groß wie die deutschen Chemiekonzerne Bayer, BASF, Hoechst und ICI (GB), etwas größer als das Schweizer Unternehmen Sandoz und etwa so groß wie Rhon-Poulenc (F) und Enimont

(I). Ciba ist doppelt so groß wie Akzo (NL), Solvay (B), Henkel (D) und sein Schweizer Partner Hoffmann-La Roche. Mit einem Anteil von 10,6% des Umsatzes für Forschungs- und Entwicklungsaufgaben gehört Ciba zum "High-Chem-Sektor" der chemischen Industrie. Die Abbildung 1 zeigt das Organigramm des Konzerns nach der letzten Organisationsumbildung im Jahr 1992 (Daten und Fakten 1993,5).

Konzernleitung			

Konzernleitungsstäbe			
Kommunikation, Unternehmens- und Investitionsplanung, Organisationsberatung, Zentralsekretariat, Revisorat,Ciba-Geigy Stiftung für Zusammenarbeit mit Entwicklungsländern			

Konzernbereiche			
Forschung, Information und Technologie, Finanzen und Controlling, Sicherheit und Umwelt, Human Resources, Recht			

Konzerngesellschaften	Zentrale Dienstleistungsbereiche Stammhaus

Geschäftsbereiche		
Gesundheit	Landwirtschaft	Industrie
34.000 MA	12.000 MA	29.500 MA
39% Anteil am Umsatz	21,7% Umsatzanteil	39,3% Umsatzanteil
30% Neuinvestitionen	15% Neuinvestitionen	30% Neuinvestitionen

Divisionen			
Pharma	Pflanzenschutz	Textilfarbstoffe	Pigmente
Selbstmedikation	Tiergesundheit	Chemikalien	Polymere
Diagnostika	Saat	Additive	Composites
Ciba Vision			Laborwagen (Mettler Toledo)

Abb. 1: Organigramm der Ciba AG

3. Die wichtigsten Elemente des Umweltmanagements bei Ciba

Zu den wichtigsten Elementen der bei Ciba entwickelten ökologischen Unternehmensführung gehören die folgenden:

1. Sozialökologischer Ansatz bei der Grundlegung des Unternehmensleitbildes

Bereits 1972/1973 wurde die Unternehmensphilosophie bei Ciba in veröffentlichten Unternehmensgrundsätzen festgehalten. Diese Grundsätze wurden 1990 im Zusammenhang mit einer weitreichenden Reorganisation des gesamten Konzerns in Form der "Vision 2000" erneuert. In diesem Leitbild bekennt man sich zu den "drei Verantwortungen" Mensch/ Gesellschaft, Wirtschaft und Umwelt.

Mit der Aussage, daß "zu keiner Zeit die drei Verantwortungsbereiche genau zu gleichen Teilen wichtig sind" und daß zu Zeiten der Rezession "ökonomische Ziele Priorität vor Gesellschaft und Umweltschutz" haben, wird die Vision 2000 allerdings relativiert. Der Ausgleich des Konfliktes von Ökologie und Ökonomie wird als Optimierungsaufgabe dargestellt.

In Übereinstimmung mit der Vision 2000 unterzeichnete das Unternehmen die "business charter for sustainable development" der Internationalen Handelskammer im Jahr 1992. Viele Ciba-Unternehmen unterzeichneten 1993 das Responible Care Programm, eine von dem Europäischen Chemischen Verband (CEFIC) entwickelte Richtlinie für eine langfristige und tragfähige Entwicklung, die eine einheitliche Umweltberichterstattung der Unterzeichner mit einschließt.

2. Umwelt-Audits

Ciba führt seit 1980 konzernweite Umwelt- und Sicherheitsaudits durch. Dieses Frühwarnsystem zur Minimierung von Haftungsrisiken eines Unternehmens entwickelte sich schrittweise von einem Instrumentarium der Arbeits- und Qualitätssicherung zu einer systematischen und ganzheitlichen Überprüfung betrieblicher Abläufe mit dem Umweltschutz als Schwerpunkt.

Im Ciba-Konzern ist dafür eigens eine Umwelt-Audit-Gruppe gebildet worden, die auf der Ebene der Konzernleitung in der Abteilung für Sicherheit und Umweltschutz angesiedelt ist. Alle 3-5 Jahre werden die größeren Werke überprüft. Viele Konzerngesellschaften unternehmen auch zusätzliche Audits in Eigenregie. Überberprüft wird:

- die Erfüllung von Umweltgesetzen und amtlichen Auflagen sowie die Übereinstimmung mit der Unternehmenspolitik und firmeninternen Richtlinien
- die technischen, organisatorischen und personellen Maßnahmen, die zur Verbesserung des Umweltschutzes dienen
- die mit den Investitionen festgelegten Umweltschutzmaßnahmen und Kriterien
- das Vorhandensein von Problemen und die Festlegung von entsprechenden Maßnahmen (Umweltbericht 1992,17).

3. Umweltberichte

Einige Ciba-Unternehmen veröffentlichen ihre umweltrelevanten Daten schon seit einigen Jahren. Seit 1990 nun gibt es ein einheitliches Instrument der internen Berichterstattung, das "Safety, Energy and Environmental Protection (SEEP) reporting". SEEP erfaßt Kennziffern zur ökologischen Situation der einzelnen Werke des Konzerns und der Divisionen, die weltweit und jährlich intern dokumentiert werden. Er ist die Basis für den seit 1993 erscheinenden Umweltbericht. Dokumentiert werden Ergebnisse auf dem Gebiet

- der Ressourcenschonung
- der Emissionsreduktion "an der Quelle"
- der ökologischen Produktinnovation
- der Sicherheit und Risikovorsorge
- der umweltorientierten Weiterbildung der Mitarbeiter
- des Umwelt-Auditing und der Ökobilanzen
- der Energie-, Stoff- und Emissionsströme des gesamten Konzerns.

Viele Divisionen des Konzerns veröffentlichen mittlerweile ihre eigenen Umweltdaten. Beispielgebend dafür ist das Werk Basel, wo sich jeder Mitarbeiter verpflichtet, spezifische Ziele der Emissionsreduktion und Ressourcenschonung zu erfüllen. Die in einem Top-down-bottom-up-Prozeß mehr oder weniger freiwillig gesetzten Ziele werden in der sogenannten "oecogenda" schriftlich festgehalten. Die Ergebnisse werden jährlich zusammengefaßt und im "oecotrend" dokumentiert und veröffentlicht.

4. Öko-Controlling

Ciba arbeitet an der Entwicklung eines umfassenden Öko-Controlling-Systems. Der Verbrauch an Wasser, Luft, Energie und Abfall pro hergestelltem Produkt wird dokumentiert. Erweitert werden diese Daten mit der Angabe über die Toxizität, die Lebensdauer und die biologische Abbaubarkeit der jeweiligen Produkte. Die Fülle von Datenmaterial soll eine vollständige Life-Cycle-Analysis für jedes Produkt und Ökobilanzen für jeden Produktionsprozeß und jeden Produktionsstandort zum Ziel haben. Derartiges liegt noch in weiter Ferne, doch die ersten Schritte auf diesem Weg sind getan.

5. Emissionskontrolle und Ansätze zu einer umweltorientierten Investitionsplanung

Mit der Formulierung der ersten Umweltgrundsätze im Jahr 1973 ging Ciba am Beginn der 80er Jahre dazu über, Umweltschutzbeauftragte einzusetzen und Arbeitsgruppen zu bilden, die mit speziellen Umweltproblemen und -projekten befaßt sind. Über diese Aktivitäten sind Maßnahmen ergriffen worden, die bereits in den Bereich der langfristigen Investitionsplanung fallen, wie die Durchsetzung eines Energiekonzeptes mit dem Ziel der Energiekosteneinsparung von konzernweit 250 Millionen Schweizer Franken. Dieses Konzept beinhaltet weiter die Verbrennung von nicht rezyklierbaren Abfällen mit Rückkopplungssystemen, die zum Beispiel zur Einsparung von 33% des Strombedarfes und 80% des Dampfbedarfes im Werk Schweizerhalle führte. Eine weitere Maßnahme war die Umstellung auf emissionsärmere Energieträger.

Um zu gewährleisten, daß Umweltschutzerfordernisse bei künftigen Investitionsplanungen besser berücksichtigt werden, wurde festgelegt, daß der Konzernstab Sicherheit und Umwelt bei Investitionsvorhaben über 10 Mio. Schweizer Franken von vornherein einbezogen werden muß und daß sein Votum nicht übergangen werden darf.

6. Loyalität gegenüber dem Gesetz und Aktivitäten darüber hinaus

In einem multinationalen Konzern wirken allzu starke Unterschiede zwischen verschiedenen Werken in verschiedenen Ländern störend. Deshalb gelten bei Ciba die Umweltprinzipien und ökologischen Grenzwerte der Schweizer Standorte - die oftmals weiter gehen als die vom Gesetzgeber verlangten - als Maßstab für alle anderen Werke des Ciba-Konzerns weltweit. Entsprechende Standards des Arbeits- und Gesundheitsschutzes sind darin ebenso eingeschlossen wie Standards zur Anwendersicherheit. Ein konkretes Beispiel dafür ist das Regelwerk der "guten Laborpraxis" als Teil der Qualitätskontrolle.

7. Vorrang für integrierte Lösungen anstelle von nachgeschalteten Maßnahmen

Bei Ciba hat man vergleichsweise früh konzernöffentlich festgestellt, daß Umweltschutzmaßnahmen des nachgeschalteten Typus (end-of-pipe, downstream) die betreffenden Probleme nicht dauerhaft zu lösen vermögen, wobei sie jedoch eine dauerhafte Kostenbelastung darstellen. Daher wird der Suche nach integrierten Lösungen nach Möglichkeit Vorrang eingeräumt. Ein Produktionsdirektor sagte dazu:

"Egal welche Anstrengungen wir unternehmen, um den Reinigungsgrad der Abwasserreinigungsanlage oder der Abfallverbrennungsanlage zu verbessern, wir stehen am Ende immer wieder vor einem Abfallproblem. Um das Problem wirklich zu lösen, müssen wir zuerst nach Innovationen suchen, die umweltbelastende Emissionen verhindern."

8. Umweltschutz als integrierte Linienverantwortung anstelle bloßer Delegation von Umweltschutzaufgaben

Der Umweltschutz bildet einen integrierten Bestandteil im gesamten Managementsystem der Ciba AG, das heißt, daß Umweltschutz nicht nur in eigens eingerichteten Stabsbereichen und sonstigen Stellen institutionalisiert wurde, sondern zugleich als Aufgabe eines jeden an jedem Platz definiert wurde, angelehnt an die Leitlinie „Denke global, handle lokal" (Dyllick 1989,46). Umweltschutz wird als fester Bestandteil einer jeden Arbeitsplatzbeschreibung angesehen.

Da Umweltschutz an lokalen Quellen ansetzen muß, wofür lokales Know-how und die räumliche Nähe erforderlich sind, ist es sinnvoll, die Verantwortung den einzelnen Divisionen zuzuordnen. Die Erarbeitung von allgemeingültigen Grundsätzen und Richtlinien ist demgegenüber eine zentrale Aufgabe des Konzernstabes Sicherheit und Umwelt. Die organisatorische Verantwortung für die Produktsicherheit liegt wiederum dezentral bei den einzelnen Divisionen. Der Divisionsleiter besitzt die Führungsverantwortung für die Produktesicherheit. Die Fachverantwortung nimmt allerdings eine selbst zu benennende Fachinstanz wahr. Es gibt eine klare Trennung zwischen Ausführungs- und Überwachungsfunktionen.

9. Ökologisch orientierte Mitarbeiterschulung und Ausbildung

Nicht zuletzt benötigt eine wirksame Umsetzung von Umweltschutz eine entsprechende ökologische und umwelttechnische Schulung der Mitarbeiterschaft. Ciba hat diesbezüglich ein Ausbildungsprogramm entwickelt, um den unterschiedlichen Berufsgruppen auf verschiedenen Hierarchie-Ebenen nötiges Wissen und neueste Erkenntnisse zu vermitteln. Um das Ausbildungsprogramm durchführen zu können, stellt Ciba die Mitarbeiter für einen oder mehrere Tage im Jahr bei voller Bezahlung frei. Darüber hinaus informieren die Ciba-Zeitschriften regelmäßig über umweltrelevante Themen, die im gesamten Konzern eine Rolle spielen.

10. Ökologisches Vorschlagswesen

Anregungen der Mitarbeiter zu ökologischen Innovationen können im Rahmen des betrieblichen Vorschlagwesens "Cigenius" vorgebracht und realisiert werden. Für die Teilnahme an Energiesparwettbewerben oder anderen Ausschreibungen, wie dem Agro Innovationspreis "AgriNova", um das Unternehmensziel Schutz der Ressourcen umzusetzen, wird erfolgreich geworben. Realisierte Ideen werden konzernöffentlich gewürdigt und mit Geschenken und Geldprämien bis zu einigen Tausend Schweizer Franken honoriert. Im Werk Basel zum Beispiel werden bedeutende Vorschläge im schon erwähnten "oekotrend" mit der Angabe von Kosten, Kostenersparnissen und den ressourcenschonenden und umweltentlastenden Vorteilen veröffentlicht.

4. Indikatoren zur Messung der Umweltperformance

In Industrie und Wissenschaft besteht heute kein völliger Konsens darüber, wie Umweltperformance definiert und gemessen werden soll. Die Auseinandersetzungen um die EU-Direktive für ein einheitliches Umwelt-Auditing haben dies deutlich werden lassen, ebenso die anhaltende Diskussion darüber, welche Umweltkriterien und Umweltwirkungen in eine Ökobilanz oder eine Life-Cycle-Analysis Eingang finden sollen. In vergleichbarer Weise ist das Vorhaben, ein einheitliches Schema für Umweltverträglichkeitsprüfungen vorzugeben, gescheitert. Der Europäische Chemieverband CEFIC gelangte beim Versuch, sich auf ein verbindliches Set von Umweltindikatoren zu einigen, nur zu einem Minimalkonsens, demzufolge praktisch nur ein kleiner Kreis von allgemeinen Routineindikatoren wie SO_2 oder CSB/BSB Berücksichtigung finden.

Es erscheint freilich ebenso ausgeschlossen wie unnötig, eine allgemeingültige Einheitsmethode festzulegen, mit der Umweltperformance zu messen und zu dokumentieren sein soll. Dazu sind die Bedingungen von Betrieb zu Betrieb schon innerhalb einer Branche zu verschieden. Zum Beispiel verbrauchten die Werke von Hoechst und BASF 1992 6-10 mal so viel Wasser wie die von Ciba - nämlich 800 Mio. m³ (Hoechst) und 1400 Mio. m³ (BASF) im Vergleich zu 130 Mio. m³ (Ciba) - obwohl sie nur doppelt so groß sind. Der Grund dafür liegt jedoch nicht in einer unterschiedlichen Ressourcen-Effizienz bei der Wassernutzung, sondern darin, daß Ciba überwiegend chemische Spezialitäten und Pharmaka produziert, während BASF und Hoechst darüber hinaus in großem Umfang auch noch chemische Grundprodukte herstellen, was der Natur der Sache nach mit einem beträchtlichen Stoff- und Energieaufwand einhergeht.

Jedoch wird man sich im Bemühen, sachgerecht und fair zu berichten, von einer Reihe von Prinzipien leiten lassen, zu denen auch die folgenden gehören:

Allgemeine Routine-Indikatoren

In den Betrieben werden alle jene Kenngrößen erfaßt, die als Routine-Kenngrößen der öffentlichen Umweltberichterstattung üblich geworden sind, zum Beispiel Schwefeldioxid, Kohlendioxid oder flüchtige organische Verbindungen (VOC) in der Luft oder der chemische und biologische Sauerstoffbedarf (CSB und BSB_5) oder Schwermetalle wie Kupfer und Zink im Abwasser.

Unternehmens- bzw. problemspezifische Sonderindikatoren

Darüber hinaus werden einzelne Kenngrößen erfaßt, die ein spezifisches Umweltproblem der Einzelunternehmen darstellen, zum Beispiel der Einsatz von Chlor in der Druck- und Papierindustrie oder der Einsatz von Medikamenten in der Viehwirtschaft.

Alle Umweltmedien repräsentieren

Alle Umweltmedien werden entsprechend ihrer jeweiligen Relevanz berücksichtigt (Flächen, Böden, Luft, Wasser, Abfälle, Altlasten, sowie speziell auch Gefahrstoffe, das heißt, toxische und anderweitig gefährliche oder problematische Substanzen).

Angaben in relativen und absoluten Größen

Es werden nicht nur relative Umweltbelastungen wiedergegeben (zum Beispiel Emission je Tonne Produkt), sondern auch absolute Angaben gemacht, um eventuelle kontraproduktive Mengeneffekte nicht zu verschleiern.

Ressourcen-Intensität und Ressourcen-Effizienz

Der Ressourcen-Durchsatz, Stoffströme ebenso wie Energie, wird derweise dargestellt, daß sowohl die Ressourcen-Intensität als auch die Ressourcen-Effizienz deutlich werden.

Recycling und Verwertungskaskaden

Beim Materialdurchsatz werden insbesondere Recycling-Quoten kenntlich gemacht, so daß im Idealfall eine Stoffstrom-Kaskade nachgezeichnet werden kann, die eine Verwertungs-Kaskade darstellt von der Erstverwendung zur stofflichen Wiederverwendung und Weiterverwendung sowie schließlich zur rohstofflichen und energetischen Verwertung oder thermischen Entsorgung.

Zeitreihen von mindestens 5-10 Jahren

Es soll sich nicht nur um punktuelle Angaben, sondern um Zeitreihen von mindestens 5 bis 10 Jahre Länge handeln, die eine vorhandene Entwicklung oder Stagnation sichtbar machen.

Produkte ebenso berücksichtigen wie Produktionsverfahren

Außer den Produktionsverfahren werden auch die Produkte berücksichtigt, also zum Beispiel nicht nur Quecksilber im Prozeß der Produktion von PVC oder Desinfektionsmitteln, sondern auch das Quecksilber im Desinfektionsmittel, wie es vom Verbraucher verwendet wird.

Man kann sagen, daß die inzwischen regelmäßig ermittelten und publizierten Umwelt-leistungen bei Ciba diesen Prinzipien einer adäquaten Umweltberichterstattung bereits vielfach entsprechen. Erleichternd ausgewirkt haben dürfte sich dabei der Umstand, daß sich die heutigen Meßwerte im Vergleich zu früheren Jahren in den meisten Fällen si-gnifikant verbessert haben, also gute Nachrichten für die Firma darstellen.

5. Versuch eines Vergleichs der Umweltperformance von Ciba mit der anderer Chemie-Unternehmen

Middelhoff hat in seinem organisationssoziologischen Unternehmensvergleich deut-scher und schweizerischer Chemiekonzerne die relative Übereinstimmung im Aufbau und in der Funktionserfüllung der Umweltschutzorganisation festgestellt (Middelhoff 1991,398).

Das Umweltmanagementsystem der Ciba AG ist u.E. dennoch hervorzuheben, insofern es vielfach einen höheren Elaborationsgrad aufweist. Dies betrifft sowohl die einzelnen Instrumente und deren aufeinander abgestimmtes Zusammenwirken als auch die proak-tive und offensive Kommunikation auf der Basis einer soliden Umweltberichterstattung. Mit der seit 1990 konzernweiten Umweltberichterstattung der Ciba AG kann sich seit kurzem nur noch der Hoffmann-La Roche Konzern messen. Die Implementierung von Elementen eines integrierten Umweltschutzes, wie Programme des „Enviro-Care" (vgl. Huber, Protzmann, Siegert 1994), erste Schritte, ein umfassendes Öko-Controlling auf-zubauen, das konzernweite Weisungsrecht der Umweltschutzabteilung und die Beur-teilungsfunktion der Umweltschutzabteilung bei Investitionen ist (im Moment) so um-fangreich nur bei Ciba zu finden.

Da die Studie von Middelhoff stärker auf organisationssoziologische Fragestellungen ausgerichtet ist und zudem schon einen gewissen Zeitraum zurückliegt, soll im folgen-den der Fragestellung nachgegangen werden, ob der höhere Elaborationsgrad des Um-weltmanagements bei Ciba sich nicht nur in Erfolgsmeldungen der Umweltperformance innerhalb des Konzerns, sondern auch im Unternehmensvergleich mit anderen schwei-zerischen und deutschen Unternehmen niederschlägt (vgl. Huber, Protzmann, Siegert 1994).

Ein solcher Vergleich gestaltet sich außerordentlich schwierig. Nicht von allen Unter-nehmen stehen vergleichbare Daten zur Verfügung. Unternehmen, für die formal ver-gleichbare Daten zur Verfügung stehen, unterscheiden sich teilweise erheblich in ihrer Produktpalette, von der mögliche Umweltbelastungen direkt abhängen.

Weiterhin ist beim Vergleich der Umweltschutzmaßnahmen zu bedenken, daß die Un-ternehmen teilweise unterschiedliche analytische Verfahren zur Feststellung bestimmter Luft- oder Abwasserverschmutzungen anwenden. Erst mit der CEFIC-Richtlinie ist eine Vereinheitlichung der Berichterstattung in den Hauptkennziffern versucht worden, doch liegen hierfür nur Angaben aus dem Jahr 1993 vor, die natürlich noch keine Aussagen über Trends ermöglichen.

Eine andere Schwierigkeit besteht darin, daß die Emissionsangaben entweder nur von einzelnen Standorten - vom Sandoz Konzern konnten nur Umweltdaten der Region Ba-sel/ Muttenz genutzt werden, von der BASF AG standen hauptsächlich Daten über das

Werk Ludwigshafen zur Verfügung - oder für den gesamten Konzern von den betreffenden Firmen veröffentlicht werden.

5.1. Energieverbrauch

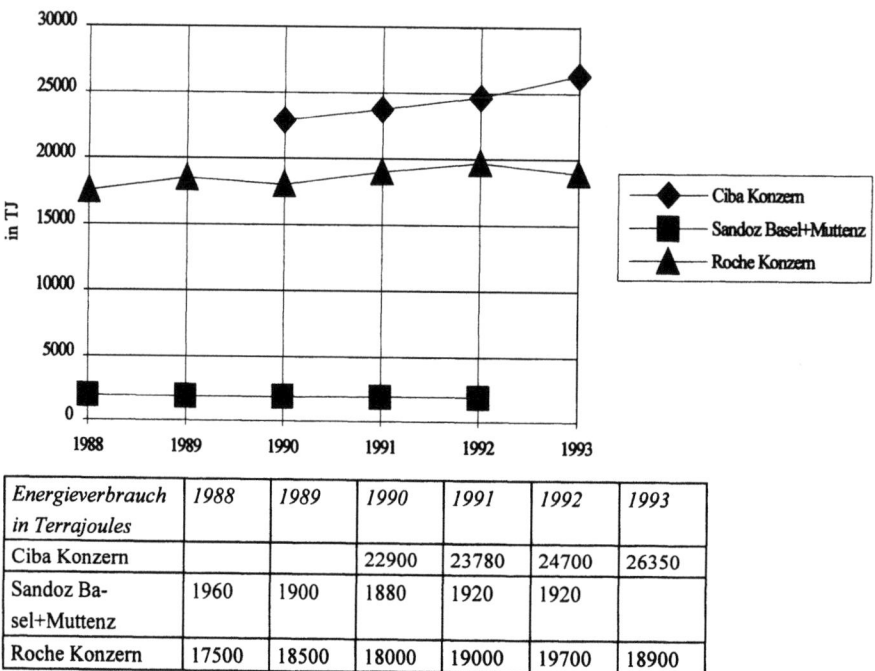

Energieverbrauch in Terrajoules	1988	1989	1990	1991	1992	1993
Ciba Konzern			22900	23780	24700	26350
Sandoz Basel+Muttenz	1960	1900	1880	1920	1920	
Roche Konzern	17500	18500	18000	19000	19700	18900

Abb. 2: Energieverbrauch der Schweizer Chemiekonzerne (in Terrajoules)

Vergleichbare Daten zum Energieverbrauch stehen nur für die Schweizer Chemiekonzerne zur Verfügung. Bei allen drei Unternehmen ist der Energieverbrauch bis 1992 leicht angestiegen, bei Ciba noch darüber hinaus. Ein genereller Trend in allen Unternehmen liegt in der zunehmenden Abwärmenutzung, wie der Abfallverbrennung und der Umstellung auf Energieträger mit einem höheren Brennwert, die nicht wesentlich dazu beitragen, den Energieverbrauch im Vergleich zum Produktionsvolumen nur langsam ansteigen zu lassen.

5.2. Wasserverbrauch

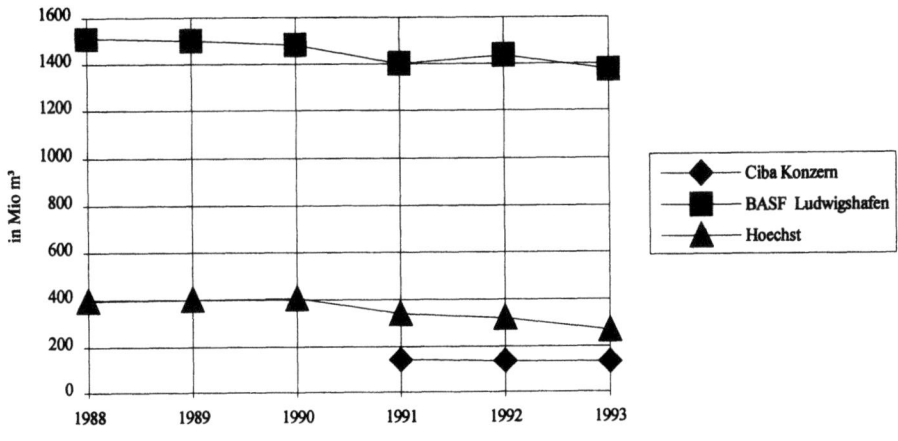

Wasserverbrauch in Mio. m³	1988	1989	1990	1991	1992	1993
Ciba Konzern				145	137	135
BASF Ludwigs-hafen	1510	1500	1480	1400	1435	1375
Hoechst Konzern	395	400	405	340	320	270

Abb. 3: Wasserverbrauch der Chemiekonzerne (in Mio. m³)

Alle drei Unternehmen konnten den Abwärtstrend bei der Senkung des Wasserverbrauches fortsetzen. Die Wasserverbrauchsangabe der Hoechst AG bezieht sich nur auf die einmalig entnommenen Wassermengen. Der eigentliche Verbrauch liegt bei 1300 Mio. m³ (Umweltschutz Daten und Fakten 1993 der Hoechst AG).

5.3 Abluft-Emissionen

Die Abluftemissionen der schweizerischen und deutschen Konzerne sind an dieser Stelle getrennt dargestellt, da die Ausgangswerte und die Zusammensetzung der Emissionen unterschiedlich hoch sind. Eine Ursache liegt in der stark differierenden Erzeugnisstruktur, dem Vorrang chemischer Grundstoffe bei den deutschen Unternehmen und chemischer Spezialitäten bei den Schweizer Konzernen. Letztere weisen aus diesem Grund einen geringeren Anteil an anorganischen Gasen auf.

103

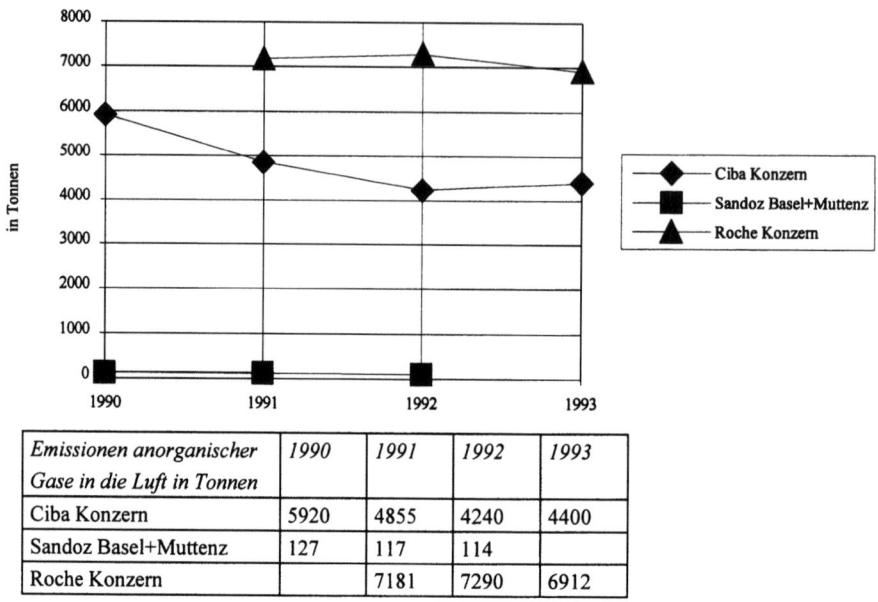

Emissionen anorganischer Gase in die Luft in Tonnen	1990	1991	1992	1993
Ciba Konzern	5920	4855	4240	4400
Sandoz Basel+Muttenz	127	117	114	
Roche Konzern		7181	7290	6912

Abb. 4: Emissionen anorganischer Gase (N0x und SO2) Schweizer Chemieunternehmen in die Luft (in Tonnen)

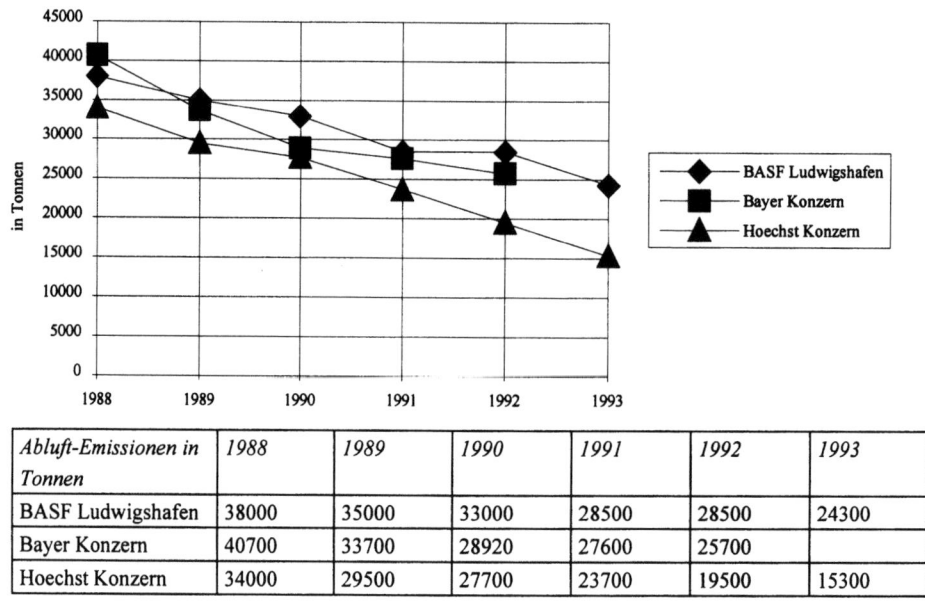

Abluft-Emissionen in Tonnen	1988	1989	1990	1991	1992	1993
BASF Ludwigshafen	38000	35000	33000	28500	28500	24300
Bayer Konzern	40700	33700	28920	27600	25700	
Hoechst Konzern	34000	29500	27700	23700	19500	15300

Abb. 5: Abluft-Emissionen (SO2 , N0x , CO, organische Gase) der deutschen Chemiekonzerne (in Tonnen)

Von der BASF AG stehen nur Daten für das Werk Ludwigshafen zur Verfügung. Vom Hoechst-Konzern liegen keine Angaben vor.

Mit der allgemeinen Umstellung auf schadstoffärmere Energieträger, mit der Erhöhung des Energienutzungsgrades und dem Einbau von Filtersystemen, forciert durch die in den 70er und 80er Jahren in Kraft getretenen Luftreinhalteverordnungen in der Schweiz und in Deutschland, sind die Emissionen gesenkt worden. Bei den Werken der schweizerischen und deutschen Chemie-Konzerne läßt sich im selben Zeitraum eine 30 - 50 prozentige Emissionsreduktion feststellen, je nach Ausgangslage. Die Unternehmen in der Schweiz widmen dem Problem der Reduktion von Lösungsmittel-Emissionen in die Luft größere Aufmerksamkeit.

Durch den Einsatz vieler energieintensiver nachgeschalteter Maßnahmen zur Luftreinhaltung und der Zunahme der Gewinnung von Energie aus der Abfallverbrennung sind die Kohlendioxidemissionen in allen Unternehmen - mit Ausnahme der Bayer AG, hier liegen jedoch nur ein Anfangs- und ein Endwert vor - bis 1992 leicht angestiegen oder konnten auf einem gleichen Niveau gehalten werden.

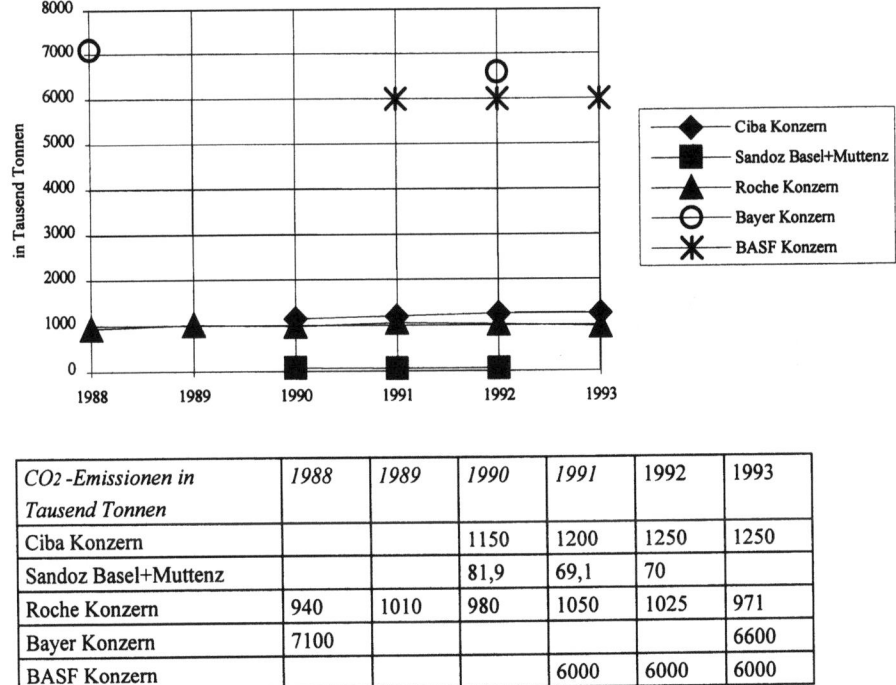

CO_2-Emissionen in Tausend Tonnen	1988	1989	1990	1991	1992	1993
Ciba Konzern			1150	1200	1250	1250
Sandoz Basel+Muttenz			81,9	69,1	70	
Roche Konzern	940	1010	980	1050	1025	971
Bayer Konzern	7100					6600
BASF Konzern				6000	6000	6000

Abb. 6: Kohlendioxid-Emissionen (in Tausend Tonnen pro Jahr)

5.4 Emissionen in das Abwasser

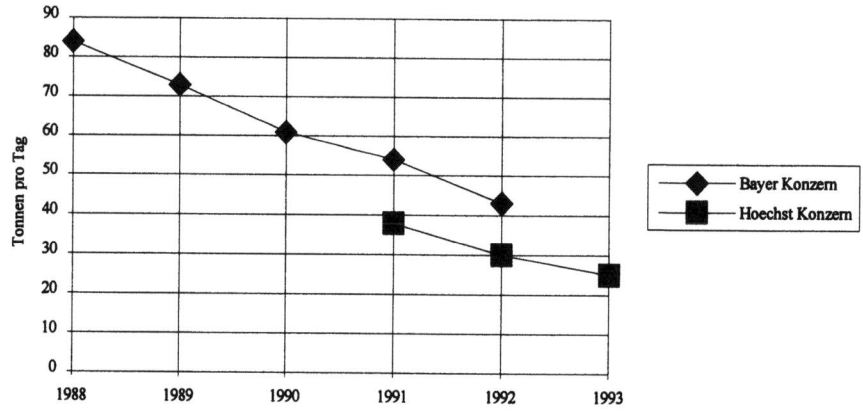

CSB in Tonnen pro Tag	1988	1989	1990	1991	1992	1993
Bayer Konzern	84	73	61	54	43	
Hoechst Konzern				37,9	30	25

Abb. 7: Organische Belastung der Abwässer durch deutsche Chemieunternehmen (CSB in Tonnen pro Tag)

Nach der Rheinhavarie der Sandoz AG wurden im Rahmen des Programmes für die Wiederherstellung der Wasserqualität im Rhein eine Vielzahl von End-of-Pipe-Maßnahmen zur Abwasserreinigung bei den Unternehmen entlang des Rheins ergriffen. Dazu gehören der Ausbau der zweiten oder dritten biologischen Stufe in Kläranlagen. Damit waren zugleich weitere nachgeschaltete Verfahren notwendig, um den Klärschlamm zu beseitigen.

Bei der organischen Belastung des Abwassers durch die deutschen Chemiekonzerne sind Verminderungen bis zu 50%, je nach Ausgangslage, erreicht worden. Letztere Emissionswerte können auf unterschiedliche Weise, einmal über den Wert des Chemischen Sauerstoffbedarfes (CSB) und über den Total Organic Carbon-Wert (TOC) ermittelt werden. Abbildung 7 zeigt die Senkung des Chemischen Sauerstoffbedarfes (CSB) für die Bayer AG und Hoechst AG. Von BASF liegen keine vergleichbaren Daten vor.

Die zweite Methode zur Messung der organischen Stofffracht im Abwasser, die TOC-Analyse, wendet man hauptsächlich in der Schweiz an. Vergleichbare Daten lagen nur von La Roche für die Region Basel und von Sandoz für die Werke Basel und Muttenz vor. Ciba dokumentiert erst seit 1993 CSB-Daten im Umweltbericht. Bisher ist für die organische Belastung die DOC-Methode (Dissolved Organic Carbon) verwendet worden. Für die DOC-Analyse stammt das Abwasser aus der Reinigungsanlage und ist vor der Analyse gefiltert worden. Es handelt sich mehr um eine Angabe, die Belastung des Rheins zu dokumentieren und nicht, wie bei der TOC-Methode, die der Werksabwässer.

Die Werte beider Methoden sind nicht vergleichbar, deshalb sind in der Abbildung 8 auch nur La Roche und Sandoz gegenübergestellt.

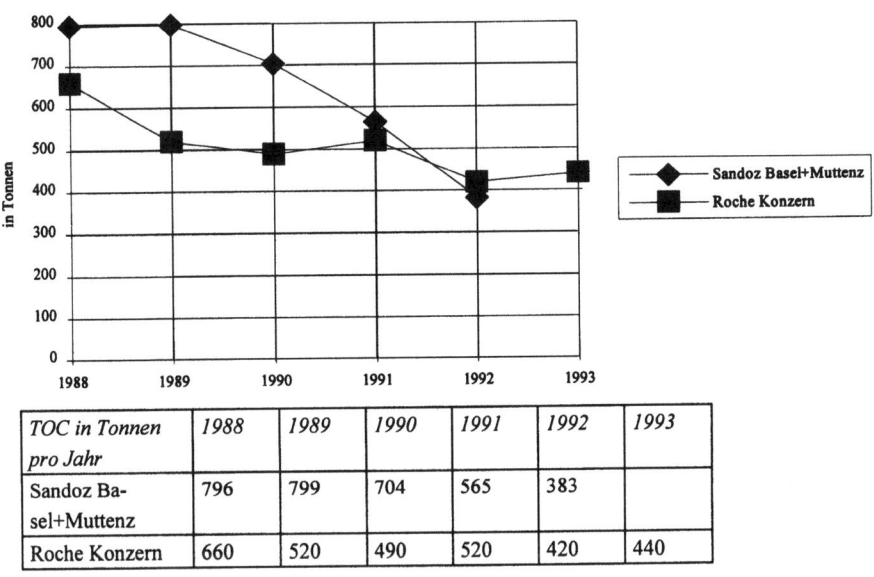

TOC in Tonnen pro Jahr	1988	1989	1990	1991	1992	1993
Sandoz Basel+Muttenz	796	799	704	565	383	
Roche Konzern	660	520	490	520	420	440

Abb. 8: Organische Belastung der Abwässer durch Schweizer Chemieunternehmen (TOC) (in t pro Jahr)

5.5 Abfall

In Abbildung 9 sind alle die Sonderabfälle erfaßt, die entweder verbrannt (der Trend geht in Richtung Wärmerückgewinnung) oder deponiert werden. Allerdings sind die Zahlen vorsichtig zu interpretieren, da es keine einheitliche Definition darüber gibt, was unter Sonderabfall zu zählen ist. Die Angaben der Sandoz Werke Basel und Muttenz geben keinen Aufschluß darüber, ob es sich um Sonderabfall oder allgemein um alle Abfälle handelt. Einzig Ciba hat den Daten eine Übersicht mit den entsprechenden Stoffen nachgestellt, die innerhalb der Ciba AG als Sonderabfälle definiert werden.

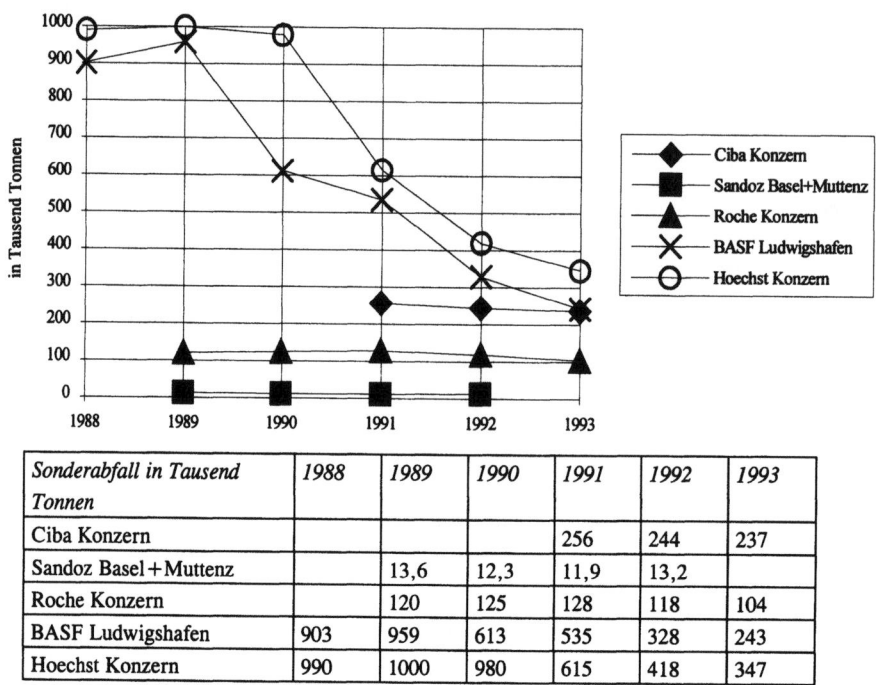

Sonderabfall in Tausend Tonnen	1988	1989	1990	1991	1992	1993
Ciba Konzern				256	244	237
Sandoz Basel+Muttenz		13,6	12,3	11,9	13,2	
Roche Konzern		120	125	128	118	104
BASF Ludwigshafen	903	959	613	535	328	243
Hoechst Konzern	990	1000	980	615	418	347

Abb. 9: Sonderabfall zur Verbrennung und Deponierung (in Tausend Tonnen)

5.6 Umweltschutzausgaben und Umweltschutzerfolge

Die hier angestellten Versuche, die Umweltschutzleistungen schweizerischer und deutscher Chemie-Konzerne miteinander zu vergleichen, fallen sicherlich lückenhaft und von der Datengrundlage her auch noch etwas zufällig aus, um schon verallgemeinerbare Aussagen daraus abzuleiten. Jedoch zeichnet sich so viel ab, daß es im Sinne einer Arbeitshypothese plausibel erscheint, davon auszugehen, daß keiner der großen Chemie-Konzerne sich in der Breite der Umweltprobleme von den anderen Konzernen abhebt, allenfalls punktuell einmal, und daß bei den in Betracht gezogenen Chemie-Konzernen vergleichbare Umweltschutz-Verbesserungen erreicht wurden.

Gleichwohl zeigen sich, zum Beispiel im Jahr 1992, unterschiedlich hohe Umweltschutzausgaben, gemessen als Anteil am Umsatz (Abb.10, die Daten stehen auch diesmal nicht für alle Unternehmen zur Verfügung).

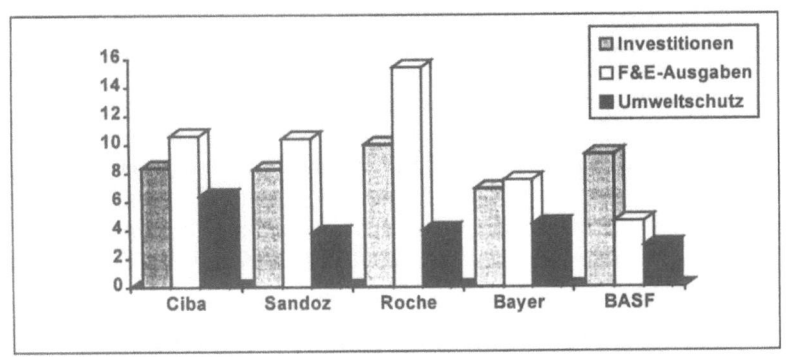

Angaben als Anteil am Umsatz in %	Ciba	Sandoz	Roche	Bayer	BASF
Investitionen	8,4	8,3	10,0	6,9	9,3
F&E-Ausgaben	10,6	10,4	15,4	7,5	4,6
Umweltschutz	6,4	3,8	4,0	4,4	2,9

Abb. 10: Anteil der Investitionen/F&E-Ausgaben und Umweltschutzaufwendungen (inkl. Betriebskosten) am Umsatz (1992 in %)

Die Unterschiede bei den Umweltschutzausgaben können mit unterschiedlichen Umweltschutzvorhaben bzw. Investitionsvorhaben in verschiedenen Jahren zusammenhängen (obwohl sich die Umweltschutzkosten über die Jahre hinweg im allgemeinen relativ stetig entwickeln). Das wohl überzeugendere Argument für die Interpretation der Zahlen dürfte sein, daß die kaum vorhandene getrennte und exakte Erfassung der Umweltschutzkosten innerhalb der betrieblichen Kostenrechnung einen subjektiven Spielraum bei der Erfassung, der Verrechnung und Ausweisung von Umweltschutzkosten zuläßt. Gehören, als ein Beispiel, die Schreibutensilien eines Umweltschutzbeauftragten nun zu der Kostenrechnungsart Materialverbrauch oder zu der Kostenrechnungsart Umweltschutz? Einen Schritt weiter gedacht, erscheint es dann geradezu unmöglich, Investitionen des integrierten Umweltschutzes von den allgemeinen Investitionen oder Ersatzinvestitionen zu unterscheiden.

6. Schlußfolgerungen und Forschungsfragen

Es sollte noch einmal festgehalten werden, daß bei allen in Betracht gezogenen Chemie-Konzernen zum Beispiel bei der Reduktion der organischen Belastung des Abwassers oder bei der Reduktion der Abfallmengen in etwa gleiche Verbesserungen bzw. Verbesserungsraten festzustellen sind. Ebenso ist zu erkennen, daß alle Unternehmen zum Beispiel einen weiter steigenden Energieverbrauch und einen verschlechterten Kohlendioxidausstoß aufweisen.

Damit stellten sich eine Reihe von Fragen, die an dieser Stelle gewiß nicht beantwortet werden können, aber wenigstens einmal thematisiert werden sollen:

- Wie ist es möglich, daß mit unterschiedlich hohem Finanzmittelaufwand in etwa gleiche Ergebnisse erzielt werden?

Hierbei ist zu berücksichtigen, daß sich die Akteure in einem ordnungsrechtlich hochgradig regulierten Handlungsfeld bewegen. Der Finanzmittelaufwand ist insofern staatlicherseits determiniert. Unterschiede wären somit auf Führungskönnen und technisches Know-how, sodann auf freiwillige Übererfüllungen und Zusatzleistungen zurückzuführen. Warum aber schlagen sich solche nicht deutlicher in der Umweltperformance nieder ? Auch wäre hier wohl erneut nach der stofflich-technischen Seite des Produktportfolios zu fragen.

- Wird der jetzt anscheinend höhere Umweltschutzkostenaufwand von Ciba ein vergeblicher und lediglich die Wettbewerbsposition belastender Aufwand gewesen sein, oder werden Ciba daraus erst *künftig* die Vorteile einer deutlich höheren Umweltperformance und damit verbundene andere Vorteile erwachsen ?

Eine derartige Hypothese könnte vor dem Hintergrund der allmählich erreichten Grenzen des nachgeschalteten Umweltschutzes und des Übergangs zum integrierten Umweltschutz Sinn machen. Man kann unterstellen, daß unter den Bedingungen eines ordnungsrechtlich begründeten staatsbürokratischen Öko-Interventionismus Fragen eines proaktiven unternehmerischen Umweltmanagements zweitrangig bleiben, während ihnen mit dem Übergang zur innovativen Phase des integrierten Umweltschutzes naturgemäß eine Schlüsselrolle zufällt.

- Wie weit bedarf es, um bestimmte Umweltschutz-*Funktionen* zu erfüllen, tatsächlich der zusätzlichen Neueinrichtung aufwendiger Umweltschutz-*Strukturen*, oder können nicht bereits bestehende institutionelle Strukturen (im Bereich Planung, Produktion, Logistik, FuE u.a.) die erforderlichen Funktionen im Sinne einer Mehrzweck-Organisation weitgehend mit übernehmen?

Der Organisationssoziologie ist eine solche Fragestellung vertraut, und es wird niemanden überraschen, daß ein Funktionswandel bestehender Strukturen bzw. eine Strukturenkompatibilität erforderlicher Funktionen vielfache Toleranzen und Freiheitsgrade kennt - allerdings, nicht grenzenlos. Das Prinzip des integrierten Umweltschutzes scheint es zunächst einmal nahezulegen, Extra-Einrichtungen auf das Notwendigste zu minimieren und den Großteil der Umweltschutz-Funktionen mit bestehenden Strukturen zu verbinden, eben, sie in diese zu integrieren. So gesehen wäre ein hoher Anteil an gesondert eingerichtetem Umweltmanagement geradezu ein Indikator für eine hohes Maß, womöglich ein Übermaß, an nachgeschaltetem Umweltschutz.

- Hat Ciba womöglich ein unverdient gutes Öko-Image erworben und ist in seinen Umweltschutzleistungen bisher vergleichsweise zu positiv bewertet worden, oder werden die anderen Chemie-Unternehmen, mithin die chemische Industrie als Branche, insgesamt zu negativ betrachtet und werden die umfangreichen Bemühungen und Verbesserungen, welche die chemische Industrie im Umweltschutz inzwischen erzielt hat, generell nicht angemessen bewertet?

Ebenso simpel wie unangemessen ist die vielfach vorfindliche Haltung, eine Industrie am Idealbild der Null-Emission und der 100-Prozent-Kreislaufwirtschaft zu messen anstatt konkret-historisch vom jeweils Möglichen und Machbaren auszugehen. Ökologische Probleme liegen in der unausweichlichen Natur der chemischen Industrie. Man sollte insofern mehr über akzeptable Risiko-Relationen als über Umweltschutz jenseits des Grenznutzens nachdenken.

Das Hamburger Umwelt Institut (HUI) hat in einer jüngst veröffentlichten Studie die fünfzig größten Chemie- und Pharmaunternehmen der Erde einem Umweltverträglichkeits-Ranking unterzogen (HUI Dokumentation, Januar 1994). Dem auf dieser Grundlage vorgenommenen Ranking zufolge erreichte Johnson & Johnson (USA) mit 200 von 500 möglichen Punkten den ersten Rang, gefolgt von Henkel (D), 3M (USA), Procter & Gamble (USA), Toray (J) und schließlich Ciba (CH) auf Platz sechs. Von den schweizerischen und deutschen Konzernen erreichte damit außer dem Zweitplazierten Henkel nur Ciba einen Spitzenrang als ein proaktiv eingestuftes Unternehmen, im Unterschied zu einem als reaktiv und defensiv klassifizierten Umweltverhalten. In der HUI-Studie erlangt von den schweizerischen und deutschen Chemieunternehmen sonst nur noch Schering den Rang eines teilweise proaktiven Unternehmens, während Bayer und BASF bereits als reaktive Unternehmen gelistet werden, und Sandoz und Hoechst abgeschlagen nur noch als defensive Unternehmen, während Hoffmann-La Roche als "nicht der Rede wert" gar dequalifiziert wird.

Die HUI-Studie erlaubt keine klare Unterscheidung zwischen "harten" und "weichen" Kriterien, zwischen Umweltperformance und Umweltmanagement, das heißt, zwischen objektiv meßbaren Verbrauchsminderungen, Emissionsreduktionen, Stoffsubstitutionen etc. einerseits und umweltorientierten Wert- und Zielsetzungen, Organisationsstrukturen etc. andererseits. Von daher sind möglicherweise Erwartungswerte gegenüber Erfahrungswerten übergewichtet worden. Sollten die "Hoffnungspotentiale" andererseits reale Potentiale sein, so könnte die HUI-Studie auch von prognostischem Wert sein.

Was Ciba anbelangt, so kann auch aufgrund unserer eigenen Recherchen festgestellt werden, daß sich Ciba in den zurückliegenden Jahren tatsächlich immer mehr zu einem in Umweltschutzfragen proaktiven und innovativen Unternehmen entwickelt, daß aber bei Ciba wie bei allen anderen Unternehmen die meisten der Umweltschutzmaßnahmen bis in die jüngste Vergangenheit noch ordnungsrechtlich auferlegt worden, zumindest angestoßen worden sind. Bis zum aktuellen Erreichen des End-of-Pipe-Grenznutzens sind Umweltgesetze und Umweltverordnungen in allen Industrieländern mit Abstand der wichtigste und wirksamste Faktor für Umweltschutzinvestitionen und das Umwelthandeln in Unternehmen überhaupt gewesen (vgl. u.v.a. FUUF 1992; Coenenberg et al 1992, 19; Gredler 1989, 22). Die chemische Industrie, wie die Industrienationen im allgemeinen, befindet sich überwiegend noch immer in der Phase kompensatorischen Umweltschutzes mittels End-of-Pipe-Technologien aufgrund von Umweltordnungsrecht, im Unterschied zur Phase integrierten Umweltschutzes mittels Produkt- und Prozeßinnovationen aufgrund von proaktiven Umweltschutzstrategien im Rahmen einer ökologischen Marktwirtschaft (vgl. Huber 1993, Prittwitz (Hg) 1993).

Diese Sichtweise trägt zum einen dazu bei zu erklären, warum unter Bedingungen ordnungsrechtlicher Dominanz trotz Unterschieden im Umweltmanagement die Umweltperformance in etwa gleich ausfällt, bestärkt zum anderen jedoch die Erwartung, daß sich Investitionen von proaktiven, offensiven Unternehmen in innovative Problemlösungs-Strategien in dem Maße bezahlt machen werden, wie die kompensatorische Umweltschutzphase ihren Grenznutzen erreicht und sich der Übergang zur Phase des integrierten Umweltschutzes vollzieht.

Literatur

Coenenberg, A.G. u.a.: Unternehmenspolitik und Umweltschutz, Augsburg 1992

Dyllick, Th.: Management der Umweltbeziehungen - Öffentliche Auseinandersetzung als Herausforderung, Wiesbaden, 1989

Dyllick, Th.: Ökologischer Wandel in Schweizer Branchen, Stuttgart 1994

Geschäftsbericht der Sandoz AG 1992, Umweltbericht 1992

Geschäftsbericht der BASF 1991 und 1992; Umweltbericht 1991-1993

Geschäftsbericht der Bayer AG 1992 und 1993, Umweltschutz 1991, Umweltbericht 1993

Hamburger Umwelt Institut (HUI): The TOP 50 Ranking, Januar 1994

Huber,J.: Ökologische Modernisierung zwischen bürokratischem und marktwirtschaftlichem Handeln, in: Prittwitz, V.v. (Hg), 1993

Huber,J., Protzmann, E., Siegert, U.: Fallstudie Ciba AG, Gesamtbericht, Institut für Soziologie der Martin-Luther-Universität Halle-Wittenberg, Halle 1994

Huber,J., Protzmann, E., Siegert, U.: The case of Ecologically Oriented Management at Ciba-Geigy, Basle, Switzerland, in: Jänicke, M., Weidner, H. (Hg) 1995

Jänicke,M., Weidner, H. (Hg): Successful Environmental Policy, Berlin 1995

Jahresbericht Umweltschutz der Hoechst AG 1991-1993

Konzern-Report und Umweltberichte 1992 und 1993 des Hoffmann-La Roche Konzerns

Middelhoff, H.: Die Organisation des betrieblichen Umweltschutzes in der schweizerischen und deutschen chemischen Industrie, Dissertation, Hochschule St. Gallen 1991

Prittwitz, V.v. (Hg): Umweltpolitik als Modernisierungsprozeß, Opladen 1993

Seidl, I.: Ökologie und Innovation, Stuttgart 1993

Umweltbericht der Hoechst AG 1992 und 1993

Veröffentlichungen der Ciba AG

Core Values of Communicationscorporate visual identity, 1992

Daten und Fakten 1993

Geschäftsbericht, 1992 und 1993

Grundsätze von Ciba-Geigy der Informations- und Kommunikationspolitik, 1989

Konzern-Umweltbericht, 1992 und 1993

Ökotrend, Taschenausgabe, 1992 ; 1993

Oekotrend Ciba Werk Basel 1993

Organisation 90 (neuere Ausgabe von 1992)

Vision 2000, 1990

Dirk Bunke[1]

Systemanalyse Waschmittel:
Vom Produzenten zum Anwender
- Produktlinienanalyse im Diskurs -

Inhalt

Einführung

Waschmittel werden jährlich in der Größenordnung von mehreren hunderttausend Tonnen in der Bundesrepublik eingesetzt. Sie sind ein typisches Beispiel für "umweltoffen" angewendete Produkte: nach getaner Arbeit werden sie über das Abwasser und die Klärwerke in die "Umwelt" entlassen. Aufgrund der hohen Verbrauchsmengen und aufgrund der Inhaltsstoffe führten und führen Waschmittel zu er-

---

[1] Dr. Dirk Bunke, Dipl.-Chemiker, Dipl. Umweltwissenschaften, Wissenschaftlicher Mitarbeiter am Öko-Institut e.V. Freiburg

heblichen Belastungen der Oberflächengewässer. Die Produktgruppe "Waschmittel" ist daher seit vielen Jahren Gegenstand intensiver wissenschaftlicher und regulatorischer Untersuchungen.

Im Auftrag des Umweltbundesamtes führt das Öko-Institut e.V. die Studie "Produktlinienanalyse Waschmittel" durch. Ziel ist es, in einer vergleichenden Untersuchung verschiedene Waschmittelkonzepte und -kombinationen hinsichtlich ihrer Auswirkungen auf die Umwelt zu vergleichen. Dieses Projekt wird von einer Projektwerkstatt begleitet, in der die Industrie, Umweltverbände und Umweltinstitute, die Verbraucherzentrale, die Gewerkschaft, entwicklungspolitische Organisationen, die Behörden und Testorganisationen vertreten sind.

An dieser Stelle soll beispielhaft am Waschmittelprojekt gezeigt werden, welche Möglichkeiten für die betriebliche Arbeits- und Umweltpolitik produktbezogene Forschung bietet.

1. Das Waschmittelprojekt

Von Wasch- und Reinigungsmitteln gehen erhebliche Umweltauswirkungen aus. Aus ökologischer Sicht ist daher eine Beurteilung im Handel erhältlicher Produkte notwendig. Die Kenntnis der ökologisch vorteilhaftesten Produkte und Systeme ist eine wesentliche Voraussetzung einerseits für die Entscheidungen der Verbraucher, andererseits auch für produktpolitische Steuerungen auf freiwilliger oder gesetzlicher Ebene. Die Methodik der Produktbewertung ist allerdings derzeit noch wenig entwickelt. Die Ökobilanzierung von Waschmitteln ist besonders aufwendig, da sie aus mehreren funktionell und chemisch unterschiedlichen Inhaltsstoffen bestehen.

Die vergleichende Untersuchung der Auswirkungen verschiedener Waschmittelkonzepte (Vollwaschmittel, Kompaktwaschmittel, Waschmittel im Baukastensystem) und die Entwicklung von Bewertungsvorschlägen sind die Ziele des Waschmittelprojektes, das vom Öko-Institut e.V. im Auftrag des Umweltbundesamtes durchgeführt wird ("Entwicklung eines Verfahrens zur ökologischen Beurteilung und zum Vergleich verschiedener Waschmittel (Hauptstudie)", UBA, Laufzeit: 1991 bis 1995).

Diesem Projekt ging eine Vorstudie voraus, in der die Methodik der Hauptstudie erarbeitet und bereits bestehende Modelle zur Waschmittel- und Produktbewertung diskutiert wurden (Vorstudie: Konzeptentwicklung - Darstellung der Methodik der Hauptstudie UBA-Text 16/91; Entwicklung eines Verfahrens zur ökologischen Beurteilung und zum Vergleich verschiedener Wasch- und Reinigungsmittel, 1991, Band 1 und 2). Methodisch sind zwei Kennzeichen dieses Projektes hier von besonderem Interesse:

- Das Projekt wird als Produktlinenanalyse durchgeführt.

- Das Projekt wird begleitet von regelmäßig durchgeführten "Projektwerkstätten", die die Beteiligung der Handlungsträger im "System Waschen" an der Studie ermöglichen.

2. Die Produktlinienanalyse

Die Produktlinienanalyse (PLA) ist ein Instrument für die umfassende Bewertung von Produkten. Ihre Aufgabe ist die Erfassung und Beschreibung der Stoffströme, der Energieströme und der Wirkungen, die mit einem Produkt verbunden sind. Unter Wirkungen werden hierbei ökologische Auswirkungen, soziale Auswirkungen und ökonomische Auswirkungen verstanden (Pfeifer und Grießhammer 1993, Gensch 1992).

Die Untersuchung der gesamten "Lebenslinie" des Produktes schließt hierbei die Bestimmung der Umweltauswirkungen bei der Gewinnung der Rohstoffe, bei der Herstellung der Produkte, während ihrer Verwendung und in der Nachgebrauchsphase bis zum Wiedereintrag in die Naturkreisläufe ein. Hierzu zählen auch alle notwendigen Transportvorgänge.

Die Untersuchung der gesamten Lebenslinie hat die PLA mit der Ökobilanz gemeinsam. Im Unterschied zur Ökobilanz werden in der PLA auch soziale und ökonomische Auswirkungen der Produktlinie mitanalysiert. Die wichtigsten methodischen Schritte einer Produktlinienanalyse sind in Abbildung 1 wiedergegeben.

Scoping
Analyse des Produktlebensweges
Konkretisierung der Untersuchungsziele, unter Umständen Prioritätenabfolge
Festlegung der produktspezifischen Nutzeinheit
Festlegung von Bilanzzeit, Bezugsraum, Kriterien und Indikatoren
Evaluation des Datenbedarfs; Strategie und Datenerhebung
Sachbilanz
Datenerhebung und Datenvalidierung
Aufstellung der Teilbilanzen
Zusammenfassung und Analyse der Sachbilanz
Analyse der Wirkungen
Identifikation und Auswahl der zu beschreibenden Effekte
Datenbankrecherchen
Zusammenfassung der Analyse
Bilanzbewertung
Auswahl eigener Bewertungshilfen
Anwendung der Bewertungshilfen und vergleichende Ergebnisgegenüberstellung
Optimierungs- und Handlungsempfehlungen
Schwachstellenanalyse
Identifikation von Optimierungsmaßnahmen
Bewertung von Optimierungsmaßnahmen
Handlungsempfehlungen

Abb. 1: Methodische Schritte der Produktlinienanalyse

Anwendungfelder der Produktlinienanalyse sind

- der Vergleich von Produkten/Produktgruppen,

- die interne Optimierung von Einzelprodukten.

Produktlinienanalysen ermöglichen auch die Entscheidung, welche Produktgruppen aufgrund ihrer besonderen Umweltbedeutung gezielt durch produktpolitische Maßnahmen begleitet werden sollten. Sie sind daher ein Entscheidungsinstrument für Schwerpunktsetzungen und die Auswahl geeigneter Handlungsoptionen in der Produktpolitik. Diese Informationen können auch für produktbezogene Entscheidungen innerhalb eines Betriebes eingesetzt werden.

3. Projektwerkstätten allgemein

Angewandte ökologische Forschung soll zur Verringerung der Umweltbelastungen beitragen. Voraussetzung hierfür ist die Umsetzung der gewonnenen Erkenntnisse. Die Chancen für eine Umsetzung erhöhen sich, wenn von Beginn der Studie an die späteren "Handlungsträger" am Projekt beteiligt werden. Ein Projektbeirat aus verschiedenen gesellschaftlichen Gruppen (Akteuren) ist daher unserer Erfahrung nach ein zentrales Element produktbezogener Umweltforschung.

Die Durchführung von Arbeitstagungen mit dem Projektbeirat ("Projektwerkstätten") ermöglicht eine intensive Einbeziehung der Handlungsträger in das Projekt. Aufgaben der Projektwerkstätten sind:

- Offenlegung und Diskussion der verschiedenen möglichen Herangehensweisen an die Fragestellung
- Festlegung des Planungsziels der Untersuchung
- Diskussion von notwendigen Vorentscheidungen
- Diskussion der Bewertung und ihrer Schwerpunkte
- Rückkopplung der Diskussion in das Handlungsfeld der Akteure.

Projektwerkstätten erfordern eine erhebliche Mehrarbeit an Organisation und Zeit. Auch wenn die alleinige inhaltliche und formale Verantwortung gegenüber dem Auftraggeber unverändert beim Institut verbleibt, werden auf den Werkstätten Projektentscheidungen im Detail dargelegt und zur Diskussion gestellt. Sie können dadurch wesentlich früher hinterfragt werden. Der Ablauf des Projektes ist schwieriger vorhersehbar. Dies gilt insbesondere dann, wenn auf den Projektwerkstätten Vereinbarungen über inhaltliche Aufgabenverteilungen und Zulieferungen getroffen werden.

Projektwerkstätten gewährleisten andererseits ein höheres Maß an Transparenz und Akzeptanz der Studie. Das Projekt wird von Beginn an als Dialogprojekt mit den Akteuren aufgebaut. Die gemeinsame Diskussion von Prioritäten verringert auch den Arbeitsumfang, zudem können thematisch verwandte Arbeiten der Teilnehmer miteinbezogen werden. Kontrovers zu beurteilende Vorentscheidungen und Bewertungen werden nicht erst bei Vorliegen des Abschlußberichtes thematisiert, wenn wenig Änderungsmöglichkeiten mehr bestehen. Sie sind Gegenstand ausführlicher Diskussion im Projektbeirat und auf den Werkstätten während des Studienverlaufs.

4. Projektwerkstätten im Waschmittelprojekt

Für das Waschmittelprojekt hat sich die Konzeption der Projektwerkstätten als besonders hilfreich und zielführend erwiesen. Dies liegt auch in der Komplexität des Untersuchungsgegenstandes begründet. Für die ökologische Bilanz des Waschens sind eine Vielzahl von Einflußfaktoren mitentscheidend:

- Waschmittel sind "internationale" Produkte: Rohstoffe und Inhaltsstoffe eines Waschmittels stammen oft aus mehreren Ländern und von unterschiedlichen Produzenten. Die Produktionsbedingungen sind dementsprechend unterschiedlich. Dies gilt in besonderem Maße für Inhaltsstoffe, die auf der Basis von nachwachsenden Rohstoffen hergestellt werden, etwa im Falle von Tensiden aus Pflanzenölen.

- Zum Waschen werden ganz unterschiedliche Waschsysteme angeboten: Vollwaschmittel, Waschmittel im Baukastensystem (Basiswaschmittel, bei Bedarf ergänzt durch Enthärter und Bleichmittel, alle drei Bauelemente werden separat angeboten), Kompakt-Waschmittel (Verringerung der notwendigen Waschmittelmenge durch Veränderung der Rezeptur und der Waschmittel-Herstellung), Color-Waschmittel für Buntwäsche und Feinwaschmittel.

- Das Waschen selber kann sich in der eigenen Waschmaschine abspielen, im Waschsalon mit Selbstbedienung, in einem Gemeinschaftswaschraum, in einer gewerblichen Wäscherei. In jedem Falle unterscheiden sich die ökologischen Auswirkungen: so variieren beispielsweise Wasser- und Stromverbrauch je nach Variante ganz erheblich. Die Wahl des Waschprogramms, der Temperatur, des Beladungsgrades der Trommel und die Waschmittelmenge sind weitere wichtige Faktoren.

- Die Art der Textilien (Buntwäsche, Kochwäsche, Feinwäsche) und ihre Verteilung bestimmen die oben genannten Entscheidungen mit.

- Das Waschverhalten wird auch von Hygiene- und Sauberkeitsvorstellungen geprägt. Die Häufigkeit des Waschens zeigt ganz erhebliche individuelle Schwankungen. Völlig unabhängig vom verwendeten Waschmittel, kann es durch vorgelagerte Entscheidungen auf dieser Ebene zu bedeutenden Verschiebungen in der ökologischen Bilanz z.B. eines Haushaltes kommen.

Die Gesamtheit dieser Faktoren konnte in der Studie nicht mit gleicher Intensität bearbeitet werden. Es war notwendig, den Untersuchungsrahmen genau festzulegen, Schwerpunkte zu setzen und Abgrenzungen vorzunehmen. Die Erfahrungen bei den bisher durchgeführten Ökobilanzen haben gezeigt, daß die Setzung der Rahmenbedingungen eine Ökobilanz entscheidend beeinflussen kann. Entsprechend wird auch bei der Methodenentwicklung und -festlegung betont, daß auf die Setzung und Offenlegung von Rahmenbedingungen ("Scoping") ein großes Gewicht gelegt werden soll. Das Öko-Institut hatte deshalb in Abstimmung mit dem Umweltbundesamt eine externe Projektbegleitung eingerichtet, die in Form dreier zweitägiger Projektwerkstätten stattfand. Anwesend und sehr aktiv beteiligt waren Umwelt -und entwicklungspolitische Organisationen, Industrieverbände und Einzelunternehmen

(Rohstoffhersteller und Waschmittelhersteller), die Verbraucherzentrale Nordrhein-Westfalen, Testorganisationen (Testzeitschriften und Stiftung Warentest), Vertreter von Wissenschaft, Behörden und Gewerkschaften (Gewerkschaft IG Chemie-Papier-Keramik) und das Umweltbundesamt als Auftraggeber. Generelle Aufgabe der Projektwerkstätten war die kritische Begleitung der Studie, die Kommentierung bzw. Abänderung von Vorschlägen.

Auf den Projektwerkstätten wurden die wesentlichen Fragen des Scoping in der Regel einvernehmlich geklärt. Weiter wurde die Bewertungsmatrix festgelegt und Vereinbarungen zur Datenbeschaffung getroffen. Dabei ergaben sich eine Reihe von Kooperationsprojekten zur Erstellung von Ökobilanzen einzelner Waschmittelinhaltstoffe. Eine grundsätzliche Differenz zwischen einzelnen Teilnehmer(gruppen) ergab sich bei der Frage des Einbezugs ökonomischer und sozialer Aspekte im Sinne einer Produktlinienanalyse. Die VertreterInnen der Industrie wollten sich daran nicht beteiligen, sondern allein eine Ökobilanz durchführen.

Folgende Aspekte wurden beim Scoping behandelt und entschieden: Planungsziel, Alternativenauswahl (Waschmittelkonzepte, Einzelwaschmittel, Sensorgesteuerte Komponentenwaschmaschine, Waschen im Waschsalon), Schwerpunktsetzung, Beschränkung auf mengenrelevante Inhaltstoffe, Mitbilanzierung von Textilien und Waschmaschinen, Festlegung von Modellannahmen (Modellwaschmittel, durchschnittliche Wäscheverteilung, Referenzwaschmaschinen und durchschnittlicher Stromverbrauch der Referenz-Waschmaschinen je nach Waschtemperatur), Festlegung von Waschstandard und Performance-Test, Übereinstimmung von empfohlener Dosierung und tatsächlicher Dosierung, Bilanzraum, Bilanzzeit, Bilanzkriterien, Einbezug von Risikoaspekten, Einbezug der Arbeitsumwelt, Vorbereitung der Bewertung.

Beispielhaft sei eine Diskussion wiedergegeben, die auf den ersten beiden Projektwerkstätten geführt wurde: Waschen im Waschsalon.

Das Waschen von gewerblich genutzter Wäsche wurde in der Produktlinienanalyse Waschmittel nicht untersucht, weil die Untersuchung auf Haushaltswäsche und haushaltsübliche Verschmutzung beschränkt wurde. Allerdings wurde auf der ersten Projektwerkstatt erwogen, das Waschen von Haushaltswäsche in Waschsalons und Gemeinschaftswaschküchen miteinzubeziehen. Für die Entscheidungsfindung wurde das Öko-Institut gebeten, zur zweiten Projektwerkstatt eine orientierende Ökobilanz vorzulegen. Das Öko-Institut fasste die Ergebnisse wie folgt zusammen:

- Die Alternative "Waschsalon" spielt in der Bundesrepublik derzeit keine bedeutende Rolle. Ein Einbezug dieser Alternative würde nur dann Sinn machen, wenn die Alternative deutliche Vorteile versprechen würde. Die orientierende Prüfung zeigt aber, daß den ökologischen Vorteilen von Waschssalons (Vorenthärtung des Wassers, niedrigerer Primärenergieverbrauch durch zentrale Warmwasseraufbereitung, wesentlich höhere Auslastung der Waschmaschinen) deutliche ökologische Nachteile (Wäschetransport in der Regel mit dem Auto; Wäschetrocknung in der Regel mit Wäschetrocknern) entgegenstehen.

- Die Alternative "Gemeinschaftswaschküche" oder "zu Fuß erreichbarer Wasch-salon" in verdichteten Wohnstrukturen spielt derzeit in der Bundesrepublik keine bedeutende Rolle. Bei Gemeinschaftswaschküchen ist seit Jahren sogar ein deut-licher Trend weg von Gemeinschaftswaschküchen festzustellen.

- Mögliche Verbesserungen wären: Warmwasseraufbereitung, Maschinen mit automatischer Dosierung (hier würde der Preis weniger als bei Einzelhaushalten eine Rolle spielen) und Waschmaschinen mit kleinerer Wäschetrommel bzw. geringerem Beladegewicht (da Ein-Personen- und Zwei-Personen-Haushalte in der Regel die gängigen großen Trommeln nicht ausnützen).

In der Projektwerkstatt wurde daraufhin einstimmig festgelegt, daß die möglichen Alternativen "Waschsalon" und "Gemeinschaftswaschküche" im Rahmen der "Produktlinienanalyse Waschmittel" nicht weiter verfolgt werden sollen.

Die Diskussion um die Ziele der Untersuchung zeigt exemplarisch, wie unterschiedlich die Interessen der einzelnen Projektteilnemer sein können. So bestand Einigkeit hinsichtlich des übergeordneten Planungszieles, sowohl allgemeine Umweltschutzaspekte als auch Gefährdungspotential im Arbeitsbereich für verschiedene Waschmittelsysteme im Rahmen der Produktlinienanalyse zu untersuchen. Hierzu zählte auch die Erfassung krebserzeugender Substanzen und störfallrelevanter Anlagen und Stoffe entlang der Produktlinie. Die Fortentwicklung der Methodik der PLA bzw. der Ökobilanz war ebenfalls gemeinsames Planungsziel. Gemeinsam getragen wurden auch 5 Unterziele:

1. Bestandsaufnahme über die gesamte Produktlinie;
2. Vergleich der Waschmittelkonzeptionen (nicht der Einzelprodukte);
3. Charakterisierung wesentlicher Einflußgrößen zur Produktentwicklung und zur Optimierung der Produktlinie;
4. Verdeutlichung der Grenzen und Rahmenbedingungen der Aussagen;
5. Gewährleistung des Gebrauchsnutzens.

Ergänzende Ziele wurden von Umwelt- und Verbraucherverbänden genannt:

1. Erfassung sozialer Auswirkungen in der 3. Welt;
2. Erarbeitung von Grundlagen für die Vergabe von Umweltzeichen;
3. Unterscheidung von Einzelprodukten.

Diese Ziele sind von den industriellen Teilnehmern nicht mitgetragen worden.

5. Ergebnisse: Bericht über den derzeitigen Stand des Projektes

Auf der dritten Projektwerkstatt des Waschmittelprojektes (5./6. November 1994, Freiburg) wurden die wesentlichen Arbeitsergebnisse der Hauptphase des Waschmit-telprojektes zur Diskussion gestellt. Der Projektabschluß ist für das Frühjahr 1995 geplant. Der aktuelle Stand der Arbeiten zeigt auch, wo sich im Projektverlauf Schwierigkeiten ergeben haben:

1. Die "Systemanalyse Waschmittel" ist abgeschlossen: die wesentlichen bewertungsrelevanten Einflußfaktoren für die ökologische Bilanz des Waschens konnten aufgezeigt werden: Waschmittel-System, Verbrauchsprofil der Waschmaschine, Waschverhalten.

2. Eine Methodik wurde ausgearbeitet, um für die Inhaltsstoffe der Waschmittel die Einträge in die Umwelt zu bilanzieren. Für einzelne Inhaltsstoffe (z.B. Tenside) sind ausreichende Daten erfaßt worden. Für andere Inhaltsstoffe (z.B. Enzyme, Duftstoffe, Gerüststoffe) sind bestehende Datenlücken beschrieben worden. Geschätzte Daten sind eingearbeitet worden. Die Einarbeitung nachträglich vorliegender Daten in die Studie ist genau beschrieben worden.

3. Zwischen den verschiedenen Waschmittel-Varianten (Vollwaschmittel, Waschmittel im Baukastensystem, Kompaktwaschmittel, Color-Waschmittel sowie Bunt- bzw. Weißwäsche) ist eine Vergleichs-Methodik entwickelt worden.

4. Für die Produktbewertung wurden ergänzende Kriterien zum deutschen und zum europäischen Umweltzeichen erarbeitet.

5. Soziale Aspekte sollten bei der Bewertung von Waschmitteln in Zukunft eine wesentlich wichtigere Rolle spielen als bisher. Die Aktivitäten des Fair-Trade-Prozesses zum sozial- und umweltverträglichen Handel mit Waschmittel-Rohstoffen werden in der Studie dokumentiert und weiterbegleitet.

6. Das Vorliegen gesellschaftlich akzeptierter, langfristig angelegter Zielvorstellungen für wichtige Umweltproblemfelder ist als eine wesentliche Voraussetzung für die Produktbewertung und auch für die betriebsinterne Produktoptimierung erkannt worden.

6. Auswirkungen auf die betriebliche Arbeits- und Umweltpolitik

Waschmittel sind verbrauchernahe Endprodukte. Ökologisches Problembewußtsein der Verbraucher kann sich hier direkt auf die Kaufentscheidungen auswirken. Ökologische und soziale Kriterien bestimmen bei diesen Produktgruppen die Absatzmöglichkeiten sehr viel stärker als bei Rohstoffen oder Zwischenprodukten.

Beurteilungen einzelner Waschmittel bzw. Waschmittelinhaltsstoffe hinsichtlich ihrer ökologischen Verträglichkeit haben in der Vergangenheit zu erheblichen Veränderungen in den Rahmenrezepturen geführt. Dies ist auch heute noch der Fall. Erkenntnisse der Waschmittelstudie werden deshalb ihre Umsetzung in der Produktentwicklung finden.

Im Zeitraum der bisher durchgeführten Projektwerkstätten ergaben sich konkrete Auswirkungen in zwei Richtungen:

Die exemplarische Behandlung von Palmöl und Kokosöl hat gezeigt, daß Rohstoffe für Waschmittel derzeit oft unter sozial und ökologisch nicht-verträglichen Bedingungen produziert werden. Von verschiedenen gesellschaftlichen Gruppen werden derzeit Kriterien für einen fairen Rohstoffhandel ausgearbeitet. Hier sind auch Produzenten mitbeteiligt. Diese Entwicklungen konnten von den Projektwerkstätten begleitet werden. Diese Rückwirkung ist auch deshalb sehr erfreulich, da bisher in Ökobilanzen und Produktlinienanalysen ökonomische und soziale Aspekte nur mangelhaft oder gar nicht berücksichtigt wurden.

- Der Bewertung von Waschmitteln wird im Rahmen dieses Projektes ein Katalog von Umweltzielen zugrundegelegt. Konkrete, quantitative Zielvorgaben für den Arbeits- und Umweltschutz werden zur Zeit von verschiedenen Betrieben diskutiert. Sie ermöglichen eine langfristige Planung und Erfolgskontrolle von Optimierungsmaßnahmen.

7. Thesen für die sozial-ökologische Forschung

Aus dem bisherigen Verlauf des Waschmittelprojektes lassen sich am Beispiel der Produktlinienanalyse folgende Thesen für die sozial-ökologische Forschung ableiten:

- *Produktlinienanalysen stellen sozial-ökologische Forschungsansätze dar.* Die Produktlinienanalyse geht von ihrem Ansatz her über eine Erfassung lediglich der ökologischen Auswirkungen (Rohstoffverbrauch, Emissionen in die Umweltmedien etc.) hinaus, die in (Produkt-)Ökobilanzen durchgeführt wird. Entscheidungsrelevante ökonomische und soziale Aspekte sollen in die Produktlinienanalyse ausdrücklich miteinbezogen werden. Beispiele für ökonomische Aspekte sind hierbei betriebliche Kosten, Verbraucherpreise und externe Kosten. Beispiele für soziale Aspekte sind Arbeitsbedingungen, geschlechtsspezifische Auswirkungen und Zeitaufwand.

- Voraussetzung für eine Akzeptanz der erarbeiteten Ergebnisse bei den betroffenen Akteuren ist eine Öffentlichkeitsbeteiligung vom Beginn der Studie an.

- Die Auswahl der betrachteten Alternativen und die Bestimmung der Systemgrenzen der Untersuchung sind ein Abstimmungsprozeß, der ebenfalls eine öffentliche Beteiligung erforderlich macht.

- Das Planungsziel einer Produktlinienanalyse ist nicht wissenschaftlich vorgegeben. Bei vorgegebenem Untersuchungsgegenstand (z.B. Waschmittelsysteme) haben unterschiedliche Akteure unterschiedliche Zielvorstellungen (Systemvergleich, Einzelproduktvergleich, Kriterienentwicklung für Umweltzeichen, Produktentwicklungsoptimierung, Gefährdungspotentiale im Arbeitsbereich, Erfassung der sozialen Auswirkungen in der Dritten Welt).

- Die Öffentlichkeit von Projektwerkstätten fördert die Bereitwilligkeit der Gruppen zur Mitarbeit, Parallelstudien können integriert und Teilaufgaben abgegeben werden.

- Jede Bewertung der im Rahmen einer Produktlinienanalyse erhobenen Daten ist vom Werte- und Bezugssystem der Bearbeiter abhängig. In diesem Schritt der Produktlinienanalyse ist eine Transparenz der Bewertungskriterien von hoher Bedeutung, um zumindest eine Nachvollziehbarkeit zu erreichen. Projektwerkstätten ermöglichen eine Diskussion von Bewertungsansätzen. Sie gewährleisten den einzelnen beteiligten Gruppen eine Berücksichtigung ihrer spezifischen Interessen zumindest durch Darstellung des Bewertungsspektrums. Sie ist hier Voraussetzung zur Akzeptanz der vorgestellten Ergebnisse.

Literatur

Pfeifer, R.; Grießhammer, R. (1993): 2. Freiburger Kongreß "Produktlinienanalyse und Ökobilanzen", Tagungsband. Werkstattreihe Nr. 83, Öko-Institut e.V., Freiburg

Gensch, C.-O. (1992): Stellungnahme zur Anhörung der Chemie Enquete-Kommission des Deutschen Bundestages zum Themenbereich "Ökobilanz/Produktlinienanalyse". Werkstattreihe Nr. 81, Öko-Institut e.V., Freiburg

Jobst Conrad[1]

Erfolgreiches Umweltmanagement im Vergleich: generalisierbare empirische Befunde?

Inhalt

1. Fragestellung

Umweltmanagement, verstanden als umweltorientierte Unternehmensführung unter Einschluß spezifischer substantieller Umweltschutzmaßnahmen (Conrad 1995a, Hopfenbeck 1990, Meffert/Kirchgeorg 1993, Pfriem 1988, Schreiner 1988, Steger 1992, 1993, Steinle et al. 1994, Wicke et al. 1992, Winter 1993), hat im letzten Jahrzehnt deutlich an Boden gewonnen. Zumindest verbal bekunden inzwischen die Mehrzahl befragter Unternehmen, daß Umweltschutz nunmehr einen wichtigen Stellenwert in der Geschäftspolitik einnehme (vgl. Coenenberg et al. 1994, Kirchgeorg 1990, Ostmeier 1990, Schmidheiny 1992, UBA 1991, Wieselhuber/Stadlbauer 1992). Dabei läßt sich diese Entwicklung in unterschiedlichen Formen und Ausmaß in den meisten fortgeschrittenen Industrieländern beobachten (Fischer/Schot 1993).

Diese Feststellung sagt jedoch weder etwas darüber aus, inwieweit solche programmatisch-semantischen und auch formell-organisatorischen Verankerungen des Umweltschutzes in Unternehmen bereits zu substantiellen Umweltschutzmaßnahmen geführt haben, noch darüber, welche Unternehmensstrategien, Organisationsmuster und Umsetzungsformen von Umweltmanagement von substantiellen Erfolgen gekrönt sind, die über die bloße Einhaltung rechtlicher Vorschriften hinausreichen.

---

[1] Dr. Jobst Conrad, Projektleiter an der Forschungsstelle für Umweltpolitik an der Freien Universität Berlin

In dem 1992-94 durchgeführten, von der EU-Kommission geförderten Forschungsvorhaben "Successful environmental management in European companies" untersuchten mehrere Forschergruppen an der Forschungsstelle für Umweltpolitik der FU Berlin, dem Lehrstuhl für Industrie- und Umweltsoziologie der Universität Halle, dem Department of Environment, Technology and Social Sciences der dänischen Roskilde Universität, und dem Centre for Clean Technology and Environmental Policy der niederländischen Universität Twente (Conrad 1994,1995b, Holm et al. 1994, Huber et al. 1994, Kirschten 1995, Schrama 1994a, 1994b, Taneja 1994, Will 1994) insgesamt neun Fälle erfolgreichen Umweltmanagements unter der Fragestellung, welche Determinanten dafür verantwortlich waren, daß es in den mit entsprechenden Vorgaben ausgewählten Unternehmen in verschiedenen westeuropäischen Ländern zu über das branchenübliche Maß hinausgehende Initiativen und Maßnahmen im Bereich des Umwelt- und Ressourcenschutzes kam. Vergleicht man diese vergleichsweise detaillierten Fallstudien untereinander sowie mit entsprechenden Befunden in der Literatur (vgl. Dyllick 1991, Dyllick et al. 1994, Farago/Bucher 1992, Fischer/Schot 1993, Longolius 1993, Meffert/Kirchgeorg 1993, Prisma Industrie Kommunikation 1992, 1993, Rappaport/Flaherty 1992, Wild/Held 1993), so sollten sich zumindest Hinweise dafür ausmachen lassen, ob und auf welcher Ebene (in sozialwissenschaftlicher Hinsicht) generalisierbare empirische Bedingungen für erfolgreiches Umweltmanagement existieren.

Diese Fragestellung wird im vorliegenden Beitrag sowohl auf empirischer als auch auf theoretisch-methodologischer Ebene zu beantworten versucht. Zum einen werden die wesentlichen diesbezüglichen Ergebnisse der als solche zumindest benannten Fallstudien zusammenfassend skizziert. Zum andern frage ich nach den systematischen (methodologischen) Gründen für die in ihren Inhalten keineswegs überraschenden Ergebnisse.

2. Ergebnisse der Fallstudien

Bei den neun Fallstudien handelt es sich im einzelnen um folgende, ganz unterschiedliche Beispiele und Ebenen des Umweltmanagemens betreffende Untersuchungen:

1. ökologische und ökonomische Reduzierung des Wasser-, Energie- und Chemikalieneinsatzes bei der Reinigung von Mehrwegflaschen in der Fruchtgetränke herstellenden mittelständischen deutschen Firma Amecke Fruchtsaft

2. Recycling von Farbschlämmen sowie Reduzierung und Substitution von Schadstoffen im Farben herstellenden mittelständischen Berliner Unternehmen Diessner Lacke und Farben

3. Entwicklung und Einsatz wasserlöslicher, wenig organisch lösliche Farben für Stahlschutzschichten im Beschichtungen aufbringenden mittelständischen dänischen Unternehmen ABC Coating

4. vielfältige Reduzierung von Umweltbelastungen in dem Glaswolle herstellenden mittelständischen dänischen Unternehmen Glasuld, einer Tochterfirma des französischen Saint Gobain Konzerns

5. ökologische Umorientierung der Unternehmensaktivitäten des inzwischen mit Karstadt fusionierten Warenhauskonzerns Hertie mit entsprechendem Veränderung des Sortiments

6. Einführung und Erstellung konzernweiter vollständiger Ökobilanzen im Textilunternehmen Kunert

7. Anstrengungen zugunsten eines umweltverträglichen Designs im Entwicklungs- und Design-Department des niederländischen, von Volvo, Mitsubishi und der National Investment Bank als Vertreter des holländischen Staates gehaltenen Automobil-Unternehmens NedCar

8. Entwicklung und Umsetzung eines relativ umfassenden Umweltmanagementsystems im wesentlich in den Niederlanden lokalisierten europäischen Tochterunternehmen General Electric Plastics Europe des amerikanischen Konzerns General Electric

9. Maßnahmen des Umweltschutzes und Charakteristika des umfassenden Umweltmanagementsystems des Schweizer Chemiekonzerns Ciba.

Zentrale Forschungsfragen des vergleichenden, 1992 bis 1994 durchgeführten Vorhabens sind:

1. Was sind tatsächliche substantielle Fälle erfolgreichen innovativen Umweltmanagements?

2. Was sind die Einflußfaktoren und Determinanten solcher innovativer Erfolgsfälle?

3. Wie kann staatliche Umweltpolitik die positiv wirkenden Einflußfaktoren fördern?

4. Was unterscheidet die untersuchten Erfolgsfälle innovativen Umweltmanagements von anderen (gewöhnlichen) Fällen erfolgreichen Umweltmanagements?

Im Hinblick auf die Fragestellung dieses Beitrags lassen sich die wesentlichen Ergebnisse des Forschungsvorhabens (vgl. Conrad 1994b, 1995b) vorläufig wie folgt zusammenfassen:

1. Erfolgreiches (innovatives) Umweltmanagement hängt im allgemeinen vom positiven Zusammenspiel unternehmensinterner und -externer Determinanten ab, die zur technischen, organisatorischen, sozioökonomischen und kulturellen Verankerung von Umweltmanagementanstrengungen führen und dadurch eine genuine Wechselwirkungsdynamik zugunsten substantiellen Umweltschutzes erzeugen.

2. Die spezifische Konfiguration substantieller Einflußfaktoren, die individuelle Erfolgsfälle erklärt, ist weitgehend fallspezifisch und erlaubt kaum diesbezügliche Verallgemeinerungen.

3. Im Hinblick auf die durchgeführten Fallstudien fallen die Vorrangigkeit wirtschaftlich profitablen Umweltmanagements, die relativ begrenzte Anzahl jeweils beteiligter Akteure (10 - 20 Individuen bzw. 1 - 5 Organisationseinheiten), die Wichtigkeit bestimmter ökologisch motivierter und engagierter Schlüsselpersonen und die meist geringe Bedeutung einer über das Setzen allgemeiner Rahmendaten hinausgehenden Umweltpolitik auf.

4. Des weiteren stellen Anfangserfolge, verfügbare Ressourcen, ein gutes Betriebsklima, strategisches Handeln und Kooperieren der (unternehmensinternen und -externen) Akteure und (machtmäßig) vergleichsweise begrenzte Gegenkräfte typische (notwendige) Bedingungen erfolgreichen Umweltmanagements dar.

5. Umweltpolitik vermag eher bei der anschließenden Diffusion von Mustern innovativen Umweltmanagements als bei deren erstmaliger Entwicklung eine Rolle zu spielen.

6. Erfolgreiches (innovatives) Umweltmanagement verlangt eine systemisch-evolutionäre vernetzte Perspektive, die sich nicht auf unilineare Kausalmodelle und Zusammenhänge beschränkt.

7. Von anderen Untersuchungen von Umweltmanagement (Dyllick 1991, Dyllick et al. 1994, Fischer/Schot 1993, Hildebrandt et al. 1994, Hopfenbeck/Jasch 1993, Longolius 1993, Meffert/Kirchgeorg 1993, Morrison 1991, Prisma Industrie Kommunikation 1992, 1993, Rappaport/Flaherty 1992, UBA 1991, Wild/Held 1993) unterscheiden sich die durchgeführten Fallstudien zwar aufgrund ihres Auswahlkriteriums (keine substantiellen Mißerfolge betrieblichen Umweltschutzes sowie kein aktiver oder passiver Widerstand gegen vermehrten Umweltschutz seitens der untersuchten Unternehmen). Sie weisen jedoch keine markanten Strukturmerkmale auf, die nicht auch aus anderen Arbeiten bekannt sind.

3. Theoretisch-methodologischer Gründe begrenzter Generalisierbarkeit

Insgesamt ergaben die Fallstudien keine unerwarteten Muster erfolgreichen innovativen Umweltmanagements, soweit sie aus Untersuchungen und Konzeptionen im Rahmen von Innovations-, Organisations-, politisch-ökonomischen Theorien und von Konzeptualisierungen des Umweltmanagements geläufig sind. Wenn sich die Frage nach typischen Mustern erfolgreichen Umweltmanagements einerseits zugespitzt mit "Im Westen nichts Neues" beantworten läßt, andererseits gleichartige Unternehmen häufig recht unterschiedlich im Hinblick auf Umweltschutz agieren, sich kaum stringente Zusammenhänge zwischen diesbezüglichen Indikatorvariablen ausmachen lassen und es offensichtlich keinen *one best way* erfolgreichen Umweltmanagement gibt, dann ist es von theoretischem und methodologischem Interesse, genauer nach möglichen systematischen Gründen für diese empirischen Befunde zu suchen. Diese sehe ich nun im gleichsinnigen Zusammenspiel folgender Erklärungsdimensionen:

1. Wenn man die Ergebnisse sozialer Prozesse zunehmend komplexer und differenzierter und nicht mehr nur durch ein oder zwei Einflußfaktoren zu erklären versucht, dann geht man zwar meist immer noch von diversen wahrscheinlichen sozialen Regel- und Gesetzmäßigkeiten aus. Deren jeweilige Relevanz und Gewichtung kann im konkreten Einzelfall jedoch stark variieren, so daß eine Generalisierbarkeit von Einzelbefunden schon infolge hoher Erklärungskomplexität allenfalls noch auf einer relativ hohen Abstraktionsebene erwartet werden kann. So können beispielsweise sowohl öffentliche Skandale als auch eine innovative umweltorientierte Geschäftsfüh-

rung zu erfolgreichem Umweltmanagement führen, aber es müssen im konkreten Fall nicht beide Bedingungen erfüllt sein.

Begrenzt verallgemeinerbar erscheint allenfalls die Aussage, daß die Anstrengungen eines Unternehmens um verbesserten und/oder systematischen Umweltschutz zumeist durch (in einem weiten Sinn) negativ perzipierte Ereignisse ausgelöst werden. Diese können sowohl auf direkten umweltbezogenen Anlässen, z.B. absehbare Grenzwertüberschreitungen, wachsendes nachfragerelevantes Umweltbewußtsein der Kunden oder politischer und öffentlicher Druck aufgrund als unzulässig eingestufter Umweltbelastungen, als auch auf eher indirekt umweltbedeutsamem Handlungsdruck, z.B. die erforderliche Nutzung ökonomisch bedeutsamer Kosteneinsparpotentiale oder unternehmensstrategische Standortentscheidungen, beruhen, und ihnen können sowohl firmeninterne als auch firmenexterne Ursachen zugrunde liegen. Demgegenüber ist kaum mit genuin positiven Ausgangspunkten verstärkten Umweltmanagements im Sinne eines etwa rein humanistisch fundierten Umweltengagements ohne jeden (wirtschaftlichen) Handlungsdruck zu rechnen.

2. Verortet man gesellschaftliche Prozesse nach verschiedenen Dimensionen und Bereichen einer um eine physische und eine psychische Dimension erweiterten Soziosphäre (vgl. Abbildung 1), so ist es keine Überraschung, daß erfolgreiches Umweltmanagement etwa folgende Voraussetzungen hat: es muß ökologisch vorteilhafte Effekte zeitigen, zu seiner Umsetzung müssen adäquate technische Mittel und manpower verfügbar sein, es muß wirtschaftlich tragbar oder noch besser auch rentabel sein, es muß auf entsprechenden Programm- und Implementationsentscheidungen und -regulativen beruhen, es muß sowohl kognitiv-informationell repräsentiert als auch soziokulturell - im Zeitgeist - verankert sein, es bedarf entsprechender Dispositionen und Engagements der beteiligten Akteure, und ihm dürfen sowohl die Regulative soziofunktionaler Teilsysteme und institutionalisierter Strukturen als auch die die Wahrnehmungs- und Verhaltensmuster prägenden Lebenswelten individueller Akteure und primärer Sozialsysteme nicht entgegenstehen. Erklärungsbedürftig erscheint dann nurmehr, falls es zu erfolgreichem Umweltmanagement kommt, obwohl eine oder gar mehrere dieser Voraussetzungen nicht gegeben sind. Generalisierbar erscheint hingegen, daß bei Vorliegen günstiger Voraussetzungen in allen (14) Feldern der erweiterten Soziosphäre erfolgreiches Umweltmanagement mit hoher Wahrscheinlichkeit erwartet werden kann.

Dimensionen der Soziosphäre

	psychische	semiotisch-symbolische	normative	ordinative	allokative	operative	physisch-ökologische
System	zum Beispiel professionelles Management und Therapie der menschlichen Psyche, Werbung, Kampagnen	zum Beispiel Wissenschaft, Hoch- und Fachsprachen, professionelle Kunst	zum Beispiel Recht und Gesetz, Statuten, Verträge	zum Beispiel Politik/Staat, Management, Verwaltung	zum Beispiel Märkte, Geld- und Erwerbswirtschaft, Arbeitszeit	zum Beispiel industrielle Technologie, professionelle Arbeit	zum Beispiel Stoffbilanzen, Energieverbrauch sozialer Systeme, professioneller Naturschutz
Lebenswelt	zum Beispiel Gefühle und Affekte wie Angst, Aggression, Liebe, Leidenschaft, Identitäts-bildung	zum Beispiel Alltagskunst, Umgangs- und Muttersprache, Alltags- und Lebenserfahrungswissen	zum Beispiel Ethik/Moral, Werte und Prioritäten/ Präferenzen	zum Beispiel Statusgefüge, Familie, Freundschaft, Nachbarschaft	zum Beispiel Subsistenz- und Schenk- und Tauschwirtschaft, Freizeit	zum Beispiel Hausarbeit, Eigenarbeit, einfache Technik	zum Beispiel lokale Ökosysteme und ihre Erhaltung und Nutzung, Gartenpflege, Autofahren, Freude an Naturschönheiten

systemische Bereiche der Soziosphäre / primäre — Zivilisation

in gebildeter Alltagssprache:
Psyche —— Kultur —— Recht —— Politik —— Wirtschaft —— Technik —— Umwelt →

Kultur

Abbildung 1: Erweiterte Gliederung der Soziosphäre (Quelle: nach Huber 1989 : 207)

130

Empirisch kann in diesem Zusammenhang festgehalten werden, daß zwar seit den 90er Jahren auf der semiotisch-symbolischen Ebene vielfach entsprechend günstige Bedingungen für erfolgreiches Umweltmanagement in Unternehmen anzutreffen sind, dies jedoch für die übrigen Dimensionen noch keineswegs durchgängig zutrifft. Von daher ist es nicht verwunderlich, daß - so Freimann 1994 - bislang wesentlich mehr geredet als substantiell getan wurde. Umgekehrt ist es aufgrund der Auswahl der Erfolgsfälle naheliegend, daß gerade bei ihnen vielfach ein solch positives Zusammenspiel der verschiedenen Dimensionen der Soziosphäre vorliegt, auch wenn ihre Auswahl durchaus auch durch andere, nicht ökologiebezogene Gesichtspunkte bestimmt war.

3. Unterscheidet man daneben (oder stattdessen) analytisch folgende Klassen von Determinanten erfolgreichen Umweltmanagements (vgl. Abbildung 2 in bezug auf die Fallstudie Amecke Fruchtsaft), nämlich (ökologische) Problemstruktur, technisch-wirtschaftlicher Kontext, gesellschaftlicher Kontext, ökonomiestrukturelle Rahmenbedingungen, Persönlichkeitsstruktur maßgebender Akteure, psychologisches Umfeld, Situationsstruktur und historiographische Besonderheiten, so ist es wiederum plausibel, daß im Falle des positiven Zusammenspiels von Umweltmanagement förderlichen Determinanten dieses eine hohe Erfolgswahrscheinlichkeit besitzt, während im Falle entgegenwirkender und konterkarierender Einflußfaktoren der Erfolg unwahrscheinlicher und von situativen Zufällen abhängiger wird. Dabei ist zu beachten, daß spezifische Einflußfaktoren innerhalb bestimmter Determinantenklassen, etwa die situationsstrukturellen unternehmensinternen und -externen Bedingungen und Gegebenheiten keineswegs gleichgerichtet sein müssen. Wenn somit das positive Zusammenspiel der Mehrzahl und nicht eine spezifische Auswahl relevanter Einflußfaktoren für die erfolgreiches Umweltmanagement längerfristig gewährleistende technische, organisatorische, sozioökonomische, sozialpsychologische und -kulturelle Verankerung diesbezüglicher Orientierungs- und Verhaltensmuster verantwortlich ist, dann macht dies wiederum deutlich, warum generalisierbare empirische Befunde allenfalls auf einem entsprechen hohen Abstraktionsniveau erwartet werden können.

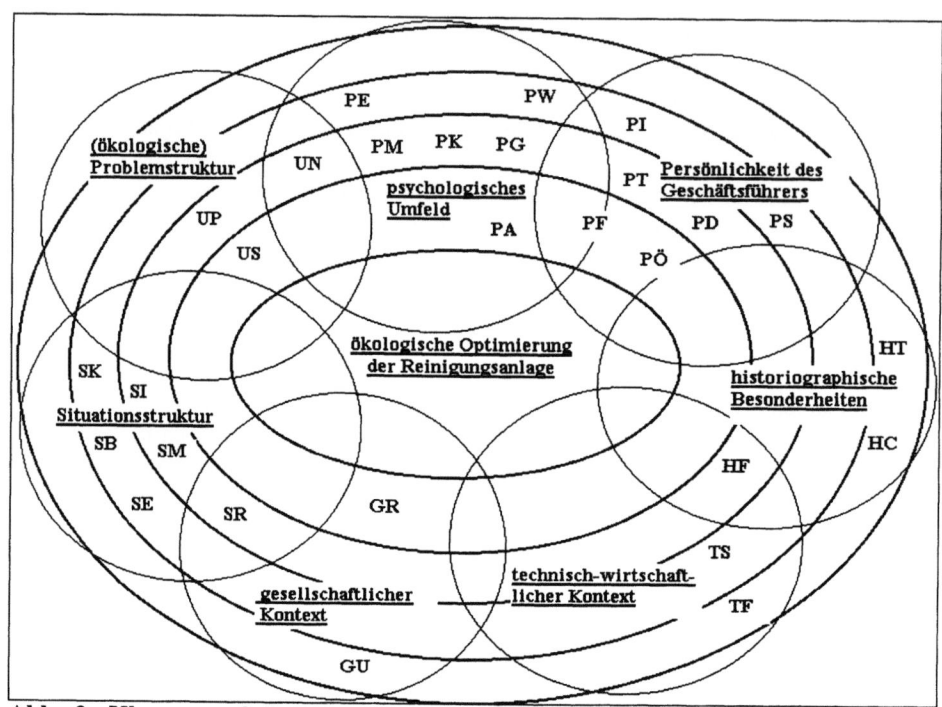

Abb. 2: Klassen und Bedeutsamkeit von Determinanten der Erfolgsgeschichte Amecke Fruchtsaft

(ökologische) Problemstruktur (U)	große Einsparpotentiale	US
	klar abgegrenztes Projekt	UP
	kaum negative Nebenwirkungen	UN
technisch-wirtschaftlicher Kontext (T)	Expansion des Fruchtsaftgeschäfts	TF
	systematische Projektdurchführung	TS
gesellschaftlicher Kontext (G)	wachsendes Umweltbewußtsein	GU
	kaum restringierende Einflußfaktoren	GR
psychologische Determinanten (P)		
- Geschäftsführer	Selbstverwirklichung qua ökologischem Engagement	PÖ
	Sachkompetenz	PS
	Führungsrolle und -qualitäten	PF
	Durchsetzungsfähigkeit	PD
	Arbeitseifer und -intensität	PI
	strategisches timing	PT
- Umfeld	Engagement der Mitarbeiter	PE
	Kooperationswilligkeit der Beteiligten	PK
	Wertschätzung des Geschäftsführers	PW
	wohlwollende Tante als Geschäftsführerin	PG
	Motivation durch Anfangserfolge	PA
	motivationale Eigendynamik	PM
Situationsstruktur (S)	kleines Unternehmen	SK
	günstige betriebliche Bedingungen	SB
	informelle Betriebsorganisation	SI
	nur eine Abteilung maßgeblich involviert	SE
	firmenintern verfügbare Finanzressourcen	SR
	zusätzliche Marktchancen für Herstellerfirma	SM
historiographische Besonderheiten (H)	Mehrwegfruchtsäfte als Firmenstrategie (1985)	HF
	fehlender technischer Betriebsleiter (1988)	HT
	Einstellung der Coca Cola Abfüllung (1990)	HC

4. Insofern umfassendes Umweltmanagement nicht nur mit trade-offs in bezug auf andere Unternehmensinteressen verbunden ist, sondern auch notwendig trade-offs zwischen verschiedenen Umweltanliegen berücksichtigen muß (z.B. die Verwendung von Kunststoff statt Stahl im Automobilbau bei NedCar), die sich in den seltensten Fällen eineindeutig gegeneinander aufrechnen, sondern nur normativ abwägen lassen, wie aus Umweltverträglichkeitsprüfungen nur allzu bekannt, lassen sich auf sachlich-konkreter Ebene keine generellen normativen Aussagen über vorzuziehende Umweltmanagementstrategien und -maßnahmen machen. Vielmehr kommt es für den Erfolg gerade hier oft auf die situative Nutzung sich bietender Optionen an, wobei diese unabhängig von ihrem Chancencharakter (window of opportunity) keineswegs die 'objektiv' ökologisch vorteilhaftesten zu sein brauchen.

5. Die Zeitdimension spielt bei der Frage nach generalisierbaren empirischen Befunden erfolgreichen Umweltmanagements in doppelter Hinsicht eine wichtige Rolle. Zum einen findet in der Mehrzahl der untersuchten Fälle ein weitergehendes, nicht nur ein spezifisches Umweltproblem betreffendes Umweltmanagement erst etwa seit Beginn der 90er Jahre statt. Damit handelt es sich aber nur noch in einem eingeschränkten Sinn um Umweltpioniere, weil ökologieorientierte Unternehmensführung mittlerweile kein Neuland, sondern zumindest auf der Ebene von Unternehmenskultur inzwischen bereits mehr oder weniger *state of the art* darstellt. Erfolgreiches Umweltmanagement findet seit 1990 cum grano salis in einem umweltbewußteren und -freundlicheren Klima und unter günstigeren ökonomischen Wettbewerbsvorzeichen statt als 1980 oder gar 1970.

Zum anderen verändern sich sowohl Voraussetzungen als auch Motiv- und Interessenlagen erfolgreichen Umweltmanagements im Prozeß seiner Etablierung. Erfolgreiches Anstoßen und Anfangserfolge verlangen andere Managementqualitäten als bereits etabliertes, routinemäßiges Umweltmanagement im Unternehmensalltag. Und die ersten Umweltschutzmaßnahmen haben vielfach sowohl stärkere wirtschaftliche Einspar- als auch Umweltschutzeffekte als nachfolgende Maßnahmen. Von daher können solche relativ leicht zu erzielenden Anfangserfolge zur Ausbildung einer motivationalen Eigendynamik zugunsten weiterer Umweltmanagement-Maßnahmen beitragen.

Schließlich verlangt eine sich zumeist später herausbildende weiterreichende, auf Umweltqualität und -rationalität abzielende Produktpolitik ein umfassenderes Umweltmanagement als ein solches effizienter Ressourcennutzung und betrieblichen Umweltschutzes. Entsprechend finden sich in Abhängigkeit vom (zeitlichen) Entwicklungsstand unterschiedliche Formen betrieblichen Umweltmanagements. Hier stellt Ciba einen Wegbereiter dar.

Diese sich sowohl historisch verändernden Kontextbedingungen als auch die in der zeitlichen Entwicklung differierenden Anforderungen an ein sich inhaltlich erweiterndes Umweltmanagement implizieren, daß auch die empirisch festmachbaren Bedingungen erfolgreichen Umweltmanagements über die Zeit variieren und damit auf konkreter Ebene kaum verallgemeinerbar sind. Als empirisches Untersuchungsfeld stellt Umweltmanagement somit in starkem Maß ein *moving target* dar, dessen Bedingungszusammenhänge sich von daher dauernd wandeln.

6. Wenn man darüber hinaus den sich abzeichnenden Prozeß ökologischer Modernisierung als auch mit soziostrukturellen und -kulturellen Strukturbrüchen zusammenhängend begreift, die gesellschafts- und wirtschaftsdynamisch zwangsläufig mit verstärkten Krisen- und Innovationsphänomenen, sozialen Konflikten und einer entsprechenden Erneuerung des Kapitalstocks einhergehen, dann ist aus der (formalen) Theorie dynamischer Systeme bekannt, daß der Verlauf solcher (sozialen) Transformationsprozesse nicht prognostizierbar und darum nicht durch gezielte Organisationsentwicklung und Unternehmensstrategien steuerbar ist. Demgemäß sind auch von daher generalisierbare Befunde erfolgreichen Umweltmanagements kaum zu erwarten.

7. Gerade im Falle erfolgreichen (innovativen) Umweltmanagements spielen (individuelle) Akteure und damit deren Motiv- und Interessenlagen eine entscheidende Rolle. Von daher ist die Verknüpfbarkeit ökologischer Anliegen mit parallellaufenden Interessen und Motiven häufig von essentieller Bedeutung. Diese können sich jedoch im konkreten Einzelfall substantiell markant unterscheiden, so daß nur die Aussage über die Wichtigkeit von Interessen- und Motivkoppelungen generalisierbar erscheint.

So spielten in den Fallstudien von ABC Coating und Glasuld die Verknüpfung von Umwelt- und Gesundheitsschutzanliegen eine wichtige Rolle. Und so realisierte der Geschäftsführer von Amecke Fruchtsaft die Einsparmaßnahmen in Verbindung mit einer Mehrweg-Firmenstrategie, mit wirtschaftlichen Einsparungsgewinnen und mit persönlicher Profilierung durch Umweltschutz.

8. Insofern Wirtschaftsunternehmen als primär ökonomische Akteure letztlich nur bei dauerhafter Verfügung über wirtschaftliche Ressourcen überlebensfähig sind, stellen - neben der Nutzung situativer Chancen und der vor allem seitens der Politik gesetzten (ordnungspolitischen) Rahmenbedingungen - die verschiedenen Wettbewerbskräfte nach Porter (1986, 1990) entscheidende Bestimmungsfaktoren der Behauptung eines Unternehmens im Markt dar, nämlich die Rivalität unter den Unternehmen einer Branche, die Verhandlungsstärke seiner Lieferanten und diejenige seiner Abnehmer, die Bedrohung durch neue Konkurrenten und die Bedrohung durch Substitute. Diese Wettbewerbskräfte sind (analog dem generalisierten Profitmotiv) theoretisch-methodologisch als zentrale ökonomische Randbedingungen unternehmerischen Verhaltens zu konzeptualisieren, die als solche noch nicht den Aufbau von oder den Verzicht auf systematisches Umweltmanagements eines Unternehmens zu erklären vermögen.

Aufgrund dieser Randbedingungen ist es jedoch nicht verwunderlich, wenn im Marktchancen-Umweltrisiko-Portfolio (Steger 1993) umweltschutzorientierte Innovationsstrategien, die nicht nur die durch Umweltschutz realisierbaren Marktchancen zu nutzen versuchen (z.B. Vorteile der Erfahrungskurve, entscheidender Einfluß auf Standards, Produktdifferenzierung und Eintrittsbarrieren, erhöhte Produktattraktivität und Unternehmensreputation, Vermeidung von Umweltkosten), sondern auch die erheblichen Risiken zu tragen haben (z.B. F&E-Pionierkosten, ungewisse Nachfrage, Qualitätsprobleme, wenig beeinflußbare Zeitverzögerungen etwa infolge neuartiger Genehmigungsverfahren), zumindest in der Vergangenheit eher die Ausnahme als die Regel darstellten.

Analog war zu erwarten, daß bei den von Winter (1993) unterschiedenen vier Stufen von Umweltmanagementaktivitäten, nämlich die Einhaltung gesetzlich vorgeschriebener Umweltschutzmaßnahmen, die Durchführung von Umweltschutzmaßnahmen, die dem Unternehmen (wirtschaftlich) nützen, oder die sich für das Unternehmen kostenneutral auswirken, oder die das Unternehmen (ökonomisch) belasten, in der Realität solche der ersten und zweiten Stufe dominieren.

Entsprechend finden sich auch bei den im Forschungsprojekt untersuchten Erfolgsfällen zwar - qua Fallauswahl präjudiziert - innovativ orientierte Umweltmanagementstrategien, die jedoch überwiegend ökonomisch rentabel oder zumindest kostenneutral und nur in Ausnahmefällen kostenbelastend waren/sind.

Wie entsprechende Beispiele fehlender Nachfrage in den Fallstudien von Hertie, Kunert und Ciba deutlich machen, müssen eben auch Umweltmangementstrategien sämtliche der benannten fünf Wettbewerbskräfte berücksichtigen.

Zusammengefaßt machen die Fragwürdigkeit einfacher (unilinearer) Erklärungsmodelle, die Zentralität des Zusammenspiels verschiedener Einflußfaktoren und der Wechselwirkung der verschiedenen Bereiche der Soziosphäre, vage bleibende trade-offs zwischen unterschiedlichen Unternehmenszielen, die zeitliche Veränderung der Kontextbedingungen und Reichweite von Umweltmanagement, die ungewissen Verlaufsformen von durch sozioökonomische Strukturbrüche induzierten Anpassungsprozesse, fluktuierende Interessen- und Motivkoppelungen und die restringierenden, jedoch bezogen auf (innovative) Umweltschutzstrategien wenig handlungsleitenden Wettbewerbskräfte plausibel, daß die empirischen Ergebnisse von Untersuchungen (erfolgreichen) Umweltmanagements, außer auf einer hohen Abstraktionsebene, einerseits, und in Form von Alltagswissen widerspiegelnden Checklisten (vgl. Winter 1993), andererseits, auf substantieller Ebene nur wenig generalisierbare Befunde erbringen.

4. Schluß

Nach dieser eher methodologisch-analytisch orientierten Diskussion der Generalisierbarkeit empirischer Fallstudienbefunde verweise ich hinsichtlich der genaueren Darstellung und (qualitativen) Auswertung von spezifizierten Einflußfaktoren auf betriebliches Umweltmanagement auf die diesbezüglichen Arbeiten des Forschungsvorhabens und Literatur und führe zusammenfassend mit Huber et al. (1994) nur folgende zentrale Gründe allgemeiner Natur für ein Umschwenken hin zu einer ökologischen Unternehmensführung auf:

1. Reaktion auf Kostendruck zur Erhaltung der Wettbewerbsfähigkeit,

2. politische Loyalität gegenüber dem Rechtsstaat und

3. Bemühen um gesellschaftliche Integration, um Einbindung des Unternehmens in sein gesellschaftliches Umfeld (vgl. Dyllick 1989).

Demgemäß schließt dieser Beitrag dann auch mit dem abschließenden Resümee der Ciba-Fallstudie (Huber et al. 1994:138):

"Wenn sich die Industrie ... heute ökologischen Anliegen öffnet, so geschieht dies nicht unbedingt und nicht nur aufgrund einer rousseauistischen, romantischen und vitalistischen Liebe zur Natur. Vielmehr steht dahinter weiterhin materielles Interesse und utilitaristisches Kalkül wie gehabt, heute ergänzt um die Einsicht, daß eine ökologische Erweiterung des Produktionsmodells, und die damit verbundene Internalisierung zuvor externalisierter umweltökonomischer Faktoren, im aufgeklärten Eigeninteresse der Wirtschaftsakteure liegt."

Literatur

Coenenberg, A.G. et al, 1994: Unternehmenspolitik und Umweltschutz, Zeitschrift für betriebswirtschaftliche Forschung (ZfbF) 46: 81-100

Conrad, J, 1994a: Ökonomischer Wegweiser ins ökologische Mehrweg-Optimum. FFU-Report 94-4, Berlin

Conrad, J, 1994b: Comparative Evaluation of Successful Environmental Management in European Companies. Vortragsmanuskript für die Euroconference "Successful Environmental Management", Berlin

Conrad, J, 1995a: Development and Results of Research on Environmental Management in Germany, Business Strategy and the Environment 4, wird veröffentlicht

Conrad, J. (Hg), 1995b: Successful Environmental Management in European Companies, wird veröffentlicht

Dyllick, Th, 1989: Management von Umweltbeziehungen. Öffentliche Auseinandersetzungen als Herausforderung. Wiesbaden

Dyllick, Th. (Hg), 1991: Ökologische Lernprozesse in Unternehmungen. Bern

Dyllick, Th. et al. (Hg), 1994: Ökologischer Wandel in Schweizer Branchen. Bern

Farago, P, Bucher, P, 1992: Umweltorientierte Unternehmensführung. Erfahrungen und Perspektiven von Schweizer Unternehmen, Bericht 8 des Nationalen Forschungsprogramms 'Stadt und Verkehr'. Zürich

Fischer, K, Schot, J (Hg), 1993: Environmental Strategies for Industry. Washington D.C

Freimann, J, 1994: Vom Nutzen des nüchternen Hinsehens. Umweltmanagement in der Abwicklung?, in: E. Schmidt, S. Spelthahn (Hg), Umweltpolitik in der Defensive - Umweltschutz trotz ökonomischer Krise. Frankfurt

Hildebrandt, E. et al., 1994: Politisierung und Entgrenzung - am Beispiel ökologisch erweiterter Arbeitspolitik, in: N. Beckenbach, W. van Treeck (eds.), Umbrüche gesellschaftlicher Arbeit. Soziale Welt. Sonderband 9. Göttingen

Hopfenbeck, W, 1990: Umweltorientiertes Mangement und Marketing. Landsberg/Lech

Hopfenbeck, W, Jasch, C, 1993: Öko-Controlling. Landsberg/Lech

Holm, J. et al, 1994: Two Cases of Environmental Front Runners in Relation to Regulation, Market and Innovation Network. Report, Roskilde University

Huber, J. et al, 1994: Fallstudie Ciba AG. Report, University Halle

Kirchgeorg, M, 1990: Ökologieorientiertes Unternehmensverhalten. Typologien und Erklärungsansätze auf empirischer Grundlage. Wiesbaden

Kirschten, U, 1995: Ökobilanzierung und Aufbau eines Öko-Controlling bei dem Kunert-Konzern. FFU-Report 95-1, Berlin

Longolius, S, 1993: Eine Branche lernt Umweltschutz. Motive und Verhaltensmuster der deutschen chemischen Industrie. Berlin

Meffert, H, Kirchgeorg, M, 1993: Marktorientiertes Umweltmanagement. Stuttgart

Morrison, C, 1991: Managing Environmental Affairs. The Conference Board. Report 961

Ostmeier, H, 1990: Ökologieorientierte Produktinnovationen. Frankfurt

Pfriem, R, 1988: Ökologische Unternehmensführung. Schriftenreihe des IÖW 13. Berlin

Porter, M.E, 1986: Wettbewerbsvorteile. Spitzenleistungen erreichen und behaupten. Frankfurt

Porter, M.E, 1990: The Competitive Advantage of Nations. London

Prisma Industrie Kommunikation (Hg), 1992: Neue Wege im Umweltmanagement (1. SZ-Umweltsymposium). Dießen

Prisma Industrie Kommunikation (Hg), 1993: Aufbruch in die Kreislaufwirtschaft (2. SZ-Umweltsymposium). Dießen

Rappaport, A, Flaherty, M.F, 1992: Corporate Responses to Environmental Challenges. New York

Schmidheiny, S, 1992: Kurswechsel. München

Schrama, G, 1994a: The Internalization of Environmental Management at GE Plastics Europe. Report, University of Twente

Schrama, G, 1994b: The Environmental Factor in the Designing of Passenger Cars by NedCar. Report, University of Twente

Schreiner, O, 1988: Umweltmanagement in 22 Lektionen. Wiesbaden

Steger, U. (Hg), 1992: Handbuch des Umweltmanagements. München

Steger, U, 1993: Umweltmanagement. Wiesbaden

Steinle, C. et al, 1994: Ökologieorientierte Unternehmensführung - Ansätze, Integrationskonzept und Entwicklungsperspektiven, Zeitschrift für Umweltpolitik und Umweltrecht 17: 409-444

Taneja, M, 1994: Diessner Farben und Lacke GmbH und Co KG. FFU-Report 94-7, Berlin

UBA (Hg), 1991: Umweltorientierte Unternehmensführung, Bericht 11/91. Berlin

Wicke, L. et al, 1992: Betriebliche Umweltökonomie. München

Wieselhuber, N, Stadlbauer, W.J, 1992: Ökologie-Management als strategischer Erfolgsfaktor. Dr. Wieselhuber & Partner Unternehmensberatung, München

Wild, W, Held, M. (Hg), 1993: Umweltorientierte Unternehmenspolitik - Erfahrungen und Perspektiven. Tutzinger Materialie 72, Tutzing

Will, S, 1994: Hertie und BUND - eine Kooperation im Spannungsfeld zwischen Ökonomie und Ökologie. FFU-Report 94-6, Berlin

Winter, G, 1993: Das umweltbewußte Unternehmen. München

Eckart Hildebrandt[1]

Arbeitspolitische Aspekte unternehmerischer Ökologisierungspfade

Inhalt

Dieser Workshop hat die Zielsetzung, die Erfahrungen von im wesentlichen empirischen Forschungsprojekten zusammenzuführen, die sich in den letzten Jahren unter unterschiedlichen Fragestellungen und mit unterschiedlichen disziplinären Ausgangspunkten mit der Ökologisierung von Unternehmenspolitik beschäftigt haben. Es kann daher

---

[1] Dr. Eckart Hildebrandt, Mitarbeiter am Wissenschaftszentrum für Sozialforschung gGmbH Berlin, Schwerpunkt Technik-Arbeit-Umwelt

im folgenden nicht einfach darum gehen, noch einmal die Resultate unseres Forschungsprozesses darzustellen, sondern darum, auf der einen Seite zentrale Befunde hervorzuheben, die für eine weitere Analyse und Forschungsperspektive von Bedeutung sind, und auf der anderen Seite Fragestellungen und Probleme als Ergebnis des Forschungsprozesses zu benennen und mit den Resultaten anderer Forschungsprojekte ins Verhältnis zu setzen. Die folgende Darstellung ist deshalb in drei Teile unterteilt: In einem ersten Teil werden die Ausgangsfragestellungen und die konzeptionellen Bausteine des Projektes erläutert, aus denen sich die Spezifik des Ansatzes, der Forschungsfragen und -hypothesen und der methodischen Vorgehensweise ableiten. In einem zweiten Teil werden die wichtigsten Befunde des Projektes resümiert und im dritten Teil Forschungsprobleme und Fragestellungen erläutert, die zur Beantwortung der Ausgangsfragestellungen zentral sind, in ihrer Bedeutung über das Projekt hinausweisen und zu denen hoffentlich ergänzende oder sogar beantwortende Befunde aus anderen Projekten vorliegen.

1. Ausgangsfragestellungen und konzeptionelle Bausteine

Die *Ausgangsfragestellungen* des Projekts werden durch den Titel „Ökologisch erweiterte Arbeitspolitik" charakterisiert. Das Projektvorhaben ist in arbeitspolitischer Tradition entstanden, d. h. im Anschluß an Fragestellungen, in welcher Weise die Gestaltung von Arbeit durch externe Anstöße und interne Regulierungsprozesse verändert wird und welche Rolle dabei insbesondere dem System industrieller Beziehungen zukommt. Umweltpolitik ist dabei ein relativ neues Thema, das traditionell nicht zu den expliziten Handlungsfeldern der Akteure des Systems industrieller Beziehungen zählte und das erst recht kein Gegenstand im etablierten System industrieller Beziehungen war. Das Projekt greift die Entwicklungstendenz auf, daß unternehmensverursachte Umweltprobleme zunehmend die verfügbaren Ressourcen unternehmerischer Tätigkeit beeinträchtigen und daß sich das politische und soziale Umfeld der Unternehmen so verändert, daß es die Kalküle des Unternehmenshandelns verändert. Die Arbeitnehmer sind dabei einerseits als Produzenten umweltrelevanter Produkte und Produktionsprozesse, andererseits als Teil des innerbetrieblichen Regulierungsprozesses eingeschlossen.

Die Grundfragestellungen des Projekts lauten deshalb:

- Welche Bedeutung hat die Seite der Arbeit bei der Regulierung von unternehmensbedingten Umweltgefährdungen („Beteiligung")?

- Welche Bedeutung hat das Umweltthema für die Weiterentwicklung arbeitspolitischer Strategien („ökologische Erweiterung")?

Aufgrund dieser Fragestellungen wurde ein exploratives, empirisches Vorgehen gewählt, d. h. eine Varianz von Fallstudien erstellt, die unterschiedliche Ausgangssituationen und Verläufe abdecken.

Bei der Konzipierung des Projektes haben drei *Bausteine* eine wesentliche Rolle gespielt:

1. Die Konzipierung von „unternehmensbezogener Umweltpolitik" als ein *neues Politikfeld*, auf dem die unterschiedlichsten Institutionen und Gruppen bei der Entstehung und

Durchführung einer bestimmten Politik zusammenwirken. Ein neu entstehendes Politikfeld ist gekennzeichnet durch

- die Akteure und Institutionen und ihre formalisierten Beziehungen zueinander;

- die politischen Reaktionen der Akteure auf im wesentlichen öffentliche Maßnahmen und ihre Strategien im Umgang mit diesen Maßnahmen;

- wechselnde Koalitionen und Konfliktlinien zwischen den Akteuren (Umweltschutz als protektiv-regulative Politik, Policy-Netz);

- die Entwicklung des Politikfeldes im Rahmen eines Politikzyklus' (Problemdefinition, Agendagestaltung, Politikformulierung, Politikimplementation, Politikterminierung, Politikneuformulierung).

Diesen Konstituierungsprozeß des neuen Politikfeldes haben wir in einer Vielzahl von Einzelfallstudien untersucht, wobei die jeweilige Unternehmenspolitik in Abhängigkeit der Problemlage von der Thematisierung und als spezifischer „Ökologisierungspfad" beschrieben wird.

2. Das Konzept der *arbeitspolitischen Anknüpfungspunkte*. Arbeitspolitik und Umweltpolitik sind traditionell getrennte Politikfelder. Das Verhältnis zwischen problemgenerierenden Umweltthemen und sogenannten arbeitspolitischen Kernthemen ist unbestimmt und wird in den Fallstudien beschrieben. Arbeitspolitische Kernthemen sind Beschäftigung, Einkommen, Qualifikation, Belastung, Beteiligung. Die Verknüpfungen zwischen Arbeitspolitik und Umweltpolitik können einmal entlang der Unterscheidung zwischen direkter und indirekter Anknüpfung dargestellt werden, zweitens entlang der Unterscheidung zwischen positiver und negativer Anknüpfung. Daraus ergibt sich eine Systematik, die für die Auswahl der Einzelfallstudien zugrunde gelegt worden ist. Wir haben dabei einmal zwischen sogenannten Skandalfällen unterschieden (negative Anknüpfung) und Vorreiterfällen (positive Anknüpfung), und in diesen beiden Gruppen haben wir nach unterschiedlichen thematischen Anknüpfungen gesucht, also z. B. die zusätzlichen Qualifizierungsaspekte bei der Herausbildung einer unternehmerischen Umweltpolitik.

3. Das Konzept der *Risikogesellschaft (Beck)*. Die Externalisierung der ökologischen Folgen der industriellen Produktion hat danach zu einem Umschlag von einer Wachstumsgesellschaft in eine Risikogesellschaft geführt, in der die negativen Folgen des Wachstums seine positiven Effekte überlagern oder sogar zunichte machen. Im Umgang mit dieser neuen Grundkonstellation behauptet Beck das Entstehen einer „neuen politischen Dynamik", einer „neuen politischen Kultur". Die neue Dynamik läßt sich an verschiedenen Punkten festmachen, die wir im Hinblick auf unseren Untersuchungsgegenstand folgendermaßen konkretisiert haben: Autonomieverlust des Unternehmens, Unternehmen als quasi-öffentliche Organisation, zunehmende Bedeutung der externen Öffentlichkeit; Relativierung der Betriebsgrenze; Entgrenzung der industriellen Beziehungen und Bedeutungsverlust des etablierten politischen Systems. Die Begriffe der *Politisierung*, der *Entgrenzung* und der neuen *innovativen Organisationen* sind über diesen Ansatz zu zentralen Begriffen unserer Untersuchung geworden.

Da das Individuum in dieser neuen politischen Kultur eine immer wichtigere Rolle spielt, haben wir zusätzlich das Konzept der *Rollenambivalenz* berücksichtigt. Das bedeutet, daß das Individuum sich zwar über die Rolle des Arbeitnehmers im Betrieb definiert, aber als Person gleichzeitig auch immer Konsument von Produkten ist wie auch Betroffener der Auswirkungen von Produktion und Konsum. Damit stellt sich das Problem der Verarbeitung der gesellschaftlichen Arbeitsteilung in individuellen Rollen und damit der Konsistenz bzw. Widersprüchlichkeit persönlichen Denkens und Handelns.

2. Empirische Resultate

2.1 Der öffentliche Druck als Ausgangspunkt für betriebliche Veränderungsprozesse

Ausgangspunkt betrieblicher Umweltpolitik ist die *zentrale Bedeutung des öffentlichen Drucks,* der von außen auf Unternehmen wirkt und sich aus unterschiedlichen Formen zusammensetzt:

- die gesellschaftliche Thematisierung von unternehmensverursachten Umweltbelastungen und die allgemeine Anhebung der ökologischen Anforderungen an die Wirtschaftsweise,

- die Normanhebung in der gesellschaftlichen Regulierung des Umweltschutzes und

- punktuelle betriebs-, produkt- oder emissionsbezogene Skandale.

Der öffentliche Druck wird entscheidend über die Medien vermittelt, weshalb diesen bei allen Komponenten eine große Rolle zukommt. Die Unternehmen reagieren im Rahmen der Veränderung des gesellschaftlichen Anspruchsniveaus und der veränderten Standards z. B. in der Branche. Entsprechend dieser prägenden Bedeutung des öffentlichen Drucks für Konfliktentstehung und Konfliktverlauf unterscheiden wir in unseren Fallanalysen vier Konfliktphasen: die Latenzphase, die öffentliche Thematisierung, die Regulierungsphase und die nachfolgende Dynamisierung/Stabilisierung.

Der öffentliche Druck kann von unterschiedlichen Akteuren ausgehen (staatliche Instanzen, Medien, Umweltbewegung, Bürgerinitiativen etc.), die über sehr unterschiedliche Ressourcen zur Thematisierung und Durchsetzung ihrer Interessen verfügen.

Die neue Qualität solcher Umweltkonflikte liegt darin, daß sich die Unternehmen mit zusätzlichen öffentlichen Anforderungen auseinandersetzen müssen, die über die eingespielten bilateralen Beziehungen zu lokalen Behörden weit hinausgehen.

Die festgestellte Beziehung zwischen allgemeinen gesellschaftlichen Anforderungen an Umweltpolitik und dem einzelbetrieblichem Verhalten macht es notwendig, bei der Analyse betrieblicher Bearbeitungsmuster immer das *Wechselverhältnis zwischen dem jeweiligen historischen Anforderungsniveau der Gesellschaft und dem Niveau der Umweltpolitik des einzelnen Unternehmens* zu berücksichtigen. In dem Fall, daß das Niveau des Einzelbetriebs erheblich unterhalb des gesellschaftlichen Anspruchsniveaus liegt, wächst der Druck auf das Einzelunternehmen und das Risiko eines Skandalfalls. Die Reaktion des Unternehmens auf dieses Risiko muß prinzipiell darin liegen, dieses Risiko zu vermeiden bzw. zu beherrschen und d. h. zumindest die derzeit geltenden gesellschaftlichen Normen einzuhalten. Anders ausgedrückt: nachdem für eine Phase die gesellschaftliche Lernkurve steiler als die Lernkurve der Unternehmen verlaufen ist, hat der Druck auf die Unternehmen zugenommen mit dem Ergebnis, daß die betriebliche Lernkurve nun steiler ansteigt. Die betroffenen Unternehmen machen zumindest Lernprozesse in Richtung zukünftiger Konfliktvermeidung durch.

2.2 Bearbeitungsmuster der Unternehmen: von der Fremdregulation zur Selbstregulation

Bei den *Reaktionsformen der Einzelunternehmen* auf den zunehmenden öffentlichen Druck kann man idealtypisch eine stufenförmige Höherentwicklung von der passiven Opposition bis hin zur Selbstorganisation annehmen (idealtypische Lernkurve des Einzelunternehmens). Unsere Typologie stellt in erster Linie auf das *Konfliktverhalten* des Einzelbetriebs ab, das in dem Spannungsverhältnis zwischen gesellschaftlichen Anforderungen und der bisherigen Unternehmenspolitik stattfindet. Danach unterscheiden wir vier Reaktionsformen:

a) die *passive Opposition* (Abwarten, Nichtbeachtung, unauffälliges Hinauszögern, Beschränkung auf das Mindestniveau);

b) die *aktive Opposition* (Bekämpfung der Normanhebung, der Verursachung bzw. Zuständigkeit durch Gegenargumentationen und -kampagnen);

c) die *Anpassung* (langsame und stille Ökologisierung entlang der gesellschaftlichen Thematisierung und Normanhebung);

d) die *Selbstorganisation* (Übernahme der Initiative durch eine umweltaktive Geschäftsleitung, zumindest partiell über das verbindliche Niveau hinaus und häufig verbunden mit starker Außendarstellung).

Diese Stufenleiter von Reaktionstypen muß nicht in jedem Einzelfall durchlaufen werden; vielmehr charakterisiert der Sachverhalt, welche Stufen mit welcher Geschwindigkeit und welchem vorläufigen Endpunkt durchlaufen werden, unterschiedliche Lernpfade von Unternehmen/Betrieben.

Gemeinsam ist allen Fällen, daß die Unternehmen nach der öffentlichen Thematisierung versuchen, die Problemdefinition, die Strategiefindung und die Maßnahmenentscheidungen in die eigene Hand zu bekommen. Entscheidend ist also die *Schwerpunktverlagerung von der Fremdregulation zur Selbstregulation* durch die Unternehmen; sie versuchen, einen Teil des Handlungsspielraums, der ihnen durch die externe Thematisierung oder die konkrete Skandalsituation verlorengegangen ist, zurückzugewinnen. Bei diesem Strategiewechsel, der durch konkretes Handeln der Unternehmensleitung vollzogen wird, spielen die industriellen Beziehungen keine Rolle.

Die *Strategie der aktiven Selbstorganisation* durch das Management erfolgt nach dem "Top-down-Prinzip" und enthält strukturell folgende Komponenten:

a) Information und Selbstdarstellung ("Kommunikation");

b) Kooperationsbereitschaft nach außen und innen;

c) Aufbau einer unternehmensweiten, durchstrukturierten Umweltschutzorganisation;

d) Starten von Umweltschutzprojekten;

e) punktuelle, begrenzte Beteiligung von Beschäftigten und Interessenvertretungen.

Die Motive von Unternehmensleitungen, zur Strategie der Selbstorganisation überzugehen, sind weniger unmittelbar ökonomische. Eine entscheidende Rolle spielt, insbesondere in den Skandalfällen, das Vermeiden von Schäden des Unternehmensimages im lokalen und nationalen Umfeld, die sich negativ auf das Kaufverhalten von Kunden, auf die Rekrutierungsmöglichkeiten von Arbeitskräften und auf das Betriebsklima auswirken können und nicht zuletzt auf die Beziehung zu den lokalen Behörden, deren Kooperation z. B. in Genehmigungsverfahren eine entscheidende Rolle spielt. Ökonomische Motive wie die längerfristige Einsparung von Investitionsaufwänden für Sanierung oder die kurzfristige Reduzierung von Entsorgungskosten beginnen erst langsam eine Rolle zu spielen.

Unter Regulierungsgesichtspunkten am interessantesten sind die Organisationsentwicklungen. Die Festlegung einer ökologischen Zuständigkeit auf der obersten Leitungsebene, die Organisation von Verantwortlichkeiten in allen Ebenen und Funktionsbereichen, die Ernennung eines betrieblichen Umweltbeauftragten und der Aufbau einer Umweltabteilung, die Einleitung erster Fortbildungsmaßnahmen - das waren in unseren Fällen die exemplarischen Schritte zu einer innerbetrieblichen Umweltorganisation.

Als Ursachen für unterschiedliche betriebliche Reaktionsmuster und Lernpfade in den einzelnen Fällen konnten wir im wesentlichen drei *intervenierende Variablen* feststellen.

Eine entscheidende intervenierende Variable für die Reaktionsform des Unternehmens besteht darin, ob das kritisierte Produkt/Produktionsprozeß *marginal oder zentral* für die Unternehmensexistenz ist. Das Merkmal der Marginalität bezieht sich auf die Umsatzanteile des kritischen Produkts bzw. des kritischen Produktionsprozesses und deren strategische Bedeutung für die weitere Unternehmensentwicklung. Ist es eher marginal, hat das Unternehmen bessere Ausgangsbedingungen, um aktiv zu reagieren; ist es zentral, tendiert es eher zu einer reaktiv-abwehrenden Verhaltensweise.

Eine weitere intervenierende Variable scheint die *wirtschaftliche Lage* des Unternehmens zu sein (Verhältnis von Sanierungskosten zu Unternehmenssubstanz und Gewinnsituation). Ist dieses Verhältnis eher ungünstig, führt dies zu einer verzögernden Haltung des Unternehmens und potentiell zur Stillegung des betroffenen Werkes. Ist die Wirtschaftslage dagegen relativ stark, sind gute Voraussetzungen für eine aktive Selbstorganisation gegeben.

Die dritte intervenierende Variable läßt sich als *Modernisierungsfähigkeit* des Betriebs bezeichnen. Darunter verstehen wir z. B. die Dauer des Bestehens einer Produktionslinie und die Möglichkeit ihrer Modernisierung bzw. die Fähigkeit zur Umstellung auf neue Rohstoffe oder Produkte. Eine Modernisierungsblockade kann dementsprechend in der Unwirtschaftlichkeit der Umstellung, in fehlenden FuE-Kapazitäten zur Entwicklung neuer Verfahren/Produkte oder auch in fehlender Innovationsfähigkeit des Managements begründet sein (z. B. in alten, kleineren Familienbetrieben).

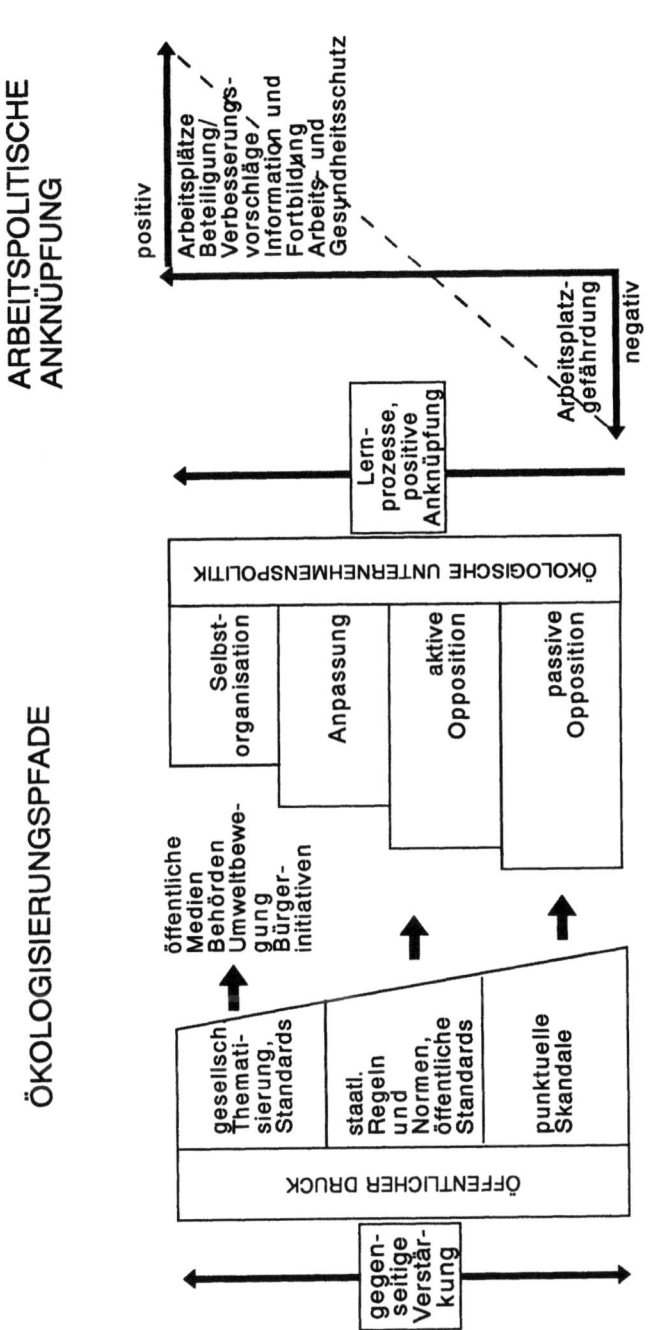

Abb. 1: Ökologisierungspfade und arbeitspolitische Anknüpfung

2.3 Die Rolle der industriellen Beziehungen: Randständigkeit, Zurückhaltung und begrenzte Integration

Das Verhältnis der *Beschäftigten und der betrieblichen Interessenvertretungen* zur Umweltpolitik unterscheidet sich prinzipiell von dem der Unternehmensleitungen. Während letztere steigende Umweltanforderungen in der reaktiven Phase prinzipiell als potentielle Gefährdung ansehen, gilt dies für die Beschäftigten nicht prinzipiell, sondern nur, wenn diese zu einer Gefährdung ihres Besitzstands führen.

Da die Umweltkonflikte im engeren Sinne außerhalb der Arbeitssituation angesiedelt sind, erklären sie sich *prinzipiell als nicht zuständig.* Umweltschutz als solcher ist danach Sache des Staates und - soweit ein direkter Zusammenhang mit der Unternehmenstätigkeit akzeptiert wird - Sache der Unternehmensleitung. In der Regel findet auch keine Verknüpfung zwischen dem Umweltproblem außerhalb des Betriebs und Arbeitsschutzproblemen innerhalb des Betriebs statt.

Handlungsbedarf wird nur bei den direkten Folgen des Umweltproblems (Gesundheit) und indirekten Folgen (Arbeitsplatzgefährdung, zusätzliche Arbeitsbelastungen) gesehen. Hier steht - insbesondere bei massiverer öffentlicher Kritik und oppositioneller Unternehmenshaltung - die Gefährdung von Arbeitsplätzen im Vordergrund, d. h. *es dominieren negative Anknüpfungen* (Gefährdung der Besitzstandssicherung). Die Verantwortung und die Handlungskompetenz in bezug auf diese Gefährdungen wird allerdings allein bei der Unternehmensleitung bzw. dem Staat gesehen.

Eigenständige Betriebsratsaktivitäten - die also nicht nur einen Mitvollzug der unternehmerischen Strategiewende im Umweltschutz darstellen - sind in der Regel Einzelkampagnen bei betriebsspezifischen, lebensweltlichen Themen wie Gesundheitsschutz, gesunde Ernährung (Kantine), Abfallvermeidung (Plastikgeschirr), Verkehrsvermeidung (Umweltkarte) und Ersatz von Gefahrstoffen. Das heißt, insbesondere *bei lebensweltlichen Themen entstehen positive Anknüpfungen an das Umweltthema.*

Für die *prinzipielle Zurückhaltung der Betriebsräte* haben wir eine Reihe von strukturellen Gründen gefunden:

- die Einbindung in ein gemeinsames Unternehmensinteresse als Grundlage von Interessenpolitik (Produktivitäts- und Sozialpakt);

- keine direkte Zuständigkeit nach Betriebsverfassung/Mitbestimmung und nach betrieblicher Funktionszuordnung;

- geringe Sensibilität für das Umweltthema und geringe Priorität innerhalb des betriebsrätlichen Aufgabenfeldes;

- Kapazitätsgrenzen und Kompetenzdefizite;

- kein Druck seitens der Beschäftigten auf stärkeres ökologisches Engagement des Betriebsrates;

- Selbstblockierungsmechanismen in Form von innerer Fraktionierung des BR-Gremiums (z. B. ökologisch engagierte Minderheit vs. defensive Mehrheit; Abstellen eines Umwelt-Spezialisten; Abschieben der Verantwortung für Umweltfragen auf den BR-Vorsitzenden bei gleichzeitig kritischer Distanz zu ihm);

- fehlende gewerkschaftliche Unterstützung speziell bezüglich ökologischer Aspekte (Aufgabendefinition der BR/VL, Beratung, überbetriebliche Sanierungs- und Konversionskonzepte etc.).

Es gibt allerdings eine Fallgruppe, bei der Interessenvertretung und Beschäftigte von vornherein an der Thematisierung und Lösungssuche mitwirken und dabei einen erheblichen Einfluß ausüben: beim *Einsatz bzw. bei der Entstehung von Gefahrstoffen* mit erheblichen Gesundheitsgefährdungen im Betrieb. Eine solche *aktive Rolle der Interessenvertretung* war allerdings *an drei Bedingungen gebunden:*

Erstens, daß es deutliche und wahrnehmbare Gesundheitsgefährdungen im Betrieb gab (z. B. Asbestose oder Hautausschlag) und/oder erhebliche Verletzungen von Schutzvorschriften, Normen oder Sorgfaltspflichten seitens der Betriebsleitung;

zweitens, daß die Thematisierung des Gefahrstoffes gleichzeitig gesellschaftlich in einer Art Kampagne stattfand und diese Kampagne

drittens von einer Interessenvertretung aufgegriffen wurde, die in einer Tradition aktiver und eigenständiger Betriebspolitik steht oder sogar schon in diesem Themenbereich Vorläuferaktivitäten initiiert hatte (Asbest im Fall Vulkan, Kaltreiniger im Fall Tatort Betrieb).

Wichtig für die Beurteilung nach der Frage nach der Öffnung der IR ist der Befund, daß in der Mehrheit der von uns untersuchten Fälle die *passiv-defensiven Betriebsräte keine Lernprozesse* in der Richtung gemacht haben, im Konfliktverlauf und auf der Grundlage einer aktiveren Umweltpolitik der Unternehmensleitungen auch selber ihre Kompetenzen und ihr Tätigkeitsfeld in diese Richtung auszuweiten. Die Lernprozesse der Unternehmensleitungen sowie die eher exklusive Selbstorganisation der betrieblichen Umweltpolitik bestimmen die Resultate der unternehmensverursachten Umweltkonflikte, nicht eine offensive Aneignung durch die Interessenvertretungen. Bedingte Ausnahmen sind die Fälle, in denen Beschäftigtengruppen bereits vorher aktiv waren, und Fälle, in denen erste Institutionalisierungen der Zuständigkeit erreicht wurden. Solche Institutionalisierungen können beispielsweise die Form von Betriebsvereinbarungen oder von Umweltausschüssen haben.

An unternehmensverursachten Umweltkonflikten werden die Konsequenzen des dualen Systems sehr deutlich, d. h. in welchem Maße *außerbetriebliche Gewerkschaft und innerbetriebliche Interessenvertretung getrennt* sind: die Gewerkschaften werden von den Unternehmensleitungen herausgehalten und auch von den betrieblichen Interessenvertretungen sehr distanziert gesehen. Die Randständigkeit der Gewerkschaften ist Ergebnis eines doppelten Dilemmas.

Erstens kann ihnen bei negativer Anknüpfung der Unternehmensleitung an Umweltanforderungen *keine Versöhnung von Ökologie und sozialer Besitzstandssicherung* gelingen oder nur abstrakt.

Zweitens stehen sie im gesellschaftlichen Raum im Schatten der Umweltbewegung und werden auf ihre Funktion als *Interessenvertreter der Produzenten/Arbeitsplatzbesitzer* festgelegt. Im betrieblichen Raum wiederum, in den sie ansatzweise ökologische Positionen hineinzutragen versuchen (Forderung nach erweiterter Mitbestimmung), haben sie das Label des externen Programmatikers und sind von den Betriebsräten abhängig.

Die Verlagerung der Regulation der Umweltkonflikte zurück in die Unternehmen ist in jedem Fall mit dem Versuch einer *Einbindung der industriellen Beziehungen* in die strategischen Optionen der Unternehmensleitung verbunden - soweit diese nicht bereits gegeben ist. Es handelt sich um ein neues Thema, das erhebliche Risiken für den längerfristigen Unternehmensbestand und kurzfristige Turbulenzen mit sich bringt. Daher ist das Feld neu besetzbar und zwar durch die Unternehmensleitung ("Umweltschutz als Chefsache"). Aufgrund der gesellschaftspolitischen Risiken und unternehmensstrategischen Handlungszwänge werden Gewerkschaften und betriebliche Interessenvertretungen in der Mehrzahl der Fälle explizit ausgeschlossen ("geschlossene Selbstorganisation"). Gleichzeitig steht der Ausbau einer betrieblichen Umweltpolitik in den Traditionen der Organisationsentwicklung und der industriellen Beziehungen im Betrieb/Unternehmen. Wurde dort schon immer z. B. eine frühzeitige und umfassende Informationspolitik gepflegt, so wird dies auch auf das neue Themenfeld Umweltpolitik übertragen ("offene Selbstorganisation"). Ist die Interessenvertretung in einem Betrieb traditionell schwach, spielt sie auch bei dieser Konfliktregulierung keine Rolle. Ist sie stark, kann sie den Verlauf beeinflussen. Interessant ist, daß traditionell starke und konfliktorientierte Interessenvertretungen sich mit der Wende der Unternehmensstrategie zu einer aktiven Umweltpolitik auf neue, kooperative Beziehungen einlassen.

In der Form der aktiven Selbstorganisation wird die Kooperation von der Unternehmensleitung als *begrenzte Integration* organisiert. Beteiligung der Interessenvertretung heißt für umweltaktive Unternehmen Unterstützung der Managementmaßnahmen seitens der Interessenvertretung und der Beschäftigten. Der Beteiligungsaspekt ist allerdings auch in diesen Unternehmen nachrangig.

2.4 Interessenlagen und Bündnisse

Bei den Skandalfällen prägt sich im Prozeß der Konfliktregulierung die Zuordnung der Akteure auf zwei Lager am deutlichsten aus. In all diesen Fällen war die anfängliche *Lagerkonstellation* (Ankläger - Angeklagte) vergleichbar.

Auf der einen Seite standen in der Regel öffentlicher Protest, Umweltgruppen, Anwohner, gestützt von Medien, plus grüner Partei und kritischen Wissenschaftlern.

Auf der anderen Seite standen die Unternehmen als solche (d. h. Unternehmensleitungen, Fachabteilungen und Beauftragte, Betriebsräte, Beschäftigte), legitimatorische Gutachter und die offizielle Behördenposition.

Die Fälle bekommen ihre *Varianz* dadurch, daß der öffentliche Druck und die Gefahrendimension unterschiedlich hoch sind und die betrieblichen Gruppen in sich gespalten sind.

Das heißt, wir fanden im Betriebsrat und in der Unternehmensleitung häufiger latente und offen ökologische Positionen, die mit der öffentlichen Kritik sympathisierten und je nach Stärke die Chance haben, eine Wende der Unternehmenspolitik herbeizuführen. Einer solchen Gewichtsverlagerung folgen in der Regel dann auch die Parteien und die Behörden. Die Umweltbewegung/Umweltgruppen spielten bei der Erzeugung des gesellschaftlichen Drucks eine herausragende Rolle, bei der Regulierung selbst waren sie eher nachrangig.

Bei Nicht-Skandalfällen ergeben sich schneller *Vernetzungen* zwischen den Akteuren. Bei einer frühzeitigen Wende in der Unternehmensstrategie ist die aktive Selbstorganisation natürlich auch darauf gerichtet, Kritiker einzubinden und damit Lagerbildungen zu verhindern.

3. Befunde und Fragestellungen

Die in der Auswertung der Fallstudien und entsprechender Strukturanalysen aufgetretenen Probleme konzentrieren sich auf die Substantiierung des Konzepts der Ökologisierungspfade und auf den Gehalt und die Reichweite von Beteiligung.

3.1 Ökologisierungspfade von Unternehmen

In bezug auf die *Ökologisierungspfade von Unternehmen* haben sich sechs Fragestellungen herausgebildet, die in weiterer Perspektive zu diskutieren wären:

3.1.1 Verhältnis von öffentlicher und stiller Ökologisierung

Bereits das Untersuchungsdesign des Projektes war darauf angelegt, bekannte Fälle aufzugreifen, in denen die Öffentlichkeit entweder durch Skandalisierung entstanden war (negative Anknüpfung) oder durch die Unternehmen selbst, die die Maßnahmen und Erfolge ihres ökologischen Managements offensiv nach außen dargestellt hatten (Positivanknüpfung). Ein wesentlicher Teil der Untersuchung zielte auf die Analyse der Frühphase des Bearbeitungsprozesses, d. h. der Phase der Problemdefinition und der Problemthematisierung. Entsprechend der Auswahl von öffentlich bekannten Fällen war notwendigerweise die Bedeutung öffentlichen Drucks in Form von Gesetzen, gesellschaftlichen Diskursen und punktuellen Skandalen sehr hoch und die Unternehmenspolitik überwiegend reaktiv ausgelegt. Die Anteile von intrinsischen Motivationen der Akteure, von direkten ökonomischen Vorteilen durch Kostenersparnisse oder auch von Konkurrenzmechanismen innerhalb der Branche, waren demgegenüber ausgesprochen schwach ausgeprägt. In Frage steht also dieses Verhältnis von externen und internen Kräften, die auf die ökologische Unternehmenspolitik wirken und dementsprechende Veränderungen des ökonomischen Unternehmenskalküls (erweiterter Kostenbegriff, erweiterte Zeitperspektive) verursachen bzw. die (befristete) Einbeziehung weiterer Kalküle (Risikomanagement).

Unsere Untersuchung legt den Schluß nahe, daß eine Gleichzeitigkeit verschiedener Regulierungsmechanismen normal ist: nämlich hierarchische Intervention von außen (insbesondere staatliche Kontrollbehörden), kooperative Intervention im Rahmen des Konkurrenzmechanismus (Selbstverpflichtung z. B. im Branchenrahmen), der Selbstregulation einzelner Unternehmen und auch der industriellen Beziehungen. Diese Gleichzeitigkeit würde sowohl eine Relativierung wie auch die Rekonstruktion der Betriebsgrenze bedeuten.

3.1.2 Zentrale unternehmensspezifische, unabhängige Variablen der Ökologisierungspfade

Bereits im Untersuchungsdesign waren Hypothesen darüber angelegt, welche unternehmensspezifischen Bedingungen sich positiv bzw. negativ auf die eingeschlagene Ökologisierung auswirken. Bei drei Variablen meinen wir, deutliche Plausibilitäten gefunden zu haben: der Zentralität bzw. Marginalität des ökologischen Problems für das Einzelunternehmen, der wirtschaftlichen Situation des Unternehmens und der Innovationsfähigkeit des Unternehmens. In bezug auf andere Variablen sind wir eher unsicher, z. B. bei der Bedeutung der Branche (These: Besonders umweltintensive Branchen sind aktiver in der Regulierung) und der Unternehmensgröße (These: Größere Unternehmen haben einen höheren Ausdifferenzierungsgrad und eine Kapazität, um spezifisch und professionell ökologische Fragen bearbeiten zu können). Bei einer weiteren Variablen, die für unsere Analyse des Zusammenhangs von Arbeitspolitik und Umweltpolitik besonders zentral ist, sind wir ebenfalls zu keinem klaren Ergebnis gekommen: der Bedeutung der Situation der industriellen Beziehungen im Unternehmen bzw. der betrieblichen Sozialverfassung für die Umweltpolitik des Unternehmens (These: Starke und kooperative industrielle Beziehungen im Unternehmen stärken sowohl die Fähigkeit zur positiven Thematisierung von Umweltfragen als auch die effektive Umsetzung von Maßnahmen im Unternehmen). Erklärungen für diesen Nichtbefund liegen einmal in der geringen Zahl der Fälle, in denen starke und aktive industrielle Beziehungen im Unternehmen gegeben waren, zum anderen darin, daß die Ökologisierung im Betrieb viel stärker über ökologische Promotoren als über die gewählten Interessenvertretungen läuft.

3.1.3 Lernprozesse

Die Beschreibung von Ökologisierungspfaden beinhaltet neben der Beschreibung von Rahmenbedingungen und Strategien auch die Beschreibung von Lernprozessen von Unternehmen. Die Qualität der Lernprozesse haben wir insbesondere durch die Kriterien der Verfestigung der Lernprozesse, ihrer Stabilität bzw. Reversibilität und ihrer Konsistenz definiert.

1. Betriebliches Handeln besteht immer gleichzeitig aus informellen Praktiken (personengebunden), formellen Handlungsanweisungen, Programmatiken und Strategien, Organisationsstrukturen und Organisationsverfahren. In allen diesen verschiedenen Formen finden Lernprozesse statt und bedingen sich mehr oder weniger gegenseitig. Den momentanen Lernzustand eines Unternehmens festzustellen, ist daher sehr kompliziert und kann als Verhältnis zwischen individuellem und institutionellem Lernen beschrieben werden. Bei den ökologischen Regulierungsprozessen war die Rolle individueller Promotoren überdurchschnittlich hoch und die Verfestigung neuartiger Regulierungen in Form von Organisationsstrukturen und Handlungsanweisungen vergleichsweise gering.

2. Der idealtypische Ökologisierungspfad eines Unternehmens läuft nach unseren Befunden von der passiven Opposition bis zur Stufe der Selbstorganisation - ein idealtypisches Modell der Aufwärtsentwicklung. Gegenüber diesem Modell sind in einer realistischen Betrachtungsweise zwei systematische Einwände zu machen: einmal die Mög-

lichkeit der Revision von Unternehmenspolitik in Abhängigkeit von der Lage des Einzelunternehmens bzw. von Strategien der Unternehmensleitung, und zweitens die Möglichkeit des Rückfalls des Einzelunternehmens gegenüber den gesellschaftlichen Standards von Umweltschutz aufgrund einer unterdurchschnittlichen Aktivität und Effektivität in der entsprechenden Phase.

3. Aufgrund der Heterogenität des Umweltthemas gibt es eine Vielzahl von unterschiedlichen Feldern unternehmerischer Umweltpolitik wie z. B. Produktpolitik, Verkehrspolitik, Gebäude und Anlagen, Produktionsverfahren, Arbeitsumweltschutz etc. Es hat sich gezeigt, daß die Fortschritte in der Umweltpolitik von Unternehmen sich häufig auf einzelne Felder konzentrieren, während der Umweltschutz in anderen Feldern eher unterdurchschnittlich ausgeprägt ist, d. h. daß eine Inkonsistenz zwischen den einzelnen Feldern ökologischer Unternehmenspolitik Normalität ist.

Insgesamt stellt sich bei der Beurteilung dieser Lernprozesse die Frage, inwieweit das unternehmerische Handeln in konkreten Situationen - und d. h. in der Realität die unzureichende Einbeziehung von Ökologie in die Strategien und Entscheidungen -, eher auf Nichtwissen oder eher auf Nichtwollen zurückzuführen ist. Vielleicht kann dies in der Differenz zwischen individuellen und institutionellen Lernprozessen abgebildet werden in der Weise, daß zwar eine Vielzahl betrieblicher Funktionsträger über die Notwendigkeit einer weitergehenden ökologischen Politik informiert ist und diese auch verbal vertritt, diese aber in institutionellen Strukturierungs- und Entscheidungsprozessen nicht umgesetzt wird.

3.1.4 Integration von Umweltpolitik in andere unternehmenspolitische Bereiche

In den Fallstudien hat sich gezeigt, daß unternehmerische Umweltpolitik im wesentlichen als additive Politik betrieben wird. Das heißt auf der einen Seite, daß die Möglichkeiten und Grenzen von betrieblicher Umweltpolitik durch unternehmensstrategische Ziele und Entscheidungen vorgegeben waren, die Umweltpolitik nicht einbezogen. Dies waren im wesentlichen marktstrategische und kostenkalkulatorische Kalküle. Auf der anderen Seite bedeutet dies, daß Umweltschutz in der Regel durch einzelne Personen bzw. Abteilungen betrieben wird, die zusätzlich zur bestehenden Organisationsstruktur des Unternehmens eingestellt werden. Ihre Position in der Unternehmenshierarchie ist in der Regel schwach, auch wenn sie als Stabsstelle beim Vorstand eingerichtet ist. Dies zeigt sich sowohl an den verfügbaren Ressourcen solcher ökologischer Departments wie auch in ihrem geringen Gewicht in unternehmerischen Entscheidungsprozessen.

In der Umsetzung konkreter ökologischer Entscheidungen und Maßnahmen wird deutlich, daß diese notwendigerweise mit anderen betrieblichen Umstrukturierungsmaßnahmen parallel laufen und sich mit diesen verstärkende oder eher behindernde Effekte ergeben. Wichtige, aktuelle unternehmensstrategische Optionen in diesem Zusammenhang sind der ganze Komplex der sogenannten Lean Production, des Total Quality Management und bezüglich der Mitarbeiterqualifizierung und Beteiligung die Konzepte von Kaizen und KVP. Die Schwäche unseres Ansatzes wird darin deutlich, daß in der Regel diese unternehmensstrategischen Konzepte den Umweltaspekt nicht mitreflektieren, und daß wir wiederum in unserem Untersuchungsansatz (unternehmensverursachte Umweltprobleme) die Verknüpfung der umweltorientierten Maßnahmen mit sogenannten neuen Produktionskonzepten nicht direkt mitkonzipiert hatten. Die indirekten Auswirkungen dieser Strategien auf die Umwelt sind grundsätzlich wichtiger als die direkten Umweltschutzmaßnahmen.

3.1.5 Verallgemeinerbarkeit von Lernprozessen

Mit unserer Fallauswahl verfügen wir über ein breites Spektrum betrieblicher Ökologisierungspfade: vom einen Pol des aktiven Widerstands von Unternehmensleitungen gegen ökologische Umstellungsmaßnahmen, die dann zur Stillegung des entsprechendes Betriebs führten, bis hin zu Promotorenunternehmen, die sehr frühzeitig durch einen Prozeß der Selbstorganisation des Umweltschutzes in die Reformulierung ihrer Strategien und den Umbau ihrer Organisationsstrukturen hineingingen und diese Strategie des aktiven Umweltmanagements auch offensiv nach außen darstellten. Wenig repräsentiert in dem Sample sind die Unternehmen, die ihre Anpassungs- und Lernprozesse in Form einer „stillen Ökologisierung" durchführen und wahrscheinlich die Mehrheit der Unternehmen ausmachen. Es ist davon auszugehen, daß diese Unternehmen sowohl von den Fällen aktiver Opposition wie von den Fällen der Selbstorganisation lernen. Vorbilder einer erfolgreichen aktiven Opposition gegen verschärfte Umweltauflagen werden zu einer eigenen Zurückhaltung in diesem Bereich führen, erfolgreiche Vorbilder der Selbstorganisation mit dem Resultat der Stärkung der Marktposition des entsprechenden Unternehmens werden entsprechende Nachahmungsreaktionen zur Folge haben. Aktive Opposition auf der einen Seite und aktive Selbstorganisation auf der anderen Seite können als die zwei Pole definiert werden, zwischen denen sich die anderen Unternehmen hindurchmanövrieren.

In welche Richtung der generelle Trend ökologischer Unternehmenspolitik geht, dürfte aber nicht allein durch diese Vorreiterunternehmen im doppelten Sinne bestimmt werden, sondern wesentlich durch die Richtung der gesetzlichen Vorgaben im europäischen und im nationalen Rahmen sowie durch die Dynamik der Konkurrenzsituation auf den Weltmärkten. Von daher wäre abzuschätzen, inwieweit die ausgewählten Fälle einen generellen Trend repräsentieren bzw. die Entwicklung einer bestimmten Gruppe von Unternehmen, oder ob es sich um Einzelfälle handelt, die Einzelfälle bleiben werden und von daher nur eine mögliche Variante, aber keinen Trend repräsentieren.

3.1.6 Die Effektivität der Umweltpolitik

Aufgrund unseres Ansatzes der Analyse eines neuen Politikfeldes, das durch ein System von Akteuren und ihre Strategien geprägt ist, untersuchen wir Positionen und Verhaltensweisen von Akteursgruppen, d. h. Aktivitäten im Umfeld von Unternehmen. Wir erheben Aktivitäten, die in Zusammenhang mit der Regulierung von unternehmensverursachten Umweltproblemen stehen. Wir haben nicht untersucht, welche Effekte diese Aktivitäten in bezug auf das ökologische Ausgangsproblem selbst haben. Wir haben Aktivitätspotentiale im unternehmerischen Umweltschutz erhoben, nicht die Effektivität unternehmerischer Umweltpolitik selbst. Der Zusammenhang zwischen diesen beiden Bereichen ist nun ausgesprochen vielfältig. Eine erste Abschätzung der Wirksamkeit von Strategien ergibt sich aus der Unterscheidung zwischen nachsorgenden, integrierten oder vorsorgenden Umweltstrategien von Unternehmen. Aber auch hier handelt es sich nur um Umweltschutzpotentiale. Dem vorgelagert sind Strategien der Problemverlagerung oder der legitimatorischen Selbstdarstellung. Hinzu kommen Probleme der Politikimplementation. Und schließlich kommen hinzu Probleme der realen Wirksamkeit von Maßnahmen, die gerade im Umweltschutz erheblich von den angezielten Wirkungen abweichen können. Für eine qualifiziertere Bewertung des Zusammenhangs zwischen umweltpolitischem Aktivitätspotential eines Unternehmens und realen Umwelteffekten der Unternehmenspolitik wäre eine Art Ökobilanz der unternehmerischen Umweltpolitik zu erstellen (vgl. die aktuelle Debatte um die Umsetzung der Öko-Audit-Verordnung in der EU).

3.2 Gehalt und die Reichweite von Beteiligung

In bezug auf den *Gehalt und die Reichweite* von Beteiligung haben sich drei zentrale Themenkomplexe herausgeschält.

3.2.1 Möglichkeiten und Grenzen der Etablierung von Umweltschutz auf der Arbeitnehmerseite

Im Zentrum des Projekts stand die Fragestellung nach der Einbeziehung des Systems industrieller Beziehungen in die Regulierung unternehmensverursachter Umweltprobleme. Es hat sich nun gezeigt, daß diese Einbeziehung, soweit sie zu beobachten war, sehr stark nach umweltpolitischen Themenfeldern und nach Politikfeldern differiert. Es lassen sich *drei große Politikfelder* identifizieren, in denen Arbeitnehmerinteressen bezüglich des Umweltschutzes in unterschiedlicher Weise und von unterschiedlichen Akteuren vertreten werden: in der Gesellschaftspolitik, in der Betriebspolitik und in den individuellen Lebens- und Arbeitsstilen. Wir finden also eine hochgradige Segmentierung des Umweltthemas in bezug auf Arbeitnehmerinteressen und es stellt sich die Frage, wo wirksame und sinnvolle Interventionspunkte von Arbeitnehmerseite in Unternehmenspolitik anzusetzen sind.

In bezug auf die real stattfindende Politik von Gewerkschaften, betrieblichen Interessenvertretungen und auch einzelnen Arbeitnehmern ist zwischen additiver und integrativer *Politik* zu unterscheiden. Dabei sind die Grenzen additiver Politik sehr eng zu sehen, da sie in der Regel reaktiv, vergleichsweise schwach besetzt und - wie der Name schon sagt - nicht mit anderen dominanten Politikfeldern verknüpft ist. Im gewerkschaftlichen Kontext ist dieser additive Politikcharakter insbesondere darin begründet, daß viele Aspekte von Umweltpolitik nicht unmittelbar positiv mit den gegenwärtigen Hauptsträngen von Interessenpolitik zu verknüpfen sind. Im Gegenteil, die Gewerkschaften haben mit ihrer Politik der Produktivitätssteigerung und des kontinuierlichen Wachstums sowie der Förderung des kommerziellen Konsums einen Wachstumstypus mitgetragen, der die ständig anwachsenden Umweltschäden wesentlich mitverursacht hat. Der Ansatz einer integrativen Umweltpolitik in der gewerkschaftlichen Interessenpolitik würde dagegen eine zumindestens partielle Revision der Strategien in den Kernfeldern von Interessenvertretung notwendig machen und insofern einen gravierenden Umbruch in den eingefahrenen Positionen und Prozessen verursachen.

Eine weitere systematische Grenze von Arbeitnehmerpolitik im Umweltschutz scheint im *Verhältnis zwischen nachsorgendem und präventivem Umweltschutz* zu liegen. Aufgrund der Stellung der Arbeitnehmer in der Betriebsverfassung und dem derzeitigen Interessenverständnis bewegen sich die Interessenvertretungen in der Regel im Bereich des reaktiven und nachsorgenden Umweltschutzes. Umweltschutzanforderungen geraten dadurch in eine Konstellation, in der sie zusätzliche Kostenbelastungen für die Unternehmen und zusätzliche Arbeitsbelastungen für die Arbeitnehmer bedeuten. Eine präventive Umweltschutzpolitik dagegen würde die Negativanknüpfung dieser reaktiven Politik aufheben und positive Anknüpfungen ermöglichen. Eine präventive Wende in der Umweltpolitik der Gewerkschaften würde auch die Auflösung des partiellen Widerspruchs zwischen Ökologie und Sozialem ermöglichen. Allerdings dürfte diese präventive Wende auch eine Verlagerung vom dezentralen Umweltschutz zu zentralen und vorgelagerten Umweltschutzinstanzen bewirken (Planung, Forschung und Entwicklung, Konstruktion etc.). Da dann die entsprechenden Umweltgefährdungen an den Arbeitsplätzen wegfallen würden, würden hier auch keine Beteiligungspotentiale mehr entstehen.

Ein wichtiger Aspekt der Erweiterung der Systeme industrieller Beziehungen ist die Erweiterung des Beteiligungskonzepts um *neue Akteursgruppen* im Rahmen der Arbeitnehmerinteressenvertretung. Die Fallstudien haben gezeigt, daß solche neuen Gruppen bei der Regulierung von unternehmensverursachten Umweltkonflikten eine überdurchschnittliche Rolle spielen:

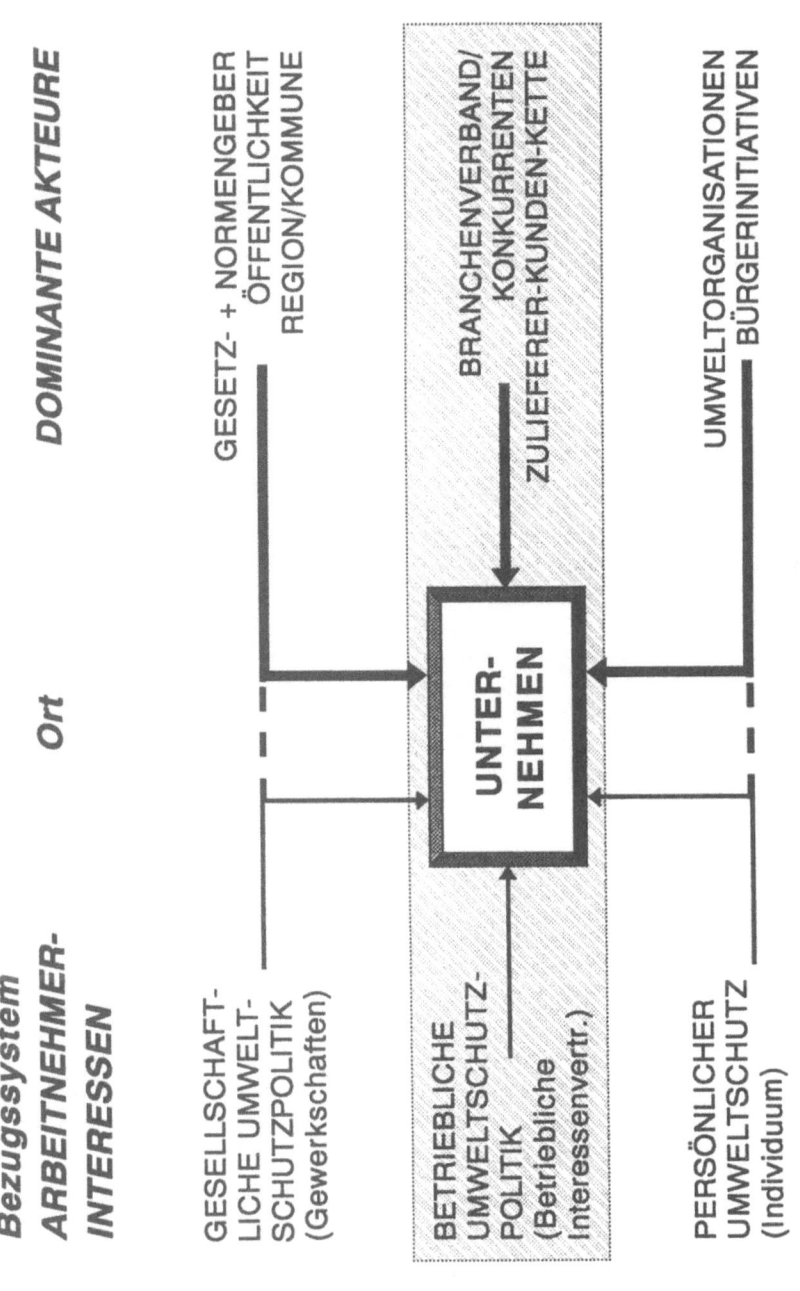

Abb. 2: Arbeitnehmerinteressen im Umweltschutz

- Umweltaktivisten und neue innerbetriebliche Experten,

- lokale bzw. regionale Bürgerinitiativen und Umweltorganisationen,

- wissenschaftliche Experten und externe Berater.

Diese neuen Gruppen bedeuten eine Verstärkung des Potentials von inner- und außerbetrieblicher Interessenvertretung der Arbeitnehmer; ihr Bedeutungszuwachs enthält aber gleichzeitig die Gefahr einer Relativierung des Einflusses der etablierten Interessenvertretungen und der institutionalisierten Interessenvertretungsinstitutionen.

Insgesamt wären, viel mehr als dies in unserem Projekt geschehen ist, die Möglichkeiten und Grenzen der Etablierung von Umweltschutz auf Arbeitnehmerseite im Rahmen eines generellen Umbruchs des gewerkschaftlichen Selbstverstädnisses und der gewerkschaftlichen Strategien zu sehen und zu analysieren.

3.2.2 Bedeutung von Kooperation im Umweltschutz

Umweltschutz ist ein Politikfeld, dessen Kooperationspotentiale für überdurchschnittlich hoch gehalten werden. Die klassische Form ist die Kooperation zwischen den staatlichen Vollzugsbehörden und den Unternehmen, zwischen denen in der Regel in mehr oder weniger informellen Absprachen die Umsetzung von Gesetzen und Normen abgestimmt wird. Diese flexible Kooperationsform gilt als besonders geeignet, die staatlichen Vorgaben mit den betrieblichen Bedingungen und varianten Strategien abzustimmen. Wie die Analyse der Konfliktregulierungen gezeigt hat, treten zu diesen beiden Akteuren andere Akteure hinzu: insbesondere die öffentlichen Medien und regionale oder lokale Umweltgruppen und Betroffenengruppen, teilweise die Parteien, die Kirchen und natürlich auch die Gewerkschaften. Zu all diesen Akteursgruppen entstehen Kooperationsbeziehungen, das sogenannte Politiknetzwerk. Das Problem lautet nun, ob es umweltspezifische Netzwerkausprägungen gibt, eine Dominanz bestimmter Koalitionen, die aufgrund ähnlicher oder sich ergänzender Interessenlagen zusammenfinden und den Konfliktverlauf bestimmen. Insbesondere erhebt sich hier die Frage, ob und inwieweit die betrieblichen Interessenvertretungen neben ihrer bipolaren Beziehung zur Unternehmensleitung weitere Kooperationsbeziehungen zu außerbetrieblichen Akteursgruppen aufbauen können, wie stabil diese sind und wie diese das Kooperationsnetz der Unternehmensleitung beeinflussen. Der Mediationsansatz bevorzugt eine Sichtweise, nach der viele Akteursgruppen außerbetrieblich auf gleicher Basis und freiwillig miteinander kooperieren, was durchaus auch die Gewerkschaften einbeziehen kann. Nach einer anderen Sichtweise sind die Gewerkschaften als Arbeitnehmerinteressenvertreter in solchen außerbetrieblichen Mediationsnetzwerken nicht zu berücksichtigen.

Kooperationsbeziehungen sind auch immer themenspezifisch ausgeprägt. In jedem Unternehmen gibt es eine Tradition der Kooperationsbeziehungen zwischen betrieblicher Interessenvertretungen und Arbeitnehmern auf der einen Seite und Vorgesetzten und Unternehmensleitung auf der anderen Seite (betriebliche Sozialverfassung). Die Kooperationsbeziehungen konzentrieren sich auf die klassischen Arbeitsfelder, die Beschäftigungssicherheit, das Lohn-Leistungs-Verhältnis, Fragen des Gesundheitsschutzes und der Qualifizierung. Die Frage ist nun, ob und inwieweit die tradierten Kooperationsmuster im Unternehmen auch auf das Thema Umweltschutz übertragbar sind, oder ob aufgrund des anderen Zuschnitts und der anderen Qualität des Umweltthemas im betrieblichen Zusammenhang eine Übertragung nicht notwendig stattfinden muß (These: eher Exklusion) bzw. sich andere Kooperationsformen im Unterschied zu den vorher genannten Bereichen entwickeln.

Insgesamt stellt sich also die Frage, ob und inwieweit das traditionell bipolare System der industriellen Beziehungen eingebunden wird in offene Kooperationen im Rahmen größerer und multinationaler Politiknetzwerke oder nicht. Damit stellt sich auch die Frage nach dem speziellen und eigenständigen Beitrag der Arbeitnehmerseite zum unternehmensbezogenen Umweltschutz.

3.2.3 Arbeitsstil und Lebensstil

Beteiligung im Umweltschutz bezieht sich nicht nur auf die institutionalisierte Interessenvertretung, sondern auch auf den einzelnen Arbeitnehmer. Im Rahmen seiner betrieblichen Tätigkeit produziert er Umweltrisiken und -schäden in Form der Durchführung von Produktionsverfahren und der Herstellung von Produkten. Dies gilt für seine Arbeitstätigkeit in der Produktion (Erwerbstätigkeit), aber auch für die Eigenarbeit im Privathaushalt und für den privaten Konsum. In beiden Bereichen haben sich Arbeitsstile entwickelt, die in einer spezifischen Weise, bewußt oder unbewußt, mit extensiver Nutzung und Schädigung von Umwelt einhergehen. Obwohl Lebensstil und Arbeitsstil durch weitgehend getrennte Politikfelder bestimmt werden und auch völlig unterschiedlich reguliert werden, bestehen dennoch grundlegende Zusammenhänge zwischen Arbeitsstil und Lebensstil, die bei einer Beurteilung des Beteiligungsaspekts nicht außer acht gelassen werden dürfen. Zentrale Begriffe dieser Verknüpfung sind die instrumentelle Arbeitsorientierung und der kompensatorische Konsum. Die gewerkschaftliche Forderungspolitik hat bisher dieses gegenseitige Bedingungsverhältnis von Lebensstil und Konsumstil eher stabilisiert und hat entsprechende Barrieren, dieses Problem zu thematisieren.

In den Fallstudien hat sich gezeigt, daß die lebensweltlichen Anknüpfungen im Umweltschutz für den einzelnen Arbeitnehmer eine Rolle spielen, daß sie aber dennoch zwischen Arbeitsbereich und Lebensbereich streng trennen. Ein Teil der lebensweltlichen Erfahrungen, Orientierungen und Handlungsmaximen kann für den betrieblichen Umweltschutz genutzt werden (Anfahrt und Abfahrt zum Betrieb, Kantine, Hygiene am Arbeitsplatz etc.), andere Teile der Umweltorientierungen werden allein auf das Verbraucherverhalten begrenzt und damit außerhalb der Betriebsgrenze gehalten. Eine entscheidende Frage besteht darin, ob und über welche Mechanismen eine Aufhebung dieser Trennung zwischen betrieblicher und privater Lebenssphäre möglich ist (z. B. ein umfassender und positiver Gesundheitsbegriff).

Eine weitere offene Fragestellung sind die Formen und die Reichweite der Integration des Umweltschutzes in die jeweils konkrete Tätigkeit. Bisher wird betrieblicher Umweltschutz wesentlich als additiver Umweltschutz verstanden, der an technische Experten im Betrieb oder außerhalb des Betriebs delegiert wird. Die Potentiale des Umweltschutzes, die im Wissen und der Motivation des einzelnen Arbeitnehmers liegen, werden bisher kaum aktiv genutzt, sondern höchstens für die Akzeptanz von Unternehmensmaßnahmen nachgefragt.

Dieser Fragenkomplex ist nur am Rande unserer Untersuchungen aufgetreten. Dieser Sachverhalt ist ein Beleg für die weitgehende Abtrennung von Arbeitsbereich und Lebensbereich, d. h. die Massivität und Durchgängigkeit der Betriebsgrenze auch in den Gesellschaftswissenschaften. Daraus folgt, daß Überlegungen zu einer weitergehenden Ökologisierung von Arbeitstätigkeiten den gerade stattfindenden Umbruch in den Arbeits- und Lebensstilen einzubeziehen hätten, der durch kürzere und flexiblere Arbeitszeiten, sinkende Einkommen, den Abbau der sozialen Sicherungssysteme und die zunehmenden ökologischen Gefährdungen gegeben ist.

Martin Birke[1]

Vom betrieblichen Umweltschutz zur Betriebsökologie?

Zur Mikropolitik ökologischer Modernisierung

Inhalt

1. Einleitung

Die Industriesoziologie beginnt eher spät und zögerlich, die Provokation, die die ökologische Frage für ihre analytischen Konzepte und Kategorien bereithält, anzunehmen. Dies ist umso verwunderlicher, als sie ihrerseits ein in Betriebs- und Technikanalysen entwickeltes Wissen anzubieten hat, das in die sozialwissenschaftliche Umwelt-Forschung bisher nicht integriert ist. Industriesoziologie könnte dazu beitragen, die Erkenntnisdefizite über die tatsächlichen Wirkungsmechanismen betrieblicher Umweltpolitik, die nicht nur auf die Intransparenz unternehmerischer Umweltpolitik, sondern auch auf die disziplinäre Segmentierung und Spezialisierung der Umweltforschung zurückzuführen sind, zu verringern. Auch in der sozialwissenschaftlichen Umweltdiskussion bleiben Ökonomie, Technik, Organisation und Arbeitspolitik in einer dem Gegenstand unangemessenen analytischen Arbeitsteilung separiert mit der Folge, daß ihre Wechselwirkungen wie Widersprüche - also der originäre Untersuchungsgegenstand der Industriesoziologie - ununtersucht bleiben.

Einen Ausweg aus diesen Erkenntnisdefiziten haben wir in den Fallstudien zur Betriebsökologie (Birke, Schwarz 1994) mit dem strukturationstheoretisch orientierten Konzept der Mikropolitik (Ortmann u.a. 1990) versucht. Um Umweltstrategien betrieblicher Akteure in ihrem jeweiligen Handlungskontext entschlüsseln zu können,

[1] Dr. Martin Birke, Wissenschaftlicher Mitarbeiter am ISO-Institut Köln

wollten wir uns, so wie es in industriesoziologischen und arbeitspolitischen Analysen zur Technisierung und Reorganisation im Betrieb gelungen ist (Bergstermann, Brandherm-Böhmker 1990), den vom Mit- und Gegeneinander betrieblicher Funktionsbereiche geprägten betrieblichen Binnenverhältnissen ökologischer Modernisierung annähern. Die erkenntnisleitende Idee, Strukturen und Akteure betrieblicher Umwelt-Praxis nicht getrennt voneinander zu untersuchen, sondern sich auf ihr "Bedingungswirrwarr" einzulassen, war die in Technisierungsprozessen zu beobachtende und in Ökologisierungsprozessen zu überprüfende Erfahrung, daß weder Unternehmen noch ihre Modernisierung so wie in Lehrbüchern oder unternehmerischen Selbstdarstellungen beschrieben funktionieren: zweckrational, strategisch und durch eindeutige Effizienzkriterien plan- und steuerbar. Gelingt der Blick hinter die Kulissen unternehmensinterner Konflikte um Umweltschutz-Entscheidungen, verliert nicht zuletzt die alles beherrschende Kostenargumentation an Rationalität.

Die das Innenleben aller Betriebe prägenden latenten Konflikte, Orientierungsmuster, divergierenden Interessen und Problemwahrnehmungen spielen schon bei punktuell nachsorgenden end-of-the-pipe-Technologien eine wichtige Rolle. Die vielfältigen, nicht nur ökonomischen Innovationsrisiken, die erhöhten Kooperations- und Koordinationsanforderungen eines (selbst in Öko-Modellunternehmen noch zu entwickelnden) produktions- und produktintegrierten Umwelt- und Ressourcenschutzes werden noch intensiver von mikropolitischen Prozessen des Wahrnehmens, Interpretierens, des konflikthaltigen und machtdurchwirkten Aushandelns bestimmt. Weder die durch Computertechnologie forcierte noch die betriebsökologisch notwendige Reorganisation der Unternehmen vollzieht sich gemäß managementstrategischen Optimalitätsannahmen. Statt Planungsrationalität, Effizienz und Innovationsvermögen dominieren "micro-politics of strategy formulation" (Narayanan, Fahey 1982), die keineswegs frei von organisationalem Konservatismus und Durchwursteln sind. Ohne ein Wissen über diese analytisch meist ausgeblendeten Probleme beim Aufbau eines Umweltmanagements werden Erfolgsfaktoren wie Wirkungsweisen der ökologischen Modernisierung von Unternehmen strukturdeterministisch auf Ökonomie, Technik und Organisation kurzgeschlossen, ohne den empirischen Befund "situative Uneinheitlichkeit und Unübersichtlichkeit" (Freimann 1994) analytisch präzisieren zu können.

2. Umweltschutzpraxis zwischen Kostenkalkül und Modernisierungsdruck

In unseren Fallstudien haben wir uns der Varianz unterschiedlichster Anlässe und Rahmenbedingungen für eine Ökologisierung der Unternehmen mit einer nicht repräsentativen Auswahl von insbesondere mittelgroßen Betrieben aus der Chemie-, Verpackungs- und Druckindustrie sowie dem Maschinenbau und der EDV-Branche angenähert. In allen Fällen werden Umweltschutzaktivitäten überwiegend unternehmensextern via Gesetz, Markt oder Umwelt-Initiativen initiiert. Die Art und Weise der jeweils betriebsspezifischen Internalisierung steigender Umweltschutzansprüche ist davon jedoch nicht eindeutig bestimmt, wie die fünf von uns differenzierten betrieblichen Reaktionsformen verdeutlichen.

Eine ausgeprägte umweltsensible Umweltproduktions- und Produktpalette einerseits und technisch-ökonomische Leistungsdefizite andererseits ließen in dem mittelständischen Traditionsbetrieb der Grundstoffchemie über Jahre hinweg eine nicht nur ökologisch fatale Unternehmenspolitik entstehen, sich gegenüber externen Ansprüchen abzuschotten und "von der Substanz zu leben". Umweltschutz wurde ausschließlich als Kostenfaktor angesehen, auf die Einhaltung von Grenzwerten begrenzt und bestimmt von der fast alltäglichen Unsicherheit, die zu erwartenden Verschärfungen gesetzlicher Auflagen erfüllen zu können. Die Emissions- und Entsorgungsprobleme setzten integrierte Umwelt-Techniken voraus, mit denen das Management ökonomisch, technisch wie quali-fikatorisch überfordert war. Lernprozesse hatte das Management in den Umweltkonflikten mit der Gewerbeaufsicht insofern vollzogen, als es sein reaktiv-defensives Verhalten durch konfliktorisches Aussitzen und Aushandeln von Ausnahmegenehmigungen "optimierte". Intern führt die Negativvariante des Umweltschutz als Chefsache zu einer Konfliktsituation mit dem Betriebsrat, der - allerdings erst unter dem ansteigenden Druck drohender Betriebsschließung - in der verläßlichen Einhaltung von behördlichen Auflagen eine Standortsicherung und Arbeitsplatzsicherung sah. Die Überalterung von Management und Belegschaft, extrem restriktive Führungshierarchien und Kooperationsprobleme zwischen Chemikern, Verfahrensingenieuren und Betriebswirten hatten in Kombination mit einer dringend modernisierungsbedürftigen Produktionstechnik, Arbeitsorganisation und Personalpolitik zu Innovationsblockaden geführt, denen der Betriebsrat und Teile des Managements auch durch ein verspätet entwickeltes "umweltorientiertes Standortsicherungskonzept" nicht mehr begegnen konnten. Somit blieb offen, ob ein solches Modernisierungskonzept für den in seiner "stofflichen Einbahnstraße" festgefahrenen Alt-Betrieb ökonomisch wie ökologisch tragfähig gewesen wäre und genügend innerorganisatorische Reformanreize hätte bieten können.

Umweltschutz als Standortsicherungsstrategie

Auch der faßherstellende Filialbetrieb eines niederländischen Konzerns war aufgrund der innovationsfeindlichen Haltung des Managements akut mit Betriebsschließungsproblemen bedroht. Die niederländische Konzernleitung beauftragte auf dem Höhepunkt der Auseinandersetzung mit der Gewerbeaufsicht um unzulässige Emissionen einen konzernintern geschulten jüngeren Manager mit der Realisierung einer ökonomisch tragfähigen, von den Umweltschutzbehörden akzeptierten Sanierung. Emissionsschutz und betriebliches Entsorgungskonzept sind die beiden unverbunden nebeneinander bestehenden Bestandteile eines auf externe Anstöße reagierenden Umweltschutzkon-zeptes, das auf Konflikt- wie Kostenminimierung orientiert ist. In der Produktentwicklung setzt die Firma auf hohe Transportsicherheit für extrem umweltgefährdende Füllgüter, worin ebenfalls ein wichtiger Beitrag zum Umweltschutz gesehen wird. Mit der kompletten Neugestaltung und maschinellen Modernisierung einer der beiden Fertigungshallen sollen die Arbeits- und Umweltschutzprobleme (extreme Lärmemis-sionen, gesundheitsschädliche Stäube und lösungsmittelhaltige Emissionen, hohe CO_2- und Sondermüllaufkommen) gemindert werden. Ein neues Umweltschutzkonzept sieht die Institutionalisierung einer querschnittsorientierten Projektgruppe vor, die sich mit der ökologischen Bewertung der Produktionsabläufe und des gesamten Materialflusses befaßt und Vorschläge für ein integriertes Umwelt-Management entwickelt. Die vom Werkleiter vorgegebenen Kriterien dieses Umweltschutzkonzeptes, das eher gegen den Betriebsrat und gegen die besitzstandsorientierte Belegschaft durchzusetzen ist, sind: organisatorische Integration von Umweltschutz auf allen Ebenen, klare Verantwortlichkeiten, aktive Mitwirkung der Belegschaft im Rahmen formeller Regelungen und im Sinne umweltgerechten individuellen Verhaltens.

Umweltschutz als patriarchalische Chefsache

Bei einem mittelständischen Hersteller von Spezialwalzen hatte das mehr oder minder planvolle Zusammenspiel von patriarchalischer Unternehmensführung, betrieblicher Sicherheits- und Expertenkultur ein technisch hochentwickeltes Arbeits- und Umweltschutz-System entstehen lassen. Offensiv praktizierter technischer Umweltschutz ist das Leitbild der "Zehn Umweltgebote", für die das Unternehmen von einem Arbeitgeberverband eine Anerkennungsurkunde für umweltbewußte Unternehmensführung erhielt. Auflagen bewußt zu unterlaufen, meldepflichtige Unfälle zu verschweigen oder technische Umrüstungen zu verzögern, sind inzwischen "tabu", da die Einhaltung gesetzlicher Normen als Existenzsicherung gilt. Dies ist in erster Linie auf das persönliche Engagement des Seniorchefs und seine die Unternehmenskultur prägende Rolle zurückzuführen. Gegenüber den von ihm initiierten und durchgesetzten, programmatischen Umweltleitlinien dominiert beim oberen wie mittleren Management ein defensives, sich absicherndes Verhalten, insbesondere, wenn die Umweltziele mit Kostensteigerungen, Budgetänderungen oder technisch-organisatorischen Umstellungsproblemen verbunden sind. Die neuen Umweltziele werden zwar nicht offen abgelehnt, aber auch nicht eigeninitiativ oder mit eigenem produktionstechnischem Erfahrungswissen unterstützt. Umweltschutz als Chefsache ist infolge des patriarchalischen Führungsstils deshalb schnell an Wirkungsgrenzen geraten: Reibungsverluste, Rückdelegationen und Kompetenzunsicherheiten behindern eine interdisziplinäre, funktions- und bereichsübergreifende Kooperation, wie sie für die spezifische Weiterentwicklung der bestehenden Umweltschutzorganisationen hin zu einem Umweltmanagementsystem notwendig wäre. Die Erfolgschancen eines zukünftig zu entwickelnden integrierten Umwelt-Managements hängen deshalb von dem bevorstehenden Generationswechsel in der Unternehmensführung ab, der begleitet wird von einem komplementär schon vollzogenen Generationswechsel im Betriebsrat.

Betrieblicher Umweltschutz als profitable Restgröße

Mit einer Mischung aus adaptivem und eigeninitiativem Umweltschutz versucht das mittelständische Verlags- und Druckunternehmen Umweltschutz-Standards auch prospektiv einzuhalten. Seine technisch-organisatorischen Anforderungen werden wie der technische Strukturwandel in den achtziger Jahren mittels Investitionsreserven, einem vorsichtig kalkulierenden Management und von den seitens des Managements und des Betriebsrats delegierten Spezialisten bewältigt im Rahmen eines produktivitäts- wie besitzstandsorientierten Betriebsklimas. Mittels hochentwickelter end-of-the-pipe-Techniken konnten Emissions-, Abwässer- und Gefahrstoffprobleme über die vorgeschriebenen Grenzwerte hinaus reduziert werden, was Ende der achtziger Jahre dem Unternehmen eine Anerkennungsurkunde für umweltbewußte Unternehmensführung einbrachte. Unternehmerisches Auswahlkriterium für die auch ungeachtet kurzfristiger betriebswirtschaftlicher Kostenbelastungen realisierten Maßnahmen waren ihre relativ komplikationslose und mindestens langfristig kostenneutrale Integration in den Produktionsalltag, die insbesondere bei den Energiesparmaßnahmen gelang. Die punktuelle Reparatur ökologischer Einzelprobleme hat auf diese Weise einen effizienten Flickenteppich von additiven Umweltschutzmaßnahmen entstehen lassen, dessen Weiterentwicklung zu integrierten Managementsystemen, wie sie inzwischen in mehreren Druckunternehmen erfolgreich erprobt sind, noch aussteht und durch das konventionelle betriebliche Arbeitsschutz- und Sicherheitswesen eher behindert wird.

Umweltschutz als Bestandteil moderner Unternehmenskultur

Umweltschutz wird für die deutsche Niederlassung des multinationalen EDV-Konzerns insbesondere wegen veränderter Marktchancen ihrer Produkte wichtig. Als Anbieter von Umwelt-Informationssystemen muß sie sich glaubhaft als "green company" darstellen und marktbezogenen mit internem Umweltschutz verknüpfen. Individuelles Engagement im Umweltschutz wird deshalb von Seiten des Managements als wichtiger Bestandteil einer ausformulierten Unternehmensphilosophie propagiert, ohne die dafür erforderlichen Zeit- und Finanzressourcen, die Berücksichtigung von Umweltschutz in der betrieblichen Weiterbildung und in der Mitarbeiterbeurteilung sicherzustellen. Der überwiegende Teil der Beschäftigten verfolgt deshalb nach wie vor eine individuelle Karriereplanung ohne die auch dispositiv bestehenden Spielräume für Eigeninitiative im betrieblichen Umweltschutz zu nutzen, nicht zuletzt weil sie zusätzlichen und nicht honorierten Arbeitsstreß bedeuten. Betriebsintern wird die Umweltschutzorganisation neu gestaltet durch die Einrichtung eines Umwelt-Auditors und eines von ihm geleiteten Umwelt-Core-Teams, in denen die formell verantwortlichen Abteilungsleiter alle umweltrelevanten Tätigkeitsfelder des Unternehmens koordinieren sollen. Betriebliche Umweltgruppen, in denen interessierte Mitarbeiter aus allen Niederlassungen freiwillig mitarbeiten, delegieren Mitglieder für dieses Gremium. Auf der obersten Managementebene ist der Leiter der Forschungsabteilung, die die Umwelt-Informationssysteme entwickelt und verkauft, auch der offizielle Umweltbeauftragte des Unternehmens und verantwortlich für die Koordination und Effizienz der neu entstehenden Umweltschutzorganisation, deren erstes Projekt die Reform der Umwelt-Berichterstattung des Unternehmens war.

Diese für mittelständische Unternehmen typischen Anpassungsprobleme an einen extern vermittelten ökologischen Modernisierungsdruck verdeutlichen, daß der qualitative Entwicklungssprung zu einer Betriebsökologie, mit produkt- und produktionsintegrierendem Umwelt- und Ressourcenschutz nicht nur aussteht, sondern auch hinsichtlich seiner Entwicklungspfade und Erfolgskriterien kaum analysiert ist. Das Leitbild, Umweltschutz als Querschnittsaufgabe zu institutionalisieren, und aufeinander abgestimmt Technik, Stoffkreisläufe, Ökonomie, Unternehmens- und Arbeitsorganisation nach ökologischen Erfordernissen neu zu gestalten, ist bisher eher normativ als realanalytisch definiert. Soll es zukünftig nicht nur reklamiert, sondern in seinen betrieblichen Entwicklungsperspektiven realitätshaltig aufgezeigt werden, ist die sozialwissenschaftliche Umweltforschung verwiesen auf die hohe Varianz betrieblicher Umweltprobleme und die gleichartigen Wirkungsmängel ihrer immer noch dominierenden technisch-nachsorgenden Bearbeitung - vor allem aber auf Widerstände gegenüber den betriebsökologisch notwendigen Organisationsreformen.

3. Der schwierige Übergang in die innovative Phase des integrierten Umweltschutzes

Daß der seit circa fünfzehn Jahren in den Unternehmen realexistierende Umweltschutz heute trotz mancherlei Einzelerfolge quer durch alle Branchen und Betriebstypen als hervorstechendstes Merkmal eine unübersichtliche Verquickung von Teil-, Halb- und Gegenmodernisierungen aufzuweisen hat, war in Kenntnis der kaum zu kalkulierenden Entwicklungsdynamik und -richtung reflexiver Modernisierungsprozesse durchaus vorhersehbar (Beck 1993). Statt großer Würfe bieten auch ökologische Vorreiterunternehmen nur mehr oder minder integrierte Umweltschutzmaßnahmen mit Patchwork-Charakter und zum Teil sehr unterschiedlicher Öko-Performance. Die Reorganisation traditioneller Produktionslinien und Arbeitsstrukturen nach ökologischen Kriterien vollzieht sich gegenwärtig - wenn überhaupt - inkremental und ergebnisunsicher. Nicht nur die Entwicklung von ökologischen Verfahrens- und Produktinnovationen scheint in den meisten Unternehmen ein Schlüsselproblem zu sein. Unbeantwortet ist insbesondere die Frage, wie die Varianz der bislang dominierenden technischen Umweltschutzmaßnahmen koordiniert und in einen sukzessiven Prozeß ökologischer Reorganisation mit modernen Managementmethoden und Organisationsentwicklung überführt werden kann.

Aufgrund spezifischer Fertigungsstrukturen und Produktrisiken sind integrierte Umweltschutz-Techniken in den Unternehmen fertigungstechnisch wie stofflich oft nur als Unikat zu realisieren und mit hohen finanziellen wie technisch-organisatorischen Risiken verbunden. Die Umsetzung der Grundprinzipien des integrierten Umweltschutzes (präventiv, komplex und auf Wiederverwendung angelegte Verfahrensweisen mit niedrigem Ressourcenverbrauch und Schadstoffemissionen und hohen Recyclingoptionen) stellen Maximalanforderungen an Planung, Entwicklung, interdisziplinäre und funktionsübergreifende Kommunikation unternehmensintern wie unternehmensextern. Ein solches Redesign des gesamten Produktionsprozesses und ein nach betrieblichen Gegebenheiten entwickeltes Umwelt-Managementsystem sind auch in Öko-Modellbetrieben erst ansatzweise realisiert, scheinen jedoch zukünftig gerade betriebswirtschaftlich zum Erfolgsmaßstab zu werden. Ansteigende Umwelt-Haftungsansprüche und ökologische Produkterwartungen, das zyklisch wiederkehrende Öko-Auditing, mittelfristig zu erwartende ökologische Steuerreformmaßnahmen, die Wettbewerbschancen als Öko-Differenzierer und nicht zuletzt die (infolge des Mißverhältnisses von kleiner werdendem Zugewinn an Umweltentlastung und größer werdendem Technik- und Kapitalaufwand entstehende) Kostenfalle des traditionellen End-of-the-pipe-Umweltschutzes werden in den nächsten Jahren den ökologischen Modernisierungsdruck für alle Unternehmen spürbar werden lassen.

Ökonomischer Anreiz wird jedoch nicht hinreichen, die Probleme betriebsökologischer Innovation und Organisationsreform zu lösen. Schon einzelne technische Umweltschutzmaßnahmen sind, wie ein Vergleich unserer Fallstudien in mittelständischen Unternehmen mit eher durchschnittlichem Umweltrisikoprofil zeigt, mit Innovationsrisiken und Abstimmungsprozeduren verbunden, die sich bei ambitionierteren betriebsökologischen Maßnahmen potenzieren. Die Implementation eines Umweltmanagementsystems, die Neugestaltung von Stoffkreisläufen und Produktionstechnik sind gleich mehrfach kontingent: Sie enthalten technisch, stofflich, markt- und produktionsökonomisch, sowie organisatorisch immer mehrere Entwicklungsvarianten mit meist unübersichtlichen Kostenfolgen, Wettbewerbsoptionen und Umstellungsrisiken. Deren Bewertung, Auswahl und Realisierung vollziehen sich in politikhaltigen und ergebnisoffenen Aushandlungsprozeduren zwischen den entscheidungsrelevanten Akteuren im Unternehmen, die mit ihren Interessen, Leitbildern, Fachkompetenzen und vor allem ihrem betriebspolitischen Durchsetzungsvermögen und Koalieren die Mikropolitik ökologischer Modernisierung bestimmen. Statt eindeutiger Innovationsstrategien dominieren in betriebsökologischen Reformprojekten infolge dieser Kontingenzen:

- "trial and error" als Ausweg aus dem Dilemma, daß es weder technisch-stofflich, ökonomisch noch organisatorisch einen Königsweg oder konsistente Gesamtkonzepte einer betrieblichen Ökologisierung gibt, sondern stattdessen deren Entwicklungs- und Gestaltungsoptionen auszuloten und zu evaluieren sind;

- "muddling through" als Versuch, den Wust von Konzepten und Entscheidungs-alternativen zu bewältigen, indem die ökonomischen, technischen und ökologischen Risiken und Zielkonflikte der ausgewählten Gestaltungsvarianten minimiert oder neutralisiert werden;

- "strategische bricolage" selbst in modernem Projekt- und Prozeßmanagement, in dem sich notgedrungen nur durch Experimentieren mit und Rekombinieren von traditionellen und innovativen Methoden und Praktiken der Unternehmensführung den strategischen Zielen des Umwelt-Managements angenähert werden kann.

Solche höchst prekären unternehmensinternen Such- und Reorganisationsprozesse werden gegenwärtig insbesondere wegen ihrer latent bleibenden Konflikte zum Nadelöhr ökologischer Unternehmensreform, so daß das übliche Innovationsgefälle zwischen Technik, Ökonomie und Organisation unverändert bleibt: Technisch-stoffliche Innovationen für Produktionsverfahren, Produktentwicklung und Stoffkreisläufe werden schneller eingeführt als die für ihre kostenkalkulatorische und investive Bewältigung erforderlichen neuen betriebswirtschaftlichen Methoden (Öko-Bilanzen, Öko-Controlling, Öko-Portfolio) ökologischer Unternehmensführung; diese wiederum finden mehr Akzeptanz als die zu ihrer effizienten Implementation notwendige Reform der Unternehmens- und Arbeitsorganisation.

Das Gemisch aus unvermeidlichen technisch-stofflichen und ökonomischen Risiken und Kontingenzen einerseits und hausgemachten organisatorischen und politischen Innova-tionsdefiziten andererseits wird auch zukünftig die ökologische Modernisierung der Unternehmen vielfältigen Brüchen und Gegentendenzen aussetzen. Sind betriebs-ökologische Reformen gerade deswegen unternehmensextern zu forcieren? Daß externe Innovationsanstöße für die unternehmensinterne Reorganisation notwendig, aber nicht hinreichend sind, illustriert der "umweltpolitische Glücksfall" der aktuellen EU-Öko-Audit-Verordnung.

4. Öko-Auditing als Endogenisierungspotential für Betriebsökologie?

Die Erwartungen, die die Diskussion um die Wirkungsgrenzen staatlich regulativer Umweltpolitik in eine nicht-dirigistische Umweltpolitik geweckt hat, scheinen durch das große Interesse von Industrie, Handel und Dienstleistungsunternehmen an der Audit-Verordnung bestätigt zu werden. Ihr relativ offen gehaltenes Verfahren der Umwelt-Betriebsprüfung mit der freiwilligen, aber zyklisch kontrollierten Verpflichtung zum Aufbau eines Umwelt-Managementsystems eröffnet der flächendeckenden, branchen- und unternehmensübergreifenden Verbreitung von betrieblichen Umweltschutz-Standards neue Perspektiven. Aus mikropolitischer Sicht sind neben dieser Breitenwirkung die zu erwartenden Veränderungen im Binnenverhältnis der Betriebe mindestens ebenso relevant.

Ob das Auditing-Verfahren zu einer Mogelpackung zwecks Zertifizierung des umweltpolitischen business as usual verkommt oder tatsächlich den internen Reorganisationsprozeß effektiviert, hängt weniger von korporatistisch austarierten Kompromissen bei der Institutionalisierung und Zulassung der Auditoren ab. Für die Effizienz betriebsökologischer Reform und die Öko-Performance langfristig entscheidender ist deren Befähigung, die betriebsökologischen Reformprobleme nicht auf Technik und Ökonomie zu reduzieren und den zu prüfenden Aufbau von Umweltmanagementsystemen zur direkten wie indirekten Beeinflussung der dabei virulent werdenden Mikropolitik zu nutzen. Dieses Interventionspotential, über das Auditoren ähnlich wie externe Umweltberater verfügen, ist primär nicht abhängig von der organisationalen (Auf-)Geschlossenheit oder Offenheit der Unternehmen; ausschlaggebender scheint der ökonomisch vermittelte Bedarf an ökologischer Modernisierung zu sein.

Die ökonomische Argumentation, mit der Öko-Audit-Promotoren Unternehmen für ein umfassendes Umwelt-Management gewinnen wollen, orientiert sich konsequent an deren selbstreferenziellen Interessen der Markt- und Produktionsökonomie. Den (je nach Unternehmensgröße und Managementqualität zwischen 20 und 200 Tsd. DM bezifferten) Kosten des Prüfverfahrens werden als Pluspunkte gegenübergestellt: die Existenzsicherung (Vertrauensverhältnis zu Behörden, Marktpartnern, Konsumenten, Banken, Versicherungen, Öffentlichkeit, Mitarbeitermotivation und -identifikation), Marktchancen (Wettbewerbsvorteile, Qualitätssicherung, neue Marktsegmente, langfristige Produktstabilisierung) und Kostenreduzierungen (Einsparung von Rohstoffen, Energie, Entsorgungskosten, nachgeschalteter und permanent nachzubessernder Umwelttechnik) (Schulz, Schulz 1993, Handelsblatt 17./18.1.1995).

Reicht aber der bloß ökonomische Anreiz eines standardisierten Umweltprüfverfahrens aus, trotz der erwartbaren Instrumentalisierungs- und Abschottungstendenzen im Unternehmen eine Endogenisierung betriebsökologischer Reformen zu erreichen? Der Luhmannsche Denkanstoß, daß der Maßstab endogener Entwicklung weniger der Grad der Geschlossen- oder Offenheit von Systemen ist, sondern vielmehr die Frage, "wie selbstreferentielle Geschlossenheit Offenheit erzeugen könne" (Luhmann 1985, 25), gewinnt durch die Interdependenz von ökologischer und technisch-ökonomischer Modernisierung praktische Relevanz: Ökologische Effizienzsteigerung kommt nicht ohne Instrumente, Methoden und Strategien technisch-ökonomischer Modernisierung aus;

umgekehrt ist mittlerweile auch die ökonomische und technische Effizienz der Unternehmen wegen der anwachsenden Betriebskosten ökologischer Schäden oder Ignoranz auf ökologische Modernisierung angewiesen (Birke, Schwarz 1994, 150 ff.). Die je nach Umweltsensibilität von Produkt und Produktion in den Unterschieden unterschiedlich virulente Erkenntnis, daß externe Umweltkosten zu den Betriebskosten von morgen werden können, ist mitentscheidend für den betriebsökologischen Erfolg des Öko-Audits - weniger im eigentlichen Auditing-Verfahren als vielmehr in dem daran geknüpften Prozeß der Umwelt-Beratung, der Entwicklung und Implementation eines betriebsspezifischen Umwelt-Managements. Der mit der Luhmannschen Frage definierte Maßstab für endogene Entwicklung kann dabei der Evaluation der Öko-Auditing-Praxis dienen, insbesondere im Hinblick auf die Interpretations- und Gestaltungsspielräume der EU-Verordnung.

Instrumentell-operativ ist die Umweltbetriebsprüfung nach ihrer bisherigen Anlage Innovationsanreiz und Status-quo-Festschreibung zugleich. Die sich abzeichnende Verknüpfung von Qualitätssicherungs- und Öko-Audit-Normen kann das Umwelt-Management auf die die Umweltschutzpraxis ohnehin dominierende Checklisten-Kultur fixiert halten und damit seine qualitativ neue Herausforderung verfehlen: die Umwelt-Verträglichkeit von Produktion und Produkten nicht additiv, sondern als Querschnitts-aufgabe mit interdisziplinärer Kooperation, Qualifikation und Problemlösungskompetenz aller betroffenen Unternehmensbereiche sicherzustellen. Die Kombination von Qualitätssicherungs- und Umwelt-Management kann jedoch ebenso als erster Schritt eines abteilungsübergreifenden Schnittstellen-Managements angelegt werden.

Strategisch impliziert der Aufbau integrierter Umwelt-Managementsysteme, so wie in den Anhängen der Verordnung vorgeschlagen und in Eigenaudits der Großunternehmen praxiserprobt, Erfahrungen mit modernen Controlling- und Qualitätssicherungssystemen, computergestützten Informationsnetzwerken und darauf abgestimmter Organisations-entwicklung. Den Umwelt-Management-Aufbau mit der Integration von technischen Abteilungen (Produktentwicklung, Fertigung und Konstruktion, Entsorgung) und betriebswirtschaftlichen Abteilungen (Materialwirtschaft, Investitionsrechnung, Marketing und Controlling) zu verknüpfen, dient der betriebsökologischen, technischen wie betriebswirtschaftlichen Optimierung: Die markt- und produktionsökonomischen Risiken betriebsökologischer Innovationen sind, soweit überhaupt, nur mit einem Rechnungswesen zu kalkulieren, das in betriebliche Umwelt-Informationssysteme integriert ist. Dies ist auch eine Bedingung für die in der Betriebswirtschaft neu entwickelten Instrumente der Öko-Bilanzen, des Öko-Portfolios und des Öko-Controllings (Wagner 1993). Obwohl erst in Modell-Projekten erprobt, werden sie eine hohe praktische Relevanz haben als ökologische Planungs-, Lenkungs- und Zielkostenrechnung, die Umweltschutz-Kosten nicht in Gesamtkostenblöcken verschwinden läßt, sondern zuordnet und Kosteneinsparungspotentiale offenlegt. Ob dies allerdings die mikropolitischen Konflikte entschärfen oder versachlichen wird, ist eher zweifelhaft.

Daß die Methoden der ökonomisch-technischen und der ökologischen Effizienzsteigerung ergänzungsfähig und kompatibel sind, ist auf ihr gemeinsames systemisches Rationalisierungs- und Reorganisationspotential zurückzuführen: Unternehmensintern wie unternehmensextern wird sowohl beim integrierten Umweltschutz wie bei IuK-Techniken eine Reintegration aller Produktionsfunktionen entlang der Wertschöpfungs- und

Fertigungskette notwendig, die weder mit traditioneller Unternehmensführung noch mit traditioneller Umweltschutz-Organisation zu gewährleisten ist. Diese Interdependenz zwischen neuen Fertigungstechniken, Informations- und Kommunikationstechniken und integriertem Umweltschutz wird zukünftig Organisationsreformen begünstigen mit weitgehend identischen Instrumenten der Unternehmensführung: leistungsfähige Team-strukturen, Verstärkung des Schnittstellen-Managements, professionelle Anwendung von Informationsnetzwerken, Reintegration der unternehmensinternen Funktionen und Bereiche und die Etablierung "lernender Organisation", in der das Denken in Funktionen um das Denken in Prozessen ergänzt werden kann.

Ob das Auditing-Verfahren mit der Förderung von Umwelt-Managementsystemen die Implementation dieser posttayloristischen Management-Methoden beschleunigen kann, zumal sie in den letzten Jahren eher über den "Japan-Umweg" der lean-production-Diskussion aufgewertet wurden, ist offen. Umwelt-Management fungiert gegenwärtig jedoch nicht (wie noch vor einigen Jahren gehofft) als "Speerspitze der Management-Reform" (Steger 1991), sondern ist vielmehr abhängig von unternehmensorganisatori-schen Veränderungen infolge der durch "lean production" initiierten technischen und ökonomischen Rationalisierungsprozesse. Im Verlaufe der dreijährig wiederkehrenden Betriebsprüfungsverfahren wird jedoch die mit der EU-Verordnung angestrebte Umwand-lung der traditionellen Umweltschutz-Organisation zum Umwelt-Managementsystem in den Unternehmensorganisationen nicht ohne Konflikte und Einfluß bleiben. Selbst Pflichtenhefte und Checklisten standardisierter DIN-Normen können mikropolitisch Wirkung entfalten, wenn ihr Einsatz und Nutzen an der "doppelten Organisations-wirklichkeit" (Weltz 1988) zu scheitern droht: an der scheininnovativen Normerfüllung seitens des mittleren Managements, das der "neuen Chefsache" kaum Zukunftschancen gibt, da sie Mehrarbeit bedeutet und keine Budget- oder Gratifikationsverbesserungen in Aussicht stellt; oder an Kompetenzstreitereien zwischen Linienmanagern und Umweltverantwortlichen um die Zuordnung von Auditkosten, den Qualitäts- und Funk-tionseinbußen umweltfreundlicher Produkte und Prozesse; und nicht zuletzt am Gegeneinander der Unternehmensabteilungen, die - jeweils nur an ihren eigenen Funktionen interessiert - eine querschnittsorientierte Weiterentwicklung der überforderten konventionellen Umweltschutzorganisation behindern.

Der Aufbau von Umweltmanagement ist mit komplexen Gestaltungs-, Organisations- und Lernanforderungen verbunden, in deren mikropolitische Konflikte und Aushand-lungsprozesse das Auditing-Verfahren interveniert. Auch wenn es von seiner Anlage her eine Betriebsprüfungsverordnung und kein Instrument der Organisationsentwicklung ist, ermöglicht es Prozesse des Organisationslernens, die - in sozialwissenschaftlicher Per-spektive - die Substanz der mit dem Öko-Auditing zumindest mitinitiierten ökologischen Reorganisation bilden. Ob Auditing als Prozeß des Organisationslernens und der Organisationsentwicklung anzulegen und wirksam ist, könnte primär- wie (vor allem) sekundäranalytisch erforscht werden, indem es mit verwandten und zeitgleich statt-findenden externen Prüf- und Beratungsmethoden wie die der staatlichen Gewerbeaufsicht und der privaten Umweltberater verglichen und kontrastiert wird. Dies käme auch der Qualität und Verallgemeinerungsfähigkeit der bisher interdisziplinär kaum ausgewerteten empirischen Befunde zum betrieblichen Umweltschutz zugute.

5. Industriesoziologische "Bringschulden"

Für den hier favorisierten industriesoziologischen und arbeitspolitischen Analysefocus der Endogenisierung spricht nicht nur der Vorteil, die Konzepte der sozialwissenschaftlichen Technikforschung für die Empirie der Umweltforschung zu nutzen, sondern auch die Notwendigkeit, die These von der Komplementarität zwischen technisch-ökonomischer und ökologischer Modernisierung empirisch-analytisch zu präzisieren und theoretisch zu fundieren. Mit diesem originären Untersuchungsgegenstand bietet sich der Industriesoziologie die bisher wenig genutzte Chance, die sozialwissenschaftliche Analyse der betrieblichen Umweltpolitik und ihre eigenen Konzepte weiterzuentwickeln. Insbesondere ihre arbeitspolitische Analyse des durch die Mikroelektronik eingeleiteten Umbruchs industrieller Produktionskonzepte illustrieren den aufklärerischen wie praktischen Nutzen von Industriesoziologie: Der suggestiven Verbindung von Technik und Fortschritt wurde der Boden entzogen durch die Dokumentation, daß und wie moderne Techniksysteme nicht allein technisch, sondern insbesondere auch sozial und arbeitspolitisch zu bewältigen sind, um produktiv zu werden. Wie ökologische Ansprüche an Produkte und Produktionsverfahren diese Attacke auf das Denken nutzen und den "antiökologischen" Normalbetrieb verändern können, läßt sich erst erkennen, wenn die Wechselbeziehung zwischen Technik, Ökonomie, Ökologie und Organisationsentwicklung im Rahmen einer ökologischen Arbeitspolitik weiter untersucht wird. Daß die betrieblichen Produktivitäts- und Sozialpakte aufgrund der ihnen eigenen Beharrungstendenzen, historisch gewachsener Arbeitsnormen und Orientierungsmuster die Anforderungen einer Betriebsökologie nur in umwegigen und variantenreichen Prozessen der Anpassung bewältigen, präzisiert nicht nur den industriesoziologischen Blick, sondern auch die gesellschaftspolitischen Erwartungen an eine "ökologische Wende". Diese Beratungs- und Aufklärungsfunktion einer "Industriesoziologie als Katharsis" (Kern, Kern, Schumann 1988) sind für das Verständnis (der Mikropolitik) reflexiver Modernisierung unentbehrlich. Sie konfrontiert die Industriesoziologie jedoch auch mit Fragen nach der Verengung ihrer Untersuchungsfelder und Kategorien, z.B.:

- Ist der "Gestaltwandel betrieblicher Rationalisierung" infolge neuer Produktionskonzepte und systemischer Rationalisierung (Beckenbach, van Treeck 1994) zukünftig ohne die Analyse der betriebsökologischen Modernisierung und Ökologisierungspfade in und zwischen Branchen und Produktlinien zu analysieren?

- Kann die Analyse der "systemischen Rationalisierung als sozialer Prozeß" (Bergstermann, Brandherm-Böhmker 1990) weiterhin verzichten auf die organisationssoziologische und betriebswirtschaftliche Diskussion der Organisationsentwicklung und des Organisationswandels einerseits und ökologisch erweiterte Arbeitspolitik (Hildebrandt u.a. 1994) andererseits? Wie ist zwischen diesen drei getrennt voneinander geführten Diskursen sozialwissenschaftlicher Umweltforschung "Anschlußfähigkeit" herzustellen - theoretisch wie empirisch-analytisch?

- Bleibt die technisch-ökonomisch begrenzte Untersuchung der Diffusion neuer Produktionskonzepte (Schumann u.a. 1994) und der "Entwicklungspfade der deutschen Industrie" (Jürgens, Naschold 1994) nicht hinter der Realität zurück, wenn die zunehmende Verquickung des industriell-sektoralen mit dem ökologischen Strukturwandel nicht mituntersucht wird?

- Wie kann die industriesoziologische Risikoforschung sich an der Definition von sozialwissenschaftlichen Kriterien der Öko-Performance beteiligen - zum Beispiel unter Rückgriff auf die sustainable development-Strategien der Suffizienz, Effizienz und Konsistenz (Huber 1994)?

Literatur

Beck, Ulrich: Die Erfindung des Politischen. Zu einer Theorie reflexiver Modernisierung, Frankfurt/Main 1993

Beckenbach, Niels, Werner van Treeck (Hrsg.): Umbrüche gesellschaftlicher Arbeit, Soziale Welt, Sonderband 9, 3-10, 1994

Bergstermann, Jörg, Ruth Brandherm-Böhmker (Hrsg.): Systemische Rationalisierung als sozialer Prozeß, Bonn 1990

Birke, Martin: Betriebliche Technikgestaltung und Interessenvertretung als Mikropolitik. Fallstudien zum arbeitspolitischen Umbruch, Wiesbaden 1992

Birke, Martin, Michael Schwarz: Umweltschutz im Betriebsalltag. Praxis und Perspektiven ökologischer Arbeitspolitik, Opladen 1994

Freimann, Jürgen: Diagnose: situativ uneinheitlich, in: IÖW-VÖW-Informationsdienst 6/94, 19-21,

Hildebrandt, Eckhart, Beate Zimpelmann: Möglichkeiten und Grenzen ökologisch erweiterter Arbeitspolitik, in: WSI-Mitteilungen 6/93, 46. Jg., 382-391

Hildebrandt, Eckhart, u.a.: Politisierung und Entgrenzung - am Beispiel ökologisch erweiterter Arbeitspolitik, in: Beckenbach, Niels, Werner van Treeck: Umbrüche gesellschaftlicher Arbeit, Soziale Welt, Sonderband 9, Göttingen 1994, 429-444

Huber, Joseph: Nachhaltige Entwicklung durch Suffizienz, Effizienz und Konsistenz, in: Der Hallesche Graureiher 94/6, Martin-Luther-Universität Halle-Wittenberg 1994

Huber, Joseph: Ökologische Modernisierung. Bedingungen des Umwelthandelns in den neuen und alten Bundesländern, in: Kölner Zeitschrift für Soziologie und Sozialpsychologie 45 (1993), 2, 288-304

Jürgens, Ulrich, Frieder Naschold: Entwicklungspfade der deutschen Industrie in den neunziger Jahren, in: Die Mitbestimmung 1/94, 40. Jg., 11-17

Kern, Bärbel, Horst Kern, Michael Schumann: Industriesoziologie als Katharsis, in: Soziale Welt (1988) 1, 86-96

Luhmann, Niklas: Soziale Systeme - Grundriß einer allgemeinen Theorie, Frankfurt/Main 1985

Meffert, Heribert, Manfred Kirchgeorg: Marktorientiertes Umweltmanagement - Grundlagen und Fallstudien, Stuttgart 1992

Narayanan, V. K., L. Fahey: The Mikro-Politics of Strategy Formulation, in: Academy of Management Review 7, 1982

Ortmann, Günther, u.a.: Computer und Macht in Organisationen - Mikropolitische Analysen, Opladen 1990

Schulz, Erika, Werner Schulz: Betriebliches Umwelt-Controlling, in: Potthoff, Erich: RKW-Handbuch Führungstechnik und Organisation, Düsseldorf 1993, 1-86

Steger, Ulrich: Umwelt-Management, in: Handelsblatt 18.10.1991, 12

Steger, Ulrich (Hrsg.): Handbuch des Umwelt-Managements. Anforderungs- und Leistungsprofil von Unternehmen und Gesellschaft, München 1992

Wagner, Gerd Rainer (Hrsg.): Betriebswirtschaft und Umweltschutz, Stuttgart 1993

Weltz, Friedrich: Die doppelte Wirklichkeit der Unternehmen und ihre Konsequenz für die Industriesoziologie, in: Soziale Welt (1988) 1, 87-103

Jürgen Freimann[1]

Ökologisierungsprozesse im Gefolge von Öko-Audits

Versuch einer empirischen Annäherung

Inhalt

1. Umwelt- bzw. Öko-Audits und EG-Verordnung 1836/93[2]

Unternehmenspolitik und (staatliche) Umweltpolitik galten einander lange Zeit als gleichsam natürliche Feinde. Umweltpolitiker sahen in den Unternehmen die wesentlichen Verursacher der Umweltproblematik, denen es durch detaillierte Vorschriften und ordnungspolitische Restriktionen galt, „das Handwerk zu legen" und den rechten Weg zu weisen. Die unternehmenspolitischen Akteure dagegen begriffen die Umweltpolitik als Anhäufung dirigistischer, fast schon systemfeindlicher Maßnahmen, die die unternehmerische Freiheit bedrohten und die Unternehmen mit immer neuen Reglementierungen und (finanziellen) Lasten an den Rand des Ruins brachten (vgl. hierzu z.B. Rockholz 1994).

---

[1] Prof. Dr. Jürgen Freimann, Hochschullehrer für Betriebswirtschaftslehre und Leiter der Forschungsgruppe Betriebliche Umweltpolitik an der Universität Gesamthochschule Kassel

[2] Obwohl die Europäische Gemeinschaft inzwischen Europäische Union heißt, wird hier das Kürzel EG verwendet, da zum Zeitpunkt des Inkrafttretens der Verordnung noch der alte Name Gültigkeit hatte. Vgl. auch Waskow 1994 S.VI

In der Tat, die Liste der umweltpolitischen Rechtsnormen, von detaillierten Genehmigungsbedingungen für den Betrieb gewerblicher Anlagen über die Übernahme von Haftungsrisiken bei Umkehr der Beweislast für den potentiellen Schädiger bis zur Rücknahme- und Entsorgungsverpflichtung für verschlissene Produkte, ist sehr lang geworden. Zudem ist die Tendenz zur fortwährenden Verschärfung der Richtwerte, Vorgaben und Grenzwerte unübersehbar, die Entwicklung also noch keineswegs am Ende.

Unternehmenspolitik sah sich daher - einmal abgesehen von den immer zahlreicher werdenden umweltaktiven Unternehmen, die auch ohne gesetzlichen Zwang umweltpolitische Aktivitäten entwickeln und Chancen nutzen - gezwungen, strategische Vorkehrungen zu treffen, um aus der defensiven Rolle des einer Gesetzesnovelle nach der anderen nachlaufenden, ständig vom Risiko des fallweisen Unschuld-beweisen-Müssens bedrohten umweltpolitischen Reagierens herauszukommen und Planungs- und Handlungssicherheit zurückzugewinnen. Dies war - zunächst vor allem in den USA, in denen die Umwelt- und Arbeitsschutzbehörden ermächtigt sind, z.T. erhebliche Geldbußen für Gesetzesverstöße zu verhängen (vgl. Bhagwati 1992) - die Stunde der ersten *Umwelt-Audits*, zumeist von externen Consultants durchgeführter, freiwilliger und ausschließlich für die Nutzung durch das Management bestimmter interner Umweltprüfungen. Mit ihnen konnten umwelttechnischer Handlungsbedarf frühzeitig erkannt und Umweltschutzaktivitäten so dimensioniert werden, daß sie den üblichen Betriebszeiten gewachsen und gegen Nachrüstungen gefeit waren. Zudem konnte die Einhaltung bestehender Umweltgesetze und -richtlinien geprüft, sichergestellt und gegebenenfalls in Haftungsauseinandersetzungen nachgewiesen werden, so daß Bußgeld- und Haftungs-Risiken gemindert wurden (vgl. hierzu auch Bodenstein u.a. 1992 sowie Schrader 1993).

Es waren vor allem international tätige Unternehmen und die an Umwelt-Audits in den USA beteiligten Beratungsgesellschaften, die ihre Erfahrungen nach Europa transferierten, und in deren Gefolge seit 1986 die *International Chamber of Commerce*, die sich um die Verbreitung des Umwelt-Auditing in den europäischen Ländern bemühten. Eine erste, auf die Bekanntmachung des Instrumentariums angelegte Veröffentlichung datiert aus 1989 (ICC 1989), erste praktische Erfahrungsberichte aus 1991/92 (Steger 1991; ICC, 1992).

Dabei steht im Mittelpunkt des ICC-Konzepts, das beispielgebend für verschiedene Unternehmen und Consultants wirkte (vgl. z. B. Adams 1991 sowie Zeschmann 1992), die interne Kontrolle einer Produktionsstätte bzw. einer Anlage durch ein dafür passend zusammengesetztes Prüfungsteam hinsichtlich der Funktionsfähigkeit der Umweltschutzkontrollsysteme und hinsichtlich der Einhaltung einschlägiger Gesetze. Ergebnis des ICC-Umweltschutz-Audits ist ein Prüfbericht an die Geschäftsleitung, der außer dem Istzustands-Bericht einen Maßnahmenplan beinhaltet und in Vorschlag bringt. Es handelt sich also in erster Linie um ein anlagen- bzw. betriebsbezogenes *Produktions-Audit* mit technischem Akzent und ein an den einzuhaltenden Rechtsnormen orientiertes *Compliance-Audit*, das Bußgeld- und Haftungsrisiken reduzieren und so Kapitalgebern, Versicherern und dem Staat ein funktionsfähiges umweltbezogenes Risikomanagement signalisieren soll. Eine Veröffentlichung der erzielten Ergebnisse ist ausdrücklich nicht vorgesehen, wird aber - zumindest im Sinne einer Testierung durch die Einführung eines externen Umweltschutzprüfers - teilweise bereits für richtig befunden (so z.B. von Zeschmann 1992, S. 104).

Vielfach wird jedoch unter dem Titel Umwelt-Audit in 1991/92 noch eine Sammlung höchst unterschiedlicher unternehmenspolitischer Aktivitäten in Sachen betrieblicher Umweltschutz abgehandelt: von der Auflistung verschiedener politischer, strategischer und operativer Maßnahmen, über die organisatorische Verankerung des Umweltschutzes und den Einsatz der Informationstechnik für denselben bis zum Abfallcheck läuft vieles unter Umwelt-Audting. Eine valide Einschätzung der ökologischen, ökonomischen, organisatorischen und bewußtseinsbezogenen Auswirkungen der durchgeführten Audits bzw. entsprechend eingeleiteter und durchgeführter Umweltschutz-Maßnahmen, die man mit dem Audit-Begriff in Verbindung bringen könnte, findet in den frühen internen Umweltschutz-Audits nicht statt. Berichte über sie (vgl. z.B. Steger 1991) lesen sich mehr wie unternehmens- und umweltpolitische Plädoyers für die verstärkte umweltpolitische Selbstverantwortung der Unternehmen.

Bevor die Verbreitung des internen Umwelt-Audits als Instrument der freiwilligen Risikovorsorge und Gefahrenabwehr in Europa so recht vorangekommen war, legte die Kommission der *Europäischen Union* (damals noch EG, siehe FN 2) bereits 1992 - nach Vorentwürfen aus 1990 und 1991 (vgl. Delogu 1992) - eine Rechts-Verordnung vor, mit der das nun sogenannte *Öko-Audit* zu einem *Instrument (über)staatlicher Umweltpolitik* aufgewertet und in inhaltlicher und formaler Hinsicht wesentlich erweitert wird:

• Neben der Einhaltung der einschlägigen Gesetze soll nun von bzw. bei den teilnehmenden Unternehmen auch die Erreichung *selbstgesetzter* und den Gesetzesrahmen überschreitender *umweltpolitischer Ziele*, die eine *kontinuierliche Verbesserung des betrieblichen Umweltschutzes* beinhalten, angestrebt und geprüft werden.

• Außer einer umwelttechnischen und -rechtlichen Statusprüfung (Produktions- und Compliance-Audit) und entsprechender den Status verbessernder Gestaltungsaktivitäten soll auch ein umfassendes *Umweltmanagementsystem* etabliert und auf seine Eignung zur fortschreitend verbesserten Zielerreichung hin regelmäßig geprüft werden (*System-Audit*), das jedoch nicht das gesamte Unternehmen, sondern jeweils einen räumlich abgegrenzten *Standort* bzw. Betrieb umfaßt.

• An die *interne Umwelt(betriebs)prüfung* schließt sich eine *externe Prüfung durch einen unabhängigen zugelassenen Umweltgutachter* an, die mit einem offiziellen Testat zu dokumentieren und bei Feststellung von Mängeln zu verweigern ist.

• Die ermittelten Ergebnisse und getroffenen Maßnahmen werden nicht nur intern kommuniziert, sondern in Form einer zu veröffentlichenden *Umwelterklärung* gegenüber dem Staat und der Öffentlichkeit dokumentiert,

• und die *Teilnahme* am EG-Öko-Audit wird *von zuständiger Stelle registriert* und mit dem *Recht auf Nutzung des Audit-Emblems* in der Firmenwerbung honoriert.

Diese Bestimmungen sind in einer 21 Artikel und 5 zum Teil sehr ausführliche Anhänge umfassenden Verordnung enthalten, die nach zum Teil erheblich kontroversen Beratungen im Juni 1993 in Kraft gesetzt wurde und die als Verordnung damit direkt geltendes Recht in allen Mitgliedstaaten ist (Verordnung 1993).

Die Beratungen konnten im Ministerrat erst erfolgreich abgeschlossen werden, nachdem der ursprüngliche Entwurf der Generaldirektion VI der EG-Kommission zum Teil erhebliche Veränderungen erfahren hatte (vgl. z.B. Ökologische Briefe 1991, Jasch 1994, Schulz 1995). Zunächst als verpflichtende Umweltberichterstattung für bestimmte Branchen konzipiert und damit sehr weitgehend vom ursprünglich internen Charakter des Umwelt-Audits entfernt, stieß der Entwurf auf erheblichen Widerstand insbesondere der deutschen Wirtschaftspolitik. Auch die Entwurfsfassung von 1992 (EG-Kommission 1992) enthielt noch eine Reihe von Elementen, die nicht in die endgültig verabschiedete Fassung übernommen wurden, insbesondere die Vorschrift einer „geeigneten Beteiligung der Arbeitnehmer und ihrer Vertreter" (EG Kommission 1992, Art.3 Abs.1). Hinsichtlich der Inhalte der selbst zu setzenden umweltpolitischen Ziele (Umweltpolitik), der Umwelterklärung sowie der Unabhängigkeit zwischen dem (in- oder externen) Umweltprüfer („auditor") und dem zugelassenen Umweltgutachter („verifier") wurden präzisierende Formulierungen gefunden.

In das EG-Öko-Audit sind damit über das ursprünglich interne Umwelt-Audit hinaus zumindest zwei weitere Elemente eingeflossen, die auch das ICC-Umwelt-Audit nicht oder nicht im gleichen Umfang enthielt:

Dies ist zum einen das Erfordernis der Installierung und Auditierung eines *Umweltmanagementsystems*, also angemessener organisatorischer Vorkehrungen zur Vermeidung von Umweltbelastungen und Abwehr von Umweltrisiken im Zusammenhang der Produktion. Hierfür hat der British Standard 7750 - specification for environmental management systems - , eine vom britischen Normungs-Institut BSI erarbeitete und veröffentlichte Norm „guten Umweltmanagements", Pate gestanden, der wie die britische Umweltpolitik insgesamt nicht auf substantielle stoffliche Umweltqualitäten und entsprechende Vorgaben für die Unternehmenspolitik abzielt, sondern sich auf die Installierung umweltpolitisch sachgerechter Organisationsstrukturen beschränkt (vgl. hierzu Fichter 1993). Dementsprechend enthält der offizielle Name der Verordnung neben der Bezeichnung Umweltbetriebsprüfung (Öko-Audit) gleichrangig das Wort Umweltmanagement (weshalb die in Deutschland sog. Öko-Audit-Verordnung im internationalen Raum *EMAS*-Verordnung genannt wird, *E*nvironmental *M*anagement and *A*udit *S*ystem, vgl. z.B. Dyllick 1994, Jasch 1994).

Zum zweiten ist es der Gesichtspunkt der *externen Umweltberichterstattung*, ein Element, für das es in verschiedenen europäischen Ländern unterschiedlich ausgestaltete Vorläufer in Form von Sozialbilanzen, freiwilligen Umweltberichten bzw. einer entsprechenden Berichterstattung in den Geschäftsberichten der publizitätspflichtigen Großunternehmen gibt (vgl. zur freiwilligen Umweltberichterstattung Deloitte Touche Tohmatsu International 1993 sowie Förderkreis 1994). Dieses Element taucht in der deutschen umweltpolitischen Diskussion bereits 1989 in einem Entwurf für ein *Umweltbeauftragtengesetz* der Fraktion der GRÜNEN im 11. Deutschen Bundestag auf (vgl. Bundestagsdrucksache 11/5362 vom 10.10.1989) und ist außerdem im sog. *Professoren-Entwurf des Umweltgesetztbuches* enthalten (vgl. Kloepfer 1993, insbes. S.90f). Auf europäischer Ebene sind externe Umweltinformationen von Unternehmen, sofern sie Genehmigungs- oder Aufsichtsbehörden vorliegen, der Öffentlichkeit bisher - allerdings nur auf ausdrückliche Anfrage - im Rahmen der Regelungen der sog. *Umweltinformationsrichtlinie* zugänglich.

176

Das Umwelt- bzw. Öko-Auditing und die Installierung von Umweltmanagementsystemen sind mit der EG-Verordnung von einem internen unternehmenspolitischen Instrument in ein neuartiges Instrument der (über)staatlichen Umweltpolitik verwandelt worden. Letztere trägt damit der Einsicht Rechnung, daß es zum einen in den verschiedenen Mitgliedsländern der europäischen Union und zum anderen in den verschiedenen Unternehmen der gewerblichen Wirtschaft, auf die sich die Verordnung bisher allein bezieht, höchst unterschiedlich entwickelte ökologische Verhältnisse und Anstrengungen gibt, die zur Kenntnis genommen, aber nicht auf Dauer akzeptiert werden können. Sie setzt in Abkehr von der bisherigen an technischen Auflagen und Grenzwerten orientierten Politik auf Anreize zur freiwilligen Verbesserung des Umweltschutzes über die gesetzlichen Anforderungen hinaus. Auch und insbesondere diejenigen Unternehmen, die bisher nicht mehr getan haben, als gesetzlich gefordert war, und diejenigen Staaten, die ihren Unternehmen bisher nur geringe Auflagen gemacht oder diese nicht nachhaltig kontrolliert haben, sollen auf diesem Wege zu verstärkten Anstrengungen für den Umweltschutz bewegt werden, mit Nachhilfe des marktlichen Konkurrenzmechanismus, der auch im Bereich des Qualitätsmanagements viele Unternehmen zu verstärkten Anstrengungen zur Befolgung der grundsätzlich ebenfalls freiwilligen, inzwischen jedoch an vielen Märkten zwingend geforderten Qualitätsnormen nach DIN/ISO 9000ff veranlaßt hat.

Daher ist das EG-Öko-Audit *keine Umweltverträglichkeitsprüfung* für Unternehmen, die im Sinne einer vollständigen unternehmensbezogenen Öko-Bilanz die systematische Erfassung der betrieblichen In- und Outputs beinhaltet, sondern vor allem ein Instrument, mit dem ein umweltbezogenes Managementsystem installiert und auf seine Funktionstüchtigkeit regelmäßig geprüft werden soll. Mit ihrer Verpflichtung auf über die gesetzlichen Anforderungen hinausgehende Anstrengungen und auf die kontinuierliche Verbesserung des betrieblichen Umweltschutzes formuliert die Verordnung anspruchsvolle umweltpolitische Ziele, bleibt jedoch „weich" in den Prüfkriterien für die Zielerreichung: hier wird lediglich „die Leistung der Organisation, des Managements und der Abläufe zum Schutz der Umwelt" (Art 2.f) geprüft und bewertet. Daraus wird die primäre Intention der Verordnung deutlich: es geht nicht um die Auszeichnung besonders umweltaktiver Pionierunternehmen, die häufig bereits ein wesentlich differenzierteres Umweltschutzinstrumentarium mit umfassenden ökologischen Erfolgskriterien installiert haben, sondern um das Anstoßen von Ökologisierungsprozessen in einer möglichst großen Zahl von Unternehmen, unabhängig vom bisher erreichten Stand des betrieblichen Umweltschutzes.

Insofern ist die EG-Verordnung gewissermaßen doppelgesichtig: Einerseits beinhaltet sie eine systematische Prüfung des erreichten Standes unternehmerischer Umweltvorsorge, die Internalisierung bisher extern von staatlichen Stellen vorgenommener, an den geltenden Umweltgesetzen und -auflagen orientierter Umweltprüfungen. Andererseits setzt sie mit dem Instrument des Umweltmanagementsystems auf die Einleitung autonomer ökologischer Entwicklungsprozesse, mit denen die Unternehmen maßgeschneidert auf ihre spezifischen Handlungspotentiale den kontinuierlichen ökologischen Fortschritt fördern und auf diesem Wege ihre Wettbewerbsfähigkeit an den Märkten der Zukunft steigern sollen.

Allerdings müssen die Mitgliedstaaten der EU bis zur vollen Funktionsfähigkeit des Systems auf nationaler Ebene zum einen noch die sog. „zuständigen Stellen" einrichten, die die Durchführung der Audits koordinieren, die teilnehmenden Unternehmen in ein öffentliches Verzeichnis eintragen und Kontrollfunktionen übernehmen. Zum anderen müssen sie ein Zulassungssystem für die externen Umweltgutachter errichten und entsprechende Zulassungen vornehmen. Hier gibt es in den verschiedenen Mitgliedsländern derzeit einen unterschiedlichen Entwicklungsstand. Lt. Recherchen des Umweltbundesamtes (vgl. Peglau 1995) sind lediglich in Dänemark, Großbritannien, Österreich und Portugal die Instanzen eingerichtet, in den anderen Mitgliedsländern gibt es sich abzeichnende Zuständigkeiten oder noch nicht einmal die.

In der Bundesrepublik Deutschland ist nach einer längeren kontroversen politischen Diskussion ein relativ kompliziertes System vorgesehen, an dem unter Rechtsaufsicht des Umweltministeriums ein pluralistischer Umweltgutachterausschuß, die von den Wirtschaftsverbänden getragene Deutsche Akkreditierungs- und Zulassungsgesellschaft für Umweltgutachter mbH (DAU) und die regionalen Industrie- und Handels- sowie Handwerkskammern mit unterschiedlichen Zuständigkeiten beteiligt sind. Vor der parlamentarischen Sommerpause kann mit der Verabschiedung des im Entwurf sog. Umweltgutachter- und Standortregistrierungsgesetzes (USG) jedoch nicht mehr gerechnet werden, so daß die Bundesländer ab April 1995 eine Übergangsregelung in Geltung gesetzt haben, die sich an den im Bundesgesetz-Entwurf vorgesehenen Regelungen orientiert. Mit der Zulassung der ersten Umweltgutachter kann also frühestens im Sommer 1995 gerechnet werden. Spätestens für 1998 ist bereits im Verordnungstext selbst eine EU-weite Überprüfung der Erfahrungen mit der Verordnung vorgesehen und sind eventuell gebotene Veränderungen in die Wege zu leiten.

Zudem sind Bemühungen verschiedener nationaler und internationaler Gremien in Gang, die sich um die Entwicklung allgemeiner Normen für gute Umweltmanagement-Praktiken nach dem Muster des Qualitätsmanagements bemühen (vgl. hierzu Wagner/Janzen 1994, insbes. S.584 ff). Zu nennen sind hier neben dem Bemühen des British Standards Instituts, das inzwischen eine überarbeitete Fassung des BS 7750/1994 vorgelegt hat, der 1993 begründete deutsche NAGUS (Normenausschuß Grundlagen des Umweltschutzes) mit verschiedenen Unterausschüssen sowie entsprechende Gremien beim europäischen Normungskomitee CEN und bei der ISO (International Standards Organisation) (Vgl. Clausen 1993 und 1994, Schulz/Schulz 1994, S. 369ff, Wagner/Janzen 1994 und Dyllick 1994).

Bereits die Inkraftsetzung der Verordnung im Jahre 1993 hat nicht nur eine Flut von Veröffentlichungen aus Wirtschaft, Wissenschaft und Umweltorganisationen hervorgebracht, sondern auch eine kaum mehr überschaubare Zahl von Unternehmensberatern auf den Plan gerufen, die eine unbekannte, bisher allerdings wohl eher kleinere Zahl von Unternehmen dazu veranlaßt haben, bereits vor April 1995 Öko-Audits nach Maßgabe der EG-Verordnung durchzuführen und für eine danach mögliche Testierung bereitzuhalten, um auf diesem Wege Innovationsvorteile zu sichern.[3]

---

[3] Nach Auskunft des Umweltbundesamtes haben bereits in 1994 ca. 400 Unternehmensberater und Beratungsgesellschaften dort einen Antrag auf Zulassung als Umweltgutachter gestellt, obwohl die Behörde

Die veröffentlichten Stellungnahmen zur Verordnung sind außerordentlich vielschichtig.

Auf Seiten der Wirtschaftsverbände herrscht eher Skepsis vor (vgl. z.B. Lauff 1993, Heuvels 1993, Rockholz 1994 S.87, der sogar die Verordnung insgesamt für überflüssig erklärt). Da wird die Überbürokratisierung der Verordnung kritisiert und im Gegenzug die Reduzierung der derzeit geltenden Fülle von Grenzwerten, Detailnormen und Genehmigungshürden zumindest für auditierte Unternehmen diskutiert (vgl. hierzu z.B. Waskow 1994, S. 17ff). Zudem wird die Frage des Kosten-Nutzen-Verhältnisses von Öko-Audits aufgeworfen.

Von Seiten der Umweltverbände wird die umweltpolitische Reichweite der Verordnung problematisiert: auch ein funktionstüchtiges Umweltmanagement gewährleiste noch nicht zwingend substantielle umweltpolitische Erfolge. Auch die mangelnde Präzision der Verordnung z.B. hinsichtlich von Form und Inhalt der Umwelterklärung sowie der Kriterien für den Erhalt eines Prüftestats wird bemängelt (vgl. z.B. Hermann/Kurz/Spiller, 1993 sowie Schmidt 1995).

Umwelt- und Wirtschaftspolitiker sowie viele Wissenschaftler jedoch verbinden zumeist positive Erwartungen mit dem EG-Öko-Audit (vgl. z.B. Dyllick 1993, Kloepfer 1993, Koch 1993, Schulz/Schulz 1994, S.337ff, kritischer Dyllick 1994 sowie Wagner/Janzen 1994). Endlich werde der Weg einer „marktwirtschaftlichen" Umweltpolitik eingeschlagen, der sich auf die Setzung von Rahmenbedingungen und Anreizen beschränke und der Wirtschaft das Finden der für sie optimalen Wege überlasse. Auf diesem Wege könnten für Europa umwelttechnische und -politische Innovationsvorteile bewirkt und mit dem Element der freiwilligen Selbstkontrolle unter auditorieller Aufsicht eine Deregulierung und damit die Entlastung der ohnehin völlig überforderten staatlichen Aufsichtsbehörden erreicht werden.

Von den Unternehmen selbst wird die Verordnung abwartend und mit zum Teil widersprüchlichen Einschätzungen aufgenommen. So brachte eine schriftliche Befragung von 229 Unternehmen verschiedener betroffener Branchen aus dem Jahre 1993, also dem Jahr, in dem die Verordnung gerade in Kraft trat (vgl. Schnauber/Kiesgen/Mangelmann 1994), u.a. folgende Ergebnisse: 79,1 % der befragten Unternehmen halten das Umwelt-Audit für ein Instrument, das Schwachstellen aufdeckt und Kosteneinsparungen ermöglicht, 71,1 % billigen ihm Image-verbessernde Wirkungen und den Erwerb von Wettbewerbsvorteilen zu. Zugleich jedoch meinen 39,2 % der Befragten, das Audit diene allein der Erleichterung der behördlichen Kontrolle und 44,4 % meinen, das Audit sei eine Maßnahme, die viel kostet, aber keine erkennbaren wirtschaftlichen Vorteile bringt. 71,7 % beklagen die Unüberschaubarkeit der Anforderungen bei der Durchführung von Öko-Audits und 38,1 % vermuten gar, das EG-Öko-Audit sei der Versuch, unter dem Deckmantel der Selbstkontrolle noch strengere Umweltgesetze durchzusetzen.

Tatsächlich hängen alle diese Einschätzungen jedoch weitgehend in der Luft. Zwar sind auf Grundlage des vorliegenden Verordnungtextes grundsätzliche Einschätzungen und

---

für die Akkreditierung gar nicht zuständig ist und sein wird. Nach den Bestimmungen der Verordnung kommen in der Bundesrepublik Deutschland ca. 68.000 Unternehmen für eine Teilnahme am EG-Öko-Audit infrage. Davon sind allerdings 46.000 kleine (20-49 MA), 20.000 mittlere (50-499 MA) und nur 2.000 größere (500 und mehr MA). Unternehmen (vgl. Peglau 1995).

die Artikulation von begründeten Erwartungen möglich. Was die Öko-Audit-Verordnung tatsächlich bewirken wird, kann jedoch angesichts zahlreicher sehr vager Formulierungen im Verordnungstext, mangels Erfahrungen auf Grundlage der EG-Verordnung und mangels valider vergleichender Untersuchungen bereits durchgeführter Umweltschutz- bzw. Öko-Audits heute niemand beurteilen. Offen ist z.B.,

- wieviele Unternehmen sich tatsächlich am System beteiligen und ob dies eher die bisher bereits freiwillig umweltaktiven Unternehmen sind oder auch andere,

- ob die in den Öko-Pionier-Unternehmen entwickelten und bereits umgesetzten Umweltmanagement-Instrumente (Öko-Bilanzen, Öko-Controlling, Stoff- und Energieflußmanagement usw.) zugunsten der weniger anspruchsvollen Audit-Anforderungen einen Rückschlag erleiden oder in die zu installierenden Umweltmanagementsysteme eingebaut werden,

- welche ökonomischen und organisatorischen Folgen die Beteiligung für die Unternehmen mit sich bringt und welche Umsetzungsprobleme insbesondere bei kleineren und mittleren Unternehmen auftauchen,

- welche ökologischen Effekte eintreten,

- ob die umweltpolitisch beabsichtigten Effekte bereits nach den Erst-Prüfungen absehbar sein werden oder erst auf mittlere bzw. längere Frist,

- ob die begehrten Testate und das Recht zur Führung des Audit-Emblems leicht oder weniger leicht zu bekommen sein werden,

- wie die Umwelterklärungen formal und inhaltlich aussehen werden und was sie im sozial-ökologischen Diskurs bewirken.

Der vorliegende Beitrag bemüht sich darum, Wege zu skizzieren, wie auf einige der offenen Fragen eine Antwort gefunden werden könnte. Dabei stehen weniger die allgemeinen umweltpolitischen Effekte als vielmehr die Effekte in den beteiligten Unternehmen im Zentrum der Erörterungen.

Zunächst werden dazu die Erfahrungen referiert, die aus einigen Pilot-Audits der Jahre 1992/93 bekannt geworden sind. Sodann werden zwei Pilot-Audits mittelständischer Unternehmen in Fallstudien ausführlicher vorgestellt. Danach werden einige Hypothesen zu den genannten Fragen entwickelt, in die erste Ergebnisse aus dem Begleitforschungsprogramm eingehen, mit dem meine MitarbeiterInnen und ich derzeit im Auftrag der hessischen Landesregierung versuchen, bezogen auf 13 Pilot-Öko-Audits des hessischen Förderprogramms 1994 empirisch gestützte und damit zumindest vorläufig valide Erkenntnisse über die umwelt- und unternehmenspolitischen Auswirkungen von EG-Öko-Audits in Unternehmen zu gewinnen.[4] Die meisten der obengenannten Fragen werden allerdings kaum abschließend beurteilt werden können. Denn dazu wäre es nicht nur notwendig, eine größere Zahl von Beispielfällen und Erfahrungen zu erfassen und

---

[4] Für ihre engagierte Mitarbeit und die ausführlichen, teilweise kontroversen, aber immer sehr produktiven Diskussionen danke ich Jens Degenhardt, Reinhard Muke, Rolf Schwaderlapp und Roswitha Schwedes. Für die in diesem Beitrag, der im Februar 1995 abgeschlossen wurde, formulierten vorläufigen Hypothesen und Einschätzungen trage ich selbstverständlich allein die Verantwortung.

zu vergleichen, sondern auch die Entwicklungen in den Unternehmen über einen längeren Zeitraum zu verfolgen. Denn derzeit sind allenfalls Entwicklungs-Anstöße im Gefolge der durchgeführten Erst-Audits erfolgt, über die mittel- und langfristigen Wirkungen lassen sich keine verläßlichen Aussagen machen.

2. Erste Erfahrungen aus Pilot-Projekten

Inzwischen sind in verschiedenen europäischen Ländern einige Pilot-Öko-Audits auf Grundlage der EG-Verordnung durchgeführt worden, über die aus verschiedenen Publikationen Berichte vorliegen (vgl. z.B. Heuvels 1993, PA Consulting Group 1993, Sietz 1993, Sietz/v.Saldern 1993, Landesanstalt für Umweltschutz Baden Württemberg (3 Leifäden) 1994 sowie Schimmelpfeng/Machner 1995). Dabei ist jedoch nur eine Studie, die vergleichend Erfahrungen aus verschiedenen Öko-Audits erhoben und ausgewertet hat (PA Consulting Group 1993). Über deren Ergebnisse soll daher nachfolgend ein Überblick gegeben werden, bevor zwei eigene Fallstudien vorgestellt werden.

2.1 EG-Pilot-Audits in 6 Mitgliedsländern[5]

Parallel zur Beratung in den zuständigen Gremien der EG sowie in den Mitgliedstaaten beauftragte die EG-Kommission den britischen Consultant *PA Consulting Group* mit der Durchführung einer Pilot-Studie zu Fragen der Praktikabilität der geplanten Verordnung. Diese fand zwischen Mai 1992 und Juni 1993 unter Beteiligung von 17 Unternehmen aus 6 europäischen Staaten statt und beinhaltete eine umfassende Praktikabilitätsprüfung für die vorgesehenen Elemente des Audit-Systems unter den unterschiedlichen Bedingungen der verschiedenen Staaten, Wirtschaftszweige und Unternehmensgrößen. Dabei mußten die beteiligten Unternehmen alle Elemente des EG-Öko-Audits durchführen, d.h. insbesondere

- eine erste Umweltprüfung durchführen und ein Umweltmanagementsystem sowie ein Umweltprogramm errichten

- oder - wenn sie bereits über Umweltmanagementsystem und -programm für einen Standort verfügten - diese im Rahmen einer regulären Umweltbetriebsprüfung prüfen

- sowie eine Umwelterklärung für den beteiligten Standort erstellen.

Die Beteiligung der Unternehmen war freiwillig und wurde von PA auf dem Wege über nationale Verbände bzw. die direkte Ansprache interessierter Unternehmen herbeigeführt, wobei aus einem Kreis von 37 Interessenten 17 Unternehmen verschiedener Branchen, Nationalitäten und Größen ausgewählt worden sind. Da die Verordnung noch im Prozeß der Beratung und Beschlußfassung war, in dem sie eine größere Zahl von Veränderungen erfuhr, mußte der Pilot-Studie die Entwurfsfassung vom März 1992 zugrundegelegt werden. Erst gegen Ende des Erhebungszeitraums lag die überarbeitete

---

[5] Vgl. zum Folgenden die Darstellung bei Heuvels 1993 sowie des federführenden Consultant (PA Consulting Group, July 1993)

Fassung vor, die damit nur für die abschließende Bewertung herangezogen werden konnte.

Zur Gewinnung einschlägiger Erfahrungen sowohl auf Seiten der beteiligten Unternehmen als auch bei dem die Studie koordinierenden Consultant wurden in jedem der beteiligten Unternehmen jeweils 2 Workshops durchgeführt, zwischen denen die Phase der Audit-Durchführung in den Unternehmen lag. Ein abschließendes Seminar im Mai 1993 beendete die Pilot-Studie, deren Ergebnisse nach meiner Kenntnis nicht offiziell publiziert worden sind, sondern nur in Form eines „final report" für den Auftraggeber vorliegen. Auch eine Veröffentlichung der erstellten Umwelterklärungen ist bisher nicht vorgenommen worden, so daß deren wissenschaftliche Auswertung bisher nicht erfolgen konnte. Die im Folgenden zu referierenden Ergebnisse der Studie basieren auf den genannten Workshops sowie einem Fragenkatalog, den alle teilnehmenden Unternehmen zu beantworten hatten. Allerdings sind die methodischen Angaben im final report sehr mager, so daß die Validität der gewonnenen Ergebnisse nicht hinreichend beurteilt werden kann.

An formalen Merkmalen und Erfahrungen kann zunächst festgehalten werden, daß von den 17 beteiligten Unternehmen 6 aus Großbritannien, 4 aus Italien, 3 aus der Bundesrepublik Deutschland, 2 aus Frankreich und je 1 aus Dänemark und Irland beteiligt waren, also eine deutliche angelsächsische Dominanz und das Fehlen der meisten Mittelmeerländer und der Benelux-Staaten zu konstatieren ist. Die Branchenzugehörigkeit erstreckte sich auf zahlreiche Branchen mit einer gewissen Dominanz von Chemie- und Automobilindustrie, die Unternehmensgröße variierte zwischen mittleren Unternehmen (weniger als 100 Beschäftigte) und Unternehmen mit mehr als 1000 Beschäftigten. Die Zeitdauer der Audits war durch die zeitliche Planung der gesamten Studie weitgehend determiniert, so daß von ihr kaum auf den Zeitbedarf unter „Normalbedingungen" geschlossen werden kann. Sie betrug ca. 4 - 5 Monate, maximal ein dreiviertel Jahr. Der finanzielle bzw. personelle Aufwand für die Durchführung der Audits variierte zwischen wenigen (?) und etwa 400 Personen-Tagen (und lag damit z.T. wesentlich höher, als ursprünglich geplant), wobei keine eindeutige Beziehung zwischen der Größe des zu auditierenden Standorts und dem Aufwand feststellbar war, wohl aber der Aufwand pro Beschäftigtem in kleinen Unternehmen relativ höher war als in größeren.

Die durch die Audits erzielten ökonomischen, sozialen und ökologischen Effekte werden in der Studie nur außerordentlich grob erfaßt und bewertet. Die Autoren der Studie nahmen auf Grund ihrer subjektiven Eindrücke aus den ersten Workshops eine Einstufung der Unternehmen hinsichtlich der Frage vor, wie viele der Anforderungen der Audit-Verordnung von den beteiligten Unternehmen bereits vor Durchführung des Audits erfüllt wurden. Danach lagen nur 3 Unternehmen unter 30%, die überwiegende Mehrheit zwischen 40% und 60%, lediglich zwei Chemie-Unternehmen hatten nach dieser Einschätzung infolge einer bereits vollzogenen Anwendung des branchenbezogenen „Responsible Care Programme" bereits nahezu alle Anforderungen der Verordnung realisiert. Nach Durchführung der Audits waren nicht etwa alle 17 beteiligten Unternehmen bereits zu 100% auf dem Stand, der von der Verordnung gefordert wird, wohl aber waren einige Fortschritte insbesondere bei den kleineren Unternehmen und bei denen zu konstatieren, die vorher relativ wenige der Anforderungen erfüllt hatten. Allerdings räumen die Autoren selbst ein, daß sie mit ihrer Einstufung kaum Anspruch auf

Objektivität erheben können, zumal darin lediglich die formale Existenz der geforderten Elemente von Umweltmanagement und Audit, nicht aber deren effektive Funktionstüchtigkeit und schon gar nicht die erzielten ökologischen Erfolge eingeflossen sind.

Die beteiligten Unternehmen ihrerseits bewerten den Nutzen der Audits überwiegend positiv. Das Audit stifte ökologische Sensibilität bei den Mitarbeitern, schaffe eine Grundlage für die angemessene Reaktion auf künftige Umweltprobleme, liefere Klarheit bezüglich der Prioritäten zukünftiger umweltpolitischer Bemühungen, verbessere das Image und stelle die Pflege der Außenbeziehungen mit der zu veröffentlichenden Umwelterklärung auf eine gute Grundlage. In einigen Fällen wird zudem die Aufdeckung von Kosteneinsparungspotentialen berichtet, in einem Fall die Einsicht in die Nichteinhaltung bestehender Umweltgesetze. Aufschlüsse über das installierte Umweltmanagementsystem, Inhalte und Reichweite der Umweltziele, Umweltprogramme und Umwelterklärungen geben jedoch auch die durch die beteiligten Unternehmen vorgenommenen Bewertungen nicht.

Eindeutiger Schwerpunkt der Studie war - schon von ihrer ursprünglichen Konstruktion und zeitlichen Terminierung her - die Bewertung der Praktikabilität der Verordnung. Allerdings konnten die diesbezüglich gewonnenen Einsichten allenfalls teilweise und in vorläufiger Form in die Beratungen über die Endfassung der Verordnung eingebracht werden, da diese bereits deutlich vor Abschluß der Studie beendet worden sind.

Durchgängig wird von den beteiligten Unternehmen Kritik geübt an der mangelnden Präzision der verschiedenen Verordnungstexte, die den Pilot-Audits zugrunde lagen. Vor allem die Entwurfsfassung aus dem März 1992 wird als viel zu wenig exakt hinsichtlich der zu erfüllenden Anforderungen insbesondere an das einzurichtende Managementsystem und die Umwelterklärung beurteilt. Aber auch die endgültige Fassung der Verordnung wird als uneindeutig hinsichtlich der Rolle der externen Umweltgutachter, der Reichweite der von ihnen vorzunehmenden Prüfung und der Bewertungskriterien für das eingerichtete Managementsystem und die vollzogenen oder geplanten umweltpolitischen Aktivitäten kritisiert. Dabei scheint ein Großteil der Kritik allerdings auf die noch mangelnde Erfahrung mit der Umsetzung der Verordnung zurückzuführen zu sein, denn kritisiert wird stets vor allem das, was man noch nicht im eigenen Unternehmen realisiert hat: im ersten Workshop die Verordnung insgesamt, im zweiten Workshop und in Beantwortung des Fragebogens insbesondere das, was nicht Gegenstand der Pilot-Audits war: die externe Prüfung und Zertifizierung.

Verständnisschwierigkeiten hatten insbesondere nicht-britische Unternehmen mit dem Geist der Verordnung insofern, als darin allein die Installierung eines zunächst von seinen Anforderungen her noch dazu wenig greifbaren Umweltmanagementsystems und das sich darin manifestierende Bemühen um die kontinuierliche Verbesserung des betrieblichen Umweltschutzes und nicht die Einhaltung von für alle Unternehmen gleichen umwelttechnischen Standards gefordert wird. Die überwältigende Mehrheit begrüßt die Freiwilligkeit der Teilnahme und lehnt eine flächendeckend verpflichtende Teilnahme ab. Ebenfalls als problematisch wird die in der Entwurfsfassung noch enthaltene Verpflichtung zur angemessenen Beteiligung von Beschäftigtenvertretungen angesehen, die jedoch in der Endfassung der Verordnung eliminiert wurde. Unklar blieb vielfach die

Frage, wo bei Vorhandensein komplexer Produktionsstrukturen die Grenzen des zu auditierenden Standorts zu ziehen sind.

Die größeren Unternehmen sahen ansonsten hinsichtlich der Durchführung der Audits gemäß den Anforderungen der Verordnung kaum Probleme, während die kleineren zum Teil über erhebliche Umsetzungsschwierigkeiten berichteten. Sie verfügen in der Regel weder über hinreichend qualifiziertes Personal für die interne Durchführung des Audits, noch hat das vorhandene Personal die Zeit, neben dem Tagesgeschäft ein Audit durchzuführen. Zudem kann das sog. „Vier-Augen-Prinzip" (Unterschiedlichkeit von prüfenden und zu prüfenden Mitarbeitern) hier kaum intern realisiert werden, da vielfach operative Verantwortung und Kontrolle in Personalunion wahrgenommen werden müssen (vgl. hierzu auch versch. Beiträge in Clausen/Gallert 1994).

Im Gesamturteil der beteiligten Unternehmen herrscht Skepsis vor. Begrüßt wird die Freiwilligkeit der Teilnahme und der „marktwirtschaftliche" Charakter der Verordnung. Ob allerdings die gesetzten Anreize und der mit dem Audit erzielbare Nutzen die erforderlichen Aufwendungen aufwiegen, wird überwiegend bezweifelt. Hierbei wird als bisher noch unkalkulierbarer Aufwand besonders auf die Kosten der externen Zertifizierung und der Eintragung hingewiesen, insbesondere von den kleineren Unternehmen.

Allerdings muß mit den Autoren der Studie noch einmal auf die begrenzte Aussagekraft der erzielten Ergebnisse hingewiesen werden. Zum einen wurden nur Unternehmen ausgewählt, die von sich aus bereits als umweltaktiv bekannt waren, andererseits stand weniger die valide Erhebung von Umsetzungserfahrungen, als vielmehr die möglichst kurzfristige Politikberatung im Zentrum der mit der Studie verfolgten Absichten. Der in diesem Sinne stark ausgeprägte politische Akzent der Studie und der Beteiligung der Unternehmen an den Pilot-Audits wird z.B. auch daran deutlich, daß die beteiligten Chemie-Unternehmen vor dem Hintergrund ihrer spezifischen Erfahrungen in aktiver Lobby-Arbeit einen großen Teil ihrer Einwände und Gestaltungsideen unmittelbar und direkt und nicht über einen unter mehreren Beiträgen zum Gesamtprojekt zur Geltung gebracht haben, überwiegend mit Erfolg, wie ihnen die Autoren der Studie ein wenig neidvoll attestieren.

2.2 Fallstudien: Pilot-Audits in zwei mittelständischen Unternehmen[6]

Fall 1

Kurz nachdem die EG-Öko-Audit-Verordnung in Kraft getreten war, entschloß sich das Unternehmen, von einem externen Berater ein Öko-Audit durchführen zu lassen. Das Öko-Audit wurde von dem Bundesland, in dem sich der Unternehmenssitz befindet, finanziell gefördert und bereits Anfang 1994 abgeschlossen, dauerte also ca. ½ Jahr.

---

[6] Grundlage der folgenden Darstellung sind in einem Falle die Umwelterklärung des Unternehmens, ein Erfahrungsbericht sowie Interviews mit dem für das Öko-Audit verantwortlichen Mitarbeiter des Unternehmens sowie den beteiligten Beratern, im anderen Falle die beratende Mitwirkung des Verfassers bei der Durchführung des Öko-Audits. In beiden Fällen wird eine anonymisierte Darstellung vorgenommen.

Das Unternehmen produziert und vertreibt Dämmstoffe für die Verwendung im Hausbau, die im Gegensatz zu den auf Glasfaser- oder Steinwolle-Basis aufgebauten Dämmstoffen ökologisch und gesundheitlich unbedenklich sind und von ökologisch orientierten Bauherren aus diesem Grunde bevorzugt werden. Es wurde 1983 gegründet und beschäftigt ca. 50 MitarbeiterInnen. Es unterhält zwei Standorte, einen Produktions- und einen Verwaltungsstandort, die beide in das Audit einbezogen wurden. Über 600 handwerkliche Vertragspartner verarbeiten das Produkt im deutschsprachigen Raum sowie in den Benelux-Ländern.

Der Produktionsprozeß umfaßt die mechanische Zerkleinerung des Rohstoffes, der seinerseits ein Recyclingprodukt ist, und dessen trockene Anreicherung mit für Brandschutz, Konservierung und Sicherheit notwendigen Salzen. Das fertige Produkt wird in Säcke verpackt und auf den Baustellen auf die zu dämmenden Stellen aufgebracht. Bei der Produktion entstehen insbesondere Lärm, bei der Verarbeitung auf der Baustelle Staub. Allerdings sind die Fasern des Dämmstoffes nicht lungengängig.

Das Audit deckte trotz der seit Gründung gleichsam natürlicherweise gegebenen ökologischen Orientierung des Unternehmens und seines MitarbeiterInnen-Stammes eine Reihe von ökologischen Schwachstellen auf, von denen einige sofort beseitigt, andere in das kurz- und mittelfristige Umweltprogramm aufgenommen wurden. Zudem wurden eine systematische Erhebung der Umweltsituation des Unternehmens in Form einer Stoff- und Energiebilanz durchgeführt sowie gemäß EG-Verordnung die Unternehmens-Umweltpolitik, das Umweltprogramm und die Umweltziele festgelegt, ein Umweltmanagementsystem eingerichtet und eine Umwelterklärung formuliert.

Umweltprogramm und -ziele beinhalten auf der technischen Ebene insbesondere Maßnahmen zur Lärm und Staubminderung sowie die Verringerung des Energieverbrauchs und des Verkehrs. Auf der sozialen Ebene werden die Verbesserung der innerbetrieblichen Kommunikation und ökologischen Mitarbeiterqualifizierung anvisiert.

Das Umweltmanagementsystem umfaßt die Stelle eines Umweltkoordinators als Stab der Geschäftsführung, der jedoch nicht von dieser eingesetzt, sondern entsprechend der offenen Unternehmenskultur des Unternehmens von den Mitarbeitern gewählt wird. Zwischen Belegschaft und Koordinator ist das Organ „Arbeitskreis Umwelt" geschaltet, das fallweise zur Erarbeitung spezifischer Problemlösungen vom Koordinator einberufen wird und in dem jeder interessierte Mitarbeiter mitwirken kann. Außerdem wird ein Umweltschutz-Vorschlagswesen installiert. Zwischen Umweltkoordinator und Management (Geschäftsführung und Bereichsleiter) wurde der sog. „Strategiekreis Umwelt" placiert, der regelmäßig zusammentritt und langfristige Planungen und Entscheidungen vornimmt. Zur Umsetzung beschlossener Einzelaktivitäten wird - wie der Arbeitskreis fallweise - ein sog. „Steuerkreis Umwelt" eingerichtet, dem der jeweils betroffene Bereichsleiter, ein Geschäftsführer und der Umweltkoordinator angehören und der Ergebnisverantwortung hat.

Erfahrungen mit der Praxis des so verfaßten Umweltmanagements liegen ebenso wie Umsetzungserfahrungen mit im Umweltprogramm fixierten Zielen bzw. geplanten Aktivitäten derzeit noch nicht vor. Aus den Interviews geht jedoch hervor, daß die systematische Umwelt-Status-Analyse und die eingeleiteten personal- und qualifikationsbezogenen Maßnahmen als besonders bedeutsam eingestuft werden. Das schnelle Unternehmenswachstum hatte ein entsprechendes Wachstum der Belegschaft mit sich gebracht, so daß bei diesen nicht mehr gleichsam selbstverständlich eine hohe ökologische Sensibilität und entsprechendes berufliches Engagement vorausgesetzt werden kann. Hier den Boden für eine systematische Personalentwicklung bereitet zu haben, wird als derzeit bereits positiv zu bewertender Effekt des Audits angesehen. Ob und inwieweit der gewählte Umweltkoordinator, der seine Funktion nebenamtlich ausübt, seiner zentralen Rolle im Umweltmanagement gerecht werden kann und wie sich die eingerichteten Kreise bewähren, muß derzeit noch offenbleiben.

Hinsichtlich der Praktikabilität der Audit-Verordnung werden aus diesem Projekt ähnliche Einschätzungen geäußert wie aus den EG-Pilot-Audits: zum einen wird die Vermutung geäußert, daß die Audit-Kosten für kleine und mittlere Unternehmen relativ höher ausfallen als für größere, insbesondere weil die Möglichkeit der Selbstprüfung nicht besteht, sondern externe Auditoren herangezogen werden müssen. Hinzu kommen die Kosten der Zertifizierung. Zudem wird die Verordnung den in der Regel flacheren Hierarchien kleinerer Unternehmen zu wenig gerecht und überfordert sie in ihrer Marktmacht, wenn sie eine umweltpolitische Einwirkung auf die Marktpartner verlangt.

Fall 2

Auch in diesem Unternehmen wurde die Durchführung des Öko-Audits durch die finanzielle Förderung eines deutschen Bundeslandes ermöglicht. Das Öko-Audit wurde im Zeitraum Juli 1994 bis Februar 1995 durchgeführt und benötigte einen Aufwand von ca. 60 Personentagen.

Das Unternehmen wurde 1979 zur Verbreitung von Techniken zur Nutzung erneuerbarer Energieformen gegründet und ist heute ein führender Anbieter von Solaranlagen, Photovoltaik und Regenwassernutzungsanlagen sowie Literatur zu diesen Technologien. Der Vertrieb erfolgt direkt an die Nutzer oder über das Handwerk. Das Unternehmen beschäftigt ca. 50 MitarbeiterInnen.

Die Produkte sind genuine Umweltschutzprodukte. Ihre Nutzung dient unmittelbar der Reduzierung von Umweltbelastungen. Für die Solarkollektoren hat das Unternehmen vor allem wegen des besonderen Wirkungsgrades den Umweltengel erhalten, was u.a. die Rücknahmeverpflichtung für verschlissene Kollektoren beinhaltet.

Die Produktionstiefe am Standort ist relativ gering. Ein großer Teil der Anlagenkomponenten wird von Zulieferern bezogen, bearbeitet und montiert sowie auftragsbezogen kommissioniert und ausgeliefert. Dementsprechend sind die produktionsbedingten Umweltbelastungen sehr gering: es erfolgen nur geringe gasförmige Emissionen (insbes. Gebäudeheizung, Absaugung von Dämpfen), Wasser wird für die Produktion nicht benötigt, Abfälle fallen nur in geringen Mengen an. Im Bereich der genutzten Materialien gibt es einige Gefahrstoffe, jedoch nur in geringen Mengen. Mineralwolle, Aluminium, Kunststoffe und Elektronik-Komponenten sind teilweise ökologisch problematische Produktbestandteile, deren Substitution jedoch mangels Alternativen derzeit als nicht möglich angesehen wird.

Bereits vor der Durchführung des Audits hatte das Unternehmen zahlreiche umweltbezogene Maßnahmen umgesetzt, die die Produkte und die Unternehmenstätigkeit insgesamt betreffen. Das sind z.B.: Nutzung von Recyclingmaterialien, Einsatz der eigenen Produkte auch im Unternehmen selbst, Einsatz der Brennwerttechnik für die Gebäudeheizung, Getrenntsammlung und -entsorgung der Produktionsabfälle, Mehrfachnutzung von Verpackungsmaterialien, Nutzung umweltfreundlicher Bürotechnik und -materialien. Für die laufenden umweltrelevanten Aufgaben waren Verantwortlichkeiten definiert. Allerdings fehlte eine umfassende Umweltschutzorganisation, die auch informatorische und strategische Aufgaben bewältigen kann.

Insofern standen im Zentrum des Öko-Audits die Organisationsanalyse und die Entwicklung eines der vorhandenen Unternehmenskultur gerecht werdenden Umweltmanagementsystems. Das aus internen Mitgliedern und externen Beratern zusammengesetzte Audit-Team entwickelte das Konzept einer ressortübergreifenden Initiativgruppe Ökologie, die sich auf ein Netz von Umweltspezialisten in den Ressorts und Fachabteilungen stützt und von einem gewählten Umweltkoordinator geleitet wird. Sie ist direkt der Geschäftsführung unterstellt und hat Anlaufstellen- wie Initiativfunktion. Allerdings wurde die Umsetzung dieses Konzepts durch die zeitlich parallel in Gang gesetzte Organisationsreform des Unternehmens erschwert, so daß voraussichtlich nur der Umweltkoordinator und die Umweltspezialisten in Funktion kommen werden.

Das Umweltprogramm umfaßt vor allem Organisations- und Informationsaktivitäten, insbesondere hinsichtlich des aufzubauenden Rücknahmesystems und der Materialdeklaration für die Kollektoren. Es enthält keine konkreten Reduktionsziele bezogen auf verbleibende Umweltbelastungen oder Ressourcenverbräuche, da hier derzeit noch keine realistischen Zielerreichungseinschätzungen vorgenommen werden können.

Die Besonderheit dieses Unternehmens ist neben dem Leistungsprogramm seine spezifische Unternehmenskultur, in der es keine Trennung von Kapitalbereitstellung und Verfügungsmacht auf der einen und Mitarbeit auf der anderen Seite gibt. Diese Kultur erforderte zum einen die Entwicklung eines maßgeschneiderten Umweltmanagementsystems, sie bedingte aber auch zum Teil nicht unerhebliche Reserven bei einigen Unternehmensmitgliedern gegenüber dem EG-Öko-Audit und seiner Durchführung im Unternehmen. Hier bestehen zum einen Vorbehalte gegen eine externe „Kontrolle" durch die zugezogenen Berater und gegen von außen vorgeschlagene Konzepte für das Unternehmen, zum anderen auch grundsätzliche Akzeptanzprobleme gegenüber dem Öko-Audit als einem neuen umweltpolitischen Instrument, das trotz erheblicher umwelttechnischer Statusunterschiede allein für die Einleitung von organisatorischen und unternehmenspolitischen Verbesserungsbemühungen ein „amtliches" Umweltsiegel vergibt.

Hinsichtlich der Validität der Ergebnisse dieser Fallstudien sind Fragen angebracht. Hier liegen Einzelfälle von vornherein ökologisch besonders engagierter Unternehmen mit ausgeprägt sozial offener Unternehmenskultur vor, von denen kaum Schlüsse auf „normale" Unternehmen gezogen werden können. Zudem erlaubt die Methode der Auswertung vorgelegter Dokumente, ergänzt um einzelne Interviews im einen sowie die teilnehmende Beobachtung im anderen Fall zwar eine detaillierte Analyse der geplanten Maßnahmen (Umweltprogramme) sowie der Bestandteile von Umweltmanagementsystemen und Umwelterklärungen. Differenzierte Erkenntnisse über die mit dem Audit angestoßenen sozialen und personalen Ökologisierungsprozesse sind jedoch auch auf diesem Wege kaum möglich. Hier wäre eine längerfristige Verlaufsanalyse geboten, die sich jedoch wegen der gerade erst abgeschlossenen Erst-Audits noch nicht realisieren ließen.

Allerdings kann festgehalten werden, daß sich vorher bereits in hohem Maße umweltengagierte Unternehmen trotz oder vielleicht gerade wegen des bereits erreichten hohen Niveaus ihres betrieblichen Umweltschutzes relativ schwer tun mit der Umsetzung der EG-Öko-Audit-Verordnung. Sie benötigen kaum die mit der Verordnung beabsichtigten Anstöße zur Befassung mit betrieblich bedingten Umweltbelastungen, greifen aber wegen der erwarteten Wettbewerbsvorteile im Gefolge des zertifizierten Öko-Audits auf dieses Instrument zu anstatt auf die im Sinne einer umfassenden Erfassung und Bearbeitung dieser Probleme sinnvolleren Instrumente wie z.B. Stoff- und Energiebilanzen und Öko-Controlling. Andererseits fühlen sie sich dennoch vom Öko-Audit-Siegel nicht hinreichend in ihren umweltorientierten Bemühungen und Erfolgen gewürdigt, das ja auch von ihren unter ökologischen Gesichtspunkten wesentlich weniger umweltorientierten Wettbewerbern, die konventionelle Produkte z.B. zur Gebäudedämmung oder zur Energienutzung herstellen, erworben werden kann. Schließlich ist der von ihnen noch erzielbare weitere ökologische Fortschritt zum einen relativ gering, zum anderen jedoch aufwendig, so daß sie dadurch entgegen dem tatsächlich bereits erreichten Entwicklungsstand im Audit ein wenig engagiertes Bild abzugeben fürchten müssen.

Als größen- und kulturbedingt unangemessen erweist sich die Installierung eines formalisierten Umweltmanagementsystems im Sinne eines Umwelthandbuches, so daß in beiden Fällen zu weitgehend offenen Lösungen gegriffen wurde. Dieses Ergebnis legt den Schluß nahe, daß eine Normierung von Regeln guten Umweltmanagements, wie sie derzeit in den zuständigen nationalen und internationalen Gremien entwickelt werden soll, allenfalls prozessual orientiert sein kann, jedenfalls wenn sie der Vielfalt der vorhandenen Unternehmensstrukturen und -kulturen gerecht werden und kein „Management von der Stange" als alleinig zielführend apostrophieren will.

Auffällig ist die in beiden Fällen nicht unproblematische Beziehung zwischen den Unternehmen und den das Öko-Audit federführend durchführenden Beratern. Einerseits scheinen die Berater für das Anstoßen der notwendigen Organisationsentwicklungsprozesse kaum entbehrlich, andererseits stoßen sie nicht in dem erforderlichen Umfang auf Akzeptanz bei den internen Akteuren. Das liegt zum einen in der kaum aufhebbaren fachlichen Distanz zur jeweils vorfindlichen Produktionstechnik, zum anderen aber auch in der Zwitterrolle der Berater als externen Kontrolleuren und Innovations-Initiatoren zugleich. Wer als Kontrolleur wahrgenommen wird, der kann vielleicht damit rechnen, daß die von ihm festgestellten Schwachstellen beseitigt werden. Er kann aber kaum gleichzeitig selbsttragende Organisationsentwicklungsprozesse initiieren. Es ist schwer absehbar, wie dieser Konflikt gelöst werden kann.

3. Ökologisierungssprozesse in auditierten Unternehmen - was darf man erwarten?

Der derzeitige Entwicklungsstand der praktischen Umsetzung von und der wissenschaftlichen und politischen Debatte über die EG-Öko-Audit-Verordnung kann durch folgende Merkmale charakterisiert werden:

Die Verordnung ist ein Instrument (über)staatlicher Umweltpolitik, das so, wie es vorliegt, von den beteiligten sozialen Akteuren zwar inzwischen grundsätzlich akzeptiert, aber in wichtigen Details nach wie vor kritisiert wird.

Viele Unternehmen, nicht zuletzt angestoßen durch eine breite öffentliche Förderung und zahlreiche praxisorientierte Veröffentlichungen und Weiterbildungsveranstaltungen (vgl. z.B. FGU 1994 und 1995, Clausen/Gallert 1994, Schimmelpfeng/Machmer 1995), bereiten zur Zeit ein Audit vor bzw. führen es bereits durch, um Erfahrungen zu sammeln und Innovationsvorteile zu nutzen. Denn viele Experten erwarten, daß die nominelle Freiwilligkeit der Teilnahme sehr bald vom Markt zu einer Quasi-Verpflichtung umfunktioniert wird.

Ebenso viele, eher mehr Beratungsunternehmen der verschiedensten Größe und Qualifikation bieten ihren Klienten die externe Audit-Durchführung an, ja drängen sie fast dazu: Wirtschaftsprüfer, allg. Unternehmensberater, Umweltberater, technische Berater etc. . Die Erwartungen an den Markt für Audits sind groß.

Alle diese Akteure hantieren mit einem Instrumentarium, dessen Detail-Merkmale und vor allem dessen unternehmenspolitische und umweltpolitische Folgen heute niemand valide einschätzen kann. Sie führen ein sozio-technisches Experiment mit kaum überschaubaren Folgen durch.

Ist das Ök-Audit - analog zum sog. „Grünen Punkt" - ein Instrument marktwirtschaftlichen *Öko-Dumpings*, mit dem sich die staatliche Umweltpolitik aus der Verantwortung stiehlt, die sie mangels funktionierender staatlicher Kontrollsysteme ohnehin nur noch vorgibt wahrzunehmen, nämlich klare und für alle wirtschaftlichen Akteure gleichgeltende Orientierungen für die umweltrelevanten wirtschaftlichen Aktivitäten zu entwickeln und durchzusetzen (so etwa Schmidt 1995)? Oder ist es ein gegenüber allen bisherigen umweltpolitischen Regelungen und Gesetzen wesentlich effektiveres, weil den Eigennutz, die Marktkräfte und die ökologische Fachkompetenz der wirtschaftlichen Akteure nutzendes *Instrument*, das den erforderlichen *ökologischen Umbau der Industriegesellschaft* viel besser voranbringt als (über)staatlicher Dirigismus? Oder ist es schließlich ein Instrument, dem trotz aller aktuellen Diskussionen und Aufgeregtheiten in Wirtschaft, Politik und Umweltbewegung sowie in den davon tangierten Wissenschaften kein sehr langes Leben bevorsteht, einfach weil sich doch nur eine sehr geringe Zahl von Unternehmen daran beteiligt und diese Beteiligung ähnlich wie im Fall der externen sozialen Rechenschaftslegung (Sozialbilanzierung) der 70er Jahre recht schnell wieder einstellen wird?

Die Antwort auf diese Fragen wird - vom Einfluß der noch ausstehenden politischen Umsetzungsregelungen und deren Akzeptanz in Wirtschaft *und* Gesellschaft einmal abgesehen - maßgeblich davon abhängen, was substantiell in den Unternehmen geschieht, die ein Audit durchführen und ein Umweltmanagementsystem etablieren. Denn als wenn man einen Stein ins Wasser wirft, wird von der Durchführung eine Öko-Audits nach Maßgabe der EG-Verordnung zweifellos ein derzeit noch nicht einschätzbares Bündel ökonomischer, sozialer und ökologischer Effekte ausgehen, das ich an dieser Stelle einmal als *Ökologisierungsprozeß* bezeichnen möchte, ohne damit bereits Ergebnisse dieses Prozesses vorwegnehmen zu wollen.

Bleiben die von einem EG-Öko-Audit angestoßenen Ökologisierungsprozesse in der überwiegenden Zahl der Fälle oberflächlich und sozial wie ökologisch weitgehend folgenlos, dann ist jedenfalls die in der zweiten Frage angedeutete Entwicklung höchst unwahrscheinlich. Beinhalten sie jedoch ein unternehmenspolitisches Veränderungspotential, das die Organisation des Unternehmens und das Handeln der beteiligten Akteure im Hinblick auf die Berücksichtigung ökologischer Aspekte öffnet, dann ist die in Frage drei skizzierte Entwicklung kaum zu erwarten. Weitere Alternativen sind denkbar.

Jedenfalls scheint es geboten, genauer hinzusehen und zumindest einige der derzeit laufenden Öko-Audits einer umfassenderen und valideren Analyse zu unterziehen, als das bisher unternehmensintern und in entsprechenden Erfahrungsberichten oder in der referierten EG-Pilot-Studie geschehen ist. Was aber kann man erwarten? Lassen sich auf Grundlage des Verordnungstextes und der wenigen bisher durchgeführten und dokumentierten Audits Hypothesen bezüglich Umfang, Reichweite und Ablauf der Audit-induzierten Ökologisierungsprozesse formulieren?

Um auf diese Fragen zumindest Ansätze möglicher Antworten zu finden, hat die hessische Landesregierung im Rahmen ihres Förderprogramms 1994 für Pilot-Öko-Audits in Hessen (vgl. Möller 1995) auch ein wissenschaftliches *Begleitforschungsprojekt* gefördert, das im Zeitraum Juni 1994 bis April 1995 von meinen MitarbeiterInnen und mir durchgeführt wurde. Die Begleitforschung zielte auf einen vergleichenden Überblick über *13 im Jahre 1994 geförderten Pilot-Öko-Audits.* Dabei sollten sowohl die Erfahrungen der verschiedenen Beteiligten erhoben und miteinander verglichen werden, als auch die Ergebnisse der Öko-Audit festgestellt und analysiert werden. Ziel der Begleitforschung war es, sowohl Umsetzungserfahrungen und -probleme aufzudecken als auch ein Urteil über die unternehmensbezogenen und die umweltbezogenen Auswirkungen der Öko-Audits zu treffen.

Dazu wurden die Planungsunterlagen der teilnehmenden Unternehmen ausgewertet, in allen Unternehmen und bei den beteiligten Beratern ausführliche *Experteninterviews* durchgeführt und schließlich die *Ergebnisberichte und Umwelterklärungen vergleichend untersucht.* Allerdings lagen bis Februar 1995 erst wenige Ergebnisberichte und Umwelterklärungen vor, so daß deren Analyse bisher nicht in dem geplanten Umfang durchgeführt werden konnte. Die Gesamtergebnisse des Projekts werden in einem Forschungsbericht dokumentiert, der voraussichtlich im Frühsommer 1995 veröffentlicht wird. Hier können daher in der gebotenen Kürze nur vorläufige Ergebnisse aus den Experteninterviews referiert werden.

Auffällig ist zunächst die Vielfalt und *Unterschiedlichkeit der* unternehmenspolitischen und umweltbezogenen *Ausgangssituationen* in den beteiligten Unternehmen. Zwar war Vielfalt hinsichtlich der Unternehmensgrößen und Branchen eines der Auswahlkriterien für das Förderprogramm, aber auch hinsichtlich der ökologischen Betroffenheit (vgl.

hierzu den Beitrag von Kirchgeorg in diesem Band) sowie hinsichtlich des Standes von umwelttechnischen und umweltorganisatorischen Vorkehrungen vor dem Öko-Audit lagen sehr unterschiedliche Verhältnisse vor: vom Hersteller genuiner Umweltschutz-produkte bis zum Multiprodukt-Chemiekonzern, vom ökologisch gering betroffenen handwerklichen Unternehmen bis zum von vielfältigen Rechtsnormen und Genehmi-gungsauflagen streng regulierten Automobilzulieferer sind höchst unterschiedliche Un-ternehmen angetreten, erste Erfahrungen mit dem Öko-Audit zu sammeln.

Deutlich erkennbar ist durchweg eine *Mehrfachbetroffenheit* in umweltpolitischer Hin-sicht. Neben den allgegenwärtigen rechtlichen Normen ist dies vor allem die marktliche Betroffenheit, sei es durch wachsende ökologische Anforderungen von Großkunden, sei es durch technologische Entwicklungen bei den Produkten oder durch öffentliche Dis-kussionen über schädliche Produktbestandteile. Nicht unbedeutend - insbesondere bei den kleinen und mittleren Unternehmen - scheint auch der Wertewandlungsprozeß im Management bzw. bei den Eigentümer-Geschäftsführern zu sein, der dort durchaus in der Lage ist, eine gering entwickelte Ausprägung externer Anstöße auszugleichen. In einigen Fällen stehen die Unternehmen darüber hinaus auch im Rampenlicht einer kriti-schen Öffentlichkeit, so daß die *Teilnahme am Öko-Audit* durchaus als *Antwort auf eine gewachsene ökologische Betroffenheit der Wirtschaft* insgesamt angesehen werden kann.

Dabei kann man feststellen, daß der vorhandene Stand an Vorkehrungen zum betriebli-chen Umweltschutz überwiegend an den geltenden Rechtsnormen orientiert war. Inso-fern scheinen die 13 beobachteten Unternehmen - z.B. verglichen mit den Ergebnissen der FUUF-Studie aus 1991 (vgl. FUUF 1991 sowie den Beitrag von Antes in diesem Band) - den typischen *state of the art* des betrieblichen Umweltschutzes zu repräsentie-ren. Bis auf wenige Fälle sind über die rechtlichen Anforderungen hinausreichende Ak-tivitäten auf technischem, organisatorischem oder informatorischem Gebiet nicht fest-zustellen gewesen: einige Unternehmen hatten bereits Umweltgrundsätze verabschiedet, einige freiwillige Umweltberichte vorgelegt, in einigen waren freiwillige Umweltkoor-dinatoren eingesetzt worden. Somit sind einige „moderne" Instrumente des Umweltma-nagements bereits vorhanden gewesen, andere wie Stoff- und Energiebilanzen, Öko-Controlling-Systeme, Umweltzirkel und dergl. konnten wir dagegen nicht finden. Die zur valideren Prüdung dieser Frage notwendige Analyse der durchgeführten Umweltbe-triebsprüfungen steht allerdings noch aus.

Nach dem bisherigen Stand unserer Ergebnisse gehen wir jedoch davon aus, daß das EG-Öko-Audit die *anvisierte Zielgruppe* der umweltpolitisch handlungsbereiten, aber bisher noch nicht sehr aktiven Unternehmen tatsächlich *erreicht*. Jedenfalls kann wohl von einer entwickelten umweltpolitischen Sensibilität der zentralen Akteure in den be-teiligten Unternehmen gesprochen werden, aber kaum von Pionieren des proaktiven Umweltmanagements. Allerdings muß insofern eine Verzerrung der Repräsentativität des untersuchten Samples eingeräumt werden, als viele der am Förderprogramm betei-ligten Unternehmen von sich aus oder auf Vorschlag verschiedener Verbände ihre Be-teiligung am Öko-Audit-System zu diesem frühen Zeitpunkt auch im Hinblick auf die damit verbundenen Möglichkeiten der politischen Einflußnahme vorgenommen haben. In mehreren beteiligten Unternehmen hat das durchgeführte Öko-Audit Pilotcharakter für den Konzern, dem die Unternehmen angehören oder sogar für die Branche bzw. den Wirtschaftszweig.

Deutlich wurde, daß für die Teilnahmeentscheidung auch die *finanzielle Förderung* durch das Land ein *wichtiger Stimulus* war. In vielen insbesondere kleineren Unternehmen wäre zumindest zu diesem frühen Zeitpunkt noch keine positive Entscheidung für die Teilnahme getroffen worden, wenn keine finanzielle Förderung gewährt worden wäre. Der relativ hohe Andrang von Unternehmen auf die Fördermittel, der nur zu einem kleinen Teil befriedigt werden konnte, ist vor diesem Hintergrund zu sehen. Er kann aber wohl nicht als Indikator für die Attraktivität des Öko-Audits als solchem interpretiert werden, so daß die Frage nach den Verbreitungsaussichten des Öko-Audits offenbleiben muß. Eine relativ wichtige Rolle für die Teilnahme haben nicht selten auch die beteiligten Unternehmensberater gespielt. Ihr wirtschaftliches Interesse am Markt für Öko-Audits hat dazu geführt, daß sie in mehreren Fällen eher als die beteiligten Unternehmen als die Promotoren einer Teilnahme am Öko-Audit anzusehen sind.

Die Öko-Audits selbst wurden in recht unterschiedlicher Weise durchgeführt. Insbesondere in größeren Unternehmen, die in mehreren Fällen keine externen Berater hinzuzogen, fand überwiegend ein Compliance- und ein an operativen Funktionserfordernissen orientiertes System-Audit statt. Das heißt, daß die Einhaltung der relevanten Rechtsnormen und die operative Funktionalität der vorhandenen Umweltschutzorganisation geprüft und in Form eines Umwelthandbuches festgehalten und optimiert wurden. Die Orientierung am Ziel der kontinuierlichen Verbesserung des betrieblichen Umweltschutzes mit Maßnahmen, die über die Erfüllung der Rechtsnormen bzw. den bereits erreichten Stand des betrieblichen Umweltschutzes hinausreicht, proaktive Strategien entwickelt und die breitere Aktivierung und Motivierung der Mitarbeiter einschließt, ist hier kaum erkennbar.

Intern waren regelmäßig überwiegend technische Experten an der Durchführung der Öko-Audits beteiligt: Umweltreferenten, gesetzliche Umweltbeauftragte, Produktionsleiter u.dergl. Von einer partizipativen Anlage der Audits in pluralistischen Teams, womöglich unter Beteiligung von Arbeitnehmervertretern, wie sie in der Literatur für die Einleitung von Organisationsentwicklungsprojekten vorgeschlagen werden und sich im Rahmen von Öko-Controlling-Projekten vielfach bewährt haben (vgl. z.B. Hallay/Pfriem 1992) wurde in den Experten-Interviews nicht berichtet: die betrieblichen Umweltexperten blieben weitgehend unter sich.

Dort wo - insbesondere in den mittleren und kleinen Unternehmen - externe Berater an der Durchführung des Öko-Audits beteiligt waren, scheint die anvisierte Wirkungsreichweite des Audits und der geplanten Gestaltungsmaßnahmen regelmäßig weiter zu greifen als in den vorher beschriebenen Fällen. Hier ist in der Regel zunächst noch kein Umweltmanagementsystem vorhanden, das „nur" noch systematisch erfaßt und transparent gemacht werden soll. Manchmal scheint es angesichts der vorhandenen Unternehmensgröße sogar völlig entbehrlich, da alle unternehmenspolitischen Zuständigkeiten ohnehin auf eine oder sehr wenige Personen konzentriert sind. Dort aber, wo es unter Beraterbeteiligung neu entwickelt wird, werden weiterreichende *Ansätze zur Modernisierung und Öffnung der Unternehmensorganisation* erkennbar, wenn auch ebenfalls nicht im Sinne einer aktiven Beteiligung der Beschäftigten und ihrer Vertretungen.

Nicht mehr allein die strenge Formalisierung, die im Sinne der Enthaftung der Geschäftsleitung unter Gesichtspunkten der Risikominderung (vgl. hierzu z.B. Reuter 1993) im Hinblick auf die Kontrollfunktion des Umweltmanagements (z.B. gem. § 52 a BImSchG) weit verbreitet ist, ist hier die Maxime, sondern durchaus auch Gesichtspunkte der Motivierung und Kompetenzerweiterung für die Mitarbeiter auf verschiedenen Hierarchieebenen, die nach einhelliger Auffassung der modernen Unternehmensführungslehre (vgl. z.B. Meffert/ Kirchgeorg 1992 S.273ff) bessere Voraussetzungen für eine proaktive betriebliche Umweltpolitik zu schaffen vermag als die bloße operative Formalisierung von Aufgaben.

Allerdings ist derzeit nicht absehbar, ob die entsprechend offeneren Konzepte tatsächlich umgesetzt werden können. Denn im Gegensatz zu den Öko-Audits ohne externe Beteiligung verlassen die Berater nach Abschluß der Öko-Audits die Unternehmen wieder, müssen also die Umsetzung den internen Akteuren allein überlassen. Von deren Überzeugtheit und Durchsetzungsmacht sowie der unternehmenskulturellen Passung des geplanten Konzepts wird seine tatsächliche Implementierung vor allem abhängen. Erst im Kontext des nächsten oder übernächsten Folgeaudits wird erkennbar werden, wieviel Geplantes tatsächlich Eingang in den Alltag gefunden hat.

Ob allerdings die zugelassenen Umweltgutachter die Funktionstüchtigkeit des installierten Umweltmanagementsystems auch an den Kriterien seiner ökologischen Offenheit und Kreativitätsförderungsfähigkeit prüfen werden, kann heute nicht beurteilt werden, auch wenn gerade hierin das ökologische und managerielle Innovationspotential des Öko-Audits stecken dürfte. Allerdings ist kaum vorstellbar, wie denn eine derartige Prüfung der Innovationsträchtigkeit von Managemensystemen erfolgen könnte

An dieser Stelle lassen die Ergebnisse des Begleitforschungsprojekts einen kaum aufhebbaren *inneren Widerspruch* der EG-Öko-Audit-Verordnung erkennen, denjenigen *zwischen umwelttechnischer Kontrolle und ökologischer Innovation*. Bereits die (internen oder externen) Auditoren, vermutlich zukünftig noch stärker die unabhängigen zugelassenen Umweltgutachter werden in den auditierten Unternehmen vielfach vor allem als umwelttechnische und -organisatorische Kontrolleure wahrgenommen, denen es um die Entdeckung und Beseitigung von Mängeln, auf jeden Fall aber um die Einhaltung von verordnungsbestimmten Vorgaben zu gehen hat. Von umweltpolitischen Zielrichtung her soll das Öko-Audit jedoch gar nicht in erster Linie technische Detailkontrolle beinhalten, sondern ökologische Innovationen anstoßen. Ob dies gelingen kann, wenn und solange Kontrolle die prägende Dimension zu sein scheint, ist mehr als fraglich. Solange jedoch Kontrolle überwiegt, wird sich die ökologische Innovation nur eingeschränkt einstellen. Das Öko-Audit ist dann nurmehr vordergründig wirksam, indem es die Fremdkontrolle durch Behörden durch eine Eigenkontrolle durch Auditoren und Verifier ersetzt.

Dennoch wird das Öko-Audit von den befragten Akteuren überwiegend positiv bewertet. Sie heben die Entdeckung von Einsparpotentialen ebenso hervor wie erwartete positive Imageeffekte, begrüßen die Systematisierungs-, Transparenz- und Sensibilisierungseffekte und erwarten auch im Umgang mit den Kontrollbehörden eine deutliche Klimaverbesserung. Nur in wenigen Fällen werden die hohen Kosten der Auditierung hervorgehoben, denen nur ungewisse Nutzenpotentiale gegenüberstünden. Teilweise wird jedoch auch von der Aufdeckung relevanter Kosteneinsparungspotentiale berichtet. Eine genau Kosten-Nutzen-Berechnung ist jedoch bisher in keinem der analysierten Öko-Audits erfolgt. Wo vorhanden, wird eine Harmonisierung zwischen Qualitäts- und Umweltmanagement angestrebt. Die Zertifizierung des Öko-Audits wird angestrebt, wenn das System entsprechend installiert ist. Sie spielt allerdings nur für diejenigen Unternehmen eine Rolle, die vom Markt oder der öffentlichen Exponiertheit her die externe Dimension des Öko-Audits als für sich relevant erachten.

Überwiegend stößt jedoch die von der Verordnung geforderte Veröffentlichung der Umwelterklärungen auf Zurückhaltung und Skepsis. Man will die Veröffentlichung vornehmen, weil sie verlangt ist, kaum aber weil man sich dadurch einen eigenen Nutzen verspricht. Die Einleitung von öffentlichen Diskursen über die betriebliche Umweltpolitik mag vom Verordnungsgeber gewollt werden, die Unternehmen vermögen einer derartigen Innovation jedenfalls derzeit noch keinen großen Reiz abzugewinnen.

Für ein inhaltlich begründetes Urteil über die verabschiedeten Umweltpolitiken, die anvisierten Umweltziele und geplanten Umweltprogramme, typische Strukturen der Umweltmanagementsysteme und den Charakter der Umwelterklärungen liegen uns bisher zu wenige Ergebnisberichte aus den Unternehmen vor. Eine entsprechende Auswertung ist jedoch vorgesehen.

So kann derzeit auch aus dem hessischen Begleitforschungsprojekt nur ein Tendenzurteil über die umwelt- und unternehmenspolitischen Auswirkungen der EG-Öko-Audit-Verordnung abgegeben werden. Dieses läßt sich wie folgt formulieren: Das Öko-Audit wird in Form der Entlastung der Kontrollbehörden einen unübersehbar positiven Effekt haben. Vollzugsdefizite auf diesem Gebiet werden auf dem Wege der freiwilligen Selbstkontrolle abgebaut, jedenfalls wenn tatsächlich eine größere Zahl von Unternehmen ein Öko-Audit durchführt und zertifizieren läßt. Es kann darüber hinaus Grundlage für die Einleitung umfassender Ökologisierungsprozesse in Unternehmen sein, wenn es gelingt, insbesondere die in ihm anvisierten sozialen Innovationen einzuleiten und dadurch den vorhandenen Betriebsstrukturen Offenheit, Lernfähigkeit und Kreativitätsimpulse zu implementieren. Solange die umwelttechnische Kontrolle des erreichten Istzustandes und die Orientierung an operativen Funktionserfordernissen zur Erfüllung von rechtlichen Anforderungen und zur Abwehr von Umweltrisiken im Vordergrund der Öko-Audits steht, werden sie allein jedoch kaum in der Lage sein, den ökologischen Umbau der Unternehmen im Sinne eines proaktiven Umweltmanagements nachhaltig zu befördern.

Literatur

Adams, Heinz W. (1991): Umweltschutz-Audit, in: BJU-Umweltschutzberater, 8.Ergänzungslieferung September

Bhagwati, Kishor (1992): Einsatz der Umwelt-Audits in einem international operierenden Konzern, in: ICC, S. 51 - 71

Bodenstein, G./Fessel, S./Spiller, A./Zühlsdorf, A. (1992): Zum Vorschlag der EG-Kommission für ein Öko-Auditing: Akzeptanzsicherung in der Risikogesellschaft oder Bilanzierung betrieblichen Umwelthandelns, Diskussionsbeitrag Nr. 169 des Fachbereichs Wirtschaftswissenschaften der Universität GH Duisburg,

Clausen, Jens (1993): Zur Entwicklung von Normen für Umweltmanagement und Öko-Audit, in: Informationsdienst IÖW/VÖW, J.8/Nr.5 Berlin, S.14 - 16

Clausen, Jens (1994): Stand der Normung von Umweltmanagementsystemen und Umweltaudit, in: Informationsdienst IÖW/VÖW, Jg. 9/Nr.2 Berlin, S. 13

Clausen, Jens/Gallert, Heike (Hg.) (1994): Umweltmanagement und Umwelt-Audit in kleinen Unternehmen, Schriftenreihe des IÖW 80/94, Berlin

Delogu, Bernardo (1992): „Eco-Audit" - A European Community scheme for the evaluation and improvement of environmental performances in industrial activities, in: ICC, S. 29 - 50

Deloitte Touche Tomatsu International et al. (1993): Coming Clean - Corporate Environmental Reporting - Opening Up for Sustainable Development, London

Dyllick, Thomas (1993): Transparenz und öffentliche Kontrolle für unternehmerisches Umweltmanagement, in: Neue Zürcher Zeitung vom 21.9.

Dyllick, Thomas (1994): Die EU-Verordnung zum Umweltmanagement und zur Umweltbetriebsprüfung (EMAS-Verordnung): Darstellung, Beurteilung und Vergleich mit der geplanten ISO 14001 Norm, IWÖ Diskussionsbeitrag Nr. 20, Institut für Wirtschaft und Ökologie St. Gallen

EG Kommission (1992): Vorschlag für eine Verordnung (EWG) des Rates, die die freiwillige Beteiligung gewerblicher Unternehmen an einem gemeinschaftlichen Öko-Audit-System ermöglicht, vorgelegt am 6. März 1992, in: Amtsblatt der Europäischen Gemeinschaften Nr. C 76/2 vom 27.3.

FGU (Fortbildungszentrum Gesundheits- und Umweltschutz) (Hg.) (1994): Umweltaudits - neue Wege zum Umweltmanagement, Sachstand und Perspektiven, 33. Seminar im Rahmen der UTECH Berlin

FGU (Fortbildungszentrum Gesundheits- und Umweltschutz) (Hg.) (1995): Die europäische Ökoauditverordnung in der Startphase, 01 Kongreß im Rahmen der UTECH Berlin

Fichter, Claus (1993): Umweltmanagement-Standards: der BS 7750. Die Vorreiterrolle Großbritanniens bei der Standardisierung des Umweltmanagements, in: Informationsdienst IÖW/VÖW Jg.8/Nr.3-4 Berlin, S.14 - 15

Förderkreis Umwelt future e.V. (1994): Wissenschaftlicher Endbericht zum Projekt Umweltberichterstattung, bearbeitet von Klaus Fichter und Jens Clausen (IÖW), Osnabrück

FUUF (Forschungsgruppe umweltorientierte Unternehmensführung) (1991): Umweltorientierte Unternehmensführung - Möglichkeiten zur Kostensenkung und Erlössteigerung. Modellvorhaben und Kongreß, Bericht 11/91 des Umweltbundesamtes, Berlin

Hallay, Hendrik / Pfriem, Reinhard (1992): Öko-Controlling - Umweltschutz in mittelständischen Unternehmen, Frankfurt/New York

Hermann, Silke / Kurz, Rudi / Spiller, Achim (1993): Umweltmanagement und Umweltbetrieb-sprüfung im Schnittpunkt gesellschaftlicher und betriebswirtschaftlicher Anforderungen, in: Umweltwirtschaftsforum 1.Jg./Nr.3, Heidelberg S.63 - 67

Heuvels, Klaus (1993): Die EG-Öko-Audit-Verordnung im Praxistest - Erfahrungen aus einem Pilot-Audit-Programm der Europäischen Gemeinschaften, in: Umweltwirtschaftsforum 1.Jg./Nr.3 Heidelberg

ICC (International Chamber of Commerce) (1989): Umweltschutz Audits, Köln

ICC (International Chamber of Commerce) (1992): Die Praxis des Umwelt-Audits Publikation Nr. 210/4 Köln

Kloepfer, Michael (1993): Stellung der Unternehmen in der Umweltpolitik - neue Tendenzen, in: Arndt, Hans-Knud / Clausen, Jens (Hg.): Umweltqualitätsziele von Unternehmen und ihre Durchsetzung, Berlin (Schriftenreihe des IÖW 60/93), S.79 - 92

Jasch, Christine (1994): EMAS in Österreich - Expertise betreffend die Einrichtung eines freiwilligen Systems für das Umweltmanagement und die Umweltbetriebsprüfung (EMAS-V) in Österreich, Band 19 der Schriftenreihe der Sektion I des Bundesministeriums für Umwelt, Jugend und Familie, Wien

Koch, Andreas (1993): Umweltmanagementsysteme - der Airbag für den Umweltschutz, in: Umweltwirtschaftsforum 1.Jg./Nr.3, Heidelberg S. 28 - 30

Landesanstalt für Umweltschutz Baden-Württemberg (1994): Umweltorientierte Unterneh-mensführung in kleinen und mittleren Unternehmen und in Handwerksbetrieben - ein Praxis-leitfaden, Umweltministerium Baden-Württemberg Karlsruhe

Landesanstalt für Umweltschutz Baden-Württemberg (1994): Umweltmanagement in der me-tallverarbeitenden Industrie - Leitfaden zur EG-Umwelt-Audit-Verordnung, Umweltministeri-um Baden-Württemberg Karlsruhe

Landesanstalt für Umweltschutz Baden-Württemberg (1994): Umweltmanagementsystem - ein Modellhandbuch, Umweltministerium Baden-Württemberg Karlsruhe

Lauff, Rudolf (1993): Das Umwelt-Audit in der betrieblichen Praxis, Köln

Meffert, Heribert / Kirchgeorg, Manfred (1992): Marktorientiertes Umweltmanagement, Stutt-gart

Möller, Gerhard (1995): Pilot-Programm und Richtlinien für die Förderung von Umweltmana-gement und Umweltbetriebsprüfungen in Hessen - Ziele und Perspektiven, in: Schimmel-pfeng/Machmer S. 169-175

Ökologische Briefe (1991): Öko-Audit: EG-Vorschlag für betriebliche Umwelt-Kontrolle, Nr. 23/1991, S.13-17

Peglau, Reinhard (1995): Stand und Umsetzung der EG-Öko-Audit-Verordnung, in: FGU, S. 29-54

PA Consulting Group (1993): Pilot Exercise of Environmental Auditing - Final Report, Euro-pean Commission DGXI, July

196

Reuter, Alexander (1993): Umwelthaftung, strikte Organisation und kreative Unordnung, in: Der Betrieb S. 1605-1609

Rockholz, Armin (1994): Umweltpolitik unter veränderten Bedingungen - Die Position des Deutschen Industrie- und Handelstages, in: Schmidt/Spelthahn S.85-93

Schimmelpfeng, Lutz/ Machmer, Dietrich (Hg.) (1995): Öko-Audit: Umweltmanagement und Umweltbetriebsprüfung nach EG-Verordnung 1836/93, Taunusstein

Schmidt, Eberhard / Spelthahn, Sabine (Hg.) (1994): Umweltpolitik in der Defensive - Umweltschutz trotz Wirtschaftskrise, Frankfurt

Schmidt, Mario (1995): Schlagwort ohne Inhalt: Öko-Audit, in Frankfurter Rundschau vom 7.2. S.6

Schnauber/Kiesgen/Mangelmann (1994): Analyse des betrieblichen Umweltschutzes in der Bundesrepublik Deutschland unter besonderer Berücksichtigung des Umwelt-Audit-Konzepts, Ruhr-Universität und INNOSYS Gesellschaft für innovative Arbeitssysteme, Bochum

Schrader, Ulf (1993): Umwelt-Auditing, Band 4 der Werkstattreihe Betriebliche Umweltpolitik, Universität Hannover

Schulz, Erika / Schulz, Werner (1994): Ökomanagement - So nutzen Sie den Umweltschutz im Betrieb, München

Schulz, Werner (1995): Was Sie über Audits wissen sollten, in: FGU, S. 5-27

Sietz, Manfred (Hg.) (1993): Umweltbetriebsprüfung und Öko-Auditing - Anwendungen und Praxisbeispiele, Berlin

Sietz, Manfred/ von Saldern, Andreas (Hg.) (1993): Umweltschutz-Managment und Öko-Auditing, Berlin

Steger, Ulrich (Hg.) (1991): Umwelt-Auditing - Ein neues Instrument der Risikovorsorge, Frankfurt

Verordnung (EWG) Nr. 1836/93 des Rates vom 29.Juni 1993 über die freiwillige Beteiligung gewerblicher Unternehmen an einem Gemeinschaftssystem für das Umweltmanagement und die Umweltbetriebsprüfung, in: Amtsblatt der Europäischen Gemeinschaften Nr. L 168/1-18 vom 10.7. 1993

Wagner, Gerd Rainer / Janzen, Henrik (1994): Umwelt-Auditing als Teil des betrieblichen Umwelt- und Risikomanagements, in: Betriebswirtschaftliche Forschung und Praxis 6/1994 S.573-604

Waskow, S. (1994): Betriebliches Umweltmanagement: Anforderungen nach der Audit-Verordnung der EG - Ein Leitfaden über die EG-Verordnung zum Umweltmanagement und zur Umweltbetriebsprüfung, Heidelberg

Zeschmann, Ernst-G. (1992): Umwelt-Audit bei der deutschen Shell, in: ICC, S. 93 - 104

Teil 3

Konzepte

Eberhard Seidel[1]

Kooperation
als Voraussetzung von Umweltschutz

Inhalt

1. Vorbemerkung

Auf den ersten Blick erscheint das Thema trivial. Aus der terrestrischen Einheit von Öko- und Biosphäre folgt, daß Umweltschutz ein den ganzen Erdball und die gesamte Menschheit umspannendes Anliegen ist. In jeder lokalen Begrenzung hat Umweltschutz so regionale und - letztlich - globale Bezüge. Niemand wird ernsthaft behaupten wollen, eine solche Aufgabe ließe sich durch die Arbeit eines einzelnen oder in jeweils isolierter Einzelarbeit vieler mit Aussicht auf Erfolg allein in Angriff nehmen. Kooperation ist hierbei eine Selbstverständlichkeit.

---

[1] Prof. Dr. Eberhard Seidel, Inhaber des Lehrstuhls für Betriebswirtschaftslehre, Organisation und Umweltwirtschaft und Direktor des Instituts für ökologische Betriebswirtschaftslehre an der Universität/Gesamthochschule Siegen

2. Ansatz zur Ent-Trivialisierung

Ein erster Ansatz zur Ent-Trivialisierung des Themas ergibt sich aus den unter verschiedenen Gesichtspunkten höchst unterschiedlichen Erscheinungsweisen der Kooperation nach "Bereich", "Bezug", "Niveau", "Intensität" und "Qualität". "Kooperationsgrade" (unter stärker quantitativen) und "Kooperationsformen" (unter stärker qualitativen Gesichtspunkten) mögen einschlägige Stichworte sein. Eine auf einer solchen differenzierenden Sichtweise basierende Generalthese könnte lauten:

Wirksamer Umweltschutz stellt an den wirtschaftenden Menschen höhere quantitative und qualitative Kooperationsanforderungen als alle bisherigen menschlichen Aufgabenstellungen.

Quantitative und qualitative Dimensionen der Kooperation lassen sich sicher nur tendenziell und unter bestimmten Aspekten trennen. Zumal "Kooperationsintensität" erscheint immer als ein zugleich quantitatives und qualitatives Phänomen. Wir wollen diese Fragen nicht weiter vertiefen, quantitative und qualitative Aspekte immer in einem ansprechen und die quantitativen im Regelfall unter die qualitativen subsummieren.

3. "Kooperation" und "Konkurrenz"

3.1 Grundlegende These

Der bedeutendste qualitative Aspekt der Kooperation erschließt sich in ihrem Verhältnis zur Konkurrenz. Kooperation steht für ein vornehmliches Miteinander und betont das kollektive Interesse (Gemeinnutz). Konkurrenz steht für ein vornehmliches Gegeneinander und betont das jeweils individuelle Interesse (Eigennutz). Aus dem Spannungsverhältnis beider Konzepte ergibt sich ein etwas präzisierter - zweiter und eigentlicher - Ansatz zu Ent-Trivialisierung und Thesenformulierung:

Wirksamer Umweltschutz verlangt, die Anteile von Kooperation und Konkurrenz im menschlichen Verhalten zugunsten ersterer zu verändern.

Diese These gilt u. E. intra- und interorganisatorisch, auf der Mikro-, Meso- und Makroebene des Wirtschaftens, der Ebene des Einzelnen, des Unternehmens, der Gesellschaft und des Staates. Sie gilt auf der Ebene aller Interaktionen und Zusammenschlüsse zwischen diesen Größen.

Kooperation und Konkurrenz treten praktisch immer in Verknüpfung miteinander auf. Der Konkurrenz der Anbieter (Situation des Käufermarktes) bzw. der Nachfrager (Situation des Verkäufermarktes) folgt regelmäßig die Kooperation zwischen den zum Zuge gekommenen Vertragspartnern (bei Lieferung, Gewährleistung, Wartung u.ä.m.). Ist der Konkurrenzentscheid freilich nicht auf der Basis einer Festlegung aller relevanten Transaktionskriterien (Lieferzeiten, Lieferqualitäten, Kundendienst etc.) gefallen, setzt sich in dieser Kooperation ein Stück Konkurrenz fort - nunmehr zwischen den Austauschpartnern von Leistung und Gegenleistung.

Das gibt einen Hinweis darauf, daß man sich die Kombinationsmuster von Kooperation und Konkurrenz im menschlichen Verhalten nicht zu einfach vorstellen darf. Will man sich der Realität annähern, kann man sich im Gegenteil den "Kooperations-Konkurrenz-Mix" nicht komplex genug denken. In ihrem Spiel kooperieren und konkurrieren Kinder regelmäßig zugleich. Erwachsene tun bei ihrer Arbeit dasselbe. In bezug auf menschliches Verhalten weist insbesondere die Trennung von "Motiven und Zwecken" (vgl. Luhmann, 1964: S. 144 f.) darauf hin, daß sich Kooperation und Konkurrenz häufig nur unter Aspekten unterscheiden und trennen lassen: In einer offiziellen Kooperation (Zweckebene) kann vielfach Konkurrenz versteckt sein (Motivebene).

Gewiß sollte man die These auch nicht dahin verstehen, daß Konkurrenz schlechthin zu minimieren sei. Konkurrenz ist bekanntlich ein Effizienzfaktor par excellence. Auch der Umweltschutz lebt in vielen Bezügen vom Wettbewerb der Umweltschützer. Im übrigen läßt sich die Konkurrenz in praxi gar nicht unter ein bestimmtes - noch immer beträchtliches - Maß drücken. Konkurrenz ist eine soziale Ubiquität.

Schließlich verwischen sich auch unter dem Aspekt der sozial immerzu nötigen Konfliktregelung die Grenzen zwischen Kooperation und Konkurrenz. Nur die unmittelbare technische Aktion gegeneinander (Gewalt) entzieht sich eindeutig dem Kooperationsbegriff. Sie ist nurmehr Interaktion, nicht mehr auch Kooperation. Verhandlung zwischen den Gegnern ist dagegen schon wesentlich Kooperation. Allerdings - wie wir oben gesehen haben - Kooperation im Sinne der Regulierung, der Überformung einer Konkurrenz.[2] Das unterstreicht die Komplexität der Kombinationsmuster. Sie kann gleichwohl kaum als menschliche Errungenschaft gelten. Schon in den Pflanzen- und Tiergesellschaften der Natur treten der Kooperation und der Konkurrenz analoge Phänomene regelmäßig zugleich, eng verknüpft und vielfach verschlungen auf.

Schließlich sind die Konzepte auch hinsichtlich ihrer Wirkungsweisen differenziert zu sehen: Sicher gibt es im Sinne des Umweltschutzes einerseits dysfunktionale Kooperation und andererseits funktionale Konkurrenz. Es sind so - freilich wenig effiziente und empfehlenswerte - Kombinationsmuster denkbar, die bei höherem Kooperationsgrad nicht umweltfreundlicher, bei höherem Konkurrenzgrad nicht umweltschädlicher werden.[3]

3.2 Erwägung der Gegenthese(n)

Die letzte Überlegung, insbesondere aber die enorme Effizienz des Wettbewerbsmodells bei der Schaffung des Massenwohlstands in der westlichen Welt, mag die Erwägung der Gegenthese(n) immerhin nahelegen. Im Bemühen um "Stärkung der Marktkräfte", um "Deregulierung" und "Privatisierung" gibt es auch Überlegungen, die zumindest in die Richtung der Gegenthesen zielen. Ist vielleicht unser heutiger Kooperations-Konkurrenz-Mix bereits optimal und nur intensiv genug der Aufgabe des Umwelt-

---

2 Die Gegenstände der Verhandlung zwischen Gegnern sind fast immer als Konkurrenz um ein Drittes deutbar.

3 Man denke nur an die organisierte Kriminalität, der besonders qualifizierte Kooperationen zugrunde liegen. Im übrigen sind die Operationalisierungsprobleme in diesem Bereich immens und immer mitzudenken. (In bezug auf die generelle Aussage sprechen wir deshalb auch nicht von einer "Hypothese", sondern nur von einer "These").

schutzes zuzuwenden? Läßt sich Umweltschutz gar mit einer Ausweitung des Konkurrenzmodells befördern?

Bei näherem Hinsehen haben die Gegenthesen keine Chance. Es ist eben die Effizienz des Konkurrenzmodells im Rahmen der Geldökonomie, die die immensen Umweltschäden bewirkt. Die externalisierten ökologischen und sozialen Kosten dieses Modells sind enorm. Aus dem Wettbewerb als solchem - aus der permanenten Suche nach Wettbewerbsvorteilen - nährt sich übrigens ständig die Tendenz zur Ausweitung der Externalisierung negativer Nebenwirkungen des Wirtschaftens. Nur bei auch kognitiver Externalisierung dieser Tatbestände kann man mehr Wettbewerb ohne weiteres als ethisches Gebot der Nächstenliebe apostrophieren und fordern (vgl. Hackmann, 1994: S. 268).

Folgende knappe Hinweise, die alle auf einen Punkt zielen, mögen an dieser Stelle genügen:

- Die "unsichtbare Hand" wirkt - Stichwort "Marktversagen" - nicht im Sinne von Natur- und Umweltschutz,
- starke Konkurrenz be- und verhindert regelmäßig qualitativ und quantitativ anspruchsvolle Kooperationen,
- die Modelle der Entscheidungs- und Spieltheorie zeigen, daß die kooperativen Lösungen gegenüber den nicht kooperativen Lösungen durchweg von höherer kollektiver Rationalität sind (siehe z.B. Nash, 1950: S. 48 f.; v. Neumann/Morgenstern, 1961).

Nicht vom wirtschaftlichen Wettbewerb als solchem, sondern von dessen Zähmung durch eine starke (kulturelle, politische, gesellschaftliche und staatliche) Rahmenordnung des Wirtschaftens ist ökologische Effizienz zu erwarten.[4]

Diese angesprochene Rahmenordnung ist per se das stärkste Kooperationsargument! Schon das enorme Maß an vertrauensvoller Zusammenarbeit, das die Herausbildung dieser Ordnung unter den Bedingungen des freiheitlichen Rechtsstaates den Betroffenen und Beteiligten abverlangen wird, stützt die These.

Darüber hinaus gelten noch grundsätzlichere Überlegungen. Natur und Umwelt sind zwingend kollektive Güter, an denen die Nutzung Dritter nie ausgeschlossen werden kann. Natur kann deshalb nie im engeren Sinne warenförmig oder auch nur im weiteren Sinne Gegenstand marktfähiger Verfügungsrechte werden. Ein kollektives Gut verlangt kollektive Wahrnehmung des Interesses an seiner Erhaltung durch solidarische Kooperation. Diese Botschaft aus Hardin's "Tragik der Allmende" ist eindeutig (Hardin, 1968: S. 1243 ff.).

Es ist nicht zufällig, daß das Umweltrecht neben dem Verursachungs- und Gemeinlastprinzip das Kooperationsprinzip im Umweltschutz besonders hervorhebt. Es ist auch nicht ohne tieferen Sinn, daß der Versuch, Umweltschutz mit einer Erweiterung des

---

[4] Wirtschaftsimmanent ist kein hinreichender Ansatz zur Vernutzungsreduktion erkennbar. Ein Nachfrageverhalten, das aus sich heraus den Angebotswettbewerb strikt in Richtung Umweltschutz lenkte, ist hochgradig unwahrscheinlich und - unter einigen realistischen Prämissen - sogar unmöglich. Gleichwohl kann - Stichwort: "freiwillige Selbstverpflichtung" - die Privatwirtschaft durchaus ein wesentliches Element oder Versatzstück der ökologieorientierten Rahmenordnung des Wirtschaftens sein.

Konkurrenzmodells anzugehen - Stichwort: Angebotskonkurrenz auf den Märkten für Umweltschutztechnik als zusätzlichen Wettbewerbsfeldern -, zwingend im additiven Umweltschutz stecken bleiben muß. Die ökologische Gesamtbilanz des additiven Umweltschutzes ist indessen bekanntlich negativ. Integrierter Umweltschutz verlangt hohe Kooperationsgrade.

In summa: Ein dem nachhaltigen Wirtschaften angemessener Kooperations-Konkurrenz-Mix ist vom heutigen Kombinationsmuster beider ein beträchtliches Stück in Richtung Kooperation verschoben.[5]

4. Kooperationsbedarf und Kooperationsbedarfsdeckung

4.1 Hinweis auf Kooperationserfordernisse

Die Notwendigkeit der Kooperation zur Beförderung des Umweltschutzes macht man am leichtesten handlungstechnisch plausibel:

Schon innerbetrieblich setzt das erfolgreiche Bemühen um Umweltschutz vielfältige - intensive und qualifizierte - Kooperationen voraus. Soll Umweltschutz zwar Chefsache werden aber nicht allein bleiben, fordert das vielerorts eigenmotivierte und eigeninitiierte Kommunikation und Kooperation, die in ökologieorientierten Arbeitskreisen, Lernstätten, Qualitätszirkeln u.ä. ihren organisatorischen Ausdruck finden.

---

[5] Die Einkommens-, Karriere-, Konsum- und Vermögensansprüche der Wirtschaftsbürger in Verbraucher-, Arbeitnehmer-, Kapitalgeber und Unternehmerposition haben in einer einschlägigen sozialen Konkurrenz die Tendenz zur ständigen Steigerung. Das gilt zumal in der dynamischen "offenen" Gesellschaft. Diese soziale Konkurrenz stützt und treibt die Umsatz- und Gewinnkonkurrenz der Unternehmen, deren diesbezügliche Ansprüche darüber hinaus wesentlich systemkonditioniert sind; (auf wachsenden Märkten zwingt das an sich bescheidene Ziel bloßer Existenzsicherung regelmäßig dazu, mitzuwachsen.)

Sicher ist soziale Konkurrenz auch um nicht-materielle, ideelle Gegenstände möglich. Gleichwohl treiben nach aller Erfahrung höhere Grade sozialer Konkurrenz stets auf äußerlich-materielle (energie- und stoffvernutzungsintensive) Gegenstände des Wettbewerbs zu oder halten dort fest. Dafür sorgt unter modernen Verhältnissen schon die - unter dem Diktum der Käufermärkte wettbewerbsinduzierte - Angebotswerbung. In sicherer Einschätzung der menschlichen Natur wendet sich die Wirtschaftswerbung fast durchweg an die stabilere und stärkere "animalische", kaum an die instabilere und schwächere "spirituelle" Komponente der menschlichen Bedürfnisstruktur. Einer etwaigen Vergeistigung oder Entstofflichung menschlicher Lebensansprüche - sie läge auf der Linie philosophischer und religiöser Ansprüche des Menschen an sich selbst - wirkt die Werbung so in summa ständig massiv entgegen. Die Anreize sind falsch gerichtet. Hinzu kommt, daß die Befriedigung geistiger und seelischer Bedürfnisse nicht unbegrenzt warenförmig werden kann.

Aus diesem und anderen Gründen gelingt die Entkoppelung von Wirtschaftswachstum und Naturverzehr bislang nicht. Auf die einzelne Leistungseinheit bezogene Verbesserungen werden regelmäßig durch das Mengenwachstum kompensiert und überkompensiert. Der Entkoppelung steht die materielle Grundorientierung menschlicher Bedürfnisse entgegen, darüber hinaus der enorme materielle Aufwand, der mit der Erfüllung vieler als nicht-materiell geltender Ansprüche verbunden ist ("Luxurieren"). Zumal dem sich noch immer steigernden Anspruch auf Mobilität zeigt eine realistische Abschätzung des Innovationspotentials zur Senkung von Energieverbrauch und Schadstoffemissionen keine hinreichenden Entkoppelungsmöglichkeiten von Anspruchsbefriedigung und Umweltzerstörung. Das allein mit Sonnenenergie getriebene Flugzeug scheint leider noch eine recht ferne Zukunftshoffnung zu sein.

Im Bemühen um einen auch überbetrieblich integrierten Umweltschutz setzt sich die Reihe umfassender komplexer Kooperationen zwischenbetrieblich längs der Produktlinie fort. Mit Lieferanten und Kunden gilt es im Interesse des Umweltschutzes vielfach zu kooperieren. Eine ganz besondere Steigerung erfährt das Maß nötiger Kooperation, wenn es im Rahmen der Abfallvermeidung und Abfallverwertung zu Unternehmens-Netzwerken im Recyclingbereich kommen soll (Schwarz, 1994). In auf Branchen bezogenen Umweltproblemen gilt es nicht nur mit Lieferanten und Kunden, sondern auch mit den Konkurrenten zu kooperieren.

Eine besonders intensive und vielfältige Kooperation ist auch im Zusammenhang mit dem zur Zeit in aller Munde befindlichen Umwelt-Audit gegeben.[6]

Ein hoher Grad Kooperation in diesem Bereich ist nötig:

- beim Umwelt-Audit-System als einem System freiwilliger Verbandslösung im ganzen,
- bei Bestimmung/Regelung der Zulassungsstellen und der Zulassungsverfahren zwischen Staat und Privatwirtschaft,
- bei Zusammenwirken der Berater, Helfer und Prüfer mit dem zu prüfenden Unternehmen in den verschiedenen Audit-Phasen (vom Prä-Audit bis zur abschließenden Zertifizierung),
- bei der Herausbildung, Gestaltung und Regelung der Unterstützungssysteme für Klein- und Mittelbetriebe.

Ein Schlaglicht auf die nötige qualifizierte Kooperation, insbesondere für Klein- und Mittelbetriebe, wirft hier das Vorbild des "Contracting" bei der Realisierung von Energiesparprogrammen.

Besondere Kooperationsansprüche lassen sich auch unter den Aspekten des Umwelt-Controlling, des Umwelt-Marketing und der Kooperation mit Kreditinstituten bei der Finanzierung des betrieblichen Umweltschutzes deutlich machen.

Auf den enormen Kooperationsbedarf bei der Schaffung einer zweckmäßigen ökologieorientierten Rahmenordnung des Wirtschaftens war schon hingewiesen worden. Hier gilt es, das "Schweigekartell der Oberingenieure" aufzubrechen und zu einer offenen "Kommunikations- und Kooperationsgemeinschaft" zwischen Staat und Wirtschaft zu finden. Im Verhältnis der Staaten (auch Gesellschaften, Zivilisationen) untereinander setzt sich der immense Kooperationsbedarf eines wirksamen Umweltschutzes fort.

4.2 Die sich entwickelnde Kooperationspraxis - das Beispiel der eigeninitiativ-freiwilligen Arbeitskreise

Von besonderer Bedeutung ist die überbetriebliche Kooperation in Sachen Umweltschutz wie sie sich im Rahmen der freiwilligen Selbstorganisationen der Privatwirtschaft herausbildet. Beispiele sind der Bundesdeutsche Arbeitskreis für Umweltbewußtes Management (B.A.U.M.), Hamburg, der Förderkreis Umwelt future, Osnabrück und

---

[6] Der Gegenstand "Audit" zeigt einmal mehr die vielfältige Verknüpfung von Kooperation und Konkurrenz.

Halle, die Gruppe Unternehmens-Grün, Stuttgart. Im internationalen Rahmen sind das "International Network for Environmental Management (INEM)" oder der "European Green Table (EGT)" zu nennen. An diese Arbeitskreise legt sich eine breite Kooperation mit speziellen ökologischen Forschungs- und Förderungsinstitutionen privaten und staatlichen Zuschnitts an.

Die Arbeitskreise bieten eine kaum zu unterschätzende Unterstützung der betrieblichen und überbetrieblichen Kooperation in Sachen Umweltschutz. Sie sind eine wesentliche Stütze bei:

- dem Entwurf zugleich anspruchsvoller und realistischer Ziele im Bereich des Umweltschutzes,
- der Erarbeitung eines effizienten Instrumentariums zur Entwicklung, Planung, Steuerung, Realisation und Kontrolle betrieblicher Umweltschutzziele,
- der Bewältigung einschlägig komplexer Problemstrukturen und großer Datenmengen,
- der Gewinnung einer sinnvollen Arbeitsteilung und damit Arbeitseffizienz im Umweltschutz,
- der nötigen Bereitstellung von "Infrastruktur": Sitzungsorte, Sitzungstermine, Sekretariats- und Kommunikationsdienste,
- der Information über potentielle Kooperationspartner bei bestimmten Spezialfragen,
- der Information über einschlägige finanzielle Fördermöglichkeiten (Europäische Union, Bundesrepublik Deutschland, Bundesländer, Stiftungen u.ä.),
- der Stützung der betriebsinternen Kooperation und Motivation der Mitarbeiter, aber auch der Führungskräfte, betrieblichen Umweltschutzverantwortlichen, Umweltschutzbeauftragten und Umweltschutzinteressierten[7],
- der Konzeption und Realisation des nötigen Fort- und Weiterbildungs-, Innovations- und Lernbedarfs,
- der nötigen Kooperation längs der Produktlinie mit den Abnehmern und Kunden,
- der nötigen Abstimmung (Konsensbildung) in der Branche (Betriebe gleicher Fertigungsstufe),
- der Kommunikation mit den Behörden (Staat) und der Nachbarschaft am Standort (Gesellschaft).

5. Streiflicht auf weiterreichende Zusammenhänge

In einem gewissen Sinne ist mit der anlaufenden Kooperation unsere Generalthese schon ein Stück weit eingelöst. Allerdings erfolgt die Einlösung auf der Basis - und damit um den Preis - eines insgesamt deutlich gestiegenen Aktivitätsniveaus im Bereich Wirtschaft: Die Konkurrenz - zumal die auf den Absatzmärkten - ist von der anlaufenden Umweltschutzkooperation kaum tangiert. Der Anteil der Kooperation am menschli-

---

7 Dabei geht es insbesondere auch darum, zeitweilige subjektive Motivationsschwächen durch die in diesen Zusammenschlüssen liegende "Institutionalisierung" zu überbrücken (vgl. Gehlen, 1977: S. 23 ff.).

chen Verhalten im Bereich der Wirtschaft ist erhöht, indem Umweltschutz - auch in diesem allgemeinen Sinne "additiv" - als zusätzliche Aufgabe hinzutritt.

Kann eine Umweltschutzkooperation, die dem bisherigen oder einem gar noch steigenden Maß der Umsatzkonkurrenz auf den Absatzmärkten aufgesetzt ist, für einen wirklichen Umweltschutz zureichen? Sicher nicht. Ein Umweltschutz, der nicht nur in technischer, sondern auch in sozialer, organisatorischer und politischer Kategorie so deutlich die Eigenschaft des "Additiven" hat, steht im Verdacht die Öko-Bilanz wirtschaftlicher Aktivitäten pro toto zu verschlechtern.

Eine nachzutragende wichtige Präzisierung der These könnte vielleicht dahin lauten, daß bei der Verschiebung der Anteile von Kooperation und Konkurrenz das Gesamtniveau der Wirtschaftsaktivität nicht steigen darf, vielleicht sogar sinken muß.[8] Eine Erhöhung der Kooperation bedeutete dann zwingend eine nicht nur relative, sondern auch eine absolute Abnahme der Konkurrenz.[9]

Erwachsen indessen aus dem jetzt schon gewandelten Kooperations-Konkurrenz-Kombinationsmuster nicht doch gewisse Besserungstendenzen? Mit dem Umweltschutz als einer zusätzlichen Aufgabe sind Arbeitskomplexität und vielfach auch Arbeitspensen deutlich gestiegen. Ergibt sich mit dem - im Sinne einer Gegenbewegung - dadurch ausgelösten "Normalisierungsdruck" vielleicht eine Tendenz zur Reduktion der Konkurrenz?

Große Hoffnungen lassen sich auf diesen Punkt u.E. nicht gründen. Man darf in diesem Bereich nichts zu statisch und stationär sehen. Im Zuge der Entwicklung des tertiären Sektors sinken die Beschäftigungsanteile derer, die unmittelbar technisch-produzierend tätig sind, ohnehin. Betrieblich steigen die Anteile des sogenannten Führungs- und Dienstleistungsbereichs. Hierbei mag dann auch der Umweltschutz mit seinem Kooperationsbedarf seinen Platz finden. Er muß sich auch bei bleibendem Konkurrenzniveau nicht - zumindest nicht auf Dauer - generell in höheren persönlichen Arbeitspensen nie-

---

[8] In dieser allgemeinen Form ist die Konditionierung der These freilich nur insofern akzeptabel, als man mit jeglicher Art von Wirtschaftsaktivität ein gravierendes Maß an Umwelt- und Naturbelastung verknüpft sieht. In dem Maße, in dem eine wesentliche Entkoppelung von Wirtschaftsaktivität und Umweltbelastung möglich erscheint (vgl. auch Fußnote 4), wäre die Aussage zu differenzieren. Die Kapital- bzw. Arbeitsintensität des Wirtschaftens, Maß und Art der eingesetzten Techniken wären unter den Aspekten ökologischer Effizienz und Konsistenz zu bewerten ("sanfte Technik", "Bionik", "Miniaturisierung", u.ä.m. wären Stichworte).
Ceteris paris dürfte freilich gelten:
Je geringer das Maß der Wirtschaftsaktivität ist und je höher Qualität und Quantität der Kooperation dabei sind, umso geringer fällt die Umweltbelastung aus. Unter der Bedingung hoher Konkurrenz auf den Absatzmärkten wird sich die Innovation kaum von ihrer bisherigen Grundrichtung: "verstärktes Luxurieren durch gesteigerte Naturausbeutung" abbringen lassen. Die "ökologische Effizienzrevolution" bedarf einer hohen Kooperationsqualität. Im übrigen ist bei Wirtschaftsaktivitäten neben den Austauschverhältnissen immer die schiere Flächeninanspruchnahme (Landschaftsverbrauch) zu bedenken.

[9] Auf die immensen Operationalisierungsprobleme dieser vieldimensionalen Konzepte ist hier neuerlich zu verweisen. Reduktion der Konkurrenz heißt nicht unbedingt, daß die Zahl der miteinander Konkurrierenden schrumpfen muß - man denke nur an das Problem der Konzentration von Wirtschaftsmacht und wachsender Unternehmensgrößen unter ökologischen Gesichtspunkten. Vielfach sind unter Konkurrenzreduktion (nur) die Mittel und Felder der Konkurrenz angesprochen.

derschlagen. Gleichwohl ist sicher, daß eine sich entwickelnde starke Umweltschutzko-operation im Laufe der Zeit immerhin deutliche Rückwirkungen auf die Art und Weise der Konkurrenz haben muß. Das "Prinzip Hoffnung" mag hieraus Nahrung ziehen.

6. Schlußbemerkung

Umweltschutz ist eine Aufgabe, die in ihren quantitativen und qualitativen Ansprüchen an Kooperation alle bisherigen menschlichen Aufgabenstellungen signifikant übersteigt. Mit dieser Feststellung wollen wir wieder an unsere Einleitung anknüpfen und den Kreis schließen. Ein solches Maß und eine solche Güte von Kooperation waren in der bisherigen Sozialgeschichte noch nicht manifest.

Ob diese Kooperationsleistung je erbracht werden wird, ist eine offene Frage. Schlüsselproblem ist die Zähmung des Wettbewerbs im Sinne der Ermöglichung eines nachhaltigen Wirtschaftens.[10]

Entscheidend dafür wird eine umweltschutzorientierte Rahmenordnung des Wirtschaftens sein. In bezug auf dieselbe zeigt sich Kooperation in jeder Hinsicht als von zentraler Bedeutung: Kooperation ist eine wesentliche Voraussetzung, ein wesentlicher Bestandteil und eine wesentliche Folge dieser Ordnung. In der Eigenschaft als "Bestandteil" und "Folge" verweist das nötige Kooperationsingredienz deutlich auf wieder stärker genossenschaftlich orientierte Organisationsformen des Wirtschaftens.[11]

Literatur

Gehlen, A. (1977): Urmensch und Spätkultur. Philosophische Ergebnisse und Aussagen. 4. verb. Aufl., Frankfurt a. M

Hackmann, J. (1994): Konkurrenz und Nächstenliebe. In: ORDO. Jahrbuch für die Ordnung von Wirtschaft und Gesellschaft. Bd. 45, Stuttgart, S. 251 - 271

Hardin, G. (1968): The Tragedy of the Commons. In: Science 162, , S. 1243 - 1248

Luhmann, N. (1964): Zweck - Herrschaft - System. Grundbegriffe und Prämissen Max Webers. In: Der Staat. Zeitschrift für Staatslehre, Öffentliches Recht und Verfassungsgeschichte., Bd. 3, S. 129 - 158

---

10 Bei der hierbei nötigen Wiederbelebung und Stärkung kleinräumigen Wirtschaftens muß und kann anstelle "systemischer" Konkurrenz auf globalen anonymen Märkten wieder ein Stück weit die "lebensweltliche" Kooperation zwischen Leistungsgebern und Leistungsempfängern treten. In solchen Kooperationen wird zugleich ein Teil der sozialen Bedürfnisse abgedeckt. Das ist indirekt von enormer ökologischer Effizienz, weil damit die Ersatzbefriedigung über - naturbelastend produzierte - materielle Güter entfallen kann.

11 Die in Fußnote 4 angesprochenen "freiwilligen Selbstverpflichtungen" von Wirtschaftsverbänden in Sachen Umweltschutz stellen fraglos ein genossenschaftlich orientiertes Gestaltungsmoment dar.

Nash, J. F. (1950): Equilibrium Points in N-Person Games. In: Proceedings of National Academy of Science, USA, 36, S. 48 - 49

v. Neumann, J./ Morgenstern, O. (1961): Spieltheorie und wirtschaftliches Verhalten. Würzburg

Schwarz, E. J. (1994): Unternehmensnetzwerke im Recycling-Bereich. Wiesbaden

Thomas Meyer-Fries, Ursula Richter, Gesine Wildeboer [1]

Arbeitnehmerbeteiligung bei ökologischer Unternehmenspolitik

Inhalt

1. Gewerkschaftliche Beschlußlage: hervorragend, aber nicht handlungsrelevant

Der Anspruch auf eine Beteiligung an ökologischer Unternehmenspolitik wird von den Gewerkschaften nicht in erster Linie betriebspolitisch begründet, sondern fußt auf der Erkenntnis, daß die *"Ökologiefrage zu einer Überlebensfrage"* geworden ist und daß *"Ökologie gleichzeitig Langzeitökonomie"* bedeutet. Solche Feststellungen sind sinngemäß in fast allen programmatischen Äußerungen zu finden und spiegeln das gestiegene Umweltbewußtsein einer breiten Öffentlichkeit wider. In ihrer Gesamtheit betrachtet sind die gewerkschaftlichen Beschlüsse durch ein hohes Problembewußtsein gekennzeichnet und stehen in ihrer Programmatik durchaus im Einklang mit den Zielen von Umweltschutzorganisationen. Als Beispiel im folgenden ein Zitat aus einer Entschließung des 4. IG Metall-Gewerkschaftstages 1992 in Hamburg:

"Alle Gefahren für das Überleben der Menschheit gehen von Eingriffen des Menschen in die Natur aus. Sie müssen durch veränderte Einstellungen und Verhaltensweisen vermindert werden. Ein rasches Ende des Raubbaues an der Natur verlangt von jedem Einzelnen eine Änderung seines Lebensstils und von uns allen eine neue Ethik des

[1] Thomas Meyer-Fries, Diplomvolkswirt, wissenschaftlicher Mitarbeiter im IMU-Institut, München
Ursula Richter, Diplomsoziologin, Geschäftsführerin des IMU-Instituts München
Dr. Gesine Wildeboer, Diplomchemikerin, wissenschaftliche Mitarbeiterin im IMU-Institut Nürnberg

Handelns. Die ökologische Umgestaltung der Wirtschaft muß von einer kulturellen Erneuerung getragen werden, die die Verantwortung des einzelnen fördert und gleichzeitig gesellschaftliche Strukturen schafft, welche eine gemeinsame Verantwortung ermöglichen.

Den Schlüsselfaktor für eine umweltgerechte Erneuerung der Wirtschaft bildet die Energiepolitik. Angesichts der drohenden Weltklimakatastrophe ist eine schnelle Reduzierung der CO_2-Emissionen um 30 Prozent bis zum Jahr 2005 (bezogen auf die Werte von 1987) unumgänglich. Die Nutzung der Kernenergie ist angesichts der bekannten Sicherheitsrisiken und ungeklärter Entsorgungsfragen auf Dauer nicht verantwortbar. Deshalb sind drastische Maßnahmen der Energieeinsparung und Umstellung auf neue effizientere Energiesysteme ebenso erforderlich wie eine intensivere Nutzung erneuerbarer Energiequellen auch in den Entwicklungsländern".

Forderungen nach Ressourcenschonung, Energieeinsparung, Stoff- und Produktionskreisläufen findet man mittlerweile in jeder ernstzunehmenden gewerkschaftlichen Stellungnahme zur Umweltproblematik. Branchenkonzepte sind weitere Mosaiksteine in der gewerkschaftlichen Ökologiedebatte. In der Automobilbranche und dem öffentlichen Dienst z. B. geht es um umweltverträgliche Mobilitätskonzepte und Infrastrukturen, in der Baubranche nicht nur um gesundheits- und umweltverträgliche Materialien, sondern auch um Fragen der Nutzungsintegration (Wie und wo wollen wir wohnen und arbeiten?). Ging es bis Anfang der neunziger Jahre in erster Linie um Beschäftigungssicherung u.a. auch durch Investitionen in den Umweltschutz, werden heute Forderungen nach strukturellen Veränderungen in Richtung eines ökologischen Umbaus der Wirtschaft gestellt.

So richtig und notwendig solche programmatischen Aussagen und Forderungen sind, so allgemein und unverbindlich stellen sie sich (noch?) für die betriebliche Praxis dar. Diese bleibt weit hinter den programmatischen Erklärungen zurück. Nun ist der Betrieb sicherlich nicht der alleinige Dreh- und Angelpunkt für die Umsetzung ökologischer Forderungen, aber *erstens* haben die meisten Umweltprobleme ihre Ursachen in der Produktion, und Vermeidungsstrategien könnten hier am effektivsten ansetzen. *Zweitens* sind viele Menschen in doppelter Hinsicht von schädlichen Wirkungen der Produktion betroffen: als Arbeitnehmer bzw. Arbeitnehmerin im Betrieb und als Teil der Wohnbevölkerung. Die Aufgabe besteht nun darin, die bislang weitgehend ohne konkrete Verpflichtungen verabschiedeten Beschlüsse - viel stärker als bisher geschehen - in *handlungsrelevante* Vorgaben umzusetzen. Der Bogen von der Absichtserklärung zur praktischen Umsetzung muß erst noch gespannt werden. Ohne eine breite öffentliche Diskussion in den Einzelgewerkschaften mit dem Ziel, Umweltschutz zum eigenständigen Politikbereich zu entwickeln und ohne politische Unterstützung durch die Verwaltungsstellen, Bezirks- und Vorstandsverwaltungen wird den betrieblichen Einzelkämpfern und Einzelkämpferinnen in Sachen Ökologie die Puste ausgehen. Fragen des Umweltschutzes einen Stellenwert "unter ferner liefen" zuzuweisen, wie es in gewerkschaftlichen Gesprächsrunden häufig geschieht, würde bedeuten, die eigene Beschlußlage und auch das Anliegen vieler Mitglieder nicht ernst zu nehmen.

2. Von der Programmatik zur Praxis

Die Kluft zwischen programmatischen Positionen zum Umweltschutz und deren Umsetzung in praktische Gewerkschaftspolitik ist offenkundig. Letztere orientiert sich überwiegend an den "traditionellen" gewerkschaftlichen Zielen Arbeitsplatz- und Einkommenssicherheit. Dies ist den Gewerkschaften nicht vorzuwerfen - es ist ihr eigentlicher Auftrag und entspricht den Erwartungen ihrer Mitglieder. Die Frage ist allerdings: Können diese Ziele heute - unter grundlegend veränderten Weltmarktbedingungen - ohne ökologische Orientierung noch erfolgreich verfochten werden?

Die Wirtschaftskrise der frühen neunziger Jahre, deren konjunktureller Teil sich seit 1994 seinem - einstweiligen - Ende nähert, ist wesentlich auch eine - weiterhin andauernde - Strukturkrise. Sie wird u.a. ebenfalls durch ökologisch bedingte Wachstumsgrenzen verursacht: Treibhauseffekt, Ozonloch und Waldsterben dringen langsam ins Bewußtsein der Menschen und bewirken Verhaltensänderungen, die in langfristigen strategischen Unternehmensplanungen berücksichtig werden müssen. Wenn das (private) Fahrzeug zunehmend zum "Stehzeug" wird, können Umsatz und Arbeitsplätze auf die Dauer nur durch neue Mobilitätskonzepte und Verkehrssysteme erhalten werden (siehe. DGB-Verkehrskonzept 1995). Wenn die Produktion von Abfall und Schadstoffen immer höhere Kosten verursacht, wird deren Vermeidung auch betriebswirtschaftlich erforderlich.

Manche Unternehmen beginnen, diesen neuen Bedingungen Rechnung zu tragen. Die umweltbewußten unter ihnen engagieren sich in eigenen Arbeitskreisen wie z.B. dem Bundesdeutschen Arbeitskreis für Umweltbewußtes Management (B.A.U.M. e.V:) oder dem Förderkreis Umwelt future e.V. Die große Mehrheit allerdings scheint die Zusammenhänge noch nicht wahrzunehmen. Dazu trägt auch die derzeitige Politik bei, die ökologisch motivierte Kosten- und damit Preissignale nur zögernd und inkonsequent setzt, weil sie den Widerstand der Unternehmen (manchmal auch der "Verbraucher") fürchtet. Für viele Unternehmen liegt es deshalb näher, die Grenzen des Wachstums auf traditionelle Art zu überwinden und mit den alten Produkten und Techniken neue Wachstumsmärkte (Ostasien, Osteuropa, Schwellenländer) zu erobern. Sollte sich diese Strategie im Handeln der Industrieländer durchsetzen, wird der globale ökologische Kollaps allerdings zur realen Perspektive (siehe Diskussion auf der zweiten Klimakonferenz). Die Zeit, da große Teile der Weltbevölkerung wegen fehlender Einkommen und Informationen von der Industrialisierung ausgeschlossen waren, geht unwiderruflich zu Ende. Letztlich kann nur die Transformation unseres eigenen Entwicklungsmodells die Standards setzen, die für ein globales System "nachhaltigen" Wirtschaftens gefordert werden müssen.Wettbewerbsvorteile werden künftig diejenigen Unternehmen haben, die früher als ihre Konkurrenten ökologisch verträgliche und - weltweit gesehen - angepaßte Produkte und Verfahren anbieten können. Dies gilt auch für ganze Volkswirtschaften, womit die Anforderungen an die Politik, entsprechende Rahmenbedingungen zu setzen, ebenfalls ins Blickfeld gewerkschaftlichen Handelns gerückt werden.

Nur der Umbau unserer industriellen Produktionsweise zu einem zukunftsorientierten, ökologisch verträglichen System sichert langfristig die eigenen Arbeits- und

Lebensgrundlagen, sichert damit die unmittelbaren Interessen und Bedürfnisse der arbeitenden Menschen. Ökologische Bekenntnisse werden in dem Maße in gewerkschaftliche Praxis umgesetzt, wie diese grundlegende Erkenntnis in den Gewerkschaften Platz greift.

Erste Ansätze sind zu beobachten: Forderungen nach Informations- und Beratungsrechten zu umweltrelevanten Problemfeldern in Tarifverträgen; die Bildung von betrieblichen Umweltausschüssen; Modellprojekte wie PUR, die als Diversifikationsansätze solche konzeptionellen Überlegungen in betrieblich-lokaler Kooperation aufgreifen (siehe 3.3). Der erste Ökologie-Tarifvertrag wurde in der Bauwirtschaft abgeschlossen. *(Industriegewerkschaft-Bau-Steine-Erden 1994)*

Um ihre Ziele und Forderungen um- und durchsetzen zu können, sind Gewerkschaften letztlich auf die Mobilisierung ihrer Mitglieder in den Betrieben angewiesen. Sollen die Gewerkschaften für ökologische Ziele praktisch handlungsfähig gemacht werden, müssen sich deshalb neben den notwendigen institutionellen und politischen Veränderungen insbesondere auch die Wertvorstellungen und Verhaltensweisen ihrer Mitglieder ändern. Dies setzt voraus, daß in der betrieblichen Praxis der Zusammenhang zwischen dem Durchsetzen ökologischer Ziele und der Sicherung von Arbeitsplätzen und Einkommen - zumindest exemplarisch - erfahrbar wird. Erst wenn dies gelingt, wird die Ökologie aus dem Schatten des Spezialistentums und der betrieblich wenig bedeutsamen Grundsatzerklärungen ins Zentrum gewerkschaftlichen Handelns treten können.

3. Handlungsansätze

Die Möglichkeiten der gewerkschaftlichen Interessenvertretungen, Einfluß auf die ökologische Unternehmenspolitik zu nehmen, sind recht bescheiden, und Forderungen nach mehr Beteiligung, Stärkung der Kompetenz und Verantwortlichkeit, Qualifikation und neuen Betriebsstrukturen mehr als berechtigt. Innergewerkschaftlich stellt sich die Aufgabe, das traditionelle Sicherheitsinteresse mit seinen überwiegend nachsorgenden Maßnahmen weiter zu entwickeln in Richtung eines integrierten Umweltschutzes, der auf allen Hierarchieebenen und in allen Funktionsbereichen des Unternehmens ansetzt. Innerhalb der bestehenden betrieblichen Strukturen sehen wir Beteiligungsansätze auf drei verschiedenen Ebenen:

a) bei innerbetrieblichen Umstrukturierungen

b) gestalterische Mitwirkung bei dem derzeit entstehenden Umwelt-Audit-Verfahren

c) Einzelaktionen.

3.1 Innovation und Strukturwandel

Um auf die veränderten (Welt-)Marktbedingungen reagieren zu können, entwickeln die Unternehmen neuartige Anpassungsstrategien. Wie auch immer ein Rückzug in der Angebotsbreite auf die "Kernkompetenzen", die Verringerung der Fertigungstiefe und die "Verschlankung" der Organisation miteinander kombiniert und konkret ausgestaltet werden - mit Arbeitsplatzabbau sind sie immer verbunden, oft in einem dramatischen Ausmaß.

Defensives Reagieren mit gewerkschaftlichen Abwehr- und Schutzmaßnahmen reicht nicht aus. Die Verteidigung bestehender Rechte und Ansprüche gegen ihre Gefährdung durch die Gegenseite genügt immer weniger, um die Interessen der Beschäftigten zu sichern. Zunehmend wird deshalb der Anspruch erhoben, an der Gestaltung der Unternehmenspolitik und der erforderlichen Maßnahmen selbst beteiligt zu sein. Die Beteiligungsforderungen von Gewerkschaften und Betriebsräten zielen auf die Gestaltung des Strukturwandels durch Produktinnovation und -diversifikation sowie den Einsatz neuer Technologien und Formen der Arbeitsorganisation in Verbindung mit geeigneten Qualifizierungsmaßnahmen.

Für die Konkretisierung dieser Ziele und die Ausgestaltung der Maßnahmen müssen ökologische Kriterien größere Bedeutung erlangen. Innovative Produkte und Verfahren, die den Energie- und Ressourcenverbrauch verringern und die Abfälle und den Schadstoffausstoß vermeiden, treffen auf expansive Märkte mit hohen Beschäftigungschancen. Mit der ökologischen Produkt- und Prozeßinnovation werden nach Prognosen des DIW z.B. bis zum Jahr 2000 allein in den neuen Bundesländern über dreihunderttausend Arbeitsplätze entstehen.

Die Einflußnahme der Gewerkschaften und Betriebsräte auf diesen Prozeß steht allerdings vor einem unübersehbaren Dilemma: Solange Umsatzwachstum und Arbeitsplätze im traditionellen Geschäft nicht gefährdet sind, denken erfahrungsgemäß meist weder Unternehmensleitungen noch Arbeitnehmervertretungen daran umzusteuern. Steigender Problemdruck - die Gefährdung von Gewinnen und Arbeitsplätzen - erzeugt dann oft erst eine Handlungsbereitschaft. In dieser Situation ist jedoch meist nicht mehr genügend Zeit vorhanden, um die ihrem Charakter nach eher mittel- bis langfristig angelegten Umbaumaßnahmen noch rechtzeitig und wirksam einführen zu können. Meist dominieren dann kurzatmige "Feuerwehreinsätze" zur Kapazitätsanpassung und Kostensenkung, die Arbeitsplätze vernichten und langfristige Neuorientierungen des Unternehmens eher erschweren. Dieses Dilemma wird dadurch verschärft, daß die Rechtslage die formelle Beteiligung der Betriebsräte erst dann vorsieht, wenn eine Betriebsänderung bereits geplant wird oder unmittelbar bevorsteht.

Notwendig wären hingegen frühzeitige, an langfristigen sektoralen und regionalen Entwicklungsleitbildern orientierte Unternehmensstrategien. Gewerkschaften und Betriebsräte sollten ein fundamentales Interesse haben, an deren Formulierung beteiligt zu sein. Als Instrumente dieser Beteiligung sind Beschäftigungspläne und überbetriebliche Beschäftigungsgesellschaften zur Verbindung von Innovations-, Diversifikations-, Humanisierungs- und Qualifizierungszielen entwickelt worden. Die Entwicklung dieses Konzepts seit seinen Anfängen in der Werftenkrise über die Maxhütte/Oberpfalz sowie bei Grundig in Nürnberg sind dokumentiert in Bosch 1990, Bosch, Neumann 1991. (siehe auch Richter 1985; Meyer/Rehberg 1986; Böttcher/Krippendorf, Rehber/ Richter 1993; IMU-Institut Stuttgart 1994). Insbesondere in den neuen Bundesländern wurden wichtige Erfahrungen mit diesen Einrichtungen gesammelt, die noch einer systematischen und zusammenfassenden Auswertung bedürfen. In der Praxis werden diese Instrumente derzeit infolge der genannten Restriktionen noch viel zu selten genutzt.

3.2 Arbeitnehmerbeteiligung beim Öko-Audit

Im Juni 1993 verabschiedete die EU eine Öko-Audit-Verordnung, die ab April 1995 in allen Mitgliedsstaaten gültig sein wird. Mit dieser Verordnung wird ein System installiert, das einen Anreiz zur Einführung von betrieblichen Umweltmanagementsystemen schaffen soll. Die Verordnung gilt für gewerbliche Unternehmen, die sich freiwillig an einem standortbezogenen Audit-Verfahren beteiligen. Erfüllt das Unternehmen die Anforderungen der Verordnung, kann es mit einem EU-einheitlichen Symbol zwar nicht für seine Produkte, wohl aber für sein umweltfreundliches Image werben. Für die Industrie ist das Auditverfahren vor allem unter den Gesichtspunkten Wettbewerb und öffentliche Meinung von Bedeutung. Es ist zu vermuten, daß diese externen Effekte die Freiwilligkeit in ein Muß ändern werden. Mit dem Öko-Audit werden sich die Unternehmen ihre Umweltschutzbemühungen und die Einhaltung aller Umweltauflagen durch externe akkreditierte Gutachter bestätigen lassen.

Das Öko-Audit bringt in seiner jetzigen Ausgestaltung für die ArbeitnehmerInnen , ihre Betriebsräte und Gewerkschaften zwar keine verbindlichen Beteiligungsrechte. Dennoch sind wesentliche Interessenbereiche der abhängig Beschäftigten betroffen:

- der betriebliche Arbeits- und Gesundheitsschutz
- die Formulierung betrieblicher Ziele und Programme im Umweltschutz (z.B. Festlegung von Verantwortung, Ausbildungsmaßnahmen)
- die Arbeitsplatzsicherheit über die Wettbewerbsfähigkeit (vergleichbar der Normreihe ISO 9000).

Gewerkschaftliche Einflußnahme zum frühestmöglichen Zeitpunkt erscheint daher erforderlich, um

- die sicherlich einsetzende Tendenz zur Standardisierung der Verfahren und Bewertungsmaßstäbe zu beeinflussen
- Einfluß auf die zu erarbeitende europäische Norm für Umweltmanagementsysteme zu nehmen
- die Beteiligung der Betriebsräte sicherzustellen
- eine optimale Nutzung der durch die EU-Verordnung eröffneten (ziemlich breiten) Gestaltungsspielräume im Sinne der Arbeitnehmerinteressen zu gewährleisten.

Zu den ersten konzeptionellen Überlegungen zur Arbeitnehmerbeteiligung in diesem neuen Handlungsfeld siehe Teichert 1994 sowie Mink/Kropp 1995.

3.3 Konkrete Anknüpfungspunkte bei fehlender Mitbestimmung

Betriebsräte stehen vor dem Problem, daß ihre gesetzlichen Möglichkeiten, Einfluß auf die ökologische Unternehmenspolitik zu nehmen, sehr begrenzt sind und über den traditionellen Arbeits- und Gesundheitsschutz kaum hinausreichen. Hier müssen betriebliche Möglichkeiten erst noch geschaffen werden, um den Handlungsspielraum auszudehnen, z.B. über Informations-, Kontroll- und Mitbestimmungsrechte. Die *Änderung des Betriebsverfassungsgesetzes* ist dafür eine notwendige Voraussetzung.

Ein Ansatz, auf den sich die derzeitigen Aktivitäten der Interessenvertretungsorgane angesichts fehlender Mitbestimmung in Fragen ökologischer Unternehmenspolitik konzentrieren, besteht in der exzessiven *Ausschöpfung bestehender Rechte*. Allerdings werden sich auf der bestehenden Rechtsgrundlage allein naturgemäß kaum grundlegende Änderungen in Richtung einer stärkeren Beteiligung von Arbeitnehmern und Arbeitnehmerinnen an einer ökologischen Unternehmenspolitik ergeben können. Von entscheidender Bedeutung wird deshalb die Erhöhung des Umweltbewußtseins bei den Belegschaften durch verstärkte Aufklärung und Information und letztendlich deren konkretes Engagement für mehr Umweltschutz im Betrieb werden.

Folgende, ansatzweise auch schon praktizierte Aktionsformen bieten sich hier an

- Durchführung von Bestandsaufnahmen (Fragebogen-Aktionen, "Umwelt-Rallyes" und andere Formen)

- Untersuchung von Zusammenhängen bei gesundheitlichen Belastungen (hierbei häufig Einbeziehung von Sachverständigen nach § 80.3 BetrVG)

- Entwicklung von Vorschlägen für eine gesundheits- und umweltverträgliche Gestaltung der Arbeitsmittel und -prozesse

- Einflußnahme auf betriebliche Beschaffungs- und Investitionsentscheidungen

- Nutzung des betrieblichen Vorschlagswesens für Umweltideen der Beschäftigten

- Einbeziehung ökologischer Fragestellungen in den von Unternehmen eingerichteten "Qualitätszirkeln"

Fragen des Umweltschutzes im Betrieb sind ein relativ neues und noch wenig erschlossenes Arbeitsfeld der Interessenvertretungsorgane. Neben der Kenntnis und Nutzung aller rechtlichen und betrieblichen Möglichkeiten sind in besonderem Maße Kreativität, Phantasie und der Mut zu neuen, unkonventionellen Lösungen gefragt.

In den von seiten des IMU-Instituts seit vielen Jahren durchgeführten Betriebsräteseminaren zum Thema Gesundheits- und Umweltschutz wird von den TeilnehmerInnen immer wieder der fehlende rechtliche Rahmen als Hemmfaktor genannt. Inwieweit dieses Defizit aber eher als Argument für die eigene Untätigkeit oder aber als Ansporn für mehr Engagement begriffen wird, hängt sehr stark von dem allgemeinen "Klima" im Betriebsratsgremium ab. In Umweltschutzfragen offensiv agierende Betriebsräte berichten von organisierten Werktagsbesuchen, persönlichen Gesprächen und Umfragen zu umweltrelevanten Themen. Sie bringen entsprechende Fragestellungen in Betriebs- und Abteilungsversammlungen ein, erstellen Bilddokumentationen, Flugblätter und Aushänge. Die Betriebszeitung, aber auch die

Lokalzeitungen (z.B. Leserbriefe) werden als Mittel genannt, um ein höheres Problembewußtsein zu schaffen und eine, nicht nur betriebliche Öffentlichkeit zu schaffen.

Fallbeispiel "Gefahrstoffe":

Die Aktion "Tatort Betrieb" der Industriegewerkschaft Metall in Baden-Württemberg ist ein Beispiel dafür, wie der Gesundheitsschutz mit ökologischen Fragen verknüpft werden und zu einer großen öffentlichen Resonanz führen kann und in dessen Verlauf ganz konkrete Verbesserungen im Gesundheits- und Umweltschutz erzielt wurden. Zu dieser Aktion liegen umfangreiche Auswertungen vor (Hildebrand, Zimpelmann; 1992; Leisewitz, Pickshaus, 1992).

Die Konzentration auf einzelne Gefahrstoffe birgt - bei allen Vorteilen eines derartigen Herangehens - das Problem, daß die weiteren Aspekte einer ökologischen Produktion, Fragen der ökologischen Betriebsführung, der ökologischen Produktgestaltung usw., zu kurz kommen. In einem Forschungsprojekt des IMU-Instituts zu Gefahrstoffen in Betrieben der Nürnberger Metall- und Elektroindustrie (Pfäfflin, Wildeboer, 1994) wurde festgestellt, daß Umweltaspekte in der Anfangsphase zur Begründung, Argumentation und Mobilisierung zwar eine Rolle gespielt haben, im Veraluf des Projektes jedoch zunehmend von den Arbeitsschutzinteressen in den Hintergrund gedrängt wurden. "Diese sich wie im Selbstlauf entwickelnde Eigendynamik ist wenig verwunderlich, stellt doch der Arbeitsschutz - im Gegensatz zu ökologischen Fragestellungen - für die Betriebsräte ein vertrautes Terrain dar. Beim Arbeitsschutz sind Ziele, Informationswege und Zuständigkeiten bekannt; auf diesem Gebiet existieren Erfahrungen. Das Neuland Umweltschutz hingegen scheint Unsicherheiten und Gefahren in sich zu bergen, auf die man sich nicht so gern einlassen möchte und unter den vorhandenen Bedingungen vielleicht auch keine Möglichkeiten sieht. Es entsteht der Eindruck, als wenn vom Selbstverständnis der Betriebsräte her das Thema außerbetrieblicher Umweltschutz nicht in den Betrieb gehört, sondern in die Zuständigkeit anderer. Nicht nur bei den meisten Betriebsräten, auch bei den Beschäftigten wird eine Trennung im Kopf vollzogen zwischen dem, was sich in der Arbeitswelt einerseits und der Wohn- und Freizeitwelt andererseits abspielt. Diese Trennung ist Ausdruck eines Gespürs für tatsächlich vohandene oder vermeintliche Konfliktsituationen: Die Forderung nach mehr Umweltschutz im und durch den Betrieb wird nicht in erster Linie als Überlebensstrategie für alle empfunden, sondern als individuelle Bedrohung, in dessen Folge der eigene Arbeitsplatz zur Disposition steht.

Auch wenn sich die Erkenntnis mittlerweile durchgesetzt hat, daß Umweltschutz und Arbeitsplatzerhalt - global betrachtet - keine unvereinbaren Gegenpole darstellen, auf den Einzelfall bezogen können sie sich durchaus als Gegensätze erweisen. Der hier notwendige Strukturwandel in Richtung auf umwelt- und sozialverträgliche Produktionsweisen setzt eine Weiterentwicklung des gesellschaftlichen Ordnungsrahmens und eine Erhöhung der Anpassungsfähigkeit der Betriebe voraus." (ebd.)

Fallbeispiel "Neue Dialog- und Kooperationsformen":

Einen ganz anderen Ansatz zur Arbeitnehmerbeteiligung bei ökologischer Unternehmenspolitik verfolgte das sog. PUR-Projekt (Richter/Zitzelsberger 1988; Richter 1995), das zurückgeht auf eine Initiative von Betriebsräten und IG-Metall-Vertrauensleuten im Werk Augsburg von MBB (heute DASA - Deutsche Aerospace), wo Anfang der achtziger Jahre - ähnlich wie bei vielen anderen Betriebsräte-Initiativen in der Rüstungsindustrie - ein Arbeitskreis "Alternative Produkte" gegründet worden war.

Die Stadt Augsburg und der MBB-Unternehmensbereich Energie- und Industrietechnik begannen daraufhin 1989 als ARGE-PUR-Augsburg ein gemeinsames "Programm zur Umweltverbesserung und Ressourcenschonung" PUR. Das Programm erstreckte sich über etwa drei Jahre und wurde 1992 einvernehmlich von den Projektpartnern beendet. In einer Pressemitteilung der DASA vom 14.02.1992 heißt es, daß der Stadt Augsburg mit dem PUR-Programm "ein standortübergreifendes Entwicklungskonzept zur Energieeinsparung und zur industriellen und kommunalen Abwasserentsorgung" vorliegt.

Ursprünglich sollten mittels einer Potentialanalyse zukunftsorientierte Technologien für den Umwelt- und Ressourcenschutz und deren Beschäftigungswirkungen ermittelt werden. Eine geplante Betriebsvereinbarung über eine Produktkommission scheiterte zwar 1988, doch die Zusage der Stadt Augsburg zur Unterstützung des Projektvorhabens veranlaßte die Geschäftsleitung, das Projektvorhaben unter Mitwirkung der Betriebsräte weiterzuführen und den MBB-Unternehmensbereich Energie- und Industrietechnik mit der Federführung des Projektprogramms PUR zu beauftragen.

Unter Einbezug regionaler Unternehmen arbeitete die ARGE-PUR an gemeinsamen Lösungsansätzen für die in dieser Stadt anstehenden Umweltprobleme der neunziger Jahre, insbesondere für die Bereiche Energieeinsparung, Entsorgungstechniken und Verkehr. Die Stadt versprach sich von der Arbeitsgemeinschaft konkrete Lösungsansätze beispielsweise für Umweltprobleme, während sich MBB von der Zusammenarbeit eine Ausweitung der zivilen Fertigungsbereiche und eine Sicherung von Arbeitsplätzen unabhängig von Rüstungsaufträgen erhoffte.

Gegenüber der ursprünglich weitgehend sektoral angelegten Potentialanalyse gewannen die Fragestellungen, die sich aus der gemeinsamen Arbeit von Unternehmen, Verwaltung und Forschung an dem Projektprogramm PUR herauskristallisierten, allmählich an querschnittsorientiertem, wenn nicht sogar globalem Charakter. Anspruch war es, nicht nur Potentiale aufzuzeigen, wie es die Betriebsräte für die Produktkommission gefordert hatten, sondern vorzeigbare Umsetzungsprojekte zu realisieren. Dabei sollten gleichzeitig technologische Einzelstränge verfolgt werden, die in Strategien einer umwelttechnischen Vernetzung eingebunden werden und eine sinnvolle Abstimmung derzeit realisierbarer Techniken und zukünftiger Bedarfe aufzeigen können.

Für den gewerkschaftlichen Ansatz der Potentialanalyse eröffnete dieses Herangehen innovative Sichtweisen und Handlungsstrategien. In der Praxis der ARGE-PUR geriet dies jedoch zunehmend in einen inneren Widerspruch zwischen verantwortungsbewußter Zielperspektive der Betriebsräte und machbarer Umsetzbarkeit durch die Programmpartner. Dieser Widerspruch wird wahrscheinlich zu einem typischen Merkmal für die kommunalen Entwicklungsprojekte ökologischer Nachhaltigkeit in den neunziger Jahren werden.

Literatur

Böttcher, Michael / Krippendorf, Walter / Rehberg, Frank/ Richter, Gerhard: Neue Maxhütte - Konzept 2000. Recycling - Zukunft für die Stahlindustrie in der Oberpfalz, IMU-Informationsdienst, München/Nürnberg 1993

Hildebrandt, Eckhart / Zimpelmann, Beate: Gesundheitsschutz und Umweltschutz - eine kombinierte Fallstudie - Hans-Böckler-Stiftung (Hrsg.), Manuskripte 91, Düsseldorf 1992

Industriegewerkschaft Bau-Steine-Erden, Frankfurt/Main; Unternehmerverband Umweltschutz und Industrieservice e.V., Duisburg: Tarifvertrag zur Ökologie, Qualitätssicherung und Arbeitsplatzgestaltung, Frankfurt/Main 11.1994

Leisewitz, Andre / Pickshaus, Klaus: Ökologische Spurensuche im Betrieb, Tatort Betrieb - Erfahrungen einer Aktion der IG Metall, Verlag der ökologischen Briefe, Frankfurt/M. 1992

Mink, Erika / Kropp, Dieter / Lahmeyer International: Projekt: Konzept zur Erprobung von Arbeitnehmerbeteiligung beim Umwelt-Audit und Umweltmanagement, gefördert von der Hans-Böckler-Stiftung, erscheint im April 1995

Pfäfflin, Heinz / Wildeboer, Gesin: Projekt: Erkennung, Bewertung und Verminderungsmöglichkeiten von Gefahrstoffen in Nürnberger Betrieben der Metall- und Elektrobranche, Nürnberg 1994, gefördert von der Hans-Böckler-Stiftung

Meyer, Frieder / Rehberg, Frank: Recyclingzentrum Maxhütte - Konzeptvorschlag für die Maximilianshütte Sulzbach-Rosenberg als Recyclingzentrum für eisenhaltige Abfallstoffe (Schrotte) im süddeutschen Raum, IMU-Informationsdienst, München 1986

Richter, Ursula: Konversion in neuen Dialog- und Kooperationsformen. Ansätze innovativer Technikentwicklung in der Stadt - Ansätze und Erfahrungen aus dem PUR-Programm, München 1995 (Veröffentlichung in Vorbereitung)

Richter, Ursula / Zitzelsberger, Manfred: Vom Tornado in die Umwelttechnik. PUR-Augsburg - Produkte für den Umwelt- und Ressourcenschutz - eine Projektinitiative der Stadt Augsburg und des Unternehmens MBB, in: Die Mitbestimmung 12 (1988) 713-716

Teichert, Volker Institut für ökologische Wirtschaftsforschung: Leitfaden "Umwelt-Audit und Arbeitnehmerbeteiligung", Hans-Böckler-Stiftung (Hrsg.), Düsseldorf 1994

Reinhard Pfriem[1]

Rauschen und Lernen

Inhalt

"Werde der, der Du bist." (Friedrich Nietzsche)

1. Probleme mit Begriffen

Der Workshop, auf den sich dieser Beitrag bezieht und an dem der Verfasser leider nicht teilnehmen konnte, hat von den beiden Einladern absichtsvoll den Titel "Betriebliche Umwelt- und Arbeitspolitik in empirischer Perspektive" bekommen.

Ich möchte (1) etwas zu den Konnotationen des Titelbegriffs sagen[2] (2) zu Problemen der empirischen Perspektive in dem Forschungsbereich, der sich mit Fragen ökologischer Unternehmenspolitik auseinandersetzt und dann (3) den Sinn der nachfolgenden Kapitel begründen.

---

[1] Dr. Reinhard Pfriem, Professor für Allgemeine Betriebswirtschaftslehre, Unternehmensführung und betriebliche Umweltpolitik an der Carl von Ossietzky-Universität Oldenburg; Initiator und Mitgründer des Instituts für ökologische Wirtschaftsforschung (IÖW) gGmbH, Berlin

2 Zufälligerweise heißt mein Wahlpflichtfach an der Oldenburger Universität auch "Betriebliche Umweltpolitik". Dem liegen aber keineswegs diese Konnotationen zugrunde.

1.1. Betriebliche Umwelt- und Arbeitspolitik

Der Begriff verweist auf *zwei mögliche spezifische Zugänge* zum Akteurssystem ökologischer Unternehmenspolitik. Den einen möchte ich als emphatisch-politisch, den anderen als kritisch-analytisch kennzeichnen. Der *emphatisch-politische* transportiert den Rest an Hoffnungen, die auf die Verknüpfung gewerkschaftlich-arbeitnehmerbezogener Interessen mit solchen des Umweltschutzes gesetzt werden. Freilich gibt es strukturelle Gründe, warum sich Gewerkschaften, die dem alten Interessenantagonismus von Arbeit und Kapital entstammen, mit ökologischen Zielen prinzipiell schwertun (vgl. dazu Hallay 1986 sowie Hildebrandt 1991). Wo Gewerkschaften als natürliche Partner der Umweltschützer vermutet wurden, haben sie das allzuoft widerlegt.

Der *kritisch-analytische* Zugang, den die Einladenden für den Workshop m.E. zu Recht hervorheben wollten, kommt der Konstellation nach, daß Betriebe bzw. Unternehmen als soziale Systeme Orte der Regulierung industrieller Beziehungen sind und handlungsbezogen insofern "Unternehmer wie Arbeitnehmer als soziale Kontrahenten und Kooperationspartner für eine Ökologisierung der Produktion wichtige Vorarbeiten leisten könnten" (Schmidt 1992, s.a. Hildebrandt/Schmidt 1991 und ausführlich Umweltbundesamt 1993). Es geht also hier weniger um die Vorstellung, im Sinne der alten dualistischen Konzeption Arbeitnehmer und Gewerkschaften als pro Umweltschutz, Unternehmer bzw. Manager als kontra Umweltschutz zu verorten, sondern um die Indienstnahme des gerade in Deutschland aus historischen Gründen sehr komplexen Regulierungssystems der industriellen Beziehungen für ökologische Ziele. Das Bemühen um diese Indienstnahme setzt kritisch an einem Umstand an, der für die Lernfähigkeitsschranken der Unternehmen gewöhnlich von hoher Tragweite ist: Betriebliche Umweltpolitik stellt sich im Innenverhältnis der Unternehmung wie in ihren Außenbeziehungen zunächst einseitig als Sache der Unternehmens*führung* dar.

Das Direktionsrecht und die Standardhierarchie machen intern die Unternehmensführung zum quasi-natürlichen umweltpolitischen Akteur, in den Außenbeziehungen ist entsprechend erst einmal sie der Adressat der ökologischen Ansprüche, die an das Unternehmen gerichtet werden. Im unter Praktikern beliebten Begriff der umweltbewußten Unternehmensführung stecken insofern *zwei Inhalte*: daß die Führung des Unternehmens den Umweltschutz berücksichtigen soll und daß der Umweltschutz Sache der Unternehmensführung ist. Das stellt sich für den praktischen Prozeß der letzten 10 Jahre einerseits als unternehmenspolitischer Fortschritt dar: "Umweltschutz ist Chefsache" war und ist die Formel jener Unternehmer bzw. Manager, die begriffen haben, daß betrieblicher Umweltschutz nicht länger nur als Ressort organisiert werden darf. Auf der anderen Seite steckt darin das Risiko, diese Aufgabe nicht dem sozialen Gesamtsystem Unternehmung zuzuschreiben, sondern auf die Führungsetage zu fokussieren.

Insofern können wir formulieren, daß der Begriff der (ökologischen) Unternehmens-*politik* diesem Risiko besser Rechnung trägt als jener der (umweltbewußten) Unternehmensführung.[3] Das von R.E. Freeman, Peter Ulrich u.a. entwickelte Stakeholder- oder Anspruchsgruppenkonzept betont den quasi-öffentlichen Charakter heutiger Unternehmungen nicht primär aus ethisch-moralischen Gründen, wie oft mißverstanden wird, sondern aus *erfolgsstrategischen* Zielsetzungen: "Das Handeln von Individuen und Organisationen ist teilweise durch die Werte dieser Individuen und Organisationen bestimmt. ... Der Erfolg einer Organisation beruht teilweise auf den Entscheidungen und Handlungen der mit der Organisation verbundenen Interessengruppen" (Freeman/Gilbert, 1991: 23 bezeichnen dies als das Werte- und das Interdependenz-Prinzip. Vgl. zur Unternehmenspolitik auch Pfriem, 1995: 157ff.)

Der Begriff der Unternehmenspolitik ist demgemäß fern von früheren dualistischen Sichtweisen und klärt außerdem darüber auf, daß neben den internen Zielbildungs-prozessen gerade auch die Verständigung mit den *externen* Anspruchsgruppen für den strategischen Erfolg der Unternehmung von Bedeutung ist.

1.2. Probleme der empirischen Perspektive

Mit dem Bisherigen habe ich versucht, den Widerspruch zwischen dem Akteurssystem ökologischer Unternehmenspolitik und dem als *top-down* zu charakterisierenden Normalpfad zur Implementation betrieblicher Umweltpolitik zu beleuchten. Dieser Widerspruch hat deutliche Folgen für empirische Forschungsprojekte im thematischen Bereich der ökologischen Unternehmenspolitik.

Der beschriebene Normalpfad setzt constraints für Bemühungen, die Gesamtheit des Akteurssystems hinreichend einzubeziehen. Wo Projekte nicht von vornherein ausdrücklich auf die Unternehmensführungen enggeführt werden, (so etwa unter der Formel "Gewinn durch Umweltschutz" das umfangreiche und prominente FUUF-Projekt des Umweltbundesamtes, s. FUUF, 1991) müssen sich einschlägige Projektgruppen damit auseinandersetzen, daß der Einstieg in das Unternehmen in aller Regel über die Unternehmensführung erfolgt, die Kooperation mit Partnern aus dieser verläuft und damit häufig mit solchen, die die Reichweite des top-down-Vorgehens bei dem, was in zuversichtlicher Macher-Terminologie gewöhnlich Organisation des betrieblichen Umweltmanagements genannt wird, überschätzen.

Dies trifft zwar weniger empirische Untersuchungen, die etwa das Umweltbewußtsein von Industriearbeitern abfragen (s. als eine solche Bogun/Osterland/Warsewa, 1990) mit voller Wucht freilich Projekte der Praxisforschung, bei denen es darum geht, z.B. durch Entwicklung neuer Instrumente wie Öko-Controlling konkrete Veränderungen des Umgangs der Unternehmen mit der ökologischen Herausforderung befördern zu helfen. Die Forschenden in solchen Projekten können nur in dem Maße gute Arbeit leisten, als sie sich des *Doppelcharakters* ihrer Tätigkeit dabei bewußt werden: einerseits

---

3 "Unternehmungspolitik ist somit die Auseinandersetzung mit den Wertvorstellungen und Interessen aller an der Unternehmung beteiligten oder von ihren Handlungen betroffenen Gruppen und die permanente Pflege tragfähiger Beziehungen zu diesen Gruppen." (Ulrich/Fluri, 1992: 77)

als erfolgreiche *Unternehmensberatung* wirken zu sollen (die Unternehmensführungen möchten legitimerweise, daß die Ergebnisse solcher Projekte für sie von unmittelbarem Vorteil sind), andererseits nicht nur dann, wenn die darüberhinausgehenden Ziele in Gestalt von öffentlicher Teilfinanzierung institutionalisiert sind, *wissenschaftliche* Ergebnisse zu produzieren, denen nicht vorgehalten werden kann, einseitig den Interessen der beteiligten Unternehmensführung zu entsprechen.

Will sich wissenschaftliche Forschung nicht auf Unternehmensberatung beschränken (was in der Praxis leider häufig geschieht), dann braucht es diese zielorientierte Unabhängigkeit der Forschenden, dann müssen die Forschenden beiden Aufgabenstellungen in einem solchen Projekt gerecht werden und müssen die an wissenschaftlichen Projekten beteiligten Unternehmensführungen die "andere" Aufgabenstellung möglichst vorbehaltlos akzeptieren. Und das wird trotzdem nichts prinzipiell an dem Risiko ändern, daß im Projektverlauf gegenüber den Interessen der Unternehmensführung jene der anderen internen und der externen Anspruchsgruppen zu kurz kommen.

1.3. Die Fragestellung dieses Beitrags

Im ausdrücklichen Auftrag der Herausgeber handelt es sich bei dem Nachfolgenden primär um theoretische Überlegungen. Gerade deshalb war es mir wichtig, einige Begriffsklärungen vorzunehmen und einen Blick auf die Schwierigkeiten empirischer Forschung zu werfen, die natürlich auch dann zur Geltung kommen, wenn es um die Analyse ökologischer Lernprozesse in und von Unternehmen geht.

Diese sind im folgenden mein Thema: Lernen ist – erst recht vor dem Hintergrund eines angemessenen Verständnisses von Unternehmenspolitik und damit des unternehmenspolitischen Akteurssystems – etwas anderes als bloße Gestaltung im Sinne der betriebswirtschaftlichen Terminologie von Erklärungs- und Gestaltungsfunktion. Es geht deshalb (1) um den Übergang vom Machen zum Lernen. (2) geht es um die Erweiterung des individuellen zum organisationalen Lernen, was den Standpunkt einschließt, daß Unternehmen als soziale Systeme emergente Phänomene (zur Emergenz sozialer Systeme vgl. den instruktiven Band von Krohn/Küppers 1992) sind und insofern als solche lernfähig. Dieser Standpunkt ist verknüpft mit neueren systemtheoretischen Überlegungen über die Selbstorganisation sozialer Systeme, die zum klassischen betriebswirtschaftlichen Verständnis der Implementation bestimmter Prozesse und Instrumente in Widerspruch stehen. Daher geht es (3) um die Frage der Einwirkungsmöglichkeit in sozialen Systemen, paradox formuliert: um die Instrumentierung des Nichtinstrumentierbaren. Und abschließend werde ich dann doch noch einmal auf meine einleitenden Bemerkungen zurückkommen, nämlich (4) in einem Ausblick auf das komplizierte Verhältnis zwischen ökologischen Lernprozessen und technokratischen Realitäten.

2. Vom Machen zum Lernen

In der Literatur (vgl. dazu Bateson, 1992; Argyris/Schön, 1978; Sattelberger, 1994) werden seit geraumer Zeit drei qualitativ unterschiedliche Lernniveaus analysiert, nämlich Anpassungslernen, Veränderungslernen und Lernen zu lernen (s. Abb. 1).

Typ	Ziel	Reflexion über... (Objekt des Lernprozesses)	Ergebnis
Anpassungs - lernen (*single-loop - learning*)	Regelung u. Optimierung intern wahrge- nommener Probleme	Alternative Handlungsmöglich - keiten	Justieren innerhalb des gegebenen Handlungsspielraumes
Veränderungs- lernen (*double-loop - learning*)	Überleben in einer komplexen Umwelt	Handlungsmuster, Zielsetzungen; institutioneller Bezugsrahmen	Revision und Erweiterung des Handlungsspielraumes
Lernen zu Lernen (*deutero - learning*)	Zukunfts - sicherung	Eigene Lernprozesse; vorherrschende Denkmuster	Das Wissen über eigene Lernfähigkeit kann strategisch genutzt werden; Konstruktive Selbstkritik

Abbildung 1: Typen des organisationalen Lernens, Quelle: Harde, 1994: 7 (in An-lehnung an Sattelberger, 1994)

- Beim *Anpassungslernen* (single-loop-learning) geht es um die Vermeidung von Ent-scheidungsirrtümern innerhalb vorgegebener Handlungsnormen und -ziele.

- *Veränderungslernen* (double-loop-learning) beinhaltet die Korrektur dieser Normen und Zielsetzungen.

- *Lernen zu lernen* (deutero-learning) macht die Lernprozesse selbst zum Gegenstand des Lernens, ermöglicht also auch Korrekturen künftiger Lernmethoden.

Die vorgängige Konzeption von ökonomischer Rationalität transportiert insofern eine sehr *spezifische* Vorstellung von Rationalität, als die Rationalität des Wahlhandelns we-sentlich durch dessen Restriktionen determiniert vorgestellt wird. Lernen als Steigerung von Rationalität wird in diesem Kontext bloß als Anpassungslernen verstanden, weil es um das optimale Verhalten unter spezifischen Rahmenbedingungen geht. In der Bezie-hung zwischen menschlichem Handeln und diesen Rahmenbedingungen liegt bei einer solchen Sichtweise der Schwerpunkt eindeutig auf den Rahmenbedingungen. Kirch-gässner bezeichnet dementsprechend die Ökonomie als "Wissenschaft von der Verände-rung der Verhältnisse", weil ihr die Einsicht in die Veränderbarkeit menschlichen Ver-haltens durch die Veränderung von Restriktionen zugrundeliege (Kirchgässner, 1991: 27).

Von Handeln im authentischen Sinn sollte unter solchen Annahmen präziserweise nicht gesprochen werden, ökonomisch rationales Handeln verschwindet eher im *Verhaltensbegriff*, der auf den vorwiegend reaktiven Charakter des eigenen Tuns verweist.

Die Öffnung zu der zweiten und dritten Lernstufe setzt deshalb voraus, den engen ökonomischen Rationalitätsbegriff zu überwinden und insbesondere dem Glauben an die Existenz eindeutig-optimaler Entscheidungen eine Absage zu erteilen. Lernen kann dann auch nicht länger als zielgerichteter, sondern muß als *prinzipiell offener Prozeß* verstanden werden.

Natürlich können Umfeldveränderungen eine auslösende Rolle für das Ingangkommen von Lernprozessen spielen, ob aber überhaupt und wie dann im weiteren sich diese Lernprozesse gestalten, ist abhängig von den Werten der Organisationsmitglieder und den internen Verarbeitungsmustern, die sich in der je spezifischen Organisation herausgebildet haben. Diese Sichtweise, die Organisation selbst in die Verantwortung für ihre Entscheidungen zu nehmen, darf nicht verwechselt werden mit betriebswirtschaftlichen Gestaltungsempfehlungen, die aus Gründen der Anerkennung des ökonomischen Verhaltensmodells gar keine echte Handlungsfreiheit einräumen können und so nur das Risiko des Scheinhandelns produzieren.

Lernen als bloße Anpassung an sich verändernde Rahmenbedingungen hat das Überlebensinteresse des Lernsubjekts als Grundzielsetzung. Das *Überleben* ist der Lohn für erfolgreiche Anpassung, die Vielfalt der Qualitäten dieses Überlebens spielt in dieser Denkweise eine eher geringe Rolle. Verstehen wir hingegen Lernen als prinzipiell offenen Prozeß und nehmen die Handlungs- und Entscheidungsfreiräume der Lernsubjekte ernst, dann zielt Lernen über das Überlebensinteresse hinaus auf das *gute Leben*. Es geht um die *Herstellung von Sinn* und nicht mehr nur um die Sicherung von Existenz.

Mit dieser vernünftigen Öffnung ist nun theoretisch und praktisch ein weiteres Problem verbunden. Das Überlebensziel stellt ein recht gut beobachtbares Kriterium zur Verfügung, ob Lernen erfolgreich war oder nicht, d.h. aber auch: ob Lernen im Sinne des Anpassungslernens überhaupt stattgefunden hat. Wenn jedoch das gute Leben des Lernsubjektes das Ziel des Lernens darstellt, sind der Beobachtung enge Grenzen gesetzt. Die Befindlichkeit des Lernsubjektes scheint zum einzigen rechtfertigbaren Maßstab zu werden, ob es gelernt hat. Damit entsteht hinsichtlich der Betrachtung von Lernprozessen die Frage, inwiefern nach der zwangsläufigen Entfernung aus vormodernen Bindungen wieder zu einer (intersubjektiv vermittelbaren) Remoralisierung der Gesellschaft gelangt werden kann (s. zu diesem Fragenkomplex Apel, 1990). Nur in dem Maße würde es möglich, Lernerfolge von den zugrundeliegenden Lernzielen her anders zu beurteilen als über die je subjektive Befindlichkeit der Lernsubjekte. Das kann freilich an dieser Stelle nicht weiter diskutiert werden.

Bisher wurde vom lernenden Subjekt nur allgemein gesprochen und eher das Individuum nahegelegt. Im folgenden geht es darum, die Frage auf die Unternehmensebene zu übertragen. Dabei ist zu prüfen, inwieweit Unternehmen zum *organisationalen* Lernen fähig sind, wenn Unternehmen als soziale Systeme im Lichte neuerer systemtheoretischer Überlegungen wesentlich über Selbstorganisationsprozesse erklärt werden müssen.

3. Vom individuellen zum organisationalen Lernen

Organisationales Lernen soll hier als Lernen auf allen drei Lernniveaus verstanden werden, die im vorigen Abschnitt behandelt wurden. Es geht also um die *Lernfähigkeit von Organisationen* und nicht etwa um organisationale Sozialisation, die das Anpassungslernen einzelner Organisationsmitglieder gegenüber der Organisation zum Gegenstand hat (vgl. dazu Bartölke, 1980). Nach Pawlowsky ist organisationales Lernen "ein Prozeß,

- der eine Veränderung der Wissensbasis der Organisation beinhaltet,

- der im Wechselspiel zwischen Individuen und der Organisation abläuft,

- der durch Bezugnahme auf existierende Handlungstheorien in der Organisation erfolgt und

- der zu einer Systemanpassung der internen bzw. an die externe Umwelt und/oder zu erhöhter Problemlösungsfähigkeit des Systems beiträgt" (Pawlowsky, 1992: 204).

Da Pawlowsky im folgenden selbst auf die unterschiedlichen Lernstufen eingeht, kann Bezugnahme auf existierende Handlungstheorien eben auch deren Veränderung bedeuten und geht die erhöhte Problemlösungsfähigkeit natürlich prinzipiell über verbesserte Umweltanpassung hinaus. Soweit Lernen die Speicherung von Wissen bedeutet, ist organisationales Wissen mehr als die Summe des Wissens der Organisationsmitglieder bzw. ist zunächst davon zu unterscheiden (vgl. Pawlowsky, 1992: 201).

Das ist empirisch plausibel, weil das Verlassen der Organisation durch ein Organisationsmitglied jedenfalls nicht zwangsläufig dazu führt, daß das von diesem in die Organisation eingebrachte Wissen der Organisation verloren geht. Und plausibel ist das auch für die Fälle organisationalen Lernens, wo es um anderes geht als die Speicherung von Wissen: wenn etwa ein Organisationsmitglied die Unternehmung verläßt, das vorher wesentlich die Kultur des Unternehmens mitgeprägt hat, so bleiben diese Kulturmerkmale dem Unternehmen natürlich ebenfalls weiter erhalten.

Es ist allerdings wünschenswert, für die Möglichkeiten organisationalen Lernens nicht nur empirische Anhaltspunkte, sondern auch *theoretische Überlegungen* aufzufinden, die dies fundieren können. Ein Angebot liefern hier neuere systemtheoretische Überlegungen. Danach sind Unternehmen als soziale Systeme emergente Phänomene und können nicht länger als Addition von Individuen betrachtet werden:" Emergenz bezeichnet das plötzliche Auftreten einer neuen Qualität, die jeweils nicht erklärt werden kann durch die Eigenschaften oder Relationen der beteiligten Elemente, sondern durch eine jeweils besondere selbstorganisierende Prozeßdynamik" (Krohn/Küppers, 1992: 7ff.).

Die damit verknüpfte Vorstellung von Selbstorganisation[4] schreibt sozialen Systemen eine Reihe von Eigenschaften zu, insbesondere:

- *Komplexität*. Soziale Systeme (u.a. Unternehmen) sind keine Trivialmaschinen, ihr Funktionsverhalten kann (im Widerspruch zur klassischen Betriebswirtschaftslehre)

---

4 "Selbstorganisation ist die Einrichtung von Wechselwirkungen zwischen Ordnungen oder Mustern, die aus einer Mikrowelt entstehen."(Krohn/Küppers,1992: 14)

nicht wesentlich über Input-Output-Modelle erklärt werden. Unternehmensentscheidungen sind Selektionen. "Kriterien der Selektion sind die besonderen Operationsbedingungen des jeweiligen Systems, vor allem seine leitenden Differenzen, Erwartungsstrukturen oder 'Spielregeln' – insgesamt also die Tiefenstruktur seiner Selbststeuerung" (Krohn/Küppers, 1992: 7ff)

- *Selbstreferenz*. Selbstreferenz bedeutet operationale Geschlossenheit bei informationaler Offenheit. Es gibt selbstgesetzte Regulierungsweisen, in strengerer Formulierung einen Code, nach dem ein soziales System seine Selektionen vollzieht. Selbstreferentialität heißt also, "daß jedes Ereignis ausschließlich durch interne, von außen uneinsichtige Transformationsprozesse als Ereignis bestimmt wird" (Bardmann, 1994: 371).

- *Autonomie*. Der Autonomiebegriff unterstreicht die Eigenständigkeit, in der Systeme mit ihren Umwelten umgehen. Jedes System definiert sich über die Unterscheidung von System und Umwelt. Selbstreferenz und Fremdreferenz kommen also zusammen. Gleichwohl sind soziale Systeme "in dem Sinne autonom, daß die Beziehungen und Interaktionen, die das System als Einheit definieren, nur das System selbst involvieren und keine anderen Systeme" (Bardmann, 1994: 371).

Redundanz. Das bedeutet Überfluß und Überschuß, was nach traditionellen Rationalitätsvorstellungen eher auf überflüssig und zu beseitigen hinausläuft. Die überschüssigen Möglichkeiten eines sozialen Systems sichern aber dessen Fähigkeit zur Alternativenvielfalt. "In gewisser Weise konstituiert diese Widerspruchs- oder Ambiguitätstoleranz die Intelligenz des Systems, die verhindert, daß widersprüchliche Signale – zugunsten einer falschen Eindeutigkeit – unterdrückt werden" (Grabher, 1994: 38).

Diese Merkmale sozialer Systeme setzen dem Lernen von Unternehmen zunächst einmal Grenzen. Selbstreferenz privilegiert nämlich in der Vergangenheit erfolgreiche Verhaltensweisen gegenüber Veränderungen und Neuerungen. Die Organisationsmitglieder haben historisch gewachsene Vorstellungen über ihre Organisation, d.h. durch Erfahrung gewonnene Sichtweisen, was vernünftig und was unvernünftig ist. Die Folge ist ein konservativer Grundzug sozialer Systeme. Lernen bedeutet demnach, *trotzdem* bisherige Verhaltensweisen korrigieren und künftig anders handeln zu können.

Das verdeutlicht, wie sehr alle Ansichten fehlgehen, Veränderungen im Unternehmen wesentlich als technisch-instrumentelle Maßnahmen und Umsetzungen zu denken. Das lehrt *Skepsis* gegenüber dem Macherterminus "Umweltmanagement". Lernen muß und kann nur das soziale System Unternehmung selber, durch Veränderung des kulturellen Codes, nach dem es seine Selektionen vornimmt.[5] Dazu muß es sich selbst beobachten und selbst beschreiben, weil es zu seiner eigenen Realität (und deren Veränderbarkeit) nur über (prinzipiell subjektive) Deutungs- und Beobachtungsleistungen kommen kann. Im Sinne der dritten Lernstufe steht also die Frage, wie Unternehmen dafür "Reflektionskapazitäten" (so der Begriff bei Kasper, 1991: 64) aufbauen können.

---

5 Es deuten sich damit weitreichende Folgen dieser theoretischen Sichtweise für den Diskurs über Unternehmenskultur an, s. dazu Pfriem, 1995: 176ff.

Wesentliche Beiträge zur neueren Systemtheorie stammen von Luhmann, (s. grundlegend Luhmann, 1984) der besonders nachdrücklich betont, daß Umwelteinflüsse nur als Störung, als *Rauschen* wahrgenommen werden können, wenn die systemspezifische Kodierung damit nicht umgehen kann – und diese liege bei dem System Wirtschaft im Geld bzw. Zahlen oder Nichtzahlen.

Nicht nur die Diskussion darüber, auch die Interpretation der Luhmannschen Sichtweise wird kontrovers geführt[6] An dieser Stelle kann dazu kein Beitrag geleistet, es soll aber hervorgehoben werden, daß die Pflege von Vielfalt erst das Kultivieren unternehmenspolitischer Lernfähigkeit ermöglicht.

4. Die Instrumentierung des Nichtinstrumentierbaren

Die Eigenschaften einer Unternehmung im Lichte der neueren systemtheoretischen Überlegungen ernstzunehmen bedeutet, von früheren Überschätzungen, was alles bei gutem Willen *gemacht* im Sinne von implementiert, umgesetzt usw. werden kann, Abstand zu nehmen. Insofern sind auch bei partizipativ und überhaupt prozedural offenen Konzeptionen von Organisations- und Personalentwicklung deren enge Grenzen zu beachten, soweit diese Prozesse wiederum – oft unterstützt durch externe Berater – angestoßen, implementiert und organisiert werden sollen. Unter diesem Vorbehalt stehen die Überlegungen dieses Abschnitts, denen andererseits die Idee zugrundeliegt, daß die Berücksichtigung von Selbstorganisationsprozessen zu reflektierterem Handeln führen soll, aber nicht zum Verzicht auf Handeln und zum Rückzug auf bloße Analyse.

Zunächst geht es allgemein darum, in Unternehmen die *Selbstbeobachtung* zu intensivieren und die *Umweltsensibilität* zu erhöhen (vgl. dazu auch Kasper, 1991: 67ff). Unternehmenspolitische Lernprozesse als Voraussetzung für Entwicklung als Wandel und Veränderung lassen sich nur in dem Maße realisieren, in dem die Unternehmenskultur dafür geöffnet wird, d.h. im Umgang der Organisationsmitglieder der oben beschriebene systemische Konservatismus angegangen wird. Doppler und Lauterburg nennen dafür fünf *Schlüsselfaktoren*:

- Kreative Unruhe,
- Konfliktfähigkeit,
- Zusammengehörigkeitsgefühl,
- Sinnvermittlung,
- Kommunikation (Doppler/Lauterburg, 1994: 47ff.)

Deren tatsächliche und nicht nur rhetorische Entfaltung tastet zwangsläufig zwei überkommene Tabus an:

---

6 So meint Kasper (1991: 7f.), über die Programme der Funktionssysteme sei Luhmann durchaus für die Werte auch anderer Funktionssysteme bei der Wirtschaft offen, konzentriert dann selbst aber doch wieder auf Zahlen und Nichtzahlen. Bzw. umgekehrt: was ist der analytische Gehalt der monetären Kodierung, wenn laut Kasper von Mikropolitik bis sonstwas doch alles als grundlegend berücksichtigt werden kann?

(1) *Das Tabu der Hierarchie*. Die Schlüsselfaktoren können eher nur heterarchisch zur Geltung gebracht werden.

(2) *Das Tabu der ökonomischen Rationalisierung*. Die Schlüsselfaktoren gedeihen nur im Rahmen von zugelassener Redundanz.

Ähnliche Forderungen wie Doppler und Lauterburg stellen Pedler u.a. (vgl. Pedler/Burgoyne/Boydell, 1994: 33ff.) auf. Unter ihren 11 Merkmalen eines lernenden Unternehmens finden sich u.a.:

- Strategiebildung als Lernprozeß,
- Partizipative Unternehmenspolitik,
- Freier Informationsfluß,
- Qualifizierende Strukturen,
- Selbstentwicklungsmöglichkeiten für alle.

Das grundlegende Problem solcher Orientierungen, die in Form von Ratgeberbüchern für Manager teils durchaus große Verbreitung und Zustimmung finden, scheint mir in ihrer Formalisierung zu liegen. Ebenso wie (modellhaft unterstellt) die Selbstverwaltung eines Unternehmens noch nichts aussagt über die Qualität des Geschäfts, das es betreibt, sagen solche Methoden noch nichts darüber aus, welchen unternehmenspolitischen Zielen sie dienstbar gemacht werden. Qualitätszirkel gibt es auch in der Rüstungsproduktion, und Zukunftswerkstätten können auch diejenigen durchführen, die sich trotz aller Gegenargumente vom Glauben an die atomare Zukunft der Energiewirtschaft weiter nicht abbringen lassen wollen.

Trotzdem sind solche Methoden, Kommunikationsweisen und Organisationsformen *Bedingungen der Möglichkeit*, ökologische Lernprozesse in und von Unternehmen voranzubringen.

Es kommt "lediglich" darauf an, die *Inhalte* hinreichend zur Geltung zu bringen und die *von außen* herangetragene ökologische Herausforderung angemessen aufzunehmen und zu verarbeiten. Unter dieser "lediglichen" Bedingung sind Lernstätten, Umweltkolloquien, Zukunftswerkstätten etc. allemal Orte, wo sich unternehmenspolitische Lernprozesse entwickeln können (vgl. dazu auch Grothe-Senf, 1994).

Lernprozesse im hier beschriebenen Sinne können als strategische Selbstthematisierung unternehmenspolitischer Handlungsfreiräume verstanden werden. Im ökologiebezogenen Kontext dieses Buches geht es dabei um das Wollen und Können der Unternehmung,

- das *Ökologieproblem* für sich hinreichend weit zu thematisieren,

- die ökologischen *Handlungs- und Entscheidungsfreiräume* zu erkennen, zu nutzen und im Maße des Möglichen zu erweitern,

- die sozialökologische Selbstthematisierung mit den internen und externen Anspruchsgruppen *kommunikativ* zu verknüpfen, sowie

- die Funktion und den Sinn des eigenen Tuns permanent *in Frage zu stellen.*

Soll dies keine Rhetorik bleiben, müssen bei aller Skepsis gegenüber instrumentellem Handeln dafür "Instrumente" gefunden werden. Ich will an dieser Stelle exemplarisch nur noch auf die Szenarienmethode hinweisen (s.Abb. 2), mit der verschiedene Entwicklungspfade simuliert werden können und die sich für die inhaltliche Füllung selbstorganisierter Lernprozesse von Unternehmen besonders zu eignen scheint.

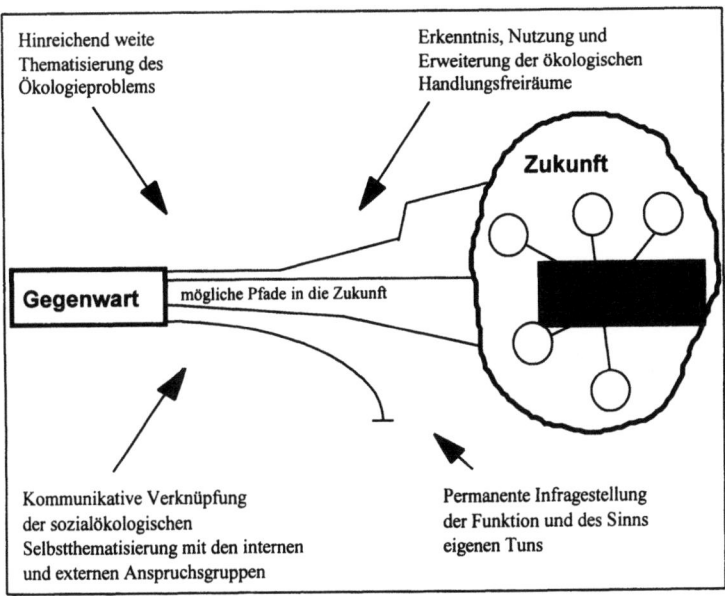

Abb. 2: Grundidee der Szenariotechnik, Quelle: eigene, unter Verwendung von Hahn, 1990: 15

5. Ausblick: Ökologische Lernprozesse und technokratische Realitäten

In diesem Beitrag sind der Handlungsreichweite von Unternehmensführung einige Grenzen aufgezeigt worden. Führung als Handhabung nichttrivialer Systeme (vgl. dazu auch Kasper, 1991: 63ff.) kann weniger, als sie häufig behauptet. Umso mehr muß der gesamte Sozialkörper Betrieb bzw. Unternehmung für das Zustandekommen von Lernprozessen ernst genommen werden. Die Qualität eines Öko-Controlling wird darunter leiden, wenn die Unternehmensführung wesentlich als Filter (s. dazu Hallay/Pfriem, 1992) der Erfassung und Verarbeitung ökologisch relevanter Informationen fungiert.

Die unternehmenspolitischen Realitäten sind freilich nicht nur von innen, sondern auch von außen in vieler Hinsicht nach technokratischem Strickmuster gestaltet. Im Bereich ökologischer Unternehmenspolitik läßt sich dies gegenwärtig kaum irgendwo deutlicher studieren als im Hinblick auf die Umweltmanagementkonzeption der EU-Verordnung über die freiwillige Beteiligung gewerblicher Unternehmen an einem Gemeinschaftsystem für das Umweltmanagement und die Umweltbetriebsprüfung. Die praktische Umsetzung technisch-instrumenteller Minimalanforderungen steht im Vordergrund, die Bedingungen, Inhalte und Möglichkeiten ökologischer Lernprozesse scheinen einer anderen Welt zugehörig zu sein. Doch wie schon im letzten Abschnitt erläutert: kein Instrument (auch keine Verordnung) definiert sich von sich selbst her, seinen Charakter bekommt es von der Dynamik, das es durch die Bedeutungszuweisungen der Akteure gewinnt.

Insofern ist trotz aller Kritik auch diese EU-Verordnung als Chance aufzugreifen, sich als Unternehmen praktisch sagen zu können: Werde der, der Du bist! Mit anderen Worten: Gestehe Dir ein und gestehe Dir zu, daß Du grundsätzlich unendlich lernfähig bist und daß der Beweis dafür Dir von niemandem abgenommen werden kann.

Literatur

Apel, K.O. (1990): Zurück zur Normalität? — Oder könnten wir aus der nationalen Katastrophe etwas Besonderes gelernt haben? Das Problem des (welt)geschichtlichen Übergangs zur postkonventionellen Moral aus spezifisch deutscher Sicht, in: Apel, K.O. (Hg.): Diskurs und Verantwortung. Das Problem des Übergangs zur postkonventionellen Moral, Frankfurt a.M., S. 370-474.

Argyris,C./Schön, D. (1978): Organizational learning: A Theory of Action Perspective, Reading/Mass.

Bardmann, T.M. (1994): Wenn aus Arbeit Abfall wird: Aufbau und Abbau organisatorischer Realitäten, Frankfurt a.M.

Bartölke, K. (1980): Organisationsentwicklung für entwicklungsfähige Organisationsmitglieder, in: Kappler, E. (Hg.): Unternehmensstruktur und Unternehmensentwicklung, Freiburg i.B., S. 319-344.

Bateson, G. (1992): Ökologie des Geistes, Frankfurt a.M.

Bogun, R./Osterland, M./Warsewa, G. (1990): Was ist überhaupt noch sicher auf dieser Welt? Arbeit und Umwelt im Risikobewußtsein von Industriearbeitern, Berlin.

Doppler, K./Lauterburg, Ch. (1994): Change Management. Den Unternehmenswandel gestalten, 3. Auflage, Frankfurt a.M./New York.

Freeman, R.E./Gilbert, D.L. (1991): Unternehmensstrategie, Ethik und persönliche Verantwortung, Frankfurt a.M./New York.

FUUF/Forschungsgruppe Umweltorientierte Unternehmensführung (Hg.) (1991): Umweltorientierte Unternehmensführung. Möglichkeiten zur Kostensenkung und Erlössteigerung — Modellvorhaben und Kongreß, Reihe Berichte des Umweltbundesamtes, Bd. 11/91, Berlin.

Grabher, G. (1994): Lob der Verschwendung: Redundanz in der Regionalentwicklung: Ein sozialökonomisches Plädoyer, Berlin.

Grothe-Senf, A. (1994): Kriterien für die Umwelt-Lernfähigkeit von Unternehmen, in: IÖW-Informationsdienst, Nr. 3-4, Jg. 9, S. 12f.

Hahn, D. (1990): Stand und Entwicklungstendenzen der strategischen Planung, in: Hahn, D./Taylor, B. (1990), S. 3-30.

Hallay, H. (1986): Die Erhaltung einer menschengerechten Umwelt — ein gewerkschaftliches Aufgabenfeld, in: Pfriem, R. (Hg.): Ökologische Unternehmenspolitik, Frankfurt/New York, S. 159-170.

Hallay, H./Pfriem, R. (1992): Öko-Controlling. Umweltschutz in mittelständischen Unternehmen, Frankfurt/New York.

Harde, S. (1994): Ökologische Lernfähigkeit: Maßstab für die Qualität der Unternehmensentwicklung, in: IÖW-Informationsdienst, Nr. 3-4, Jg. 9, S. 4-9

Hildebrandt, E. (1991): Umweltschutz und Mitbestimmung, Steger, U. (Hg.): Handbuch des Umweltmanagements, München, S. 343-373.

Hildebrandt, E./Schmidt, E. (1991): Ökologie und Ökonomie: Ein neues Spannungsfeld der industriellen Beziehungen, in: Müller-Jentsch, W. (Hg.): Konfliktpartnerschaft. Akteure und Institutionen der industriellen Beziehungen, München.

Kasper, H. (1991): Neuerungen durch selbstorganisierende Prozesse, in: Staehle, W. H./Sydow, J. (Hg.): Managementforschung, Bd. 1, Berlin/New York, S. 1-74.

Kirchgässner, G. (1991): Homo oeconomicus, Tübingen

Krohn, W./Küppers, G. (Hg.) (1992): Emergenz: Die Entstehung von Ordnung, Organisation und Bedeutung, Frankfurt a.M.

Luhmann, N. (1984): Soziale Systeme, Grundriß einer allgemeinen Theorie, Frankfurt a.M..

Pawlowsky, P. (1992): Betriebliche Qualifikationsstrategien und organisationales Lernen, in: Staehle, W. H./Sydow, J. (Hg.): Managementforschung, Bd. 2, Berlin/New York, S. 177-237

Pedler, M./Burgoyne, J./Boydell, T. (1994): Das lernende Unternehmen. Potentiale freilegen – Wettbewerbsvorteile sichern, Frankfurt a.M./New York.

Pfriem, R. (1995): Unternehmenspolitik in sozialökologischen Perspektiven, Marburg.

Sattelberger, T. (1994): Die lernende Organisation im Spannungsfeld von Strategie, Struktur und Kultur, in: Sattelberger, T. (Hg.): Die lernende Organisation, Wiesbaden, S. 11-56.

Schmidt, E. (1992): Natur am Verhandlungstisch – Die ökologische Verantwortung der Sozialpartner, in: Glauber, H./Pfriem, R. (Hg.): Ökologisch wirtschaften – Erfahrungen, Strategien, Modelle, Frankfurt a.M., S. 143-150.

Ulrich, P./Fluri, E. (1992): Management, 6. Auflage, Bern/Stuttgart.

Umweltbundesamt (Hg.) (1993): Umweltschutz und Arbeitsbeziehungen – Auf dem Weg zu einer ökologischen Tarifpolitik, UBA-Texte 40/93, Berlin.

Willke, H. (1993): Systemtheorie entwickelter Gesellschaften, 2. A., Weinheim/München.

Peter M. Wiedemann, Cornelia R. Karger[1]

Mediationsverfahren und ihre Nutzungsmöglichkeiten für Unternehmen

Inhalt

1. Gesellschaftliche Anforderungen an Unternehmen

Früher konnten Unternehmen darauf vertrauen, sich allein durch wirtschaftliche Kompetenz im Markt zu behaupten. Dies hat sich jedoch geändert. Neben dem marktbezogenen Umfeld des Unternehmens spielt die gesellschaftliche Dimension im Wettbewerb eine immer entscheidendere Rolle. Die Wertauffassungen der Gesellschaft werden an Unternehmen herangetragen, wie z.B. im Zusammenhang mit Rü-

---

[1] Dr. Peter Michael Wiedemann, Leiter der Programmgruppe „Mensch, Umwelt, Technik" am Forschungszentrum Jülich GmbH

Dipl.-Psych. Cornelia Renate Karger, Wissenschaftliche Mitarbeiterin der Programmgruppe „Mensch, Umwelt, Technik" am Forschungszentrum Jülich

stungsgeschäften oder in bezug auf die Frauenfrage. Gelingt es Anspruchsgruppen, solche Themen zu politisieren und das Konsumentenverhalten mit Hilfe großangelegter Kampagnen zu beeinflussen, bedeutet dies häufig enorme Imageverluste und Umsatzeinbußen für die betreffenden Unternehmen.

– In besonderem Maße hat die Forderung nach Umweltschutz in den letzten Jahren an Relevanz gewonnen. Die Sensibilisierung für Umweltprobleme hat weite Teile unserer Gesellschaft erfaßt. Sie geht quer durch alle Bevölkerungsgruppen. Der Umweltschutz wird als eines der wichtigsten und vordringlichen Ziele angesehen, zu dessen Umsetzung alle Akteure einen Beitrag leisten müssen. Das daraus resultierende Anliegen nach ökologischer Verantwortung der Unternehmen ist nachhaltig. Es artikuliert sich in den verschiedensten Bereichen, die für die Unternehmen von Bedeutung sind.

Produkt- und Unternehmenspolitik

Umfragen zeigen, daß die Wirtschaft als Hauptverursacher von Umweltproblemen wahrgenommen wird. Gleichzeitig wird von ihr - neben der Politik - am ehesten ein Beitrag zur Förderung des Umweltschutzes erwartet (UBA, 1994). Daher beurteilt die Öffentlichkeit heute immer stärker Unternehmen nach ihrer Lösungsbereitschaft und -kompetenz im Hinblick auf die Bewältigung von Umweltproblemen. Relevant sind hier die Ressourcenbeschaffung des Unternehmens, Forschung und Entwicklung, Produktion und Absatz von Produkten sowie die Entsorgung. Gefordert werden ökologische Grundhaltungen des Unternehmens, die sich darin beweisen, daß Umweltschutzzielen nachvollziehbar ein hoher Stellenwert in der Unternehmensstrategie eingeräumt wird. Forschung wird danach beurteilt, ob moralisch-ethische Grundsätze verletzt werden, wie das Beispiel der Debatte um Tierversuche zeigt. Desweiteren werden auch umweltverträgliche Herstellungsverfahren und die Frage der Entsorgung immer stärker in den Blickpunkt gerückt.

Standortpolitik

Bei der Bestimmung von Standorten für die Errichtung einer Anlage oder bei Infrastrukturvorhaben von Unternehmen wird immer häufiger gefordert, die Kriterien der Ökologie-, Sozial- und Gesundheitsverträglichkeit zu berücksichtigen. Die Öffentlichkeit mißt Fragen der Belastung von Boden, Luft und Wasser, der Zerstörung von Landschaften und den gesundheitlichen Auswirkungen einen hohen Stellenwert zu.

Auch der Betrieb von Anlagen wird seitens der Öffentlichkeit zunehmend kritisch und besorgt beobachtet. Störfälle wie in Bhopal oder Seveso haben zu einer Sensibilisierung für die Risiken solcher Technologien geführt. Umweltreports werden als Mittel der Offenlegung umweltrelevanter Daten gefordert. Der §11a der Störfallverordnung weist genau in diese Richtung. In der Novellierung der Seveso-Direktive ist überdies das „Right to know" zu einem „Right to Act" ausgeweitet worden. Sie schreibt vor, Betroffene an der Ausarbeitung von Sicherheitsplänen und bei Standortsuchen für neue Anlagen zu beteiligen.

Genehmigungsverfahren

Geht es um genehmigungspflichtige Anlagen, versuchen gesellschaftliche Anspruchsgruppen, ihren Anliegen beim Erörterungstermin eines etwaigen Planfeststellungsverfahrens oder letztlich auch im Wege des Klageverfahrens Geltung zu verschaffen. Dabei spielen umweltrelevante Aspekte eine entscheidende Rolle. Darüber hinaus beziehen sich gesellschaftliche Ansprüche nicht nur auf die materielle Gewährleistung des Umweltschutzes, sondern auch auf das Genehmigungsverfahren selbst. Es werden weiterreichende Beteiligungsrechte angestrebt, um die Planung von Anlagen mitbeeinflussen zu können.

Störfallmanagement und Altlastensanierung

Weiterhin ist heute die Öffentlichkeit nicht nur für die Risiken wachsender Umweltzerstörung sensibilisiert. Sie ist auch über Gesundheitsrisiken besorgt, die zum Teil aus der Umweltverschmutzung selbst, aber auch unmittelbar aus der Nutzung von Produkten oder dem Betrieb von Anlagen resultieren können. Treten Störfälle in Anlagen auf oder werden Produktrisiken bekannt, geht es für die Öffentlichkeit um eine schnelle und adäquate Information, erkennbare Maßnahmen und Programme für die Zukunft. Eine ähnlich aktive Rolle wird von den Unternehmen in bezug auf die Sanierung von Altlasten erwartet.

Die vorstehend skizzierten gesellschaftlichen Anliegen und Forderungen führen häufig zu Konflikten, z.B. zu Blockaden bei der Standortsuche, zu Projekten, die am Widerstand der Öffentlichkeit scheitern, oder zu Produktboykotts.

Deswegen ist die Auseinandersetzung mit gesellschaftlichen Ansprüchen für die strategische Positionierung des Unternehmens und für die unternehmerische Zukunftssicherung relevant.

2. Dialogfähigkeit von Unternehmen im Spannungsfeld mit der Öffentlichkeit

Der bisher am häufigsten beschrittene Weg von Unternehmen, mit den an sie herangetragenen gesellschaftlichen Ansprüchen umzugehen, ist der Versuch der Akzeptanzbeschaffung. Dabei werden sowohl Informations- als auch Glaubwürdigkeitsstrategien eingesetzt (Wiedemann, 1991). Das Ziel ist es, Befürchtungen um Gesundheits- oder Umweltrisiken zu versachlichen oder zu entkräften, sowie Vertrauen in die technische Kompetenz der Unternehmen zu wecken. Vielfach stößt dieses Akzeptanzmanagement jedoch an seine Grenzen. Zum einen versteht sich die Öffentlichkeit nicht mehr als passiver Rezipient wissenschaftlicher Erkenntnisse, und sie überläßt Experten nicht länger das Feld der Entscheidungen. Zum anderen ist unsere Gesellschaft durch eine Vielfalt divergierender Wertorientierungen in bezug auf Wissenschaft und Technik gekennzeichnet, die sich nicht so leicht umstimmen lassen.

In dieser Situation kommt dem Dialog zwischen den verschiedenen gesellschaftlichen Akteuren eine besondere Bedeutung zu. Dabei geht es um Konsensfindung, d.h. eine Kooperationsstrategie, die die Anerkennung unterschiedlicher Interessen und Wertorientierungen voraussetzt.

2.1 Schwierigkeiten bei der Wahrnehmung gesellschaftlicher Ansprüche

Eine Öffnung für den Dialog und die Suche nach Verständigung hängt von der adäquaten Einschätzung der Bedeutung von Anspruchsgruppen und deren Forderungen für das Unternehmen ab. Natürlich sind auch die Spielräume eines Unternehmens essentiell. Sich auf einen Dialog einzulassen, setzt die prinzipielle Möglichkeit voraus, auf etwaige Forderungen eingehen zu können. Handlungszwänge können dies erschweren (Jochem, 1987).

Befragungen von Managern in Deutschland zeigen, daß gesellschaftliche Anspruchs-gruppen nur eine geringe Beachtung finden (Jeschke, 1993). Unternehmen richten ihre Aufmerksamkeit in erster Linie auf marktbezogene Gruppen wie z.B. die Endabnehmer bzw. Kunden, die Mitwettbewerber auf dem Markt und den Handel. Als ebenso bedeutsam werden die internen Beziehungen des Unternehmens z.B. zu den Mitarbeitern, Aktionären und Aufsichtsgremien erachtet. Konfliktpotentiale werden so vorrangig im Hinblick auf Wettbewerber und Endabnehmer gesehen. Konflikte von Seiten der Bürgerinitiativen und der Verbraucherorganisationen werden kaum erwartet (s. Abb. 1).

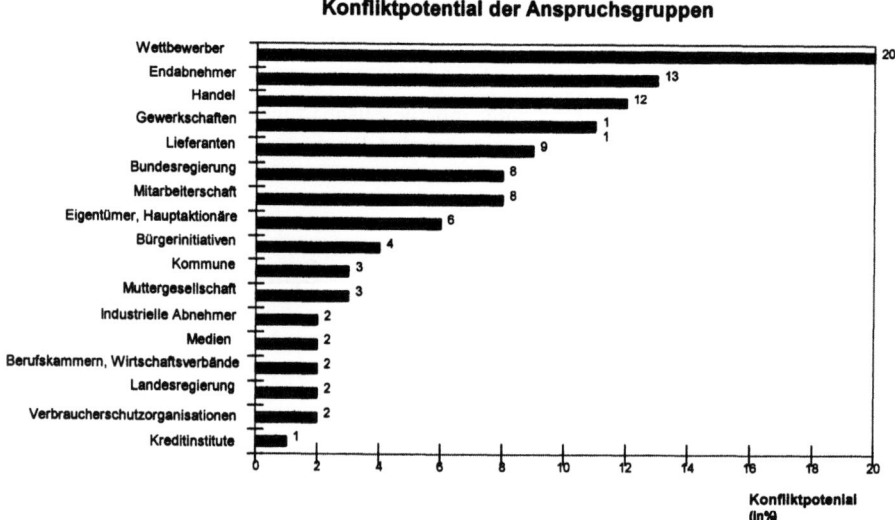

Abb.1: Konfliktpotentiale von Anspruchsgruppen aus der Sicht von Unternehmen (Quelle: Jeschke, 1993)

Auch Entscheidungsträger, die die Umweltschutzaktivitäten und -strategien des Unternehmens beeinflussen und bestimmen, sehen ihr Unternehmen von Umwelt-schutzforderungen gesellschaftlicher Interessengruppen kaum betroffen. Allerdings spielen auch die Konsumenten und der Handel kaum eine Rolle. Einerseits zollen Unternehmen zwar den marktbezogenen Faktoren generell große Aufmerksamkeit, andererseits werden Konsumenten in ihrer Rolle als Bürger und als Träger ökologie-

238

orientierter Ansprüche für wenig bedeutsam erachtet. Betroffen fühlen sich die Unternehmen in erster Linie von der Umweltschutzgesetzgebung (Meffert, 1990).

Diese Beispiele zeigen die Schwierigkeit von Unternehmen, gesellschaftliche Ansprüche wahrzunehmen. Die traditionsgemäß starke Kundenorientierung von Unternehmen reicht nicht aus, die Anforderungen der Gesellschaft, die sich nicht unmittelbar über die Kaufsituation artikulieren, zu erkennen. Unternehmen reagieren auf Veränderungen des Marktes. Diese werden über die Akteurskette des Handels an sie herangetragen. Zwischen dem Umweltbewußtsein der Gesellschaft und dem umweltorientierten Kaufverhalten besteht jedoch eine Divergenz. Einstellung und Verhalten kommen am „point of sale" selten zur Deckung (Ajzen & Fishbein, 1980; Hines et al., 1986). Konsumenten agieren jedoch heute in verschiedenen Rollen. Forderungen nach Ökologie und gesellschaftlicher Verantwortung von Unternehmen können sich durch Engagement in Interessengruppen, bei Wahlen oder anderen Foren der Öffentlichkeit äußern. Stellen Unternehmen nur auf die Signale des Marktes ab, unterschätzen sie systematisch die Bedeutung und den Einfluß von Anspruchsgruppen. Erst dann, wenn sich gesellschaftliche Ansprüche auf dem Wege der gesetzlichen Regelung durchgesetzt haben, reagieren die Unternehmen.

Zu diesem Zeitpunkt allerdings ist es für proaktives Handeln, das potentielle Konflikte bereits im Vorfeld aufgreift und zu lösen versucht, zu spät. Es gelingt nur noch eine reaktive und defensive Unternehmenspolitik (Fülgraff, 1991).

2.2 Unternehmensinterne Hemmnisse

Zum Teil läßt sich die Schwierigkeit, Anspruchsgruppen angemessen beurteilen zu können, auch auf Faktoren zurückführen, die für die Krisenanfälligkeit von Unternehmen relevant sind (Mitroff et al., 1989).

Wie in einem Unternehmen „gedacht" wird, was als wichtig angesehen wird und welche Vorstellungen darüber bestehen, wie man erfolgreich ist, wirken als Filter für die Wahrnehmung des Unternehmensumfeldes und beeinflussen die Strategien des Unternehmens. Dabei spielen die Schlüsselpersonen eine tragende Rolle. Ist die Unternehmensführung zu sehr von der Unverletzlichkeit des eigenen Unternehmens überzeugt oder werden Einwender und Kritiker nur als Störenfriede wahrgenommen, so kann dies eine Fehleinschätzung der Unternehmenssituation bedeuten. Häufig sind negative Erfahrungen erforderlich, beispielsweise der Einfluß gesellschaftlicher Gruppen auf Ausgang und Zeitbedarf von Genehmigungsverfahren, um Unternehmen zu sensibilisieren.

Der Blick in die betriebswirtschaftliche Literatur verdeutlicht, daß der Umgang mit gesellschaftlichen Ansprüchen in erster Linie als Management-Problem angesehen wird (Ackerman, 1975; Watrick & Cochan, 1985; Wood, 1991). Schlagworte wie „issuemanagement" oder „stake holder management" illustrieren dies. Hier liegt ein Teil des Problems. Es wird die prinzipielle Steuer-, Plan- und Hantierbarkeit gesellschaftlicher Ansprüche unterstellt, die es so nicht gibt.

2.3 Umsetzung der Dialogbereitschaft

Es gibt aber auch Unternehmen, die sich auf eine offene Kommunikation einlassen. Die Elida Gibbs GmbH öffnete sich Ende der 80er Jahre, nach enormen Umsatzeinbußen aufgrund der Medienberichterstattung über Dioxan in ihren Produkten, dem Dialog mit umweltkritischen Wissenschaftlern, Journalisten und Vertretern des „Grünen Netzwerks". Dies führte in der Folge zur Implementierung einer Umwelt-Strategie im Unternehmen (Gotthardt, 1994). Lufthansa und BUND kooperierten in der Frage, den Lufttransport exotischer Tiere zu verhindern und Unternehmen wie Bertelsmann ziehen Umweltverbände, wie z.B. Greenpeace zur Beratung heran (Rolke, 1994). Und nicht zuletzt signalisieren Kongresse und Tagungen, die unter dem Motto des Dialogs zwischen Unternehmen und Ökologie stehen, eine gewisse Neuorientierung der Unternehmen bei der Wahrnehmung ihrer gesellschaftlichen Funktionen und Aufgaben (Henze & Kaiser, 1994).

Allein, der Dialog ist nicht einfach. Nicht nur aufgrund von Berührungsängsten und Ressentiments auf allen Seiten. Das „Gewußt wie", die Frage der Umsetzung des Dialogs, ist schwierig -insbesondere dann, wenn Konflikte vorhanden sind. Denn die Beteiligten haben unterschiedliche Vorstellungen von und Ansprüche an den Dialog. Was die Unternehmung als weitgehendes Zugeständnis an Mitbeteiligung der Öffentlichkeit ansieht, kann von den Umweltgruppen als unzureichend bewertet werden. Außerdem ist die Zusammensetzung der Dialogverfahren strittig. Es kommt zu Konflikten darüber, wer teilnehmen soll/darf und wer nicht. Auch die Verfahrensregeln (Wer hat welche Rechte und welche Pflichten?) sind nicht konfliktfrei. Weiterhin ist die Bereitschaft, sich auf die jeweils andere Sichtweise einzulassen, nicht immer gegeben. Betroffenenperspektive und Unternehmensperspektive können im Widerspruch zueinander stehen. Verständigungsorientierte Kommunikation fehlt dann. Und Konflikte spitzen sich zu. Schließlich sind auch die Fragen der Verbindlichkeit und der Durchsetzung der im Rahmen des Dialogs erarbeiteten Empfehlungen oder Entscheidungen Anlaß für Konflikte.

So gilt: Die Konsensfindung geschieht nicht automatisch. Der Dialog zwischen Unternehmen, Umweltverbänden, Verwaltung und Öffentlichkeit braucht deshalb gute Vorbereitung, klare Ziele sowie eine kompetente und faire Führung und Moderation. Solche Möglichkeiten bieten im Prinzip Mediationsverfahren. Sie sind Dialoge im Widerspruch, die unter Leitung eines unparteiischen Mittlers stehen.

3. Basisaufgaben bei der Mediation

3.1 Mediation als Schlichtungs- und Konsensfindungsverfahren

Mediation ist Beziehungsmanagement und Konsensfindung durch den Einsatz einer dritten Partei (eines Mediators oder eines Mediatorenteams). *Neben der Konfliktreduktion bzw. dem vorbeugenden Konfliktmanagement auf der Beziehungsebene stehen Lösungen von Sach- und Ermessensproblemen im Mittelpunkt.*

Die bisherigen Erfahrungen mit Mediationsverfahren zeigen, daß es vor allem auf *Fairness (Beziehungsmanagement) und Kompetenz (Konsensfindung)* im Verfahren ankommt.

Mediationsverfahren sollten idealerweise:

- offen sein für die Betroffenen bzw. deren Interessen, Sorgen und Befürchtungen angemessenen Raum geben,
- Informationszugangsrechte für alle Beteiligten garantieren,
- jeder der beteiligten Parteien die Chance geben, ihre Standpunkte auszudrücken und die Standpunkte anderer zu kritisieren,
- eine klare Zielstellung haben,
- über ein von allen Beteiligten akzeptiertes Abstimmungs- und Entscheidungsverfahren verfügen,
- Fachexpertise vereinen und über geeignete Problemlösungskompetenzen verfügen.

Box 1: Anforderungen an Mediationsverfahren

3.2 Beziehungsmanagement

Unter Beziehung wird hier der wechselseitige Umgang von Personen bzw. Institutionen miteinander verstanden. Indem sie sich zueinander verhalten, drücken sie aus, wie sie zueinander stehen. Sie weisen sich Rollen zu, z.B. als Opfer oder Täter, Experte oder Laie, Ankläger oder Angeklagter usw..

Dabei spielen Vorannahmen und Stereotype (Typisch Industrie!, Typisch Grüner!) eine Rolle. Im Zusammenhang mit dem *Effekt des ersten Eindrucks* beeinflussen sie die Wahrnehmung der Beziehung (Wird er/sie mir Probleme machen?). Desweiteren wirkt der sogenannte *Halo-Effekt*: So wie wir einen Menschen als Ganzes einschätzen, beurteilen wir ihn auch im Detail. Im Guten wie im Bösen. Das führt zu einer undifferenzierten Wahrnehmung der Gegenpartei.

Für die Entwicklung tragfähiger Beziehungen zwischen den Teilnehmern am Mediationsverfahren muß der Mediator auf *Fairness* achten. Dabei geht es um die Umsetzung der folgenden Prinzipien (siehe Box 2).

Fairness-Regeln:

- Jeder Betroffene soll prinzipiell die Chance haben, an dem Mediationsverfahren teilzunehmen. Niemand sollte ohne trifftige Gründe ausgeschlossen werden. Alle Teilnehmer sollen gleiche Redechancen haben und ihre Ansichten zur Sprache bringen können. Sie sollen die Gelegenheit haben, ihre Ansichten zu begründen und Ansichten anderer zu kritisieren.
- Die Erörterung soll ohne Zwang, Druckausübung und Manipulation geschehen. Vereinbarungen sollten über den Austausch und die Abwägung von Argumenten erreicht werden.

Box 2: Umsetzung von Fairness

Durch behutsame Steuerung und entsprechendes psychologisches Geschick soll der Mediator Bedingungen der wechselseitigen Akzeptanz, ein Klima der Verständigung erreichen.

- *Aktive Verständigungsorientierung* ist der Königsweg zur Verbesserung von Beziehungen. Dazu kann an die Wahrnehmung, die Gefühle, das Wollen und an das Verhalten appelliert werden.

- Die Verbesserung von Beziehungen kann durch *Vorleistungen* erbracht werden. Diese helfen, das Klima der Auseinandersetzung zu verändern. Wer offen informiert, kann Mißtrauen abbauen und so Beziehungen verbessern. Es geht um Einsicht in Planungsunterlagen und andere Informationsgrundlagen ohne 'wenn und aber'.

- Ein weiterer Schritt zur Verbesserung der Beziehung besteht in der Bereitschaft, Themen, die die andere Seite für wichtig hält, mitzubedenken. *Die Öffnung des Problemkatalogs* für die Anliegen und Sichtweisen der Gegenseite hilft, Beziehungen zu verbessern. Wer kein Gehör findet, der wird nach Mitteln und Wegen suchen, sich Gehör zu verschaffen. Und wenn es Protest oder Tumult ist. Umgekehrt gilt: Werden die Anliegen ernst genommen und mitverhandelt, so braucht es keinen Druck. Die Beziehungen entspannen sich.

3.3 Konsensfindung

Neben dem Beziehungsmanagement kommt es bei der Mediation auf die Auslotung von Einigungsmöglichkeiten an. Das geschieht durch Erörterungen, Bewertungen, Verhandlungen und Problemlösen.

Es geht z.B. um Risiken und Nutzen von Produkten und Anlagen, um Stoffbilanzen, Standortkriterien, soziale Auswirkungen von neuen Technologien, aber auch um ethische Fragen. Es handelt sich um Sach-, Ermessensprobleme und Wertprobleme, die zu erörtern sind. Jedes dieser Probleme wirft spezielle Fragen der Erörterung, Prüfung und Entscheidung auf.

Für die Erarbeitung von Lösungen und Vorschlägen bei Mediationsverfahren gelten zwei Bedingungen. Sie sollten zum einen *konsensfähig sein, zum anderen sollten sie sich aber auch durch Sachverstand und (Be-)Wertungskompetenz auszeichnen.*

Die Konsensfähigkeit der Lösungen erfordert ein abgestuftes Verfahren (siehe Tabelle 1).

Verfahrensschritt	Inhalt
Aufmerksamkeit auf das Problem lenken	Wird das Problem von allen auch wahrgenommen?
Bewertungsaspekte herausfinden	Welche Bewertungsaspekte gibt es hierzu? Kann eine gemeinsame Bewertungsbasis gefunden werden?
Alternativen entwickeln	Welche Lösungsalternativen sind denkbar?
Alternativen bewerten	Wie schneiden diese Alternativen in bezug auf die Bewertungsbasis ab?
beste Alternative bestimmen	Welche ist die beste Alternative?

Tabelle 1: Schritte bei der Konsensfindung

Zuerst gilt es, die Aufmerksamkeit auf das Teilproblem bzw. Thema zu lenken. Wird es von allen auch als bedeutsames Problem gesehen? Oder kann es vernachlässigt werden? Wenn es als wichtig angesehen wird, geht es um die Ableitung der Werte, denen die Lösung genügen soll. Etwa: hohe Umweltqualität, Sozialverträglichkeit und Gesundheit.

Im nächsten Schritt geht es um die Ableitung der Lösungsalternativen, etwa verschiedener Trassenführungen bei einem Infrastrukturprojekt. Danach sind diese Alternativen im Hinblick auf die Lösungsanforderungen (d.h. die Werte) zu bewerten und eine Auswahl zu treffen.

Der *Sachverstand* der Lösung ist durch folgende Maßnahmen zu sichern:

- Allen beteiligten Parteien sind die gleichen Informationszugangsrechte zu gewähren.

- Es braucht entsprechende Zeit und gute Vorbereitung, um Wissen zur Bewertung anzueignen und unterschiedliche Sichtweisen zu diskutieren.

- Wissensdefizite sind durch die Bestellung von Fachberatern und Sachbeiständen auszugleichen.

Die Bewertungskompetenz baut auf einer klaren Definition der Werte und auf transparenter Gewichtung der Werte auf. Hierzu sind Wertebäume geeignete Verfahren. Sie sind Hilfsmittel zur Erhebung und Strukturierung von Werten, die bei der Beurteilung bzw. Bewertung von Vorhaben von Bedeutung sind (siehe Keeney et al. 1984). Entscheidend sind dabei zwei Aspekte: Zum einen eine breit angelegte Befragung, um möglichst alle relevanten Bewertungsperspektiven zu erfassen (siehe die zweite Stufe in Tabelle 1) und zum anderen eine möglichst konkrete Umsetzung von Werten in Beurteilungskriterien.

4. Umsetzung von Mediationsverfahren

Die Umsetzung von Mediation erfolgt in einem mehrstufigen Problemlösungsprozeß. Zu bearbeiten sind die folgenden Probleme (siehe Box 3):

Stufe 1: Schaffung der Voraussetzungen für eine Mediation: Wer sollte Mediator sein? Und wer soll am Mediationsverfahren beteiligt werden? Ist der Konflikt mediationsfähig?

Stufe 2: Entwicklung eines Arbeitsplanes für die Mediation: Welche inhaltlichen Probleme sollen im Verfahren bearbeitet werden? Welche Handlungsspielräume und -grenzen lassen sich für das Mediationsverfahren vereinbaren?

Stufe 3: Vereinbarung über das Vorgehen bei der Abarbeitung des Arbeitsplanes im Mediationsverfahren: Auf welche Weise soll die Problembearbeitung geschehen? Welche Verfahren und Instrumente werden dabei eingesetzt?

Stufe 4: Vereinbarung über die Arbeitsteilung zwischen den Teilnehmern am Mediationsverfahren: Wer hat welche Arbeitsaufgaben bei der Problembearbeitung? Wie werden Experten eingesetzt?

Box 3: Stufen im Mediationsprozess

Das hier vorgestellte Mediationsmodell orientiert sich an praktischen Anforderungen bei der Durchführung von Mediationsverfahren. Es definiert Stufen, die schrittweise abgearbeitet werden müssen. Dabei kann es durchaus vorkommen, daß im Laufe des Verfahrens auf eine bereits zuvor abgearbeitete Stufe zurückgegangen werden muß.

1. Stufe: Schaffung und Bewertung der Voraussetzungen für eine Mediation

Die Wahl eines Mediators, die Erkundung möglicher Teilnehmer und die Ermittlung der Mediationsfähigkeit des Konflikts sind die wichtigsten Schritte bei der Schaffung und Bewertung der Voraussetzungen der Mediation.

Der Mediator soll das Verfahren in Gang bringen und erfolgreich abschließen. Er hat die Aufgabe, Informations-, Wissens- und Machtungleichgewichte auszubalancieren. Er muß in Rechnung stellen, daß nicht alle Menschen gleich sind, daß die Wissensvoraussetzungen und die Interessen der Beteiligten verschieden sind und daß unterschiedliche Erfahrungszusammenhänge und Erwartungen das Aushandeln beeinflussen.

Wichtig ist, daß die Mediatoren sowohl über die fachspezifischen Kenntnisse als auch über das erforderliche Kommunikations- und Organisations-Know-How verfügen. Außerdem dürfen sie keine anderen Interessen, etwa als Planer oder Gutachter, besitzen. Das Angebot eines Gesamtpaketes "von der Fachplanung bis hin zur Mediation" ist also immer kontraproduktiv.

Wer die Teilnehmer am Verfahren sein sollen, muß immer wieder neu überlegt werden. Dafür gibt es kein Rezept. Es ist Verhandlungssache, die von den Gegebenheiten vor Ort, dem Konfliktstoff und den Zielstellungen des Verfahrens abhängt.

An Mediationsverfahren nehmen - in Abhängigkeit von den vorliegenden Problemen und Zielen - verschiedene Parteien teil: der Vorhabenträger, die Planungsbehörde, Experten, gesellschaftliche Interessengruppen und Umweltverbände, Bürgerinitiativen und betroffene Bürger, politische Parteien sowie die Medien.

Für die Unternehmen sind zwei Aspekte besonders wichtig. Zum einen kommt es darauf an, ob die Unternehmung als Vorhabenträger die Mediation selbst initiiert oder aufgefordert ist, an einem solchen Verfahren teilzunehmen. Zum zweiten spielt eine Rolle, ob diese Mediation in Zusammenhang mit einem verwaltungsrechtlichen Verfahren steht oder nicht. Daraus leiten sich unterschiedliche Anforderungen an Unternehmen ab.

Es geht weiterhin um die Frage, *ob sich ein Mediationsverfahren durchführen läßt oder nicht*. Wichtige Fragen sind dabei:

- Läßt die bisherige Auseinandersetzung und der bisherige Konfliktverlauf noch eine Gesprächsbereitschaft erkennen?
- Gibt es für die einzelnen Parteien Gründe, sich auf Verhandlungen einzulassen?
- Wer zieht welche Vorteile aus einer auf Konfrontation ausgerichteten Konfliktaustragung?
- Welche negativen Folgen könnte es für die einzelnen Parteien haben, an einem Konfrontationskurs festzuhalten?
- Welche Bedingungen stellen die Parteien an das Verfahren?
- Durch welche Anreize kann die Gesprächsbereitschaft verbessert werden?

2. Stufe: Arbeitsplan für das Mediationsverfahren

Voraussetzung für den Arbeitsplan ist, daß der Konflikt sich als mediationsfähig erweist und die Teilnehmer am Mediationsverfahren gefunden sind. Erst dann kann vereinbart werden, was im Verfahren erörtert werden soll.

Es muß ein Einvernehmen darüber hergestellt werden, mit welchen Themen man sich in der Mediation befassen soll. Es geht um einen Konsens über die Aufgaben im Verfahren. Das erfordert vom Unternehmen die Bereitschaft, Problemhorizonte zu öffnen. Eng- und festgezurrte Problemsichten blockieren das Verfahren. Andererseits ist auch die Ausweitung der Problemsichten und Themen ins Unendliche ("Brauchen wir eine chemische Industrie in Deutschland?") für die Mediation tödlich. Anzuzielen ist also eine Kompromißfindung über die zu behandelnden Probleme und Themen.

Der Arbeitsplan für ein Mediationsverfahren umfaßt neben dem Themen- bzw. Aufgabenplan für die Erörterung auch eine Festlegung der Geschäftsordnung. Die Geschäftsordnung besteht aus den Regeln des Miteinander-Kommunizierens sowie aus Festlegungen (Stimmberechtigung, Sitzungsfolge, Kostenerstattung, Umgang mit den Medien, Erweiterungs- und Ausschlußregeln). Zwar gilt es hier, klare Vereinbarungen über Zeitrahmen, Beschlußfassung und Teilnahme usw. zu fassen. Da aber ein Mediationsverfahren keine formelle Institution ist, sollte die Geschäftsordnung möglichst einfach sein. Zu betonen sind dagegen die informellen Spielregeln: das Bemühen um Verständigung und die Konsensorientierung. Denn die Mediation lebt von wechselseitigem Vertrauen und dem gemeinsamen Bemühen, Konsenschancen zu ermitteln.

3. Stufe: Vereinbarung über das Vorgehen bei der Abarbeitung des Arbeitsplanes im Mediationsverfahren

Nachdem ein Arbeitsplan erstellt ist, geht es darum zu entscheiden, wie die einzelnen Probleme oder Themen abgearbeitet werden sollen. Welche Problemlösungs- oder Entscheidungstechniken sollen angewandt werden?

Im Regelfall handelt es sich hier um komplexe und mit Unsicherheiten behaftete ökologische, ökonomische und soziale Probleme und Fragen. Sie verlangen eine systematische Bearbeitung. Das heißt, es sind geeignete Problemlösungsinstrumente und -verfahren sowie Bewertungs- und Entscheidungsfindungsverfahren einzusetzen. Dies betrifft den gesamten Problemlösungsprozeß: von der Sammlung von Informationen, über die Bestimmung der Probleme, die Strukturierung von Informationen, die Bewertung bis zur Ausarbeitung von Vorschlägen.

Das jeweils eingesetzte Instrument bzw. Verfahren wirkt sich aber auf das Resultat des Mediationsprozesses aus. Es lenkt die Aufmerksamkeit, strukturiert das Problemfeld oder beeinflußt die Bewertung und Lösungsfindung.

Aspekt	*Beispiel*	*weiterführende Literatur*
Informationssuche	Szenario, Brainstorming, Experten-Delphi	Schlicksupp (1980)
Strukturieren von Informationen	Wertbaumverfahren, Ziel-Mittel-Baum-Verfahren, Entscheidungsbaum,	Keeney et al. (1984)
Bewerten von Informationen	Bilanzbogen, multiattributives Bewertungsverfahren	Schütz und Jungermann (1988)
Entscheidungsfindung	Ausschluß nach Bewertungs-aspekten, Rangbildung ent-sprechend der Bewertungen	Eisenführ und Weber (1994)

Tabelle 2: Übersicht von Problemlösungstechniken

Die Kenntnis solcher Instrumente und Verfahren ist für eine kompetente Problemlösung wichtig. Sie ermöglichen es, die anstehenden Fragen und Probleme methodisch zu bearbeiten. Für die Unternehmung ist es im gegebenen Zusammenhang bedeutsam, daß sie zumindest weiß, daß es solche Techniken gibt. Sie kann bei der Suche nach einem geeigneten Mediator darauf achten, ob dieser solche Techniken kennt und einzusetzen vermag.

4. Stufe: Vereinbarung über die Arbeitsteilung zwischen den Teilnehmern am Media-
tionsverfahren

Nachdem Themen und Arbeitsaufgaben sowie die Methoden zu deren Bearbeitung festgelegt sind, ist zu klären, wer welche Arbeitsaufgaben zu lösen hat. Bei der Suche nach einem Standort für ein Kraftwerk, der Wahl einer geeigneten Trassenführung für den Leitungsbau oder der Abschätzung von Energieeinsparpotentialen sind jeweils verschiedene Probleme zu lösen. Es geht um geologische, volkswirtschaftliche, betriebswirtschaftliche, ingenieurwissenschaftliche und sozialwissenschaftliche Fragen. Sie erfordern ganz unterschiedlichen Fachverstand. Dabei sind nicht nur wissenschaftliche Fragen zu lösen. Es geht neben Sach- und Ermessensproblemen auch um Schätzungen und Bewertungen und schließlich auch um die Entwicklung von Lösungsvorschlägen.

Die Ermittlung von Fakten zur Lösung von Sachproblemen und die Abgabe von Schätzungen bei Ermessensproblemen ist die Sache von Experten. Die Erarbeitung von Bewertungen und die Entwicklung von Problemlösungsvorschlägen ist Sache *aller* Mediationsteilnehmer.

5. Ergebnissicherung und Bewertung von Mediationsverfahren

5.1 Ergebnissicherung

Nachdem durch die Mediation oder mittels eines anderen Konfliktlösungsverfahrens ein Konsens gefunden wurde, gilt es die erreichten Ergebnisse zu sichern. Sie sollten - wenn alle zugestimmt haben - auch weiterhin als bindend betrachtet werden. Und zwar von allen Beteiligten. Dabei können allerdings Schwierigkeiten auftreten:

- Die politische Wirklichkeit ist auf Dissens und nicht auf Konsens ausgerichtet. Die Rückkehr zum politischen Alltag bedeutet dann oft auch, daß Standpunkte verändert werden. Dafür können unterschiedliche Gründe geltend gemacht werden: das Beharren auf den eigenen Entscheidungskompetenzen, die "Nicht-Rechtsförmigkeit" des Konsensfindungsverfahrens usw..

- Gruppierungen, die am Konsensfindungsverfahren nicht teilgenommen haben, machen in der Öffentlichkeit deutlich, daß sie die Ergebnisse ablehnen. Hier mag angenommen werden, daß eine politische Kampagne das ungeliebte Vorhaben doch noch verhindern kann.

- Die Basis der an der Mediation beteiligten Gruppen steht den Ergebnissen kritisch gegenüber. Sie ist der Auffassung, daß ihre Interessen und Ansichten nicht richtig vertreten wurden.

Was kann getan werden, um solche Entwicklungen zu verhindern? Zum einen kommt es hier auf die konkrete Durchführung der Mediation an und zum anderen geht es um die Qualität der erreichten Konsense. Beide Bedingungen beeinflussen die Bindungskraft der Ergebnisse.

Verfahrensaspekt	Empfehlungen zur Sicherung der Bindungskraft der Ergebnisse
Ausreichende Sachkenntnis	Unterstützung mit Fachexpertise zur Bewältigung der Informationsfülle
Gleichwertige Beteiligung an der Erörterung	Ernstnehmen der Beiträge, Kritiken und Vorschläge
Gleichwertige Beteiligung an der Entscheidungsfindung	Ermessensspielräume ausschöpfen und faire Entscheidungsteilnahme ermöglichen
Respektvoller Umgang mit abweichenden Auffassungen	Toleranz und Kompromißsuche (z.B. durch Einräumen von Stimmenthaltung)
Transparenz des Konsensfindungsverfahrens in der Öffentlichkeit	Regelmäßige Rückmeldung der erreichten Resultate und Empfehlungen an die Öffentlichkeit, Politik und Gremien

Tabelle 3: Verbesserung der Bindungskraft der Konsense durch Verfahrensformen

Die verschiedenen Möglichkeiten zur Verbesserung der Bindungskraft, die in Tabelle 3 aufgeführt sind, beruhen auf einer einfachen Überlegung. Je mehr sich die Teilnehmer eines Konsensfindungsverfahrens und die Öffentlichkeit mit dem Verfahren identifizieren können, desto größer ist auch ihre Bereitschaft, die Ergebnisse des Verfahrens später aktiv mitzutragen und deren Umsetzung zu unterstützen.

Qualitätsaspekt der Konsense	Empfehlungen zur Sicherung der Bindungskraft der Ergebnisse
Vermeidungs- und Verwertungsmaßnahmen	Möglichkeiten zur Vermeidung und zur Verwertung von Abfall ausschöpfen
Schutzmaßnahmen	Unterschreiten der gesetzlichen Schutzstandards
Stand der Technik	Offensein für innovative Technik
Ausgleichsmaßnahmen	Zusätzliche Umweltschutzmaßnahmen in der Standortgemeinde
Kompensationen	Leistungen für die Standortgemeinde, zweckgebunden für Umwelt- oder Infrastrukturprojekte
Ergebnissicherungsmaßnahmen	schriftliche Verträge

Tabelle 4: Verbesserung der Bindungskraft durch Qualitätssicherung der Konsense

Die in Tabelle 4 aufgeführten Möglichkeiten zur Verbesserung der Bindungskraft, die einem Anwendungsfall mit abfallwirtschaftlichem Inhalt entstammen, folgt der Idee, Verhandlungspakete zu schnüren, die Vorteile und Chancen für alle Beteiligten beinhalten. Dadurch und mittels Verträgen zwischen Vorhabenträger und den Interessengruppen lassen sich die erreichten Ergebnisse auch nach Abschluß des Konsensfindungsverfahrens langfristig sichern.

5.2 Erfolgskontrolle von Mediationsverfahren

Auch Mediationsansätze sind einer Erfolgskontrolle zu unterziehen: Sind die damit angestrebten Ziele auch erreicht worden? Was haben die Verfahren erbracht? Wo haben sich Konfliktlösungen ergeben und wo nicht? Welche Konsense sind erreicht worden, welche Dissense sind geblieben oder im Verfahren deutlich geworden?

Prozeßbewertung

- Die Prozeßbewertung der Mediation bezieht sich auf die folgenden Punkte:
- Zugang zur Mediation (Waren alle wichtigen Gruppen vertreten?)
- Beitrag zum Agenda-Setting (Hatten alle Teilnehmer gleiche Chancen, Themen für die Erörterung im Mediationsverfahren auf die Tagesordnung zu setzen?)
- Kritikmöglichkeiten (Hatten alle Teilnehmer gleiche Chancen, Vorschläge und Auffassungen anderer Parteien im Verfahren der Mediation zu kritisieren?)
- Responsivität (Fanden alle Teilnehmer vergleichbare Aufmerksamkeit bei der Darlegung ihrer Auffassungen?)
- Einfluß auf Beschlußfassung (Hatten alle Teilnehmer gleiche Chancen, ihre Stimme bei Beschlußfassungen einzubringen?)

Erreichte Konsense

Der Konsens ist das erklärte Ziel von Konsensfindungsverfahren. Die Anzahl und die Art der erreichten Konsense sind deshalb ein wichtiges Bewertungskriterium. Denn nicht immer kann zu allen Fragen Konsens erreicht werden. Die Konsense können unterschiedlich weit greifen:

- Arbeitsthemen,
- Arbeits- und Entscheidungsweisen,
- Inhaltliche Lösungen.

  Konsens- und Dissensbewertung beziehen sich auf die Beurteilung der Beschlüsse und Empfehlungen der Beteiligten. Hier geht es im wesentlichen darum, welche Punkte in welchem Maß bzw. Umfang seitens der Beteiligten mitgetragen werden. Im Ergebnis wird festzuhalten sein, bei welchen Punkten Konsens erreicht wurde, welche Punkte ausgeklammert wurden und bei welchen Punkten der Dissens nicht aufgelöst werden konnte.

  So kann ein Konsens zu den Arbeitsthemen bestehen. Was ist Gegenstand des Verfahrens und was nicht? Und der Konsens kann sich auch auf die Arbeits- und

Entscheidungsweisen beziehen. Diese Konsense sind unabdingbar für die Aufnahme der Arbeit im Konsensfindungsverfahren. Für die inhaltlichen Lösungen gilt, daß hier Konsense unterschiedlich weit reichen werden. Eine Bewertung sollte hier genau angeben, zu welchen Fragen Konsens erreicht wurde und zu welchen nicht.

Güte der Arbeitsergebnisse und Empfehlungen

Schließlich kann die Güte der Arbeitsergebnisse und Empfehlungen als ein weiteres Kriterium zur Bewertung von Konsensfindungsverfahren herangezogen werden. Zwar zielen Konfliktmanagement und Konsensfindung auf Einigungen und Kompromisse ab. Aber das bedeutet nicht automatisch, daß damit auch die Lösung/Entscheidung verbessert wird. So sollte man versuchen, die erreichten Arbeitsergebnisse zu bewerten. Dabei sind verschiedene Bewertungskriterien heranzuziehen:

- ökologische Kriterien: Umweltverträglichkeit,

- technische Kriterien: Stand der Technik,

- ökonomische Kriterien: Kosten-Nutzen-Verhältnis,

- Akzeptanzkriterien: Zustimmung in der Öffentlichkeit, Sozialverträglichkeit.

Umsetzung der Empfehlungen und externe Bewertung

Konsensfindungsverfahren setzen hoheitliche bzw. unternehmerische Entscheidungspraxen nicht außer Kraft. Inwieweit sich z. B, Verwaltung und Politik an den erzielten Kompromiß halten, ist offen. Gleiches gilt für die beteiligten Gruppen. Auch hier kann deren Basis die erreichten Ergebnisse ablehnen. Und es besteht die Frage, ob die erreichten Resultate in der Öffentlichkeit akzeptiert werden. Denn faktisch können nie alle Betroffenen in ein Konsensfindungsverfahren einbezogen werden.

Deshalb kommt es bei der Bewertung eines Mediationsverfahrens auch darauf an, die Umsetzung der Ergebnisse zu prüfen und die Akzeptanz in der Öffentlichkeit zu beurteilen.

Literatur

Ackerman, R.W. (1975): The social challenge to buisiness. Cambridge, MA

Ajzen, I. & Fishbein, M. (1980): Understanding and predicting social behavior. Englewood Cliffs, N.J

Eisenführ, F. & Weber, M. (1994): Rationales Entscheiden. Berlin

Fülgraff, G.M. (1991): Die Rolle der Wirtschaft in der Risikogesellschaft - Umweltrisiken und „proaktives" Handeln. In: M. Dierkes & K. Zimmermann (Hrg.): Ethik und Geschäft. Frankfurt am Main: Frankfurter Allgemeine Zeitung; Wiesbaden, p. 311-334.

Gotthardt, M. (1994): Eine Krise wies den Weg. Die Einführung einer umweltorientierten Unternehmenspolitik. In: L. Rolke, B. Rosema & H. Avenarius (eds.): Unternehmen in der ökologischen Diskussion. Opladen, pp. 122-129.

Henze, M. & Kaiser, G. (1994): Ökologie-Dialog. Umweltmanager und Umweltschützer im Gespräch. Düsseldorf, Wien, New York, Moskau

Hines, J., Hungerford, H. & Tomera, A. (1986): Analysis and synthesis of research on responsible environmental behavior: a meta-analysis. Journal of Environmental Education, 18, pp.1-8.

Jeschke, B (1993): Überlegungen zu den Determinanten des Unternehmens-Image. In: W. Armbrecht, H. Avernarius & U. Zabel (eds.) Image und PR. Opladen, pp. 73-85.

Jochem, E. (1987): Hemmnisse und zielgruppenorientierte Maßnahmen zur rationelleren Stromnutzung. In: D. Sievert: Zukünftiger Strombedarf. Bedeutung von Einsparmöglichkeiten. Köln

Keeney, R., Renn, O., von Winterfeldt, D. & Kotte, U. (1984): Die Wertbaum-analyse.Entscheidungshilfe für diePolitik. München

Meffert, H. (1990): Strategisches Marketing und Umweltschutz - Bericht aus einem Forschungsprojekt. In: G.R. Wagner (ed.): Unternehmung und ökologische Umwelt. München, pp.73-96.

Mitroff, I., Pauchant, T., Finney, M. & Pearson, Ch. (1989): Do (some) organizations cause their own crisis? The cultural profiles of crisis prone vs. crisis prepared organizations. Industrial Crisis Quarterly, 3, 269-283.

Schlicksupp, H. (1980): Management, Wissen, Ideenfindung. Innovation, Kreativität und Ideenfindung. Würzburg

Schütz, H. & Jungermann, H. (1988): Ansätze und Verfahren zur Hilfe bei persönlichen Entscheidungen. Bericht JU 36/88. Institut für Psychologie. Technische Universität Berlin.

UBA (1994): Ermittlung des ökologischen Problembewußtseins der Bevölkerung. TEXTE, Nr. 7/94.

Watrick, S.L. & Cochran, P.L. (1985): The evolution of the corporate social performance model. Academy of Management Review, 10, p.758-769.

Wiedemann, P.M. (1991): Strategien der Risiko-Kommunikation und ihre Probleme. In: H. Jungermann, B. Rohrmann & P.M. Wiedemann (Hrg.): Risikokontroversen. Konzepte, Konflikte, Kommunikation, Berlin, Heidelberg, p.371-394.

Wood, D.J. (1991): Corporate Social Performance Revisited. FS II 91-101. Wissenschafts-zentrum Berlin für Sozialforschung GmbH, Berlin.